NA CABINE DE COMANDO

Curiosidades aéreas, acidentes, a crise, o caos
e o CÉU AINDA VERMELHO...

Texto de acordo
com a nova
reforma ortográfica

Márcio Branco

NA CABINE DE COMANDO

Curiosidades aéreas, acidentes, a crise, o caos
e o CÉU AINDA VERMELHO...

novo século®

SÃO PAULO 2009

Produção Editorial: Equipe Novo Século
Editoração Eletrônica: Fama Editora
Capa: Genildo Santana / Lumiar design
Preparação de Texto: Bel Ribeiro
Revisão: Jean Xavier

Dados Internacionais de Catalogação na Publicação (CIP)
(Câmara Brasileira do Livro, SP, Brasil)

Branco, Márcio
Na cabine de comando: curiosidades aéreas, acidentes, a crise, o caos e o céu ainda vermelho... / Márcio Branco. – Osasco, SP : Novo Século Editora, 2009.
1. Acidentes aéreos 2. Aviões – Pilotagem 3. Aviões – Projeto e construção 4. Voo 5. Voo – Instrução 6. Voo – Segurança I. Título.

09-02645 CDD-629.1301

Índices para catálogo sistemático:
1. Voo : Teoria : Fundamentos : Engenharia aeronáutica : Tecnologia 629.1301

2009

Novo Século Editora Ltda.
Rua Aurora Soares Barbosa, 405 – 2º andar
Osasco – SP – CEP 06023-010
Tel. (11) 3699-7107
www.novoseculo.com.br
atendimento@novoseculo.com.br

Imagine que em uma noite estrelada, você está em um aeroporto e vê um avião partindo com as luzes piscando, e você fica olhando enquanto ele decola e vai subindo, se afastando, se afastando, se afastando para cada vez mais e mais longe, até que finalmente ele parece ser apenas mais uma estrela no horizonte, misturado às muitas estrelas que brilham no céu... e você diz: "Pronto! Ele se foi!".
Foi para onde?
Foi a um lugar que sua vista não alcança, apenas isto! Mas ele continua tão grande, continua tão bonito e continua tão importante como era quando estava aqui na terra perto de você. A dimensão diminuída está com você, não nele! E naquele exato momento em que você está dizendo: "Ele se foi!" há muitos olhos vendo-o aproximar-se, e outras vezes, exclamando felizes: "Ele está chegando!".
A minha vida é realmente uma viagem...
Dentro da cabine de comando, quantas coisas eu já vi...
O céu que hoje para mim é azul, quando eu o conheci era apenas preto e branco. As distâncias eram mais longas...
Engraçado, encolheram... O que antes era lá, agora é logo ali...
Muita gente já viajou comigo, e ao longo dos anos eu enchi muitos álbuns de saudade, e o que não pude registrar no papel ficou impresso de forma indelével em minha alma. E por onde andei?
Fui tão longe que por vezes vi o horizonte encurvar,
voltei e fui, voltei e fui de novo, de novo, de novo...
Ouvi "Obrigado!!!" em diversos idiomas, sabe-se lá com que sotaque, alguns até meio estranhos, e simplesmente agradeci...
Mas a viagem é longa e requer cuidado, não é pra iniciantes...
Viajo bem acompanhado, guiam-me radares e olhos atentos, e também me ninam sorrisos, e braços abertos me esperam bem ali atrás da porta... e quantos mais me esperarão?
Daqui de cima já posso ouvir corações acelerados, e vejo nuvens, nuvens que furo e deixo pra trás...
Não dizem que o céu não tem fim? Pois te afirmo com certeza:
Não tem mesmo não...

DEDICATÓRIA

Este livro é dedicado a todos os profissionais da aviação e também a todas as vítimas de acidentes aéreos que infelizmente, por alguma razão, não foram capazes, ou simplesmente foram, de alguma forma, "impedidas" de retornar, ao fim de uma jornada, para seus lares e entes queridos. Pessoas que foram tratadas como cobaias de laboratório, aquele laboratório no qual "cientistas" fazem as tais experiências malsucedidas, lamentadas apenas pelas "cobaias" e por suas famílias...

Pois bem, para essas pessoas, e também para nós, que ainda nos encontramos aqui neste plano, há um portão aberto no fim desta estrada, um portão por onde cada um de nós há de passar sozinho, e além dele, dentro da luz que não vemos, o Senhor acolhe os seus, uma vez que, para todas as coisas e para todos os seres de Deus existe um tempo certo para passar por esse portão, e nesse tempo, chegaremos todos aos nossos respectivos destinos, na eterna certeza de que o Senhor sabe o que faz... .

Prefácio

Este livro fala, entre outras coisas, sobre a segurança dos voos no Brasil e sobre as pessoas que por ela são responsáveis. Também mostra como as coisas, por vezes, podem dar errado por motivos até então impensáveis. Depois das recentes tragédias aéreas ocorridas em nosso país, ficou muito claro para todos que já há muito tempo passamos da hora de mudar. Afinal, do jeito que as coisas estão, e a continuar na atual trilha, sem dúvida chegaremos a um ponto sem volta, ponto este no qual teremos invertido a nobre prioridade do transporte aéreo, e sem perceber, estaremos preferindo um acidente no horário a um voo atrasado...

A grande verdade é que, quando embarcamos em um avião, seja ele qual for, entregamos nossas vidas a homens e mulheres que não nos conhecem e que, na maioria das vezes, jamais viram nossos rostos. Mesmo assim, não temos alternativa que não seja confiar cegamente nesses seres humanos, seres tão passíveis de cometer falhas como qualquer um de nós. É do alto grau de técnica e profissionalismo deles que vai depender se teremos um voo tranquilo e no horário, ou se o dia vai ser da bruxa...

Nós, brasileiros, ainda não conseguimos entender que para ser uma grande nação é preciso ter coragem de abandonar de uma vez por todas o pensamento de que tudo está bem desde que nada dê errado... E sendo assim, deixamos do jeito que está para ver como é que fica. É preciso entender com clareza que a responsabilidade sobre o que acontece de certo ou errado aqui é, e sempre será, dos próprios brasileiros, e de ninguém mais... É preciso pensar, e principalmente agir, com grandeza. E na aviação, bem como em praticamente todas as áreas importantes e cruciais para o desenvolvimento de nosso país, a administração pública se mostra claramente incapaz de fazer as opções corretas, no tempo certo e da forma correta. E isso, como já é sabido e sentido por todos nós, não é de hoje.

Em alguns casos, chega a ser particularmente aviltante o gerenciamento pouco profissional e nada responsável da aviação civil brasileira. De forma inconteste revela-se a incompetência brutal e vergonhosa, causadora de uma visão deturpada por parte da nossa população; incompetência que mina o futuro do transporte aéreo e, por via de consequência, também do país, em função de tamanha incapacidade de gerir de forma correta algo tão complexo e importante para o nosso povo como é o Sistema Brasileiro de Aviação Civil, sistema este que sempre fez parte de um contexto mundial, que se torna cada vez mais e mais globalizado, tecnologicamente sofisticado e extremamente desafiador, que demanda verdadeiros especialistas, e não oportunistas de plantão.

Esta obra contribui, na forma de análise pessoal de fatos, de alguns acidentes e suas causas, com propostas de sugestões a respeito de segurança de voo, bem como assuntos relacionados, além de fornecer vários exemplos, mundo afora, de problemas semelhantes e as soluções aplicadas, tentando traduzir melhor essa língua estranha que é a falada no meio aeronáutico, e que muitas vezes nos impede de compreender correta, e mais aprofundadamente, esse assunto extremamente fascinante. Contribui, ainda, com uma série de relatos de alguns dos maiores e mais intrigantes acidentes aeronáuticos já ocorridos no Brasil e no mundo em tempos recentes e já distantes.

O Brasil deve muito, mas realmente muito, de seu desenvolvimento e de sua integração como nação à aviação e aos homens e mulheres que ao longo dos anos estiveram, e ainda estão, de alguma forma com ela envolvidos, seja ela civil ou militar. A aviação, para aqueles que um dia a escolheram como profissão, tenha sido para atuar em terra ou como tripulante, revelou-se acima de tudo uma grande paixão, uma daquelas áreas da atuação humana na qual, até pouco tempo atrás, era quase impossível encontrar alguém que não gostasse muito do que estava fazendo. Hoje, infelizmente, já não é mais assim. Entretanto, uma coisa nunca mudou:

Todos os "verdadeiros" profissionais sempre tiveram como lema e objetivo de vida o transporte aéreo efetuado com segurança total.

Parabéns a estes, a todos estes.

Finalizando, esta obra expõe análises, conclusões, opiniões e sugestões "pessoais" do autor sobre o setor aéreo nacional, e não necessariamente dos órgãos e instituições aqui citados. Com as críticas e/ou observações aqui feitas, o autor não ignora nem desmerece, em hipótese alguma, tudo o que de bom já fizemos e construímos. Deseja apenas contribuir, de forma pragmática e realista, com parâmetros para que o leitor possa avaliar, de forma geral, tudo aquilo que hoje é administrado pelos nossos governantes, seja em que área ou esfera governamental for, federal, estadual ou municipal, e, assim, chegar às suas próprias conclusões, e, quem sabe, também contribuir com ideias e ações para um Brasil melhor e mais justo para todos.

CMTE. Márcio Branco

Curiosidades aeronáuticas

Dúvidas frequentes

Alguns exemplos aqui e lá fora

Incômodas verdades brasileiras

Esclarecimentos, mentiras
e algumas sugestões...

O primeiro voo em uma máquina mais pesada do que o ar ocorreu um século atrás. Durante todos esses anos, a aviação fez uma enorme diferença para o mundo. Dos horrores das guerras até a idealização de um transporte rápido e barato, capaz de cobrir longas distâncias, mas, acima de tudo, de forma segura para pessoas que, de outra forma, jamais teriam se aventurado além das fronteiras dos locais onde nasceram.

A pergunta que sempre me faço é a seguinte: Ao fim desse longo período, o quão seguro se tornou para os seres humanos o ato de voar? E o quão mais seguro esse ato ainda pode se tornar? Para tentar responder a essas e várias outras perguntas, partiremos de um elemento básico nessa estória toda, o avião.

O AVIÃO

Gostaria de entender melhor como são e como voam os aviões?

Então vamos lá! Tentarei explicar, da forma mais simples possível, como funciona um dos meios de transporte mais sofisticados do planeta. São muitos os tipos e modelos existentes de aviões, de diferentes origens e construídos de formas distintas para propósitos distintos, entre estes o transporte comercial de passageiros e cargas, utilização militar, pulverização agrícola, remoções médicas, combate a incêndios, pesquisas em geral, serviços fotográficos etc.

Aviões podem ser feitos de vários materiais, e entre os mais usados estão o alumínio, a madeira, o plástico, o titânio, as fibras de carbono e vários tipos diferentes de novos e modernos materiais, conhecidos como materiais compostos, muito leves e incrivelmente resistentes a grandes esforços. Seria como dizer, de forma muito simplista, que esses materiais são algo como uma variação moderna, uma evolução, da fibra de vidro, muito embora, é claro, não se trate do mesmo material. Esses materiais chegam, em alguns casos, a ser até quatro vezes mais resistentes do que as tradicionais ligas metálicas, e tão mais leves que permitem aos novos modelos de aviões uma redução de até 30% no consumo de combustível.

O avião é composto basicamente dos seguintes itens:

Fuselagem, asas, cauda, trem de pouso, motores, sistemas diversos, como hidráulico, elétrico, pneumático, combustível, instrumentos de voo, comandos de voo etc.

1 — A Fuselagem

Também conhecida entre os pilotos como "charuto", nada mais é do que o corpo principal do avião, aquela parte onde se sentam os passageiros e acomodamos toda a carga e bagagem.

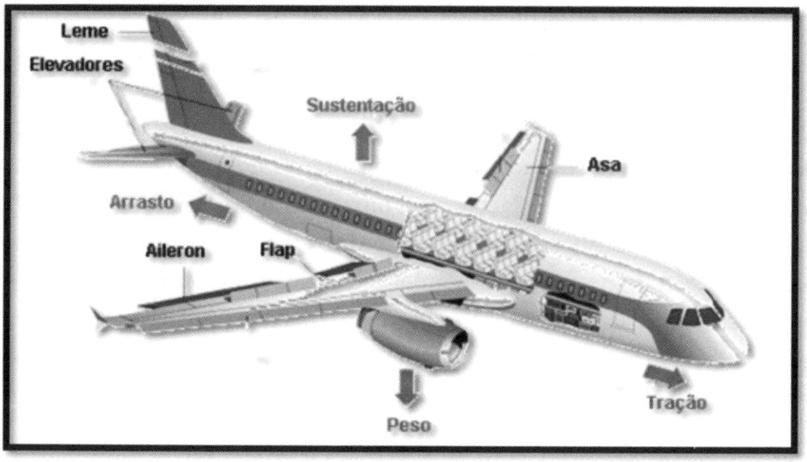

ASAS

Em 1290, um monge inglês chamado Roger Bacon, inspirado pelas teorias do matemático e inventor grego Arquimedes, desenvolveu uma teoria própria a respeito do ato de voar. Bacon escreveu que o ar, assim como a água, eram dois elementos que possuíam características muito semelhantes a algumas características dos elementos sólidos. Dessa forma, chegou à conclusão de que se fosse possível construir uma máquina com as características adequadas, o próprio ar iria suportar, ou "sustentar" essa máquina da mesma forma que a água suporta um navio. Muitos anos depois, as características necessárias seriam enfim conhecidas, e para pô-las em prática foram criadas as "asas".

As asas de um avião são responsáveis por gerar a sustentação aerodinâmica necessária para levantar o avião no ar. São estruturas muito mais complexas do que podemos imaginar. Na maioria dos aviões elas também abrigam, dentro de sua própria estrutura, os tanques de combustível, além de acomodar sistemas importantíssimos, como os ailerons, aquelas pequenas abas que vemos se movendo nas pontas das asas, responsáveis por fazer com que o avião seja capaz de se inclinar para a direita ou para a esquerda.

As asas acomodam também, na sua parte superior, os freios aerodinâmicos, ou *speed brakes* (freios de velocidade, freios aerodinâmicos), aquelas pequenas abas que podemos ver se levantando sobre as asas durante algumas fases do voo, normalmente fazendo com que ocorra uma leve e inofensiva trepidação em todo o avião. Quando o piloto os utiliza em voo, é porque está querendo diminuir a velocidade do avião ou perder um pouco de altitude de forma rápida e sem deixar que a velocidade aumente.

Esses dispositivos também se levantam logo que o avião toca o solo, forçando-o contra o asfalto e aumentando o contato dos pneus com o solo, diminuindo, assim, a possibilidade de derrapagem ou aquaplanagem sobre a pista. Caso o asfalto da pista

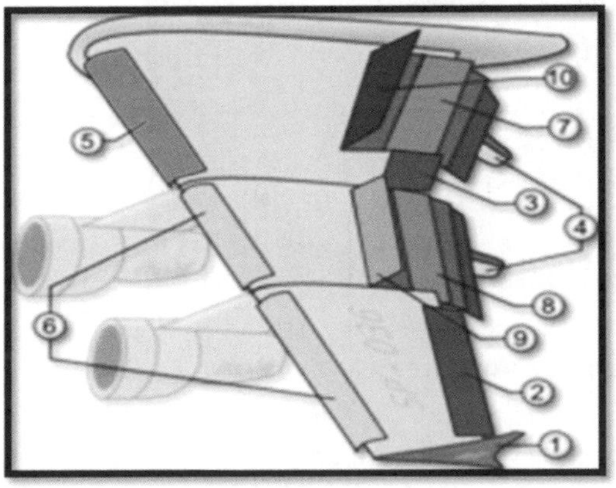

1 – *Winglet*; 2 – *Aileron* **de baixa velocidade; 3 –** *Aileron* **de alta velocidade; 4 – Capas dos atuadores dos** *flaps;* **5 –** *Flaps* **dianteiros (***kruger flaps***); 6 –** *Slats;* **7 e 8 –** *Flaps* **traseiros; 9 e 10 –** *Spoilers* **e** *Speed Brakes*

possua ranhuras transversais para o melhor escoamento da água da chuva (*grooving*), o casamento fica perfeito.

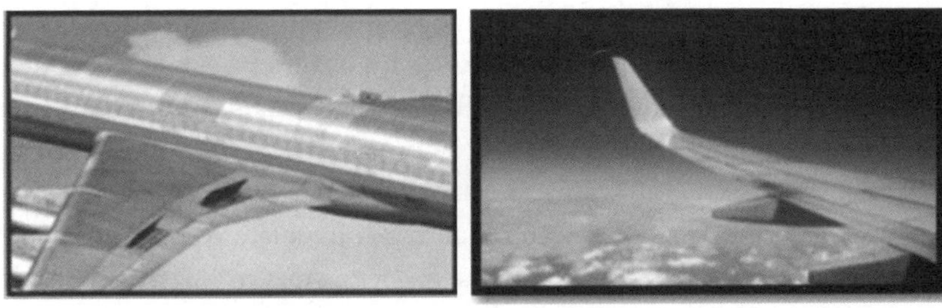

Speed Brakes **abertos em vôo;** *Winglet* **na ponta da asa**

As asas, na maioria dos modelos, servem também como suporte para os motores, e atualmente podem ou não ser dotadas de *winglets*, aquelas modernas pontinhas de asa viradas para cima, cuja principal função é fazer com que o avião deslize melhor pelo ar e, dessa forma, consuma menos combustível. Com elas o avião fica mais "liso".

A CAUDA

A cauda do avião é, na realidade, composta de duas partes. Uma delas se move, a outra não. A que se move é o **leme de direção** (*rudder*) que, ao se mover para a esquerda e para a direita, atua dando direção ao avião. Temos também os **profundores** (elevators), aquelas asinhas em miniatura que ficam abaixo ou acima da cauda, cuja função é fazer com avião o mesmo que o elevador do seu prédio faz com as pessoas que entram nele, ou seja, subir ou descer. Assim como as asas, essas estruturas são complexas e vitais para que o avião possa voar com estabilidade.

Leme de direção (*rudder*) e profundores (*elevators*)

Na maioria dos aviões modernos de grande porte, é também na seção da cauda que se localiza uma pequenina turbina cuja função é produzir energia elétrica enquanto os motores estão desligados e auxiliar na partida dos motores, fornecendo ar comprimido necessário para girar os componentes pesados dentro desses motores, o nome dessa turbininha é **Unidade Auxiliar de Força**, ou **APU**, sigla de *Auxiliary Power Unit*.

Em muitos casos, a **APU** poderá estar inoperante ou mesmo ter sido retirada da aeronave, o que não afeta em nada a operação segura e confortável do avião, desde que se utilize um equipamento semelhante à **APU,** que nada mais é do que uma pequena carreta com um gerador de energia elétrica e/ou um compressor de ar comprimido que será conectado ao avião enquanto estiver no solo. Ela é parecida com algumas daquelas carretinhas puxadas por pequenos tratores, que ficam para lá e para cá nos aeroportos, fazendo esse tipo de serviço ou carregando as bagagens dos passageiros para dentro e para fora dos aviões.

A APU e o compressor de ar externo para a partida dos motores e ar-condicionado

Após a partida dos motores ter sido efetuada com o auxílio desses equipamentos, os próprios motores assumem as funções de gerar energia elétrica e também ar-condicionado para os passageiros, pois, uma vez em movimento, passam a utilizar os geradores elétricos neles acoplados. É exatamente como em um carro cuja partida no motor foi dada com o auxílio de uma bateria externa; após a entrada em funcionamento do motor, a energia elétrica virá do gerador nele acoplado.

Quando um avião pousa com a **APU** inoperante, antes que todos os motores sejam desligados é necessário conectar pelo menos o gerador externo de energia elétrica, caso contrário, ao desligar as turbinas, o avião ficará totalmente às escuras, pois, após o corte dos motores, não possuirá nenhum equipamento a bordo capaz de gerar energia elétrica.

O avião também possui uma ou mais baterias, semelhantes àquelas utilizadas em automóveis, que são reservadas para os equipamentos essenciais, aqueles que, caso todos os geradores a bordo falhem, precisarão ser alimentados por uma fonte reserva de energia elétrica a fim de carregar, por exemplo, os instrumentos de voo da cabine dos pilotos, entre outras funções, pois são vitais para a sobrevivência de todos a bordo. Essas baterias são especiais, e costumam ter longa duração, normalmente o suficiente para que os pilotos possam pousar em segurança.

Gerador externo de energia elétrica

TREM DE POUSO

Pode ser do tipo fixo ou retrátil, feito de materiais ultrarresistentes o trem de pouso suporta o avião enquanto está no solo e absorve o impacto do pouso. É projetado para suportar grandes cargas e grandes impactos.

Nos aviões de grande porte os pousos são normalmente efetuados atingindo-se velocidades e pesos inimagináveis para o cidadão comum. Na hora do pouso, certos aviões ainda estão com velocidades que se assemelham às de um carro de fórmula 1 correndo no seu limite, ou seja, algo em torno dos 300 km/h. Para que os pneus desses aviões possam aguentar o tranco, é preciso enchê-los com nitrogênio e mantê-los com uma determinada pressão, que atinge em certos casos até 100 vezes a de um pneu normal de carro de passeio.

Durante o voo, enquanto o trem de pouso estiver abaixado, o avião voará com velocidades menores, e nessa situação, o nível de ruído na cabine de passageiros será muito mais elevado, assim como o consumo de combustível, razão pela qual ele é utilizado (estendido) apenas nas fases de pouso e decolagem. Existem aviões que não foram projetados para recolher o trem de pouso, chamados aeronaves de trem fixo, porque seu modelo de fabricação não exige tal característica.

Aeronave com trem de pouso fixo

Como o avião é conduzido no chão?

Bequilha, ou trem de nariz

A responsável é aquela rodinha da frente do avião, à qual damos o nome de trem de nariz, ou bequilha. Para comandá-la para a direita ou para a esquerda, o piloto usa pedais semelhantes aos de um carro; por meio deles os pilotos conseguem frear o avião no solo. O freio normalmente está presente no que chamamos de trem de pouso principal, aquele debaixo das asas.

No caso das grandes aeronaves, virar a bequilha para fazer grandes curvas usando os pedais é impossível, porque é tudo muito pesado e exigiria esforço sobre-humano, algo como dirigir uma carreta sem direção hidráulica; simplesmente não dá. Sendo assim, o piloto usa uma pequena alavanca conhecida como *steering tiller* — que nada mais é do que uma espécie de volante pequeno com direção hidráulica —, e com calma, tranquilidade e elegância, conduz o grande pássaro pelo aeroporto.

OS MOTORES

Os motores dos aviões exercem, na realidade, um conjunto de funções adicionais, além de produzir a velocidade que as asas precisam para gerar "sustentação aerodinâmica" e levantar o avião no ar. Eles também geram eletricidade, ar-condicionado, ajudam a evitar a formação de gelo em diversos pontos da estrutura do avião (pelo fornecimento de ar quente retirado das turbinas, direcionado para esses pontos), além de várias outras coisas.

São três os tipos mais utilizados de motores aeronáuticos. O mais antigo é o motor a pistão, que utiliza tecnologia semelhante à dos motores de automóveis, empregado em pequenas aeronaves movidas a hélice, queimando um tipo de gasolina especial de aviação conhecida como AVGAS, bem mais forte que a utilizada em automóveis. Esses motores são amplamente utilizados em pequenos aviões, ideais para curtas distâncias e baixas altitudes. Atualmente, já existem conversões aprovadas para utilização de combustíveis alternativos, como álcool e diesel.

Há também os motores do tipo turboélice. Trata-se, na realidade, de uma turbina a jato que transfere sua energia para uma hélice. Esse tipo de motor é altamente eficiente quando utilizado em aviões projetados para efetuar voos de média distância e em altitudes e velocidades intermediárias. Essa é a realidade típica das empresas aéreas que servem o interior do país, a chamada Aviação Regional. Por isso a maioria delas opta por equipar suas frotas com aeronaves com motorização turboélice.

Motores turboélice

Esse tipo de motor também é muito utilizado por pequenos aviões executivos e militares, além de ser utilizado em grandes aeronaves, como, por exemplo, grandes cargueiros militares. O combustível utilizado é o querosene de aviação, conhecido como JET-A1 ou QAV.

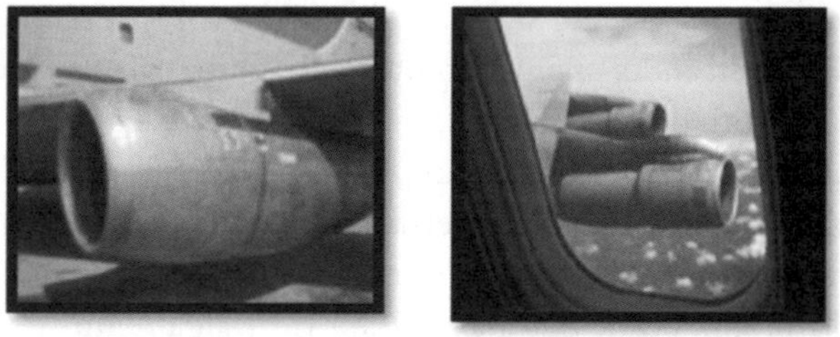

Exemplos de motores a jato-puro

Por fim, temos os motores realmente a jato, que também utilizam querosene de aviação e podem ser do tipo jato-puro ou turbo-fan.

Basicamente, um motor a jato trabalha como se fosse um grande compressor de ar, dentro do qual jogamos uma mistura de ar e combustível e, com essa mistura sob muita pressão, ateamos fogo. O jato que sai por trás é a energia que empurra esse compressor para a frente. Como ele está preso a um avião, acaba por empurrá-lo, daí a expressão avião a jato.

O jato-puro é um tipo de motor mais antigo, portanto, menos eficiente no consumo de combustível e muito mais barulhento; por esse motivo, inclusive, foi banido de vários aeroportos localizados em países nos quais a legislação ambiental é bem mais restritiva no quesito poluição sonora. Esse tipo de motor é da primeira geração dos "a jato", mas ainda é amplamente utilizado em todo o mundo.

Os motores do tipo turbo-fan são o resultado de muitos anos de experiências e aprendizagem, altamente eficientes no consumo de combustível, potentes, muito confiáveis e sensivelmente mais silenciosos e simples em sua manutenção, além de muito menos poluentes. São esses os motores atualmente utilizados na maioria esmagadora dos novos aviões a jato.

Os motores que utilizam hélice puxam o avião para a frente, e os motores a jato empurram o avião para a frente.

Exemplo de moderno motor turbo-fan

Um dado curioso é que, quanto mais alto se voa, mais econômico fica o voo. Isso se deve ao fato de que, à medida que subimos, o ar vai ficando mais rarefeito, e assim a mistura ar + combustível que queima dentro dos motores vai sendo gradativamente reajustada, utilizando menos combustível para obter o mesmo resultado.

Com excesso de combustível, o motor produz muito calor em seu interior, mas não a potência desejada, desperdiçando, assim, combustível, muito caro e, ainda, sem atingir seu objetivo. Caso a mistura de combustível + ar fique com mais ar do que o necessário, também não se obtém a potência necessária. Por isso é preciso manter essa mistura sempre muito bem equalizada, e isso pode ser feito manualmente pelos pilotos ou por sistemas automatizados que gerenciam o motor por inteiro. Esses sistemas analisam o funcionamento do motor desde sua partida até o desligamento e, quando no solo, têm até mesmo autonomia para cortar o motor por conta própria caso detectem que algo está muito errado. O piloto não precisa fazer nada. Como diríamos de um automóvel, o sistema não deixa o motor fundir.

Por que os grandes aviões não sobem direto para a maior altitude que podem alcançar?

Simples! Imagine um avião com 400 pessoas a bordo decolando de São Paulo com destino a Roma, Itália, em um voo cuja duração será aproximadamente de 10 horas. Pois bem, esse avião, além do peso de seus passageiros, também carrega suas bagagens, muita carga, e, ainda, o combustível que vai ser gasto no voo; portanto, está extremamente pesado. Sendo assim, não consegue subir direto para o nível de voo no qual gastaria menos. Dessa forma, ele terá de gastar parte do combustível a fim de que fique cada vez mais leve ao longo do voo. De tempos em tempos o piloto vai solicitando ao controle de tráfego aéreo a mudança para níveis de voo mais altos e, quando autorizado, vai subindo. A esse procedimento damos o nome de *step climb*, ou subida em degraus.

Por que os atuais aviões comerciais não são supersônicos?

O principal empecilho é o fato de que, atualmente, várias leis internacionais impedem os voos supersônicos de aeronaves civis sobre áreas continentais. Esse complexo conjunto de leis originou-se na década de 1960, quando diversos países lançaram-se ao desafio de construir o SST *(supersonic transport)*. Dessa empreitada surgiram o Concorde (anglo-francês) e o Tupolev-144 (russo). Os norte-americanos desistiram do Boeing 2707 (aeronave que seria o primeiro supersônico norte-americano para passageiros) após analisarem aspectos econômicos e o descontentamento da opinião pública (ruído intenso na decolagem e estrondo sônico).

Atualmente, o interesse está de volta ao cenário da aviação comercial com o desenvolvimento de novos projetos aeronáuticos. Os governos norte-americano, francês e japonês, entre outros, subsidiam algumas pesquisas sobre o tema. Os planos mais ousados e mais promissores têm suas origens naquelas empresas empenhadas em construir os chamados SSBJs *(supersonic business jets)*. Uma vez construídos os protótipos e tendo sido ratificada a capacidade de reduzir o impacto ambiental causado, essas companhias esperam, enfim, poder partir para o gigantesco desafio de superar as inúmeras barreiras governamentais. Somente desse modo elas conseguiriam atingir de forma concreta a viabilidade econômica nas rotas "costa a costa" dentro dos Estados Unidos, bem como no resto do mundo.

Boeing 2707

SSBJ

O que é essa tal de pressurização?

O fato de os aviões estarem voando cada vez mais alto (onde fatores climáticos indesejáveis e turbulência são bem menos presentes) apresentou mais um problema a ser resolvido. Os tripulantes e passageiros estavam cada vez mais tendo dificuldade para respirar. Foi então que se resolveu criar a cabine pressurizada.

Para que isso seja possível, os motores devem fornecer o ar necessário para manter a cabine de passageiros pressurizada. Esse é um procedimento sem o qual não seria possível para o ser humano voar em grandes altitudes sem a utilização, "o tempo todo", de máscaras de oxigênio, pois, ao subirmos tanto e tão rápido, o ar vai ficando cada vez mais rarefeito, até atingir um ponto em que definitivamente não conseguiríamos mais respirar; além de que, a temperatura do ar cai drasticamente. Normalmente os jatos voam em altitudes nas quais o ar atinge temperaturas em torno de -60 graus Celsius.

Existe também o fato de que o ser humano está acostumado a viver em meio a uma pressão atmosférica média em todo o planeta. À medida que subimos muito rápido, como em um avião a jato, essa pressão diminui drasticamente, e, desta forma, a contrapressão exercida por nossos corpos (de dentro para fora) se torna muito maior; neste caso, a morte por embolia seria uma questão de minutos. Pois bem, o que a pressurização faz é manter dentro da cabine de passageiros um ambiente no qual seja possível a sobrevivência do ser humano, pois não só mantém a pressão, mas também a temperatura e densidade do ar sob controle.

Quando o sistema falha, ou abre-se um buraco na fuselagem do avião, todo esse ar que estava sob controle escapa da cabine instantaneamente; em alguns casos extremos, levando consigo um pedaço da estrutura do avião. Nessas situações, as máscaras de oxigênio caem e devem ser imediatamente utilizadas, pois espera-se que o piloto efetue, sem demora, um procedimento chamado descida de emergência, ou descida rápida (nome mais utilizado para não assustar os passageiros, embora se trate realmente de uma emergência).

A descida é realmente muito rápida e desconfortável, mas, o que garante mesmo a sobrevivência dos passageiros e tripulantes é, sem dúvida alguma, a utilização correta da máscara de oxigênio. Quem não utilizá-la com certeza vai ficar muito mal, podendo sofrer sequelas graves ou até mesmo morrer. É exatamente nessa hora que a maioria dos passageiros desejaria ter prestado mais atenção na demonstração de segurança feita pelos comissários. Lembre-se sempre de que você foi instruído a colocar a máscara que estiver mais próxima a você, e primeiramente em você. Somente depois de ajudar a si próprio você deve pensar em ajudar quem estiver ao seu lado.

Primeiro coloque a máscara em si próprio, depois ajude quem estiver ao lado.

Quanto mais alto o avião estiver voando no momento de uma despressurização, mais rápido se perde a chamada consciência útil. Sendo assim, quando a máscara cair, não pense em mais nada, apenas coloque-a, e "primeiro em si próprio", pois, no afã de colocá-la primeiro em um filho pequeno, você desmaiará sem notar, e todos ficarão sem ar. Você tem no máximo, 30 segundos. Nessa hora é vital seguir corretamente as instruções dos comissários. Se os pilotos não utilizarem as máscaras, perderão a consciência útil em segundos, e talvez nem consigam iniciar a descida. Se a aeronave estiver voando no modo de piloto automático, os pilotos ficarão desacordados na cabine de comando e a aeronave seguirá seu voo, nivelado no nível observado no momento até que alguém os ajude ou assuma os controles. Caso contrário, o avião se manterá assim até que o combustível acabe, e o resto, podemos presumir...

Nos aviões mais modernos, as máscaras dos pilotos são bem mais elaboradas, sendo, na realidade, uma peça única que engloba a máscara, óculos antifumaça e microfone, e possuem fluxo de oxigênio regulável. Se o piloto sentir que a quantidade de ar que está inalando não está sendo suficiente, ele pode, ao apertar de um botão, fazer com que o fluxo passe a ser de oxigênio 100% puro, e sob pressão, ou seja, entra pelas narinas mesmo que não queira, fazendo com que ele não perca a consciência útil.

Vários casos nos quais os pilotos e os passageiros perderam a consciência ou até mesmo morreram já ocorreram em jatos executivos, e recentemente tivemos um caso em que a falta de oxigênio fez com que isso infelizmente ocorresse em um avião bem maior. Um Boeing 737-400 de uma empresa do Chipre decolou daquele país com destino a Atenas, Grécia. Um problema em uma das portas da aeronave fez com que reparos tivessem sido necessários antes do voo. O sistema de pressurização dessa aeronave funciona automaticamente, mas acredita-se que uma das possibilidades teria sido a de que, após os reparos, os mecânicos o tenham deixado inadvertidamente no controle manual.

Durante a preparação de cabine, os pilotos não atentaram para esse importante fato. Como nada fizeram, à medida que a aeronave foi subindo, a cabine não foi sendo pressurizada, até que o alarme de pressurização soou quando cruzavam 3.000 metros de altitude, e as máscaras de oxigênio caíram automaticamente sobre os passageiros quando esse valor atingiu 4.300 metros, e passaram a fornecer um oxigênio que duraria cerca de 15 minutos, tempo mais que suficiente para que uma descida de emergência fosse efetuada e a aeronave pudesse atingir uma altitude na qual todos pudessem respirar sem o auxílio de máscaras.

Por já estarem sofrendo os efeitos da falta de oxigênio, fenômeno conhecido como hipóxia, e já demonstrando certa confusão mental, os pilotos confundiram aquele alarme como sendo referente a outros tipos de problemas. O comandante levantou-se de seu assento para tentar silenciar o alarme e caiu desfalecido; em seguida, o copiloto também perderia a consciência. Investigações posteriores revelaram uma falha de desenho no projeto da aeronave, que já havia, inclusive, causado algo semelhante algum tempo antes com outra aeronave.

Contrário ao conceito de redundância (duplicidade de sistemas vitais), toda a fiação referente ao sistema de pressurização dessa aeronave estava ligada a um único sensor, o que teria sido responsável por fornecer indicações errôneas aos pilotos greco-cipriotas, talvez induzindo-os a selecionar o sistema para a função manual; como a aeronave já tinha um histórico de panes relacionadas ao sistema de pressurização, essa atitude pode ter levado à despressurização involuntária da cabine.

A aeronave ficou voando no piloto automático. Tripulantes e passageiros sobrevoaram uma região próxima ao aeroporto de Atenas, até que ficaram sem combustível. A aeronave, então, se precipitou ao solo, e, infelizmente, todos a bordo pereceram. Antes, no entanto, dois caças da Força Aérea grega foram enviados, e ao se aproximar do avião, puderam ver através das janelas que as máscaras de oxigênio estavam sendo utilizadas

A interceptação sobre a Grécia

pelos passageiros, e que havia alguém mais na cabine de comando tentando recuperar o controle, mas infelizmente já era tarde demais. Mais tarde soube-se que havia sido um comissário de bordo que, por acaso, em suas horas de folga, também estava recebendo treinamento para se tornar um piloto profissional.

Em uma descida de emergência o piloto vai apenas mudar muito rapidamente de um nível de voo elevado para um bem mais baixo, onde a pressurização da cabine já não seja mais necessária para a sobrevivência humana. É um procedimento brusco, mas seguro, bastante treinado em simuladores de voo. Esse tipo de procedimento só costuma ser um problema quando se está sobrevoando regiões muito montanhosas, como o Himalaia ou a Cordilheira dos Andes. Nesses locais pode-se descer somente até altitudes intermediárias pré-determinadas, sob pena de colisão com o terreno, e, nessas condições, o uso de oxigênio continuaria sendo necessário por mais algum tempo. Na maioria das vezes, quando uma despressurização ocorre, o piloto ainda consegue prosseguir para o seu destino, entretanto, caso o voo seja muito longo, ao ter de voar bem mais baixo, o consumo de combustível aumenta muito, por isso nem sempre é possível chegar ao destino, e o piloto, então, prossegue para o aeroporto de alternativa.

E se um dos motores PARAR DE FUNCIONAR?

Calma! Nem sempre a parada de um motor ocorre em função de um motivo que ponha a aeronave em risco, tal como fogo ou a quebra de algum componente vital para o funcionamento daquele motor. A parada de um motor nem sempre é considerada uma emergência, mas normalmente considerada apenas uma anormalidade. Para se ter uma ideia, um avião que possua dois motores deve ser plenamente capaz de voar bem com apenas um. Obviamente esse avião ficará mais lento e já não será capaz de voar tão alto como faria com os dois (ou mais) motores funcionando normalmente. Para que isso ocorra sem maiores problemas, é preciso que os pilotos saibam muito bem o que estão fazendo, e que o avião esteja com seu peso rigorosamente dentro dos limites estipulados pelo fabricante para aquela situação em particular. Dessa forma, o avião será capaz de voar normalmente, como um monomotor, até chegar ao seu destino ou ao aeroporto de alternativa.

Além disso, por assim dizer, os aviões a jato são, também, planadores muito eficientes, visto que mesmo sem nenhum motor funcionando são capazes de percorrer

grandes distâncias. Para se ter uma boa ideia, caso a perda de todos os motores ocorra enquanto o avião já estiver em voo de cruzeiro, em média 37.000 pés (11.200 metros), ainda assim ele será capaz de voar aproximadamente cerca de 160 km antes de chegar ao solo.

Isso já ocorreu várias vezes, tanto com pequenos quanto com grandes aviões, e nem sempre o motivo foi uma falha mecânica dos motores. Por exemplo, em 1983, um Boeing 767, que voava no Canadá, fez um pouso forçado em uma pequena pista de pouso. O motivo foi uma falha de interpretação durante o processo de abastecimento de combustível. Naquela época, o Boeing 767 era uma aeronave totalmente nova, e pequenos problemas ocorriam com uma certa frequência.

O Boeing 767 era, naquela época, o mais novo avião na frota daquela empresa, e o primeiro com as indicações dos instrumentos de bordo (que não estavam funcionando) referentes à quantidade de combustível, já escritas em quilos. Era exatamente esse o caso. Os pilotos não contavam, naquele momento, com a leitura da quantidade de combustível através dos instrumentos da cabine. Pode-se dizer que não é uma situação muito comum, mas aceitável, desde que o sistema alternativo de checagem dessa quantidade esteja disponível.

Os grandes jatos normalmente dispõem de um sistema alternativo para a verificação da quantidade de combustível nos tanques quando os indicadores da cabine do piloto, por alguma razão, estiverem inoperantes. Trata-se de uma série de pequenas réguas, embutidas na parte de baixo dos tanques, que permitem que a leitura da quantidade correta de combustível seja feita em centímetros pelos mecânicos e abastecedores. Por esse método é sempre necessário fazer um cálculo de conversão.

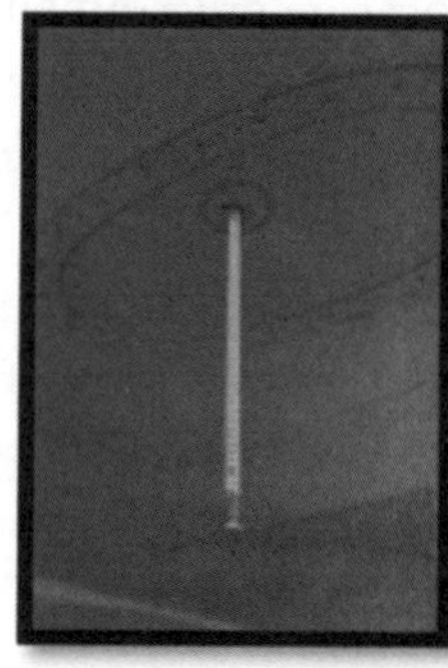

Régua de checagem de quantidade de combustível abaixo da asa

O piloto havia solicitado que o abastecimento fosse feito utilizando-se a unidade de medida quilos, e o abastecedores leram as réguas em centímetros e transformaram essa quantidade corretamente em litros, mas logo em seguida converteram esse resultado para libras, quando, na verdade, deveriam ter convertido para quilos. O resultado final desse pequeno descuido foi que somente a metade do combustível necessário entrou nos tanques do avião. Claro, os pilotos também deveriam ter se certificado do abastecimento correto, mas também erraram nas contas, e no meio do caminho os motores simplesmente apagaram, em função daquela

O Boeing 767 que pousou sem combustível no Canadá

que é conhecida popularmente entre os pilotos como pane seca. Por sorte, um dos pilotos conhecia muito bem a região sobre a qual estavam voando naquele momento, e foi capaz de identificar rapidamente uma pequena pista na qual puderam pousar em segurança sem que ninguém morresse ou se ferisse.

Casualmente, no momento do pouso forçado, a pista estava sendo utilizada como autódromo. Várias famílias, com seus carros e barracas de camping, estavam espalhadas pela área. Ao pousar, a bequilha (trem de pouso da frente) quebrou, e isso ajudou o avião a parar mais rápido. Além do que, a falta de combustível, causadora do pouso forçado, foi o que evitou que um incêndio ocorresse. Isso mostra como as coisas podem sair dos trilhos por razões as mais variadas. No mundo inteiro existem muitas diferenças de procedimentos para se fazer a mesma coisa. Na aviação, o abastecimento de um avião pode ser medido em quilos, litros, libras, galões americanos ou imperiais etc. Por isso, todo cuidado é sempre muito pouco. Em outra ocasião, um Airbus A-330, também pertencente a uma empresa canadense, que seguia de Toronto para Lisboa, cruzando todo o vasto Atlântico Norte, teve um vazamento incontrolável na tubulação de combustível, e suas duas turbinas também apagaram.

Quis o destino que esse avião se encontrasse a uma altitude e a uma distância suficientes para alcançar o arquipélago português dos Açores, que se encontra distante de Lisboa cerca de 1.500 km. O grande Airbus voou exatamente como um planador. Alguns estragos sérios foram causados durante o pouso, mas felizmente nenhum dos seus 306 ocupantes morreu.

O trem de pouso do Airbus A-330 após o pouso nos Açores...

Outro caso famoso envolveu um Boeing 747 britânico, que teve seus quatro motores entupidos por cinza vulcânica que se encontrava em suspensão na atmosfera quando sobrevoava a Indonésia. Esse caso será mais bem descrito mais à frente, em um capítulo específico.

A parada de um motor pode acontecer em qualquer fase do voo, e por várias razões, e para cada uma delas existe um treinamento e um procedimento específico a ser realizado pelos pilotos. Como podem ver, nem mesmo toda a tecnologia do mundo é capaz de prever ou impedir todas as possibilidades de acidentes. Prevenir e treinar bem a tripulação para quando algo sair errado é sempre a melhor opção. Todos esses cenários são previstos e computados no plano de voo, que calcula o combustível necessário para as piores situações normalmente encontradas. Contudo, virtualmente nada substitui o bom senso e o julgamento dos pilotos. Quando a coisa foge do previsto, é o momento no qual a calma, o bom treinamento e os anos de experiência normalmente fazem a grande diferença.

E se um dos motores se soltar da asa do avião?

Os motores são presos em seus suportes por pinos e parafusos especiais, feitos de um material que se rompe caso sejam afetados por uma temperatura muito elevada, como aquela produzida por um fogo intenso e incontrolável, e/ou por uma trepidação que ultrapasse os limites por eles suportáveis. Isso é proposital e evita que o fogo ou a trepidação sejam transmitidos para a estrutura da asa, fazendo com que ela se parta em pleno voo. Perde-se o motor, mas ficam as asas... Após essa separação, a aeronave continua voando normalmente, com o(s) outro(os) motor(es). A coisa só fica realmente ruim se, no ato da separação, o motor atingir alguma outra parte vital da aeronave, como realmente já aconteceu. Esse caso ocorreu com um Boeing 747 israelense que decolava de Amsterdã, Holanda.

Aeroporto Internacional de Schiphol, Amsterdã. Às 18h20, o grande jumbo cargueiro, que estava efetuando o voo 1862 da EL AL, decolava com destino à capital israelense. Apenas sete minutos depois, um grande barulho, seguido de um brutal solavanco, foi sentido pelos três tripulantes e pelo único passageiro, um funcionário da empresa que seguia para Tel-Aviv para se casar com uma colega de trabalho. O Boeing 747 é um avião que utiliza quatro turbinas, duas em cada asa. Após a decolagem, um dos motores da asa direita soltou-se de seu suporte de forma brusca e inesperada. Como estava em aceleração de subida, esse motor se projetou à frente da própria aeronave por alguns segundos, depois girou à direita e atingiu o outro motor ao seu lado, que foi arrancado de seu suporte, caindo em um lago nos arredores da cidade.

O Boeing 747 "jumbo" israelense

A aeronave perdeu, instantaneamente, 50% de sua potência, além de ter ficado sem os dois motores de um mesmo lado. Grande parte da asa direita foi danificada e o sistema de *flaps* daquela asa foi parcialmente arrancado. O comandante declarou EMERGÊNCIA e solicitou instruções para retornar e pousar imediatamente. O avião estava totalmente carregado e acima do seu peso máximo de pouso. Na tentativa de queimar um pouco de combustível e reduzir o peso da aeronave, os pilotos efetuaram um voo em círculos sobre a cidade. Mas, ao se prepararem para o pouso, tiveram outro problema.

Devido aos estragos causados na asa direita, os *flaps* daquela asa não funcionaram e, ainda, várias linhas de fluido hidráulico haviam se rompido, e o fluido, vazado, fazendo com que os sistemas que auxiliam o piloto no comando da aeronave ficassem inoperantes, tornando a pilotagem extremamente pesada. Os *flaps* das duas asas trabalham de forma independente, e quando funcionaram somente do lado esquerdo, causaram uma "assimetria", gerando mais sustentação aerodinâmica de um lado do que do outro. O avião se inclinou radicalmente, e a pilotagem, que já estava difícil, foi ficando pior. A inclinação involuntária e sua causa só foram notadas pelos pilotos quando já era tarde demais. A aeronave estava ferida de morte, mas a tripulação seguia em seus esforços, ainda que o clima dentro da cabine já tivesse se tornado caótico. Vários alarmes soavam ao mesmo tempo, mas o grande jato já não obedecia mais.

Eles estavam muito baixo, e não houve tempo para consertar. A comunicação entre os pilotos passou a ser feita em hebraico (normalmente é em inglês), um claro sinal de que as coisas iam de mal a pior e o desespero já tomava conta de todos. Era o início da noite de um domingo, e a maioria das pessoas estava em suas casas. O avião e seus tripulantes caíram sobre um complexo de apartamentos de 11 andares no subúrbio de Amsterdã; ao todo morreram quatro tripulantes, 47 pessoas no solo, e dez ainda estão desaparecidas. Da Torre de Controle foi possível ver o avião caindo sobre o prédio, e o controlador, ao ver a enorme coluna de fogo e fumaça subindo, disse para os colegas que não podiam ver de onde estavam: "Esqueçam... aconteceu".

O complexo residencial partido ao meio

Alguns meses depois, um Jumbo da Japan Airlines também perderia um de seus motores ao voar em meio a severa turbulência, mas conseguiu pousar em segurança em Anchorage, no Alaska.

Um avião pode voar coberto de GELO?

Até certo ponto sim. Se a formação de gelo for bem leve e tiver ocorrido em voo, provavelmente não haverá problemas. Entretanto, não se deve decolar com nenhum tipo de formação de gelo sobre a aeronave, pois ela só tende a aumentar. Uma formação de gelo mais significativa sobre as asas, cauda e entradas de ar dos motores pode ser como um veneno para o voo de um avião. Lembre-se de que o ar está para o avião como a água para o peixe. Qualquer coisa que modifique muito, tanto o avião quanto o ar, torna essa parceria difícil, ou mesmo impossível.

No caso da formação de gelo, o principal perigo é a alteração do fluxo de ar que envolve as asas, diminuindo drasticamente sua capacidade de gerar a já discutida sustentação aerodinâmica. Em alguns casos, ocorre até mesmo o congelamento dos controles de voo, aqueles que fazem o avião virar para os lados, subir e descer, e também a diminuição do fluxo de ar ingerido pelos motores, fazendo-os "apagar por falta de ar". Tudo isso é muito grave.

Para evitar que isso ocorra, algumas precauções são tomadas antes da decolagem e também durante o voo. Antes da decolagem, em locais nos quais esteja nevando, já tenha nevado, ou haja a probabilidade iminente de que isso ocorra, aplica-se, antes da decolagem, um líquido gosmento sobre quase todo o avião. Esse líquido é uma mistura de água quente com produtos descongelantes e anticongelantes. Esse procedimento é muito eficiente, entretanto, tem curta duração.

Após a aplicação, o avião deve decolar dentro de um prazo determinado, normalmente apenas alguns minutos, caso contrário deverá se submeter a uma nova aplicação do produto. Após a decolagem, o ar quente retirado dos próprios motores do avião, junto com o aquecimento elétrico, se encarrega de manter as partes vitais da aeronave aquecidas durante o período que for necessário.

E quando o piloto se esquece de alguma coisa?

Com tantos elementos a serem controlados e variáveis a serem avaliadas e gerenciadas, os pilotos podem errar de várias formas e em vários momentos. Para evitar e/ou minimizar as chances de acidente causado por esquecimento, foram desenvolvidos vários tipos de listas de verificação/conferência de itens e também de alarmes para os pilotos. Ao longo de vários anos, foram inúmeros os casos de acidentes causados por esquecimento e/ou desatenção dos pilotos, afinal, eles também são humanos. Mas cada acidente nos ensina mais um pouco, e também nos ajuda a prevenir outros.

Lockheed L-1011 Tristar

Alguns exemplos se tornaram clássicos pela forma como ocorreram e também pelos resultados posteriores.

Na noite de 29 de dezembro de 1972, um novíssimo jato Lockheed L-1011 Tristar, um avião para 300 passageiros, que voava de Nova York para Miami com 163 pessoas a bordo, mergulhou inexplicavelmente em uma região pantanosa próxima ao aeroporto de Miami. A aeronave estava mantendo uma determinada altitude e sendo conduzida pelo piloto automático. Sem perceber, um dos pilotos esbarrou no manche (comando de pilotagem) da aeronave, o que fez com que o piloto automático fosse desconectado. E a aeronave iniciou uma descida extremamente suave.

Sem um alarme que indicasse que isso havia ocorrido, nem um outro que indicasse que a aeronave havia abandonado a altitude em que deveria estar, nem um outro, ainda, que indicasse que estavam próximos demais do solo, os pilotos foram surpreendidos, e literalmente entraram voando chão adentro. As investigações revelaram que as atenções de todos os tripulantes na cabine de comando estavam voltadas para uma questão relacionada à falha de uma luz indicadora de posição do trem de pouso da aeronave.

Talvez um dos acidentes mais famosos causados por erro humano tenha ocorrido em 1972. Uma aeronave Fairchild Hiller FH-227 da Força Aérea uruguaia voava de Montevidéu para Santiago, no Chile, levando um grupo de universitários que jogariam uma partida de rúgbi contra colegas chilenos. Ao todo havia 45 ocupantes a bordo. Apenas 15 sobreviveriam àquele que viria a ser um dos maiores calvários que um ser humano pode enfrentar.

Fairchild Hiller FH-227

Aquela deveria ser uma viagem relativamente rápida, mas foi interrompida no primeiro dia em função de mau tempo sobre a região dos Andes, fronteira entre Argentina e Chile, que seria obrigatoriamente sobrevoada. O avião pousou em Mendoza, Argentina, onde todos passaram a noite e prosseguiram no dia seguinte, com o tempo um pouco melhor. Uma vez que aquele tipo de aeronave não era capaz de subir o suficiente para que pudessem atravessar os Andes pelo caminho mais curto, os pilotos rumaram para o sul, onde havia uma região com montanhas mais baixas, na qual a travessia seria plenamente possível. Sem os equipamentos de navegação que existem hoje, os pilotos contavam apenas com equipamentos e técnicas rudimentares para determinar a posição exata da aeronave, mas infelizmente falharam nessa tarefa. Voando sobre uma das regiões mais perigosas e inóspitas do planeta, eles encontraram muita nebulosidade e ventos fortes, o que fez com que se equivocassem e iniciassem a descida para o pouso em Santiago, ainda muito distantes do ponto ideal onde deveriam fazê-lo.

Voando dentro de nuvens, sem ter nenhuma visibilidade e com as montanhas à frente, logo o avião colidiu com uma delas. A aeronave perdeu a cauda e as asas logo no primeiro impacto, e o resto da fuselagem deslizou montanha abaixo, acomodando-se em uma pequena depressão, na qual ficou coberta de neve, sem poder ser vista pelas equipes de resgate. Com grande esforço e criatividade, os 27 sobreviventes iam admi-

A rota a ser seguida

A fuselagem e os sobreviventes

nistrando o caos, quando, de repente, uma avalanche de neve soterrou os destroços que lhes serviam de abrigo, dentro dos quais ficaram presos, respirando com o auxílio de um cano de metal por três longos dias. A avalanche levou mais oito vidas.

Já sem mantimentos e no limite de suas forças físicas, os sobreviventes chegaram à conclusão de que a única perspectiva de sobrevivência seria dada pela ingestão de carne humana, dos amigos e parentes cujos corpos haviam sido perfeitamente preservados pelo frio intenso. Não foi uma decisão fácil, mas no final foi o que os salvou. Segundo a própria igreja católica, pecado seria ter tal consciência e deixar-se morrer sem tentar. Já sem esperanças de socorro, eles elegeram dois dos mais fortes para sair em busca de ajuda. Após muito sofrimento e quase congelados pelo frio das noites andinas, eles encontraram ajuda, e após 72 dias no alto da montanha o grupo finalmente foi resgatado.

O primeiro acidente fatal ocorrido com o Boeing 747 ocorreu em 20 de novembro de 1974, na cidade de Nairóbi, no Quênia. O avião pertencia a uma empresa aérea estatal alemã, uma das mais respeitadas em todo o mundo por sua seriedade e competência. No entanto, os pilotos se esqueceram de ligar um sistema hidráulico responsável pelo movimento de parte dos flaps requeridos para a decolagem, e também não fizeram as checagens de praxe por meio da leitura das checklists, e infelizmente não foram alertados por nenhum alarme, simplesmente porque eles não existiam naquela época. O resultado foi que, sem os flaps, a aeronave correu toda a pista de Nairóbi, cidade que reúne dois elementos nocivos à aviação: temperaturas muito altas e a grande altitude do aeroporto, e decolou abaixo da velocidade necessária, não conseguindo subir e se espatifando em um descampado a 1.100 metros da pista. Dos 157 a bordo, 55 pereceram devido ao impacto e ao fogo que se seguiu.

Recentemente tivemos um acidente idêntico a esse, ocorrido em Madri, envolvendo um jato McDonnell Douglas MD-82, que também decolou sem estar com os flaps na posição correta, caindo ao lado da pista, na barranca de um rio próximo, matando 174 pessoas. Nesse caso a aeronave já era equipada com o alarme específico, mas ele simplesmente não funcionou...

O jumbo acidentado em Nairóbi

Existe também o caso de um Boeing 737-200 de uma empresa aérea argentina, ocorrido em agosto de 1999, cujos pilotos falharam duplamente, não selecionando os flaps e não respeitando o alarme, que soou perfeitamente. O avião espatifou-se no final da pista, invadindo um campo de golfe e causando 64 mortes.

Mas hoje já temos alarmes para "quase" tudo. Fogo nos motores, flaps que não estão em sua posição correta, despressurização de cabine, proximidade com o solo, proximidade com elevações topográficas, proximidade com outras aeronaves, portas abertas, falha de sistemas dos mais variados tipos... E mais alarmes estão sendo desenvolvidos e em breve deverão entrar em operação.

O que poderá acontecer caso haja um incêndio?

O avião tem sensores que detectam altas temperaturas nos motores e também nos porões de carga, podendo essas altas temperaturas ser fruto apenas de um superaquecimento ou de fogo real. Uma vez detectado o fogo, um alarme soa na cabine, acompanhado de luzes indicadoras. Se isso ocorrer durante um momento crítico, como a decolagem ou o pouso, o piloto toma ciência, desliga o alarme, mas não combate o fogo naquela mesma hora, concentra-se apenas na pilotagem do avião até que tenha atingido uma altitude mínima, chamada "altitude de segurança". Só depois ele partirá para o combate ao fogo.

Os motores estão alojados em casulos que, em geral, resistem ao fogo por um tempo médio de 5 a 10 minutos, e o avião não leva mais que alguns segundos para atingir a altitude de segurança. No caso do pouso, se o fogo ocorrer exatamente quando a aeronave já estiver pronta para pousar, como, por exemplo, com o trem de pouso já abaixado e no rumo da pista, o piloto tem a opção de se concentrar no pouso e combater o fogo somente depois que já estiver parado na pista, contando, inclusive, com a ajuda dos bombeiros. Após ter sido detectado o incêndio, o piloto possui um sistema que permite o combate pela utilização de potentes garrafas de extintores de incêndio, estrategicamente instaladas dentro do compartimento que abriga os motores e nos porões de carga.

Na rara eventualidade de o incêndio ocorrer dentro da cabine de passageiros, a tripulação dispõe de extintores e máscaras especiais e, principalmente, treinamento específico. Entretanto, dependendo da gravidade, esses recursos podem não ser suficientes é quando o piloto se vê obrigado a pousar o mais rapidamente possível, nem que seja na selva, no mar, ou em algum deserto.

Em agosto de 2005, um jato Airbus A-340, com 309 pessoas a bordo, que já havia feito uma tentativa de pouso seguida de uma arremetida, efetivamente se acidentou gravemente ao tentar o pouso debaixo de mau tempo, em Toronto, Canadá. Esse é, certamente, um dos exemplos mais perfeitos em que o treinamento da tripulação como um todo é posto à prova no seu mais alto grau de exigência.

Após o toque no solo, os passageiros bateram palmas, esquecendo-se de que o simples fato de os pneus terem tocado o chão não significa que o voo tenha acabado. Os pilotos tentaram de tudo para parar, mas, infelizmente, não foram bem-sucedidos. Os doze comissários, responsáveis diretos pela segurança dos passageiros, deram um show de preparação e competência, fazendo com que literalmente todos a bordo se salvassem. A maioria saiu do avião em menos de um minuto. O avião foi engolido pelas chamas, e em apenas alguns minutos foi completamente consumido.

Esse mérito é, sem dúvida, da tripulação de comissários, e com certeza não veio de graça. Ao contrário do jargão que a mídia adora utilizar — MILAGRE —, foi, isto sim, resultado direto de muito treinamento sério e de um profundo conhecimento da aeronave em que se encontravam, além de um trabalho de equipe simplesmente perfeito. Seria um insulto, nesse caso, atribuir a um milagre a sobrevivência dos 297 passageiros e dos tripulantes. Um grande insulto à bravura, competência, profissionalismo e experiência de uma tripulação que treinou sério a vida inteira, exatamente para situações como essa.

O Airbus A-340 acidentado em Toronto

Nos tempos bíblicos, um milagre costumava ser algo realmente merecedor desse título, algo como andar sobre as águas, transformar água em vinho, multiplicar os pães, esse tipo de coisas. Nos tempos modernos, a mídia conseguiu redefinir o significado de milagre como sendo uma "boa sorte inesperada". Deixo claro aqui meu entendimento de sorte. Para mim, significa o momento no qual a preparação encontra a oportunidade. Até para ganhar na loteria é preciso estar preparado, é preciso apostar. Pode ser uma chance em um bilhão, mas, tendo apostado, o sujeito está preparado para pôr a mão no dinheiro; não apostando, apenas sonha com isso.

Nesse caso, a utilização do termo milagre também deixa de considerar as incontáveis medidas e equipamentos de segurança desenvolvidos ao longo de vários anos e incorporados aos aviões, ao treinamento de tripulações de voo e equipes de auxílio em terra.

Deve-se levar em conta tudo aquilo o que já foi aprendido e desenvolvido ao longo de décadas, tanto no tocante aos recursos humanos quanto aos recursos materiais. Os acidentes, as vítimas e os percalços da aviação não foram menosprezados, e seus ensinamentos fazem com que ela seja hoje o meio de transporte de massas mais seguro que o homem já inventou. Na maioria esmagadora das vezes, um acidente só ocorre porque o que já foi aprendido e desenvolvido não foi utilizado, nem no pessoal, nem nos aviões, nem nos aeroportos, nem em tudo o mais que compõe a aviação. No Brasil, como sempre, e infelizmente, o treinamento adequado para a utilização correta e eficiente desses métodos e equipamentos, salvadores de vidas, esbarra sempre no quesito custo, e invariavelmente opta-se pelo treinamento mínimo requerido por lei, terminando por produzir, muitas vezes, efeitos inócuos.

Quando a mídia desconsidera tais elementos, nos tornamos vítimas de um jornalismo pouco sério, aquele que prefere o sensacionalismo e as vendas rápidas à verdade esclarecedora e construtiva. Aquele jornalismo que não reflete, nem de longe, a maioria de uma categoria profissional que desempenha um papel vital para a nação, e que, com certeza, compreende a profunda importância de sua função na sociedade. Esse jornalismo, que chamo "jornalismo funerário", causa, isto sim, danos irreparáveis à imagem da categoria jornalística.

Grande parte de nossas tripulações possui ao seu dispor verdadeiras joias tecnológicas, mas infelizmente não foi corretamente instruída sobre como tirar o máximo proveito de tudo isso, por pura falta de treinamento. Pior ainda, aqueles que fiscalizam também não têm o perfeito conhecimento sobre o que estão fiscalizando, pois também não foram treinados como se deve... O repasse ideal do treinamento, na minha opinião, deveria ser feito de seis em seis meses, e sempre levando em conta os piores cenários possíveis e imagináveis. No entanto, em nosso país, um tripulante chega a passar vários anos sem sequer ouvir falar em repasse de treinamento.

Não estou me referindo aos repasses de treinamento exigidos pela ANAC — Agência Nacional de Aviação Civil; refiro-me ao treinamento puro e simples, aquele que vai além do mínimo requerido, que reflete uma mentalidade de quem é grande, não no tamanho, mas na visão. Aquele que realmente se preocupa com todos a bordo.

Qual é a ciência dos POUSOS e das DECOLAGENS?

Para que possam voar, independentemente de seu tamanho e sua utilização, todos os aviões têm que se tornar, em um determinado momento, mais leves que o ar, e isso só é possível por meio de uma força que atua nas asas do avião à medida que ele ganha velocidade na pista de decolagem. A essa força damos o nome de sustentação aerodinâmica. Quanto maior a velocidade maior é a sustentação aerodinâmica, e vice-versa. Os motores empurram o avião para ganhar velocidade, e as asas têm uma forma que faz com que o fluxo de ar escoe mais rápido pela sua parte de cima do que pela parte de baixo. Isso faz com que a pressão do ar seja maior na parte de baixo, e assim podemos dizer que as asas passam a se apoiar no colchão de ar que se criou embaixo das asas a partir de uma determinada velocidade; dessa forma as asas levantam o avião. A velocidade necessária varia caso a caso. Para um avião maior e mais pesado, será necessária maior velocidade e, por conseguinte, uma pista mais comprida, a não ser que os motores sejam mais potentes e capazes de acelerar esse avião mais rapidamente utilizando menos comprimento de pista. Isso vem ocorrendo com maior frequência, uma vez que os projetos das asas e dos motores estão ficando cada vez mais eficientes.

Fatores como a temperatura do ar e a altitude do aeroporto também influem bastante, pois, quanto mais quente ou mais alto, menor será a densidade do ar, e, portanto, a aeronave terá que atingir velocidades maiores nessas condições para poder gerar a sustentação aerodinâmica desejada. Por esse motivo, aeroportos localizados em grandes altitudes, como o de La Paz, na Bolívia, e Quito, no Equador, possuem pistas bastante longas. No caso do Galeão, no Rio de Janeiro, o aeroporto está no nível mar, mas exibe, ao longo do ano, temperaturas altas e, além disso, recebe aeronaves de grande porte, motivo pelo qual possui uma das maiores pistas do Brasil. Já o aeroporto Juscelino Kubitschek, de Brasília, reúne as duas condições; é o aeroporto comercial brasileiro de maior altitude, e também opera com grandes temperaturas a maior parte do ano.

O pouso requer outra mecânica, ainda que utilizando em parte, e no sentido inverso, os mesmos princípios básicos da decolagem. A aproximação e o pouso, dependendo de muitas variáveis, podem, sim, ser considerados como as fases mais perigosas de um voo. É realmente um momento delicado, e não adianta "tapar o sol com a peneira", porque, usando um jargão bem popular, "bobeou, o cachimbo cai".

Durante a fase de aproximação e pouso, a aeronave está em fase de desaceleração; a baixas velocidades e altitudes a aeronave fica mais vulnerável a uma série de fatores, tais como a turbulência gerada por ventos que se enroscam e se turbilhonam nas árvores e edifícios que ficam no entorno de um aeroporto, ou mesmo gerados pelos motores de um outro avião que acabou de decolar ou pousar (este tipo é conhecido como esteira de turbulência, e já surpreendeu praticamente todos os pilotos, em alguns casos, inclusive, causando acidentes fatais), além de chuvas, fumaça, neve, granizo etc.

No caso da esteira de turbulência, a regra prevê uma separação entre aeronaves pousando e decolando que é realmente eficiente na prevenção, mas, simplesmente, não é aplicada, pois demanda cerca de três a cinco minutos entre uma aeronave e outra e, sendo assim, um aeroporto com o movimento de Congonhas, em São Paulo, teria seu número máximo de pousos e decolagens reduzido substancialmente para gerar segurança, fator que não tem sido muito observado ultimamente no Brasil, nem nos outros países... .

O CANSAÇO E A FADIGA

Esses são dois dos mais importantes elementos a serem considerados. A fadiga dos pilotos e dos comissários, que só vem aumentando consideravelmente ano após ano, visto que a quantidade de horas voadas mensalmente é sempre a máxima, ou acima da máxima, ou seja, eles trabalham sempre no "limite" da regulamentação trabalhista específica para a categoria, e, mais uma vez, quem deveria fiscalizar não faz seu serviço, expondo todos ao risco de morte. A resposta para alguma reclamação é invariavelmente que está tudo dentro da lei. Desse modo, todos morrerão dentro da lei... Produtividade e segurança de voo não devem nem podem estar em desarmonia. Alta produtividade não pode justificar baixo nível de segurança, nem alto nível de segurança deve significar baixa produtividade.

Apesar de pesados investimentos na qualidade do treinamento dos pilotos terem sido feitos nos últimos anos, grande parte se perde quando se trabalha em excesso e/ou de forma que faça com que o desempenho humano fique comprometido. Não adianta saber o que fazer em uma situação de emergência se o corpo e a mente, em função do cansaço e da fadiga, já não respondem mais como deveriam. Quero crer que qualquer um com bom senso concordará que, quando o legislador permitiu um valor máximo de horas voadas mensalmente para pilotos e comissários, ele pensou que esse limite pudesse ser necessário vez por outra, e não sempre... Afinal, pilotos e comissários cansados são a receita certa para o desastre!

Em minha opinião, a fadiga é hoje o maior fator de risco da aviação como um todo. Principalmente nos voos noturnos, ela, compreensivelmente, afeta o desempenho e a capacidade de julgamento dos tripulantes, gerando altos níveis de insegurança. O ser humano é um organismo vivo, não uma máquina que pode trabalhar ininterruptamente cujas oscilações são desprezíveis.

Aqueles que criticam essa minha afirmação normalmente estão analisando o sofrimento dos outros com a visão de um burocrata sentado em seu gabinete, e achando que está tudo certo só porque está tudo dentro da lei, e que tripulante não quer mesmo é trabalhar. Pois bem, a Regulamentação Trabalhista dos Aeronautas data de 1984, tendo sido elaborada durante um período de governo militar e severa recessão econômica. Naturalmente, depois de tantos anos, precisa ser revista em profundidade, de modo a representar e melhor conciliar as reais necessidades da categoria e do mercado. Normalmente, esses analistas do cansaço alheio, quando não levam uma série de fatores em consideração, contribuem exemplarmente para que grandes tragédias ocorram. E isso é fato.

Não sabem, ou não se interessam em saber, que, em função de escorchantes programações impostas por algumas empresas a seus tripulantes, por meio de seus departamentos responsáveis pela confecção de escalas de voos, os profissionais da aviação têm sido submetidos a jornadas de trabalho que os força a voar vários dias seguidos, sempre madrugada a dentro, várias vezes no mesmo mês, de forma consecutiva. Existem relatos de pilotos que dormiram na cabine já com a aeronave estando configurada para o pouso. Episódios como esse têm ocorrido com uma "certa regularidade" no Brasil, mas, por medo de se expor a punições, esses mesmos pilotos se calam. Isso, caro leitor, é realidade, resultado da busca incessante por maiores índices de produtividade e de muito cansaço acumulado!

Lembre-se sempre: pilotos e comissários são tão humanos quanto você. Fatores inerentes à atividade dos tripulantes incluem longas jornadas e constantes variações nos horários de trabalho, além da quase inexistência de um tempo hábil adequado para a adaptação do ciclo circadiano. A regulamentação do trabalho dos aeronautas está sendo utilizada de forma equivocada, está pondo em risco a vida de muitas pessoas. Já passou da hora de modificá-la. Investigadores de acidentes de vários países têm verificado que os erros cometidos por pilotos, quando executando seus procedimentos, devem cada vez mais ser atribuídos ao fator fadiga. Ela é a responsável por coisas como interpretação errada dos instrumentos de bordo, leitura e compreensão errada de cartas e mapas de navegação aérea em momentos críticos, falta de reação ou reação tardia em situações perigosas.

Os atuais padrões de trabalho fazem com que os pilotos não consigam descansar nem mesmo quando estão em seus curtos períodos de folga. O ciclo circadiano deles está tão alterado que, mesmo estando em casa, costumam perder noites de sono. Nem sempre os curtos períodos de folga dos tripulantes são utilizados para descanso, até porque o cumprimento de uma série de obrigações relacionadas a suas vidas pessoais se faz necessário. Lembre-se de que estamos sempre fora da cidade onde moramos, e essa ausência nos priva de resolver as questões do dia a dia. A ausência constante também contribui para o aumento do nível de estresse, pois também gera problemas familiares que, com certeza, diminuem a qualidade do pouco tempo de descanso que temos.

Voltando ao processo do pouso, à medida que a aeronave vai desacelerando para o pouso, a sustentação aerodinâmica gerada pelas asas para a decolagem e para o voo de cruzeiro vai diminuindo, até chegar ao ponto mínimo. A partir desse ponto, se o piloto diminuir mais a velocidade, a sustentação não será mais suficiente para manter o avião voando, ou seja, ele volta a ser mais pesado que o ar e simplesmente passa a cair, e não a voar. Dizemos então que a aeronave estolou, termo derivado do inglês stall, que descreve uma situação semelhante àquela em que um carro "morre" no trânsito.

Para que isso não ocorra, é necessário fazer com que as asas do avião se apoiem em uma quantidade maior de ar que o normal para aquela velocidade. É preciso, então, aumentar a área física da asa, que gerará a sustentação aerodinâmica. Para isso foram criados os famosos flaps, dispositivos que ficam embutidos nas asas e são utilizados para esse fim somente em baixas velocidades. Os flaps são definidos como dispositivos hipersustentadores, comandados pelo piloto para se posicionarem em diferentes graduações angulares, graduações maiores ou menores, dependendo de se o avião está pousando ou decolando; sua função é, por assim dizer, agarrar uma quantidade maior de ar, assim como agarramos mais areia quando fazemos uma concha com as mãos.

A velocidade ideal para o pouso também varia de acordo com cada caso. A regra geral é: maior e mais pesado, mais veloz e mais pista. Os flaps ficam atrás das asas, e na frente delas temos os slats, que se parecem com um trilho que se projeta para a frente e ao longo da parte da frente da asa, normalmente acionados em conjunto com os flaps; sua função é fazer com que, em baixas velocidades, o fluxo de ar que escoa por sobre a asa seja mantido de forma laminar, sem turbilhonamento, o que prejudicaria a sustentação aerodinâmica.

Pouso bom tem que ser pouso macio?

Não, não precisa ser. Um pouso deve ser seguro; o conforto vem sempre depois, e se possível. Em dias de muita turbulência, chuva, baixa visibilidade, o piloto prioriza a precisão em relação ao ponto da pista de pouso onde deve tocar os pneus para que possa usufruir ao máximo do seu comprimento e, com isso, poder desacelerar o avião; isso às vezes faz com que o pouso seja um pouco mais duro. O passageiro não vê dessa forma, pois sua visão é romântica; já a do piloto é puramente técnica. O compromisso do piloto é sempre com a segurança; conforto e horário são sempre secundários. Nós, os pilotos, costumamos dizer, em tom de brincadeira, é claro, que "todo pouso após o qual o avião consegue chegar por meios próprios até o estacionamento e desembarcar seus passageiros com segurança, e ser reutilizado logo em seguida, foi um bom pouso...".

Podem perguntar por aí, só existem três tipos de pilotos. Os que ainda vão fazer um pouso duro, os que já fizeram, e os que vão fazer de novo...

De que MATERIAL são feitos os grandes aviões, de aço?

Não, o aço é um metal pesado demais para ser utilizado como revestimento principal de um avião; ele é usado para fazer pequenas peças, mas não a estrutura principal. Um avião pode ter grande parte de sua estrutura feita de um só material, ou pode ser uma verdadeira salada de frutas, tendo várias de suas partes feitas de diversos materiais diferentes. Isso muitas vezes melhora a qualidade e o custo de produção, e como o comércio mundial é hoje extremamente globalizado, cada uma dessas partes, sejam grandes ou pequenas, vêm de fornecedores localizados em países diferentes e seguem para a linha final de montagem.

A cauda do avião pode vir, por exemplo, da Espanha, ao passo que as asas, da China e a fuselagem, da Alemanha. Tudo se junta em algum lugar e monta-se um grande mosaico, ao qual damos o nome de avião. Isso vale para grandes e pequenos fabricantes. A coisa chegou a tal ponto que os fabricantes mais poderosos, como Boeing e Airbus, projetaram e construíram os próprios aviões cargueiros, especialmente feitos para transportar pedaços inteiros de aviões, como asas e fuselagens, que são produzidos em outros países, e levá-los para suas fábricas o mais rápido possível. A razão disso é que hoje é mais interessante, economicamente, produzir essas partes em países que ofereçam o menor custo.

Cargueiro Airbus *engolindo* uma fuselagem de avião que vai para a linha final de montagem

Existe um número enorme de fabricantes mundo afora, mas, na realidade, para os megaconstrutores, fazer aviões é hoje apenas uma parte do negócio. São, na verdade, grandes grupos que fazem aviões, satélites, foguetes espaciais, armas em geral, helicópteros e, em alguns casos, até trens de ferro, navios, jet-skis e uma infinidade de produtos. Os maiores clientes são os governos e os grandes bancos que, por meio de instituições financeiras específicas, compram aviões novos em grande quantidade e os alugam para as companhias aéreas. São poucas as companhias aéreas que se aventuram na compra de uma grande quantidade de aeronaves novas; o valor empatado seria muito grande e faria falta nas operações diárias da empresa. Em geral, elas alugam a maior parte de sua frota e compram uma pequena parte.

Existe um modelo de avião mais seguro que o outro?

Desde que a aeronave tenha sido construída dentro de estritas normas de engenharia e seja operada e mantida rigorosamente dentro dos limites de sua homologação, ou seja, usada do jeito certo e para o fim a que se destina, além de ter sua manutenção efetuada por empresas e mecânicos autorizados, na hora e da forma corretas, além de só se utilizar peças originais, não se pode dizer que uma aeronave é mais segura que outra. Não se pode ter a ilusão de que um avião grande pode fazer tudo o que faz um avião pequeno e julgá-lo mais seguro só por seu tamanho, nem o contrário seria verdadeiro. Trata-se de produtos diversos para realidades diversas, com regras de operação e de manutenção bem distintas.

Não importa quantas horas um avião já tenha voado, nem quantos pousos e decolagens já tenha feito, ainda assim ele continuará sendo seguro até que vença o número de horas para o qual foi projetado. Dentro desse período espera-se que ele funcione plenamente, desde que sejam respeitadas as revisões e a manutenção, seja essa revisão programada ou não.

Com certeza, hoje em dia voa-se de forma muito mais segura do que há 30 anos. A aviação faz parte do resultado geral da aventura humana, é resultado direto de nossa capacidade de inventar e, se preciso for, melhorar nossas invenções com base em nossas experiências com o que inventamos. Desde que o homem voou pela primeira vez, a coisa só vem melhorando. Ainda que vez por outra a perda de vidas seja uma triste realidade, é inegável o fato de que cada tragédia traz consigo lições que evitarão a perda de muitas outras vidas. Não estou dizendo, de modo algum, que as tragédias sejam desejáveis, apenas que é um fato inegável e que faz parte da trajetória humana.

Do naufrágio de grandes navios aos acidentes com naves espaciais, como no caso dos ônibus espaciais americanos, as maiores e melhores realizações humanas na área de transportes pagaram preços realmente muito altos em vidas. Entre as causas de morte por acidente, a aviação ocupa o sétimo lugar.

A vida é uma escola, e a aviação é uma das matérias, assim como a medicina, a engenharia civil e tantas outras áreas do conhecimento humano, conhecimento este que talvez ainda não esteja sequer engatinhando. Voar nos dias de hoje está muito longe do que foi voar no passado. Temos ao nosso dispor a qualidade e a confiabilidade inegavelmente superiores de aviões, pilotos, sistemas de navegação aérea, treinamento, manutenção, projetistas, construtores e tantos outros itens que compõem o ato de transportar seres humanos por via aérea.

Qual é o lugar mais seguro para nos sentarmos no avião?

Bem, cada especialista costuma ter uma opinião diferente sobre esse assunto, por isso costuma-se ouvir coisas como:

"Todos os assentos são seguros da mesma forma"
"É uma questão antiga que não tem como ser respondida"
"Não existe assento mais seguro que o outro"

Esta, bem como tantas outras, é uma questão polêmica. Mas, em minha opinião, dizer que não interessa onde você senta é um grande mito. Para mim, é claro que interessa! E a realidade é a seguinte: os assentos localizados na parte traseira da cabine não são os mais confortáveis, mas são os mais seguros. Nessa região os índices de sobrevivência atingem cerca de 70%. Tanto é verdade que já existem consultas não oficiais por parte das grandes empresas aéreas junto aos grandes fabricantes para mudar a configuração interna das cabines de passageiros. A primeira classe seria mudada para a parte traseira do avião, assim, os mais abastados pagariam também por uma chance maior de sobreviver a um acidente. Uma passagem de primeira classe chega a custar, em alguns casos, algo em torno de 10 a 20 vezes mais que uma passagem na classe econômica.

É um negócio como outro qualquer, e se a empresa acha que vale a pena, bem, é um direito dela. O passageiro, por sua vez, supõe-se, tem o direito de escolher o produto que quiser. Vai depender se o país onde ele estiver for realmente uma economia de mercado, onde a livre competição seja prática comum. Com certeza não é o caso do Brasil. Nossa economia ainda sofre muito com o intervencionismo governamental e ainda tem muito chão a percorrer.

Que EMERGÊNCIAS são mais comuns, e como posso me preparar melhor para enfrentá-las?

As mais comuns são despressurização da cabine, falha de um motor e algumas outras que o passageiro nem nota, como a falha de um sistema hidráulico ou elétrico, ou pane em algum dos instrumentos de voo. O maior risco à segurança dos passageiros, no entanto, é não dar o devido crédito aos profissionais que os transportam.

Um voo comercial sempre começa com uma demonstração feita pelos comissários, denominada demonstração de segurança. Trata-se de uma regra mundial. Pois bem, a maioria dos passageiros "não" presta atenção. Grande parte deles não o faz porque nutre a crença de que, caso um acidente ocorra, haverá pouco ou quase nada que se possa fazer.

Além de prestar atenção na demonstração, o que o passageiro pode e deve fazer é ler com atenção os folhetos de instruções de segurança que estão a bordo e ao seu alcance, e melhorar sua consciência sobre onde ele está sentado e por onde sairá em caso de emergência, familiarizar-se melhor com a localização das saídas de emergência do avião, e não se fixar em apenas uma delas. Muitas vezes tendemos a nos fixar em uma saída que estamos vendo, entretanto, se prestarmos mais atenção, pode ser que cheguemos à conclusão de que existem saídas mais próximas de nós, como as várias portas do avião. Parece muito óbvio o que estou dizendo, mas, em situações de risco de vida, dificilmente conseguiríamos ter o tempo e a calma necessários para analisar a melhor opção e, com isso, aumentar nossas chances de escapar com vida.

Existe também um estudo que demonstra a tendência do passageiro de querer sair por onde entrou, mesmo que esse passageiro se encontre em uma situação de emergência e esteja bem mais perto de outra saída, seja uma saída de emergência ou uma porta comum. Quando ocorre um acidente, o comportamento dos passageiros dependerá do grau de preparação que eles receberam para lidar com esse tipo de ocorrência. É preciso ter em mente o fato de que existem algumas emergências nas quais é possível aos comissários preparar melhor os passageiros, as chamadas emergências preparadas, outras são inesperadas e instantâneas. Nessa hora, teoricamente quem sabe um pouco mais e consegue manter a calma tem mais chances de escapar com vida.

Por que as janelas são sempre meio arredondadas?

Existe um motivo realmente interessante, muito embora para se chegar à conclusão de que elas deveriam obrigatoriamente ser redondas, ou ter cantos arredondados alguns acidentes fatais tenham ocorrido no passado. Com o passar do tempo, chegou também aos aviões a pressurização das cabines de passageiros. Então, a estrutura básica de um avião começou a mudar completamente. Era necessário tornar as cabines mais resistentes, caso contrário, explodiriam como um balão.

O primeiro avião a jato com cabine pressurizada foi construído por uma fábrica inglesa chamada De Havilland, cujo nome do avião era Comet. Ele era, então, o primeiro jato comercial do mundo a entrar em produção comercial. Na época, não havia rivais, ele simbolizava, emblematicamente, o orgulho da reconstrução pós-guerra da Inglaterra. O primeiro desses aviões saiu da fábrica logo após a Segunda Guerra, em 1949, e entrou em serviço comercial em 1952. Nesse mesmo ano o primeiro acidente já ocorreria. Três acidentes já haviam ocorrido com o Comet em um período de apenas dois anos, apenas um deles com vítimas fatais. Nenhum desses acidentes ocorrera em função de falha na estrutura da aeronave, fato comprovado pelas investigações.

Janeiro de 1954. Minutos após decolar de Roma com destino a Londres, o Comet sofria sua segunda tragédia com vítimas fatais. A pressurização da cabine de passageiros foi demais para aquelas estruturas, que muito embora fossem novíssimas em folha, já se encontravam debilitadas, por algum motivo até então desconhecido.

Até então os aviões tinham janelas cujo formato poderia muito bem ser qualquer um. Entretanto, a pressurização enche e esvazia a fuselagem a cada voo, como se fosse exatamente um balão.

Esse procedimento fez com que algumas janelas com cantos quadrados, em alguns jatos, fossem lentamente criando pequenas rachaduras nesses cantos, imperceptíveis a olho nu. Ao se fixar a estrutura de cada janela, eram utilizados pequenos grampos de metal, chamados rebites, e, ao perfurar o metal, eles causavam fissuras microscópicas, coisa desconhecida até então.

No canto de uma das janelas do Comet teve início um vazamento de ar intenso, que completou o serviço fazendo com que a fuselagem se rompesse, de dentro para fora, rasgando-se como uma folha de papel, liquidando com o avião e seus passageiros.

Quatro meses depois, um segundo avião, do mesmo modelo, que também decolara de Roma, desta vez com destino à cidade do Cairo, Egito, enfrentaria exatamente o mesmo problema, terminando com o mesmo destino trágico. Na época, Sir Winston Churchill era o primeiro-ministro britânico, e determinou que se empregassem todos os meios para descobrir a causa dos acidentes. Um grupo de engenheiros e investigadores construíram, então, um enorme tanque d'água, no qual puderam simular os efeitos da pressurização na cabine de passageiros. Enquanto isso, todos os aviões desse modelo foram proibidos de voar. Após meses de testes exaustivos e intensivos, a causa foi encontrada, e o problema, sanado em definitivo.

O De Havilland Comet e o tanque d'água para testes

O Comet voou ainda por muitos anos no mundo inteiro. A determinação e o exemplar esforço britânico na investigação desses acidentes serviram de modelo para futuras investigações no mundo todo, mostrando com clareza a necessidade de se buscar por todos os meios, as causas que, a princípio, condenariam um grande projeto. Janelas com cantos arredondados, ou simplesmente redondas ou ovais, e a mudança da maneira como elas são presas à estrutura principal da aeronave eliminaram por completo o problema.

Como é feito o abastecimento de combustível?

Nos aviões menores o processo é mais simples, mais ou menos como abastecer um carro; a diferença é que mesmos os aviões menores, em sua maioria, possuem mais de um tanque de combustível, normalmente um em cada asa, que são abastecidos abrindo-se

Abastecimento sob pressão

Abastecendo um avião pequeno

uma tampa que fica na parte de cima das asas. Já os aviões mais complexos, grandes ou pequenos, possuem o que chamamos de abastecimento sob pressão, sistema que permite abastecer todos os tanques de uma vez só através de um bocal único, geralmente localizado debaixo de uma das asas ou na lateral da fuselagem.

O operador do caminhão de abastecimento conecta a mangueira no bocal e utiliza um seletor embutido junto a ele para selecionar que tanques serão abastecidos e com que quantidade; o resto é automático. Em aeroportos maiores e mais modernos já não se utiliza mais o caminhão-tanque; o combustível fica armazenado em reservatórios específicos, nas dependências do aeroporto, e é escoado por via subterrânea até pontos especiais localizados abaixo das asas dos aviões estacionados. O caminhão, nesse caso, atua apenas como um instrumento para captar esse combustível e forçá-lo a entrar no tanque do avião.

Aviões muito grandes às vezes possuem muitos tanques, distribuídos por diversas partes, até mesmo na área da cauda. Isso ajuda no perfeito balanceamento da aeronave durante o voo, mantendo o avião sempre bem equilibrado, o que também aumenta a eficiência, principalmente no que se refere ao consumo de combustível.

Como sabemos o peso exato do avião na hora da decolagem?

O falso equilíbrio é a abominação do Senhor,
mas a justa medida é o seu deleite!

As palavras proferidas pelo sábio Rei Salomão provavelmente se referiam à honestidade de comerciantes, vendedores etc. Nos dias de hoje, suas palavras constituem um sábio conselho aos pilotos quando o assunto é o carregamento correto de seus aviões. Esse é um aspecto do voo ao qual eles, por vezes, dão apenas uma atenção casual: carregar corretamente um avião. Essa é uma ciência que pode, ou não, ser exata. Vai, mais uma vez, depender dos investimentos feitos, tanto por quem constrói e mantém o aeroporto, quanto pela companhia aérea. O peso do avião quando está vazio é um dado fixo e conhecido, o peso do combustível e outros fluidos, como óleo, água, desinfetantes líquidos usados nos sanitários também são.

Falta agora a precisão em relação aos passageiros, bagagem e carga. O que se utiliza no Brasil, e na maior parte dos países, são cálculos baseados em pesos médios padronizados. Por exemplo, para saber qual o peso dos passageiros a bordo, utiliza-se um peso médio de 75 kg, sendo 70 do passageiro e 5 da bagagem de mão. Como a maioria dos passageiros pode pesar um pouco mais ou um pouco menos, na média, o peso estará correto, mas não exato. Já no caso das bagagens, a coisa é bem diferente. O peso é anotado na hora em que se atende o passageiro no balcão de embarque, quando as malas que vão ser despachadas são pesadas. Ao finalizar o atendimento do voo, esse total é transmitido a um DT (Despachante Técnico) ou a um DOV (Despachante Operacional de Voo), que finaliza todos os cálculos referentes ao peso e balanceamento geral do avião e insere esses dados em um computador que roda um programa específico.

Esse programa finaliza tudo e compõe um documento que é então impresso e entregue ao comandante do voo em questão. Ele analisa se a documentação está correta e a aceita ou não, além de determinar mudanças, como a quantidade de combustível e coisas que, em sua opinião, afetem a segurança do voo, afinal, a última palavra é sempre dele, comandante. O documento — Manifesto de Peso e Balanceamento — é um requerimento legal que recebe a assinatura do comandante e é mantido em arquivo. Quando um acidente ocorre, esse é um dos primeiros documentos a ser verificados. Assim, pode-se determinar se a aeronave foi despachada para o voo dentro ou fora de seus limites de carregamento.

Existe, entretanto, a máfia da carga aérea, um grupo de pessoas inescrupulosas que se utiliza de ligações com funcionários de empresas aéreas menos sérias, em especial aqueles ligados aos setores de despacho de cargas, e, por meio de corrupção, despacham carga em grandes quantidades, pagando bem mais barato, e por fora. Não falo da empresa A nem B, falo de todas elas, todas, sem exceção, no mundo inteiro, são alvo, em maior ou menor grau, desses criminosos. As empresas mais sérias e mais organizadas sabem disso e investem bastante em tecnologia e treinamento contra essa verdadeira praga. No Brasil, as grandes empresas, que já sofreram muito com isso, vêm obtendo grande sucesso contra esse pessoal, pois seus departamentos de despacho de cargas demonstram extrema eficiência operacional como um todo.

Esse excesso de carga não pode, logicamente, ser descrito no manifesto legal, e, por isso, não são raros os aviões que decolam com grande excesso de carga e com a distribuição real da carga no porão das aeronaves feita de forma errada e perigosa. Para se ter uma ideia do quão criminosa é essa atitude, no caso de uma aeronave, que esteja decolando, perder um dos motores e estar com excesso e má distribuição de carga, essa aeronave terá enormes dificuldades para voar com somente um motor e, dependendo da situação, talvez nem consiga.

Como provar, após um acidente de grandes proporções, que havia excesso de carga? O comandante assinou o Manifesto, e é responsabilizado por todos, mas, na verdade, nem teve acesso real aos procedimentos de pesagem e carregamento. Se quiser, ele desce do avião, acompanha tudo e manda pesar tudo na frente dele, só que, aí, o voo vai levar o dia inteiro para sair. O padrão é de 20 minutos no solo entre uma escala e outra. Isso não é função dele, ou seja, ele é obrigado a se responsabilizar por escrito por uma fase da preparação do voo que é vital, mas que ele não tem como vigiar. Algumas empresas mais sérias mantêm funcionários especificamente treinados para acompanhar o carregamento de suas aeronaves.

O mais interessante é que, se tiver alguma coisa errada com o carregamento, na eventualidade de uma pane, é o comandante quem tem de fazer o possível e o impossível para conseguir sustentar aquele avião, caso contrário, ele também morre. Carga e bagagem costumam ser queimadas quando ocorre um acidente, e ainda que assim não fosse, como atestar, após um acidente que danifica muito tanto cargas quanto bagagens, que seu peso após o acidente é o mesmo de antes? As empresas sabem da existência desse problema e monitoram isso por meio de alguns dados, como, por exemplo, o consumo de combustível, pois avião com excesso de peso consome mais combustível do que o previsto para aquele voo.

Esse avião com excesso de peso estará sendo estabilizado automaticamente pelos computadores para uma situação irreal, pois irreais são os dados do Manifesto inseridos nos computadores. Conclusão: o avião voará mal e gastará mais. Por serem falsos, os dados produzem correções errôneas. Quando o gasto a mais ocorre esporadicamente, pode-se levar em conta outros fatores, como desvios feitos pelo piloto em função de mau tempo, demora para pousar ou decolar em função de tráfego aéreo intenso e outros, mas, quando é frequente e sem maiores explicações, ali está um provável excesso de peso.

Depois de ter demonstrado tudo isso, fica mais que evidente a grande confiança que é depositada pelos pilotos em todo o pessoal de apoio em terra, e não poderia ser diferente.

O que é um avião WIDEBODY?

A palavra inglesa *widebody* (plural: *widebodies*) significa "corpo largo". Um avião *widebody* é todo avião comercial produzido com pelo menos três fileiras de assentos (com um par de fileiras de assentos próximas à janela e uma no meio) e dois corredores. Aviões *widebody* foram criados para proporcionar conforto aos passageiros e facilitar o movimento de passageiros e tripulantes pela aeronave. O primeiro *widebody* foi o gigantesco Boeing 747, apelidado de *jumbo*, capaz de transportar mais de 500 passageiros em um único voo. Muitos duvidaram que essa aeronave alcançasse algum sucesso comercial quando lançada, e a Boeing passou por vários problemas econômicos durante o processo de desenvolvimento do 747.

Lançado em 1968, o Boeing 747 foi o maior avião comercial do mundo até 2005, quando o Airbus A-380 fez seu primeiro voo. O 747, rompendo todas as expectativas, tornou-se um grande sucesso comercial, servindo em rotas muito densas. Na década de 1970, apareceram os primeiros trijatos comerciais, o Douglas DC-10 e o Lockheed L-1011 Tristar, dois aviões comerciais intercontinentais produzidos respectivamente pela McDonnell Douglas e pela Lockheed. Na década de 1980, um derivado do DC-10, o MD-11, de longo alcance, seria produzido.

O primeiro bijato *widebody* foi o Airbus A-300, um avião comercial de média distância. A Boeing contra-atacou com o Boeing 757 — não *widebody*, de médio alcance — e o Boeing 767, um *widebody* de longo alcance. Este último revolucionou a aviação comercial — seu longo alcance, baixos custos operacionais e razoável capacidade de passageiros (196) permitiram voos regulares usando o menor número de aviões possível em rotas transatlânticas e outras anteriormente impraticáveis por causa de altos custos operacionais e baixo número de passageiros. O Boeing 767 foi o responsável por popularizar as viagens transatlânticas — ao longo do final da década de 1980 e em toda a década de 1990, mais 767s cruzavam o Oceano Atlântico diariamente do que todos os outros aviões comerciais somados —, e mesmo em tempos atuais, ele continua a ser a aeronave que mais cruza o Atlântico diariamente, apesar da crescente concorrência de aeronaves mais modernas e recentes.

Os aviões pequenos são realmente mais perigosos?

Não, não são. Os aviões de pequeno porte, na verdade, fazem parte de outro mundo, de outra realidade econômica e aeronáutica. São, na maioria das vezes, aviões de propriedade privada, e aqui, como em qualquer lugar do mundo, o que é privado reflete muito a economia e a cultura de um povo e de um país. Esse é um tipo de aviação cujos propósitos, bem como a realidade vivida, são totalmente distintos da aviação regular de grande porte. Aeronaves menores operam sob uma legislação diferente e com critérios de manutenção e treinamento também bastante diferenciados. Como acontece com um carro particular, quem determina a qualidade da manutenção e o nível técnico do motorista é o dono do veículo. Com os aviões particulares não é diferente. O dono determina tudo, só não tem poderes legais para tomar decisões que cabem ao comandante, e isso quando a aeronave estiver em voo.

Ele pode até não gostar do que seu piloto fez ou deixou de fazer, mas, durante o voo, legalmente, o dono é apenas um passageiro e não manda nada. A não ser que ele também seja um piloto legalmente habilitado e tenha assinado o Plano de Voo daquela aeronave em particular, e esteja efetivamente no comando (pilotando) a aeronave.

Manter e operar um avião é, e sempre foi, uma atividade dispendiosa. A maior parte dos proprietários não tem condições financeiras e/ou técnicas realmente adequadas para manter e operar suas aeronaves como manda o figurino. Por isso o popular jeitinho, ou acochambramento, é prática comum e generalizada.

Esses proprietários não fazem a manutenção de forma correta, não contratam nem mantêm pilotos da maneira adequada, servindo-se de um crescente mercado de free-lancers (autônomos) desempregados, que ficam à própria sorte, tendo que arcar com todas as despesas, inclusive eventuais treinamentos para se manter no mercado de trabalho. Isso é especialmente verdade entre os operadores de aviões menos sofisticados. Daí é possível concluir o desnível técnico entre os pilotos de grandes empresas e a grande maioria dos de aeronaves particulares. Isso obviamente não é uma regra, mas é a realidade da grande maioria. Em inúmeras situações de emergência ocorridas, esse desnível técnico provou, cabalmente, ser o diferencial entre a vida e morte.

Os mais pobres não têm como bancar seu treino adequadamente, e os donos de jatos executivos, uma categoria mais abastada, não costumam ver o treinamento de pilotos como um investimento. Ledo engano. Em sua miopia, veem treinamento como uma despesa desnecessária, que deve ser evitada ou repassada a qualquer custo. Não foram poucos os empresários brasileiros que passaram desta para melhor (ou pior) viajando em seus belos aviões, que os pilotos não sabiam operar direito porque o patrão não quis lhes pagar um bom curso, e a agência reguladora também nunca se preocupou em exigir tal treinamento. Tudo isso contribui, sim, para a má fama dos aviões de pequeno porte. Os aviões, no entanto, são tão bons quanto os grandes, só não têm sido mantidos nem pilotados com os mesmos níveis de proficiência. A agência reguladora, fraca e desorganizada, prefere concentrar seus esforços nas grandes empresas.

Para dizer que está fazendo ou tentando fazer algo para melhorar a realidade dos pequenos, esta agência opta invariavelmente pela arma da burocracia sufocante, e, com isso, consegue fazer com que tudo pare, pois, já que não temos sido capazes de ajudar nem fiscalizar corretamente, então vamos parar com tudo. Não é à toa que quase todo piloto de avião pequeno sonha em ir para as grandes companhias. E não pense o leitor que se trata apenas do ego, da vontade de voar um avião grande. Trata-se, isso sim, de uma chance bem maior de sustentar, sem maiores problemas, sua própria família.

A vida nas grandes empresas é bem dura também, mas lá, pelo menos, eles têm emprego fixo, salário, direitos e benefícios, treinamento muito bom e alguma estabilidade. Não dá para comparar. É um lugar onde pelo menos o piloto é necessário, sempre, e a toda hora. No Brasil não é diferente, os problemas enfrentados por esse tipo de aviação, conhecida como aviação geral, são vários, e como não poderia deixar de ser, de uns anos para cá também sofre muita discriminação e total falta de apoio por parte da autoridade reguladora que, como já foi dito, não tem demonstrado a necessária capacidade de organização e fiscalização de modo a poder efetuar um controle inteligente e eficaz sobre esse tipo de operadores; fazê-la crescer, e não morrer; aumentar o número

Bimotores turboélice

Monomotor e bimotor com motores a pistão
(motor convencional)

real de operadores. A aviação geral é, sem dúvida alguma, o elo mais fraco de toda a cadeia aeronáutica de nosso país.

A aviação geral é composta, em parte, por empresários, esses que representam uma parcela da sociedade que gera milhares de empregos e é responsável por grande parte da real iniciativa privada neste país. Distribuidores de riqueza e pagadores de impostos. São industriais, agricultores, comerciantes, gente que tem negócios em muitos lugares diferentes e precisa de mobilidade para que possa ter agilidade em suas tomadas de decisões, pois "o que engorda o boi é o olho do dono".

Não digo que se deva conceder privilégios, só não se deve discriminar nem criar dificuldades desnecessárias para quem opta por este tipo de transporte. Ter um avião particular no Brasil de hoje tornou-se um calvário. Taxas e impostos exorbitantes e proibitivos, documentação monumentalmente burocrática e políticas pouco amigáveis para quem precisa pousar em certos aeroportos centrais.

O aeroporto de Congonhas, em São Paulo, é um grande exemplo disso. Um aeroporto que na verdade não comporta grandes aviões com a devida segurança, fato já tristemente constatado, e cuja vocação é, na realidade, de receptor e distribuidor de voos regionais e executivos, segmentos que se utilizam de pequenas e médias aeronaves, adequadas para o espaço e condições oferecidas por ele. Pois bem, fazer um plano de voo cujo destino seja Congonhas, em uma aeronave pequena, e receber a devida aprovação, é o mesmo que ganhar na loteria. As dificuldades inventadas pelas autoridades são de tal ordem, que beiram o absurdo. Investimentos em instalações dirigidas aos pequenos então, bem, não preciso nem dizer, são proibidos. Avião dificilmente é tratado como brinquedo por alguém. Mesmo aqueles que o utilizam apenas para levar a namorada à praia em um fim de semana sabem o preço dessa conveniência.

Rico não é rico por não dar valor ao dinheiro. Não é, nem nunca foi pecado ser rico e usar o seu próprio dinheiro como bem quiser. O que é pecado, ou crime mesmo, é fazer isso de forma ilegal, e só. Em um país livre, qualquer um de nós que puder e quiser, deve ter o direito de adquirir e operar um avião tão facilmente como se compra um carro em uma concessionária. Seria excelente, e até uma atitude demonstradora de boa vontade, e acima de tudo maturidade, da parte da Agência Reguladora, se seus dirigentes entendessem que homens de negócios geram mais riqueza para o Brasil quando mais bem equipados para o trabalho. Quanto maior a frota de aviões executivos no Brasil, mais negócios importantes serão efetuados em prol do nosso próprio povo, uma vez que, de posse desse tipo de ferramenta, o empreendedor percorre este país de dimensões continentais, que não dispõe nem de estradas nem de uma boa malha aérea, determinando rápida e eficientemente como, quando e onde efetuar seus investimentos, simplesmente gerando progresso, empregos, riqueza e melhor distribuição de renda.

Se depender de um grande empresário de Santa Catarina pegar a estrada para decidir se um negócio no interior do Pará, que vai gerar 3.000 empregos, impostos e melhoria de vida da população local, vale a pena ou não, o negócio não sai do plano imaginário, e só quem perde somos nós. Citei um grande empresário hipoteticamente, mas poderia ser um negociante de médio porte ou um pequeno fabricante de qualquer coisa, porque a maior parte dos empreendedores não é composta de milionários, e nem precisa ser. No seu avião, se quiserem, eles vão e voltam no mesmo dia. A tomada de decisões se torna um processo rápido, coisa que brasileiro gosta, quer e precisa. Mas, na hora de deixar que aconteça, não se sabe bem por que, recorre a sentimentos ultrapassados e nada benéficos, como, se não posso ter também não deixarei que tenham... Invejar, no sentido negativo, homens e mulheres que se tornaram ricos e que construíram suas fortunas à custa de muito trabalho honesto, muito suor, e geraram muitos empregos, é, no mínimo, uma burrice sem tamanho, pois, com essas pessoas temos mais é que aprender muito.

É difícil ter um avião particular no Brasil?

Depois de tudo o que foi dito acima, para quem não é milionário, não é preciso dizer muito, é simplesmente desanimador. Gasolina cara, mal distribuída pelo país, manutenção quase impossível de ser feita sem grandes atropelos, uma vez que quase tudo é importado e pago em moeda estrangeira, o que faz com que o estoque de peças de reposição seja inexistente em um país que já teve uma das maiores frotas do mundo. Burocracia absurda e controle excessivo e engessante estão fazendo com que grande parte dos proprietários de pequenos aviões estejam desativando suas aeronaves, colocando-as à venda e migrando, em alguns casos, para a alternativa da aviação experimental que, como o próprio nome diz, é experimental. É nessa categoria que se enquadram os fabricantes e operadores dos famosos ultraleves. No entanto, forçar ou condenar um proprietário da aviação geral, que tem condições e já está acostumado a usufruir de aeronaves melhores e mais seguras, a migrar para a aviação experimental, em função de tudo o que já foi exposto aqui, é engatar a marcha à ré e, ainda por cima, atolar. O correto seria que a aviação experimental fosse, como realmente é, apenas uma categoria de base, de onde viriam inúmeros novos integrantes para a aviação geral. Mentalidade de crescimento, e não de retrocesso. Um dos principais problemas enfrentados no Brasil por quem compra um avião particular é a infindável, exagerada e incompreensível lista de documentos e inspeções mecânicas exigidas pela ANAC.

A coisa tem sido de uma burocracia tão grande que, em alguns casos, chega mesmo à beira da insanidade, exigindo-se que aviões novos ou quase novos sejam totalmente desmontados para a verificação de sabe-se lá o quê... . Obviamente, desde que as homologações, revisões e inspeções realizadas anteriormente estejam válidas, e desde que tenham sido efetuadas em oficinas homologadas, não importando se a oficina que realizou o serviço é brasileira ou estrangeira, exigências dessa natureza não só não fazem o menor sentido, como servem apenas como mais um elemento demonstrador e comprovador da incapacidade e falta de visão desse órgão governamental no trato com a aviação executiva. Ao chegar ao Brasil, uma aeronave recém-adquirida no exterior chega ao absurdo de ficar parada por semanas a fio aguardando a inspeção que será feita pelos fiscais da ANAC, para que possa, então, receber um prefixo (um registro) brasileiro. "Essa engrenagem horripilantemente burra e burocrática serve também para azeitar interesses escusos, uma vez que, quem compra um avião caro, tem dinheiro..."

Como não poderia deixar de ser, essa engrenagem perversa está muito bem protegida e a salvo de retaliações, devido à falta de juízes especializados em assuntos aeronáuticos em nosso país. Não contamos, no Brasil, com nenhum corpo jurídico com conhecimento suficiente para arbitrar questões como os excessos e os abusos cometidos todos os dias pela ANAC contra a aviação geral. Quando limites forem impostos e pesadas penalidades passarem a ser aplicadas, por meio de ações judiciais realmente embasadas e competentes, a coisa vai mudar bem rapidinho.

Soma-se a essas dificuldades o fato de que, por pura falta de uma boa remuneração e de estímulo, estamos exportando muitos de nossos excelentes mecânicos de aeronaves para o estrangeiro, pois, com bem menos aviões no mercado em relação ao que já tivemos no passado, as oficinas de aviões não estão vivendo seus melhores dias. O duro é saber que esse profissional raramente vai trabalhar na mesma função que exercia aqui. Não são raros os casos em que estão, na realidade, pintando paredes ou lavando pratos. A burocracia, a corrupção, a falta de visão, a incompetência matam todos os nossos bons anseios e nossas boas ambições, destroem tudo aquilo que temos de melhor, ou seja, nós mesmos. Além disso, minam nosso futuro e também o de nossos filhos. Condenando-os, quem sabe, a um dia também não terem opção a não ser lavar pratos e pintar paredes para os gringos. Isso depois de termos investido quase tudo para que tenhamos um doutor na família. Esses males também geram uma visão errada de tudo aquilo que somos capazes ou não.

Tudo isso é tão danoso a nós mesmos que, muito embora estejamos em processo de consolidação de nossa democracia, muitos de nós já nos encontramos totalmente desiludidos com a chamada economia de mercado como forma ideal de combater a pobreza que sempre nos assolou, e gostaríamos de ter novamente uma presença maior do Estado em nossas vidas. E esse pensamento é um erro, um veneno. Em países assim, onde os partidos políticos não se estruturam da forma adequada e não fazem o que realmente devem fazer, ou seja, agir como contrapeso, a demanda pela concessão de maiores poderes para os presidentes é quase que lugar-comum. É neste terreno fértil de desordem política e falta do Estado no que tange às necessidades básicas da população que o populismo de alguns dirigentes aflora com maior intensidade, expondo a democracia a um grande perigo. Um Estado é constituído de várias instituições, não cabe a um presidente da República assumir o controle de tudo. Isso seria ditadura.

Dá para explicar melhor a relação entre aviões e os GARIMPOS?

A garimpagem de ouro, pedras preciosas e minérios em geral é uma atividade que no Brasil teve seu início ainda nos nossos tempos de Colônia Portuguesa. Mas foi nas selvas do Norte de nosso país que o casamento entre avião e garimpo teve lugar. A região possui um dos subsolos mais ricos deste planeta, e é também uma das mais difíceis em termos de locomoção e logística. Por esse motivo os pequenos aviões são as ferramentas ideais para vencer as dificuldades. São lentos e têm um custo operacional elevado; no entanto, são capazes de pousar e decolar de lugares inimagináveis, basta um bom piloto no comando. Quantidades enormes de sacos de farinha, feijão e arroz, carne seca, tambores de óleo diesel, máquinas, e muita gente foram e ainda são transportadas sobre as selvas por essas pequenas e intrépidas aves.

Na sua imensa maioria são utilizados aviões monomotores com capacidade original de fábrica para quatro ou seis ocupantes. Como em avião de garimpo o conforto (cadeira) é exclusividade do piloto, todos os assentos, menos o dele, são retirados. A finalidade é deixar o avião mais leve, e, assim, disponibilizar essa diferença de peso para a carga ou para passageiros. A capacidade desses aviões de levantar voo, totalmente carregados, gira em torno de 450 a 650 quilos de carga.

Como um garimpeiro e sua tralha pesam em média 55 quilos, era comum ver o embarque de cerca de sete a dez (incluindo o piloto) pessoas nesses aviões. Os passageiros eram confortavelmente acomodados no próprio piso da aeronave, bem espremidinhos, como se fossem sardinhas na lata. Quando a carga é mista, ou seja, composta de passageiros e carga ao mesmo tempo, alguns têm a sorte de poder tirar uma sonequinha em cima de um saco de farinha, usando, é claro, um saquinho de açúcar como travesseiro. Conversa fiada e muitas mentiras e "causos" (estórias) eram o entretenimento de bordo. Até duelo de cantores repentistas já tive o privilégio de presenciar a bordo de meus voos.

A hora do pouso é um acontecimento à parte. São poucos os pilotos que já tiveram a inusitada experiência de se ver ao mesmo tempo tentando se concentrar para o pouso em uma estreita faixa de terra no meio da selva e ouvindo as orações feitas em voz alta por quase todos os garimpeiros a bordo. Os que não rezavam ficavam de olhos bem fechados e dentes cerrados torcendo por um pouso seguro. Para mim, aquilo nada mais era do que mais uma forma que Deus havia encontrado para demonstrar que sempre esteve o tempo todo voando comigo. Enganam-se os que acham que só pilotos de grandes jatos recebem salvas de palmas após o pouso; pilotos de garimpo também, a diferença é que os passageiros estavam vendo tudo, bem ao lado do piloto, alguns com os olhos bem arregalados e, quem sabe, sentindo as mesmas emoções.

O primeiro grande garimpo na região Norte não foi de ouro nem de pedras, mas de borracha. É isso mesmo. A borracha foi, durante muitos anos, a grande riqueza explorada na região. O látex extraído da seringueira, a árvore da fortuna, era conhecido como o ouro branco. Foram dois os ciclos de bonança. O primeiro teve lugar no fim do século XIX e durou 33 anos. Requinte e muito luxo marcaram o apogeu dessa época, entretanto, países como Malásia e o então Ceilão (atual Sri Lanka) levaram vantagem nesse comércio e acabaram com o sonho brasileiro.

Nos anos 30, Henry Ford acreditou que pudesse produzir borracha industrialmente no Brasil e utilizá-la em sua indústria de automóveis. Investiu cerca de 20 milhões de dólares (correspondentes a cerca de 200 milhões de dólares nos dias de hoje), e fundou uma Cidade-Projeto às margens do Rio Tapajós, no Estado do Pará, ao sul da cidade de Santarém. Ela foi construída nos moldes das cidades americanas de então, com ruas pavimentadas e até hidrantes para o combate a incêndios. O que sobrou dessa cidade existe até hoje, e chama-se Fordlândia. Tudo o que havia de mais moderno na época foi investido na plantação de grandes seringais e também na cidade. Na época, aquela pequena localidade perdida nos confins da Amazônia contou, inclusive, com o mais moderno e mais bem equipado hospital de toda a América do sul, e foi a sede da maior serraria do nosso continente, responsável pelo beneficiamento da madeira resultante de um desmatamento gigante, realizado para dar lugar à área de cultivo dos seringais. Infelizmente, devido ao fato de as mudas de seringueiras (foram plantadas mais de 1 milhão de mudas) terem sido plantadas de forma equivocada, uma praga atacou as folhagens, transformando todo o sonho de Henry Ford em um grande fracasso, deixando, hoje, apenas poucas lembranças às margens do Rio Tapajós.

O segundo ciclo teve lugar durante a Segunda Guerra Mundial e durou pouco tempo. Nessa época, 97% da produção mundial havia passado para as mãos dos japoneses, que invadiram os países produtores no Sudeste Asiático. Os americanos, então, decidiram investir muito dinheiro para adquirir borracha brasileira para o uso das forças aliadas. Os dois governos fizeram um acordo que previa a extração em grande escala do látex nacional. Essa operação ficou conhecida como a Batalha da Borracha.

Como grande parte dos seringais já se encontrava abandonada há vários anos, o governo de Getúlio Vargas criou o SEMTA — Serviço Especial de Mobilização de Trabalhadores para a Amazônia, cuja função era viabilizar o alistamento compulsório de 100.000 homens para trabalhos braçais. Sediado em Fortaleza, Ceará, esse órgão valeu-se, na época, de uma das mais severas secas que já assolaram o Nordeste brasileiro, e sem grandes esforços levou a cabo essa missão. O governo americano pagava ao governo brasileiro, na época, 100 dólares por cada homem que fosse alistado e entregue na Amazônia, que trabalharia, na verdade, num regime de escravidão. Só nordestinos foram 54 mil, 30 mil deles apenas do estado do Ceará. Eram conhecidos como os soldados da borracha.

O embarque "armadilha" para a Amazônia

Havia uma "promessa" do governo brasileiro de reconduzi-los às suas cidades logo que terminasse a guerra, reconhecê-los como heróis e dar-lhes uma aposentadoria equiparada à dos militares. Estima-se que apenas 6 mil homens tenham conseguido voltar, e por conta própria. Os outros, simplesmente foram esquecidos, morreram, ou foram obrigados a ficar no meio da selva para o resto de suas vidas. Era apenas uma promessa de guerra... Finalmente, nos anos 60, iniciou-se o período de garimpagem de metais e minerais na Amazônia. Cassiterita e diamantes foram muito explorados, mas foi o ouro que desempenhou o papel principal. Basicamente a atividade era desenvolvida em pequenos riachos perdidos no meio da selva, muitas vezes impossíveis de serem localizados do alto, pois a vegetação era tão densa que cobria todo o leito desses riachos.

Primeiro, uma equipe de garimpeiros "pesquisadores" se embrenhava no mato, e após constatar a existência de ouro em um determinado local, estabelecia um novo garimpo. Os garimpeiros abriam uma clareira na selva para que os aviões pudessem lançar alimentos e equipamentos, até que fosse possível abrir uma pista de pouso. Essas pistas de pouso eram, na sua maioria, muito curtas, estreitas, e muito rústicas, abertas no meio da selva na base do facão e da enxada. Aí, então, começava o verdadeiro show...

Os principais "teatros de operações" do garimpo aéreo brasileiro tiveram lugar nos estados de Mato Grosso, Rondônia, Pará e Roraima. Muitas foram as cidades que viveram o movimento garimpeiro, mas foi Itaituba, no Pará que sediou o maior movimento aerogarimpeiro já visto no Brasil e no mundo, seguida de perto por Alta Floresta, no Mato Grosso e Boa Vista, em Roraima. Em Itaituba, durante um único dia, chegou-se a vender 100 mil litros de gasolina de aviação. Para se ter uma ideia, um avião monomotor, o tipo mais utilizado em garimpos, tem capacidade média de apenas 400 litros. Esse volume só foi maior durante a Segunda Guerra Mundial, logicamente em operações militares.

Aviões em pista de garimpo

A função dessas pequenas aeronaves, como já foi dito, era levar gente, comida, máquinas, combustível e tudo o mais que fosse necessário para apoiar a extração do vil metal. Agiam como caminhões aéreos, garantindo a sobrevivência de milhares de homens e mulheres embrenhados na selva. Nos dias de hoje, o preço do ouro está baixo em relação ao que já foi pago, mas naqueles dias o metal amarelo vivia seus dias dourados. O fluxo de dinheiro era enorme, assim como o custo de tudo o que era vendido dentro e fora dos garimpos.

Pilotos arriscavam o próprio pescoço, várias vezes ao dia, mas alguns chegavam a ganhar por mês até dez vezes mais que um comandante de um grande jato de passageiros. Pilotei vários tipos de aviões, e em vários lugares do mundo. Os aeroportos mais modernos estão na minha lista de lugares já visitados, mas confesso que nunca senti nada que se comparasse a um pouso em uma pista de garimpo. Loucura, tolice até, eu sei, mas jamais vou me esquecer daquela sensação que, como piloto, foi, sem dúvida, a melhor e a mais intensa que já senti na vida. Até hoje meus batimentos cardíacos aumentam quando me lembro dos momentos que antecediam os pousos. Muitos colegas infelizmente morreram nos garimpos. Esse é, sem dúvida, um tipo de voo que não perdoa o mínimo deslize. O ambiente de trabalho só não deve ser mais inóspito, imagino eu, do que um campo de batalha, por isso pagava-se muito bem. Era coisa de louco.

Embora os aviões pequenos tenham tido participação no impacto ambiental causado pelo garimpo, eles, sem dúvida alguma, também ajudaram a integrar um Brasil que nem o próprio Brasil tinha noção do quão escondido e vulnerável estava. A abertura de atividades garimpeiras nas nossas fronteiras com outros países fez com que a presença das Forças Armadas se tornasse indispensável. Em uma região anteriormente utilizada livremente e sem cerimônia por traficantes e contrabandistas, essa presença por parte de órgãos do governo brasileiro era apenas teórica. Lembro-me do slogan do exército, muito utilizado quando se referia ao Projeto Calha Norte: "Integrar para não entregar".

Calha Norte é o nome de um projeto das Forças Armadas Brasileiras cuja finalidade é incrementar o patrulhamento das fronteiras de nosso país na região Amazônica, aumentando nossa presença nos rincões mais isolados da grande floresta. É formado por 14 bases avançadas do Exército, com o apoio da Aeronáutica e da Marinha, e abrange 70 municípios da região Norte do Brasil, 38 dos quais estão localizados na faixa de fronteira com outros países. Sua área de atuação corresponde atualmente a 14% do território nacional.

A maioria dos soldados dos Comandos e dos Pelotões de fronteira integrantes deste projeto é constituída de indígenas pertencentes às etnias locais, o que é ótimo, pois, além de marcar a necessária presença, as Forças Armadas representam, para essas pessoas, uma oportunidade real de acesso a serviços básicos de saúde e educação, sem mencionar o fato de que ninguém conhece aquela floresta melhor do que eles mesmos.

Da mesma forma que o controle de tráfego aéreo, o Projeto Calha Norte vem tendo seus recursos contingenciados (bloqueados e/ou utilizados em outras funções). Por essa razão também não tem sido capaz de atingir plenamente os objetivos previstos, dando margem ao avanço real de ameaças, como, por exemplo, das FARC — Forças Armadas Revolucionárias da Colômbia, um exército clandestino criado e mantido em condições ilegais. Esse tipo de organismo e suas ideologias alastram-se facilmente quando o povo se sente abandonado pelo poder maior, como tem sido o caso de nossos pequenos povoados localizados próximos às fronteiras da região Norte do Brasil, entre muitos outros espalhados por todo o nosso país.

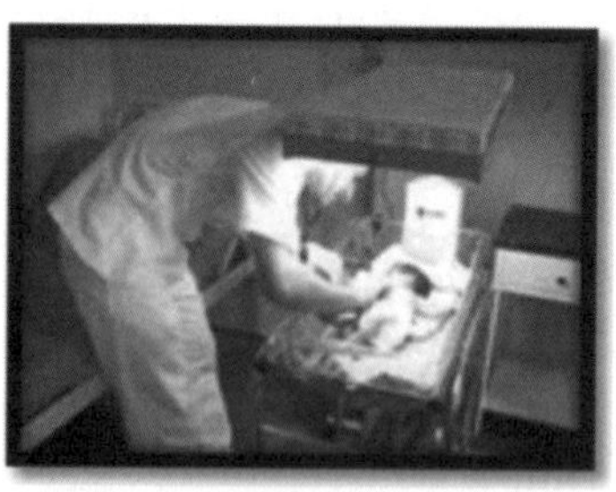

Crianças atendidas pelo Exército brasileiro em São Gabriel da Cachoeira – AM

Os garimpos do Norte do Brasil, é verdade, fizeram parte de minha vida profissional. É estranho dizer, mas, por motivos diversos, essa foi até hoje, e de longe, a melhor e mais feliz fase profissional que vivi. Era tão eletrizante, que eu despertava o despertador. Acordava bem cedo, na ânsia de viver um dia emocionante e gratificante, inclusive financeiramente. Coisas da juventude, coisas que não voltam mais.

O Brasil é muito maior do que a grande maioria de nós poderia jamais supor; conhecê-lo superficialmente levaria anos, talvez nem uma vida inteira fosse suficiente para conhecê-lo a fundo. Poucas pessoas tiveram o privilégio de poder se aventurar nos nossos rincões mais isolados e ver de perto alguns de nossos tesouros mais sagrados. A região Norte esconde alguns desses tesouros, e os garimpeiros já viram muitos deles, e infelizmente também colaboraram para a destruição de uma boa parte, mesmo que inconscientemente e por pura falta de orientação.

Para quem nunca passou fome e sede, além, é claro, de todo tipo possível e imaginável de necessidades, é muito fácil condenar esses brasileiros que optaram pela vida de garimpeiro na Amazônia, na sua imensa maioria migrantes nordestinos, pobres, analfabetos, esquecidos pelo resto do povo brasileiro, gente exatamente como a gente, sem nenhuma expectativa de uma melhoria de vida em suas cidades de origem; simplesmente à margem de uma sociedade que sequer gostaria realmente de saber da sua existência.

A consciência ambiental é uma realidade maravilhosa, e, se Deus quiser, veio para ficar. Contudo, não deve ser usada indiscriminadamente contra os enganos do passado. Devemos usar esses enganos como exemplo do que não deve ser feito, mas não no intuito de condenar aqueles que, como garimpeiros, não enxergaram alternativa que não fosse se embrenhar no mato, como um bicho, contra todos os perigos, não raro pagando caro, em alguns casos com a própria vida. Retirei muitos deles de dentro dos garimpos, vítimas de malária e de outras doenças, para poderem apenas morrer na cidade. Para a grande maioria deles, o garimpo significou apenas mais sofrimento e muita dor, a riqueza ficou onde sempre esteve, ou seja, apenas nos seus sonhos.

O que significa o termo ABORTAR em uma decolagem?

Este termo, muito usado até pouco tempo atrás, na realidade mudou para "rejeitar uma decolagem". Quando se faz o cálculo de peso e balanceamento, calcula-se uma velocidade máxima até a qual o piloto pode interromper uma decolagem com o avião estando ainda no solo, e parar com segurança dentro dos limites da pista. Essa velocidade se chama V1 (velocidade de decisão). Se acontecer algum problema, até essa velocidade o piloto pode decidir se vai ou se fica. Se decidir por ficar no chão, o cálculo feito garante que a quantidade disponível de pista à frente será suficiente para que a aeronave pare com segurança. Caso decida por prosseguir a decolagem, o cálculo também garante que o avião vai voar.

E se o problema ocorrer após a V1? Aí o piloto terá atingido ou passado da VR (velocidade de rotação), na qual, ou após a qual, o prosseguimento é obrigatório, pois as garantias anteriores, em relação a parar dentro dos limites da pista, já não valem mais. A rejeição de uma decolagem é sempre decisão do comandante, e trata-se de um dos momentos nos quais a tomada de decisão deve ser extremamente rápida e baseada

Oito pneus estourados após se "rejeitar uma decolagem"

em muito treinamento. Tudo ocorre em segundos, e o resultado final pode ser imprevisível. Quando se opta por rejeitar, o passageiro vai se assustar bastante, pois o piloto aplicará os freios ao máximo e o tranco vai ser grande, não é raro acontecer o estouro de um ou mais pneus da aeronave e uma certa fumaceira, gerada pelo superaquecimento dos conjuntos de freios. As compensações para o caso de a pista estar seca ou molhada já foram levadas em consideração durante os cálculos de peso e balanceamento.

Essa é uma manobra radical, que sempre causará um grande susto nos passageiros, uma vez que envolve a aplicação de todos os meios disponíveis para parar o avião, com intensidade máxima. O cérebro humano requer certo tempo para processar um aviso de pane captado pelos olhos e/ou ouvidos do piloto, permitindo-lhe tomar a decisão de interromper a decolagem. Quando a pista não é lá muito grande, o piloto quase sempre opta por continuar o voo, mesmo que em uma condição anormal. A opção de interromper consumiria segundos tão preciosos, que o resultado final poderia ser um desastre; a aeronave poderia passar do limite no qual a manobra deveria ser obrigatoriamente iniciada, e inevitavelmente sairia da pista.

Em aviação, o que são os Serviços Especializados?

Serviços especializados são os chamados SAE, e englobam aeronaves com equipamentos especiais, como máquinas fotográficas de grande porte, utilizadas para serviços de Aerofotogrametria, ou seja, tiram fotos para projetos futuros, como estradas, barragens, linhas de trens, projetos agrícolas, controle florestal e ambiental e mapeamentos diversos, com finalidades militares ou civis. Temos também as aeronaves que carregam equipamentos capazes de fazer pesquisas geológicas, procurando ou mapeando jazi-

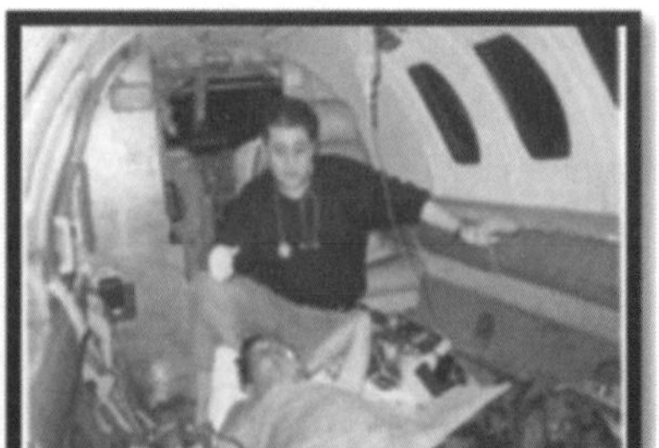

Aeronave de Aerofotogrametria e aeronave ambulância

Aeronave equipada com antenas de pesquisa geológica e um hidroavião

das de minerais diversos e até petróleo. Na sua maioria são aeronaves adaptadas para carregar grandes antenas, necessárias para a operação dos equipamentos de pesquisa.

Outro exemplo são os Aeromédicos que, como o nome já diz, são verdadeiras UTI's voadoras que, quando em missão de socorro ou atendimento, gozam de certos privilégios, como ter prioridade para decolar ou pousar em aeroportos movimentados e voar fora das aerovias preestabelecidas para encurtar as distâncias e o tempo para o socorro.

Onde e como posso aprender a pilotar um avião?

A regra é clara: procure "instrução profissional". Aeroclubes e escolas particulares "homologadas" pela ANAC são o caminho a tomar. Não vá na onda de ninguém que não seja real e comprovadamente da área. Não vale a pena correr riscos, o preço pago pode ser alto demais; pode ser a sua vida e também a de outras pessoas. Seguindo uma tendência mundial, temos hoje em nosso país cursos de nível superior, voltados exclusivamente para a área de aviação. São conhecidos como cursos de Ciências Aeronáuticas, que, além de ensinar a pilotar, agregam conhecimentos vários que, com certeza, contribuem para uma visão e formação mais completas do profissional do futuro. Procure uma faculdade ou universidade que possua esses cursos e informe-se, com certeza vai valer a pena. Se optar por um Aeroclube ou escola que não seja de nível superior, estará caminhando rumo a um curso técnico, que embora não possua um currículo tão abrangente quanto o de um curso superior, também vai capacitá-lo a ingressar na carreira aeronáutica civil. Dentro de sua visão, necessidade e poder aquisitivo, você é livre para escolher seu próprio caminho preparatório.

Cursos superiores são os mais indicados para quem quer se profissionalizar, mas não são obrigatórios. Uma empresa que estiver recrutando profissionais pode até se dar ao luxo de exigir um curso superior, mas a agência reguladora não. Cursos técnicos são indicados para aqueles que pretendem apenas e tão-somente aprender a pilotar um avião, utilizando-o como uma ferramenta de trabalho ou apenas como uma forma de se divertir. Caso tenha dúvidas, procure a ANAC.

Alguém pode aprender a pilotar um avião usando simuladores de voo vendidos em lojas de computadores?

A resposta é "não". Com relação a aprender a voar em casa, sozinho, valendo-se de um simulador de voo de computador... bem... Costumo dizer que é como assistir a um filme excelente, com alto nível de realismo. É uma beleza, e o faz sentir-se capaz de fazer o mesmo, enquanto você está na segurança da cadeira do cinema, pipoquinha na mão, refrigerante e namorada do lado; mas, quando o filme acaba, você sai do cinema e encara a vida real, se dá conta de que não dá para fazer as mesmas coisas, é "pura ficção". Cada ser humano é diferente do outro, alguns, por assim dizer, já nascem sabendo muitas coisas como se fossem profissionais, outros têm grande dificuldade de aprender coisas consideradas básicas.

Tanto quem ensina como quem aprende a pilotar um avião tem hoje, nesse tipo de simulação, uma ferramenta incrível, maravilhosa mesmo. Mas, sair do zero e aprender sozinho a voar, valendo-se somente desses simuladores, é muito difícil para a grande maioria de nós, o que dizer então pilotar um avião real sob condições reais? Não digo que seja impossível, mas, ou a pessoa é uma privilegiada, ou vai ter de contar com a ajuda de gente que sabe. Esses simuladores de computador estão na categoria de joguinhos, mas de jogos não têm nada, são simuladores de voo. Lembre-se de que a vida real não simula nada, ela simplesmente é real. Se quiser pilotar um avião real, procure instrução real; se tentar sozinho, vai ter problemas bem reais.

As declarações feitas por gente que não entende do assunto podem fazer com que as pessoas se esqueçam de que pilotar um avião, principalmente um avião complexo, como um jato de passageiros, é, na verdade, uma tarefa difícil e desafiadora. Diferentemente de dirigir um automóvel, pilotar um avião é um ato tridimensional. Um piloto terá, constantemente, uma boa consciência situacional, entretanto, uma alta carga de trabalho pode fazer com que, mesmo no caso de um profissional, essa consciência sofra uma deterioração, levando a um acidente.

Não caia nessa...

Os filmes de Hollywood que mostram um passageiro comum assumindo os controles de um grande jato são um mito, e não uma realidade. Os próprios pilotos são os primeiros a admitir que, em função da complexidade de sistemas e situações a que são constantemente expostos, eles também cometem seus erros. Muito raramente o erro de um piloto se transforma em um acidente fatal. Voar nunca foi um ato natural do ser humano, andar de automóvel, navios, fumar e beber álcool, além de consumir drogas em geral, também não. A vida real pode ser muito mais dura do que qualquer simulação feita pelo homem. A aviação em si não é perigosa, mas costuma ser altamente impiedosa e intolerante com aqueles que desprezam tudo aquilo que causou muita dor para ser aprendido.

Sempre fui adepto da ideia de que cada geração é, na realidade, o resultado qualitativo das experiências vividas e aprendidas por gerações anteriores. É pelos nossos filhos que fazemos o que fazemos, estejamos certos ou errados. E é errando e aprendendo que pretendemos evitar que eles também tenham que errar para aprender, pelo menos não de forma a ter de arriscar suas vidas como talvez nós já tenhamos desnecessariamente arriscado as nossas.

Os jovens pilotos de hoje, na verdade, demoram muito menos a aprender do que nós, e quando aprendem, o fazem de maneira muito mais eficiente. Isso não ocorre porque sejam super-homens e supermulheres. Ocorre porque nós das gerações anteriores adquirimos nossa cota de conhecimento e fomos capazes de disponibilizá-lo através dos mais modernos meios disponíveis, como computadores, simuladores, livros, filmes etc. Fomos capazes de produzir ferramentas didáticas mais eficientes. Esses garotos e garotas, nossos filhos e filhas, serão pilotos muito melhores do que já fomos um dia. Normalmente, quando entram em uma cabine de comando de um grande jato pela primeira vez, eles já a conhecem de cor e salteado, e isso é simplesmente maravilhoso, é, na realidade, a grande vitória de todos aqueles que viveram antes deles e que se preocuparam em lhes deixar algo de bom a respeito de tudo aquilo que foi vivido antes. Muitos deles farão exatamente o mesmo em relação às gerações que os sucederão, e assim sucessivamente. É a vida.

Essa conversa toda é muito bonita, mas não devemos nunca nos esquecer de que, antes de qualquer coisa, eles passaram pelo mais básico de todos os treinamentos, e são pilotos profissionais muito jovens, mas são pilotos treinados, e não apenas virtuais.

Porque não posso FUMAR a bordo?

Caro fumante, sua opção de fumar não será discutida aqui, entretanto, que fique bem clara uma questão: essa opção é sua, e não dos outros. O senhor, como fumante, bem sabe: fumaça não respeita sinal de trânsito, por isso não se restringe à área onde o senhor a produz. Como ela escapa para todos os cantos, como evitar que ela defume toda a cabine de passageiros, forçando os outros passageiros a fumar junto com o senhor? Na rua, cada um toma seu caminho; dentro de um avião, o ar é como se fosse de um condomínio temporário. Além disso, não foram raros os casos de incêndios a bordo causados por pontas de cigarros atiradas em lixeiras ou que caíram das mãos de passageiros adormecidos.

Em um incêndio dentro da cabine de passageiros as chances de ocorrer uma tragédia são quase totais. Caso não seja possível controlar o fogo, não restará nenhuma opção para o piloto que não seja pousar o mais rápido possível, seja lá onde for, caso contrário, os gases tóxicos e/ou as chamas darão cabo de todos a bordo. Nesse caso específico, as máscaras de oxigênio não deverão ser usadas em hipótese alguma, pois elas funcionam com um misto de oxigênio gerado quimicamente e ar ambiente, que em uma situação dessas é pura fumaça.

Acredite, essa é uma das emergências mais aterradoras que se pode vivenciar a bordo. Um dos piores acidentes com uma aeronave civil brasileira ocorreu dessa forma, em 11 de julho de 1973, quando um Boeing 707 da Varig foi vítima desse tipo de incêndio e teve que fazer um pouso forçado em uma plantação, próxima ao aeroporto de Orly, em Paris, França, seu destino final. A perícia dos pilotos foi tamanha, que praticamente não houve danos muito grandes à estrutura do avião, e até os tanques de combustível ficaram intactos, coisa dificílima de ocorrer quando uma aeronave grande como aquela efetua um pouso forçado fora da pista de pouso. Por isso não houve fogo do lado de fora do avião, entretanto, quando as equipes de socorro chegaram, se depararam com muito poucos ainda vivos. Fogo e fumaça haviam consumido o grande jato de dentro para fora.

Das 134 pessoas a bordo, 123 morreram queimadas e/ou asfixiadas. Portanto, cigarro e avião devem estar sempre bem longe um do outro. Acredita-se que o incêndio tenha sido causado por um cigarro ainda aceso, que teria sido jogado no cesto de lixo de um dos banheiros, suposto local de origem do incêndio. Foi após esse horrível acidente que a proibição de fumar nos lavatórios foi implementada.

E quanto a uma CERVEJINHA?

A explicação é mais ou menos a mesma. Entretanto, ingerir álcool a bordo de uma aeronave afeta a pessoa muito mais rapidamente do que se ela o fizesse no barzinho da esquina ou em casa. Isso acontece porque o ar é mais rarefeito e a pressão atmosférica é mais baixa, ou seja, o efeito normalmente atingido com a ingestão do conteúdo de duas latinhas será atingido com apenas meia lata. Além disso, uma pessoa alcoolizada a bordo é considerada um risco à segurança do voo. Essas pessoas não só são inconvenientes, mas também muito imprevisíveis e perigosas. Devem ser impedidas de embarcar, ou, se possível, desembarcadas. O comandante tem esta autoridade definida por lei federal. Se tiver que beber, consuma apenas e tão-somente o que lhe for servido a bordo, e beba pouco, muito pouco. Se nada alcoólico lhe for servido, tanto melhor. Leia um bom livro, e seja paciente, logo você estará chegando ao seu destino. Ajudaria muito se bebidas alcoólicas não fossem servidas a bordo dos aviões nem dentro dos aeroportos.

O que significa ALIJAMENTO DE COMBUSTÍVEL?

Quando um avião decola, seu peso máximo permitido para essa decolagem é um; quando pousa, ele também tem um peso máximo permitido para o pouso. No pouso, o esforço sofrido pela estrutura do avião é sempre maior do que na decolagem, portanto, os pesos máximos de decolagem são sempre maiores que os de pouso. Quando uma aeronave decola no seu peso máximo de decolagem é porque vai fazer um voo longo e precisa de muito combustível; às vezes um voo médio ou curto, mas com muita carga e/ou passageiros. Na eventualidade de ocorrer algo após a decolagem e o piloto decidir voltar, a aeronave estará, dessa forma, acima do peso máximo de pouso. Para resolver isso ele utiliza alguns procedimentos técnicos que permitem diminuir o excesso de peso e o pouso da aeronave sem maiores problemas. Caso sua aeronave possua um sistema que chamamos de *fuel jettisoning* ou *fuel dumping*, ele simplesmente solicita voar em uma área reservada e joga o excesso de combustível fora, equalizando o peso.

Alijamento de combustível em voo

Caso não possua esse sistema, o piloto pede autorização para ficar voando em um local específico até gastar essa diferença. Se precisar pousar com urgência, ele simplesmente pousa o avião com o peso que estiver, efetuando um pouso com "sobrepeso". Uma inspeção detalhada da aeronave será feita depois para apurar se algum dano foi sofrido pela estrutura da aeronave.

Estou vendo que a janela do piloto está rachada, o que aconteceu?

As janelas da cabine de comando são especiais, feitas de um tipo de material (um certo tipo de vidro) altamente resistente a impactos e a variações de temperatura e pressão. Cada janela do pára-brisa parece ser feita de uma única lâmina de vidro, mas, na verdade, são duas ou até mais lâminas desse material, umas sobre as outras, à prova de certos calibres de projéteis de arma de fogo; no entanto, não são infalíveis.

A maior causa de rachaduras é o mau funcionamento do sistema que aquece essas janelas para que não embacem nem ocorra formação de gelo. Quando isso ocorre, uma das camadas costuma rachar, mas normalmente não prejudica a segurança do voo, porque as outras camadas garantem a integridade do pára-brisa.

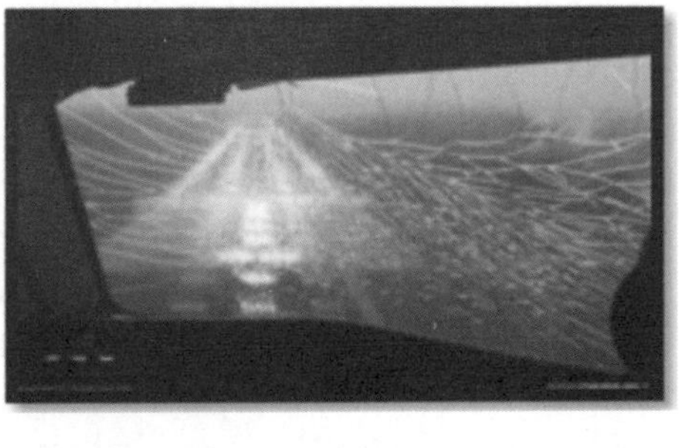

Pára-brisa rachado em voo

A segunda causa mais comum é a colisão com pássaros. Isso ocorre com maior frequência durante os pousos e decolagens, pois os pássaros tendem a se concentrar em maior número em grandes espaços vazios, como é exatamente o caso dos aeroportos. Quando isso ocorre, o impacto é absorvido pelo vidro do pára-brisa, uma vez que, ao ser aquecido, ele se torna mais flexível.

Por que não posso levar certos itens para a cabine de passageiros?

Um dos maiores problemas de segurança é o excesso de bagagem dentro da cabine de passageiros. Os atendentes de balcão das companhias, cansados de tanta discussão, já não fazem seu trabalho com tanto cuidado, e vão permitindo que grandes bagagens sejam levadas para dentro dos aviões. "Estamos sempre lutando contra isso", dizem eles. Simplesmente não é seguro levar tanta bagagem dentro do avião, temos porões de bagagem para esta finalidade.

Já imaginou uma dessas malas caindo sobre você?

Ao entrar no avião, as pessoas se desesperam porque não há lugar para as suas "coisinhas". Durante uma turbulência forte ou um pouso de emergência, esse excesso de bagagem se transforma em agentes assassinos, voando pela cabine e caindo em cima das pessoas, muitas vezes com consequências fatais. De preferência despache tudo; se isso não for possível, leve apenas pequenas pastas e bolsas, mas pequenas mesmo. Eu disse pastas e bolsas, e não malas e valises; seja razoável, lugar de trambolho não é dentro da cabine, é embaixo, no porão de bagagens.

Caso se trate de equipamentos e coisas delicadas, bem, isso também não é desculpa, sua coleção de máquinas fotográficas não é mais importante do que a cabeça do passageiro sentado próximo ou abaixo do local onde você quer acomodá-la. Trate de transportá-los em caixas ou malas próprias, e os despache também. Nem sonhe em despachar ou levar para dentro da aeronave líquidos inflamáveis, como bebidas em geral, tintas e solventes e produtos que possam atear fogo na sua bagagem e na dos outros, e, em seguida, ateando fogo no próprio avião. A esses itens damos o nome de carga, e como tal devem ser tratados. Vá você mesmo despachar, ou solicite alguém do departamento de cargas da empresa aérea para que os despache adequadamente.

Experiências anteriores já comprovaram que, mesmo com fogo e fumaça dentro da cabine, os passageiros ainda assim se preocupam em socorrer seus pertences de mão. E isso num momento em que a única preocupação deveria ser a de sair do avião o mais rapidamente possível!

Meu cachorrinho está no porão de bagagens, será que ele vai sobreviver?

Despachar um bichinho de estimação é, muitas vezes, preocupante. Entretanto, eles sempre serão acomodados em um porão de cargas que também é pressurizado e aquecido. É verdade que fica escuro lá dentro, mas os animais se adaptam logo. Quem despacha um animal deve ter sempre em mente que existem regras para fazê-lo: caixas especiais, vacinas, documentação e cuidados especiais. Ao seguir tudo isso corretamente, as chances de o animalzinho chegar muito bem são de quase 100%; digo "quase" porque não sou Deus para dar uma garantia de vida para ninguém. Afinal, os riscos fazem parte da vida, seja ela humana ou animal...

O que é aquela fumacinha branca saindo atrás dos aviões?

Chamamos de trilhas de condensação. Nada mais são do que uma pequenina e comprida nuvenzinha que é instantaneamente criada no momento exato em que o ar quente e úmido que sai da turbina do jato se encontra com o ar supergelado que está do lado de fora.

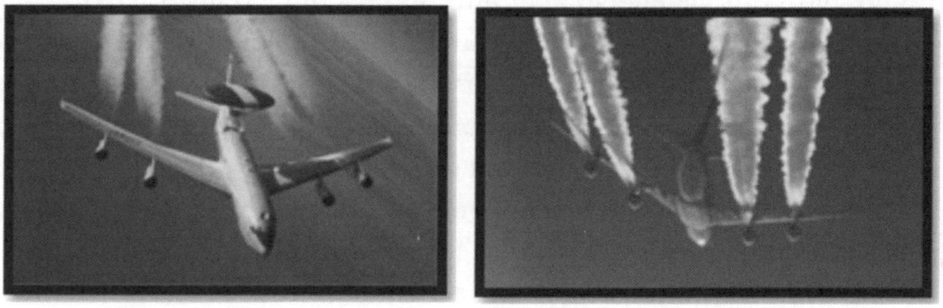

Trilhas de condensação

A umidade presente no ar se condensa imediatamente e vai formando aquele rastro branco comprido. Quanto mais úmida estiver a atmosfera, maior o tempo de duração dessas trilhas; com a atmosfera menos úmida, não demora muito para elas desaparecem. Este fenômeno ocorre com maior frequência no inverno, época na qual as temperaturas atingem seu ponto mais baixo. Existe até um estudo, sendo efetuado em nível mundial, a respeito da possibilidade de essas trilhas estarem contribuindo para o aquecimento global. Após os atentados de 11 de setembro nos EUA, por três dias inteiros todos os aviões ficaram no chão naquele país. Nesse período foi possível verificar que a variação da temperatura média noturna e diurna (amplitude térmica) aumentou em 1 grau Celsius.

Isso teria acontecido em função da inexistência temporária dessas trilhas, que teoricamente contribuem para o aumento do tão falado efeito estufa, pois elas absorveriam a radiação ultravioleta (calor), impedindo nosso planeta de expulsar o excesso de calor para as camadas externas da atmosfera, mantendo o equilíbrio saudável da temperatura na terra.

Também podemos ver, às vezes, pequenas trilhas saindo das pontas das asas dos aviões que estão pousando ou decolando. Isto já é outra coisa, e ocorre quando as pontas das asas ou flaps cortam o ar muito úmido, causando um turbilhonamento no ar, que gera também uma rápida condensação, mas, até onde sabemos, não afeta em nada o equilíbrio de nossas vidas.

O controlador de voo também pilota o avião?

Não, a não ser que ele também seja piloto e tiver como pilotar um avião nas suas horas de folga. Com exceção dos aviõezinhos de controle remoto e de alguns casos muito específicos de equipamentos militares, um avião nunca é pilotado por alguém que esteja no solo. Nunca é pilotado por um controlador de tráfego aéreo.

O controlador é como se fosse um guarda de trânsito, que orienta o tráfego aéreo, mas nunca tem a palavra final, que é sempre do piloto do avião. Obviamente, quando este não acata uma instrução dada pelo controlador é porque não tem condições de fazê-lo, e, quando for possível, ele explicará suas razões.

Existem momentos nos quais simplesmente não dá para conversar muito, então o piloto utiliza códigos curtos e rápidos, o controlador fica ciente de que algo impede aquela aeronave de voar como ele gostaria e procura orientá-lo da maneira mais conveniente. Essa é uma das funções dos controladores, e isso ocorre durante certas emergências e durante grandes tempestades, mas também pode se tratar de algo que esteja ocorrendo dentro do avião. Nessas situações, o piloto nem sempre tem tempo de fazer outra coisa a não ser pilotar o avião. Nessas horas é que eu digo: "Nada substitui o piloto". O controlador, invariavelmente, passa a fazer o que o piloto precisa que seja feito, como desvios de grandes formações meteorológicas (tempestades e chuva pesada), conceder prioridades para pouso imediato, orientações para alcançar o aeroporto mais próximo e mais adequado, chamar os bombeiros, ambulâncias, tirar outras aeronaves do caminho, e coisas do tipo.

Cada um tem uma função vital nesses momentos. Com certeza fica tudo muito mais fácil quando o controlador está ali formando uma equipe junto com os pilotos. As chances de sucesso aumentam enormemente.

Ai meu Deus, ARREMETEMOS! E agora?...

Calma... Ao contrário da crença popular de que uma arremetida é algo muito perigoso, ela é, na verdade, um procedimento de segurança que está previsto, e deve ser adotado pelos pilotos todas as vezes em que a segurança do pouso estiver comprometida na sua avaliação, ou mesmo do controlador de voo. Na realidade, trata-se apenas e tão-somente de uma descontinuação do pouso, e, caso o piloto resolva fazer uma nova tentativa, basta solicitar nova autorização de pouso. Se achar que não deve tentar novamente, basta se dirigir a outro aeroporto, o chamado aeroporto de alternativa.

Os motivos para uma arremetida podem ser vários: ventos fortes, chuva, baixa visibilidade, falha mecânica, outro avião que ainda não saiu da pista ou que entrou nela sem autorização, ou mesmo acontecimentos pouco comuns, como animais ou pessoas cruzando ou parados na pista. Isso acontece especialmente em cidades do interior, onde as pistas de terra batida são comuns e ninguém cuida da segurança. Mesmo nessas pistas, o procedimento de arremetida normalmente garante a segurança caso algo não esteja de acordo. Esse procedimento, como já foi dito, pode ser fruto de uma decisão do piloto ou do cumprimento de uma instrução dada pelo controlador de voo.

As arremetidas seguem um formato pré-determinado, cada aeroporto tem um jeito diferente, ou jeitos diferentes, de autorizar uma arremetida. As instruções sobre cada uma delas estão a bordo, com os pilotos, ou são transmitidas na hora pelo controlador de voo. Variam conforme a pista que está sendo utilizada, a topografia, o tráfego aéreo, as condições meteorológicas no momento etc. Mesmo que uma aeronave perca a comunicação com os controladores de voo durante a arremetida, basta que o piloto siga corretamente o procedimento para o aeroporto em questão e não haverá nenhum problema, não vai bater em nada nem em ninguém, pois aquele caminho aéreo está reservado para esse propósito, o controlador sabe o que o piloto vai fazer.

Mesmo com falha de comunicações, após efetuar o procedimento de arremetida corretamente, o piloto ainda dispõe de procedimentos específicos para permitir que o pouso seja efetuado com segurança, mesmo sem falar com ninguém, e mesmo que ocorra em uma área de tráfego aéreo intenso, como Brasília, São Paulo ou Rio de Janeiro; são as regras para o pouso de uma aeronave com falha de comunicações. Afinal, uma hora o avião tem que pousar.

Como é o voo sobre selvas, desertos, oceanos e áreas congeladas?

Voar sobre esse tipo de região exige bastante planejamento, em especial quando se voa em pequenas aeronaves. São muitos os fatores a serem levados em conta, tais como combustível, equipamentos de emergência adequados, capacidade de se comunicar caso algo saia fora do previsto e, se necessário, o socorro será possível ou não, onde pousar caso seja necessário. Grandes desertos, oceanos e áreas congeladas representam grandes perigos e devem ser respeitados ao máximo. Nem sempre existem boas opções de aeroportos alternativos nessas regiões, por isso, frequentemente torna-se necessário efetuar adaptações técnicas nos aviões. A mais comum é a instalação de tanques suplementares de combustível, o que é muito comum nas travessias oceânicas efetuadas por aviões de pequeno porte.

Na aviação executiva, o planejamento é, em sua maioria, feito pelos próprios pilotos; já nas grandes empresas, é realizado pelo DOV e aprovado ou não pelo piloto. Resumindo, piloto de avião pequeno faz tudo, e piloto de avião grande só pilota. Voar mundo afora exige mais do que simplesmente decolar e pousar no destino. Exige o planejamento e a preparação de uma série bem grande de itens. Hoje já existem empresas especializadas em fazer esse serviço para os aviões particulares. Com o aumento do terrorismo internacional, voar de um país para outro, especialmente em certas regiões do mundo, exige uma logística complexa, como concessão de vistos de entrada especial para as tripulações e passageiros, autorizações especiais de sobre voo e pouso, e um sem-número de documentos.

África e Oriente Médio são um desafio à parte, pois são regiões nas quais a utilização de assessoria especializada é, sem dúvida, a decisão mais acertada. No caso do Oriente Médio, em particular, as dificuldades de segurança são, em sua maioria, geradas por problemas oriundos de terrorismo e sentimentos antiocidentais, quase sempre de cunho político-religioso. A África apresenta ao mesmo tempo vários problemas, entre eles os mesmos que existem no Oriente Médio, mas associados ao fato de que infelizmente o continente africano ainda é extremamente pobre em infraestrutura em geral, e não só na área aeronáutica. Grande parte dos países africanos sofre com os maiores níveis de pobreza do planeta, o que gera insegurança em geral, além do que, insalubridade e criminalidade infelizmente ainda são regra em um dos maiores e mais belos continentes do planeta terra. Por enquanto, voar por lá ainda é coisa para "leão"...

Alguém tem coragem de descer do avião?

Dinheiro local, pagamento de combustível, taxas de pouso, confecção e aprovação de plano de voo, cálculo de peso e balanceamento, aluguel de carros, reservas em hotéis, seguros específicos, manutenção, e tudo o mais que for relacionado com esses tipos de voos, essas empresas especializadas resolvem, é claro, por uma "módica quantia". Como o número de empresários usuários de aviões executivos vem aumentando no mundo, não é de se admirar que o negócio esteja indo muito bem...

Como o piloto sabe que não vai bater em uma montanha?

Os pilotos conduzem seus aviões valendo-se de duas regras básicas, o voo visual, no qual deve estar vendo tudo a sua frente, ou o voo por instrumentos, que é a adoção de um conjunto de equipamentos, técnicas e mapas totalmente diferente. Ou se voa por um, ou se voa por outro tipo. Quando o piloto mistura as duas coisas e não segue corretamente nem uma regra nem outra, normalmente o pior acontece. É o popularmente conhecido voo "visumento", ou seja, visual + instrumentos. No voo visual, o piloto vê a montanha e se desvia dela. No por instrumentos, ele não está vendo a montanha, então não desce nem voa fora das altitudes e rumos prescritos pelos mapas confeccionados especificamente para esse tipo de voo. Esses mapas são fruto de um trabalho cartográfico minucioso, que garantem que a montanha está lá, qual é exatamente sua localização, seu formato e sua altura. Basta o piloto acreditar no mapa e utilizá-lo corretamente.

Entretanto, hoje em dia, já existem sistemas que são capazes de informar a presença de elevações à frente da aeronave e avisar o piloto que, se continuar naquele rumo, altitude e velocidade, irá se chocar contra o que lá está. Chama-se EGPWS — *Enhanced Ground Proximity Warning System* (Sistema Aprimorado de Aviso de Proximidade do Solo).

O termo aprimorado deve-se ao fato de que ainda é utilizado, em boa parte das aeronaves, um sistema anterior e similar, o GPWS, com menos recursos. A diferença fundamental entre os dois é que o EGPWS avisa o piloto do perigo de colisão com o terreno com uma antecedência maior que o seu antecessor.

O EGPWS é um equipamento que se utiliza de um banco de dados topográficos muito preciso, constantemente atualizado. Com base na topografia deste banco de dados e na posição, altitude e velocidade da aeronave, ele é capaz de prever uma colisão com o terreno e emitir alarmes avançados, do tipo "Terreno, terreno! Suba agora!", ou evita que o piloto cometa certos erros básicos, como se dirigir para o pouso sem ter abaixado o trem de pouso ou os flaps. Nesse caso, ele analisa a situação e a proximidade do solo e avisa: Terreno, terreno! Trem de pouso! ou Flaps!

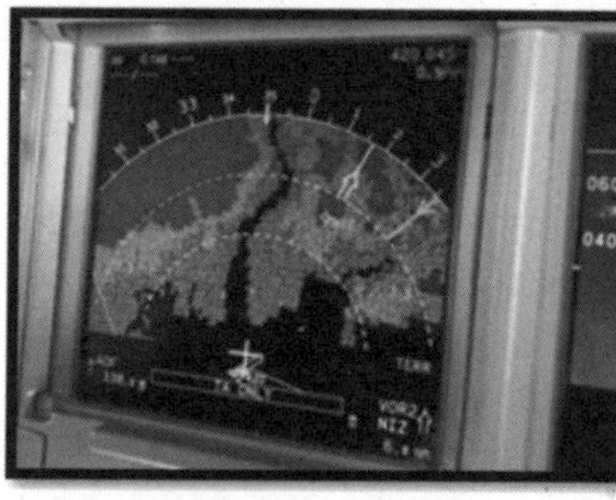

EGPWS em ação, mostrando elevações para o piloto

Por que algumas vezes enfrentamos tanta TURBULÊNCIA?

Turbulência é um fenômeno causado pelo deslocamento de massas de ar, em função de oscilações de temperatura desse mesmo ar que é cortado a grandes velocidades pelo avião. Esse deslocamento funciona com quebra-molas no céu, e pode ser um fenômeno bem traiçoeiro. Essas massas podem se deslocar em todos os sentidos, e geralmente são invisíveis ao olho humano, que só consegue uma pista de sua presença quando existe alguma nebulosidade associada. Ao atravessar uma zona de turbulência, o piloto costuma reduzir bastante a velocidade do avião, pois é como se estivéssemos saindo de uma estrada asfaltada e entrando em uma de terra e esburacada; os solavancos podem causar estragos e/ou machucar os ocupantes. É sempre de bom-tom voar constantemente com o cinto de segurança afivelado, mesmo que esteja tudo calmo.

Por que alguns aviões fazem tanto barulho e outros não?

Pelo tipo de motor utilizado. Os motores mais antigos são mais ruidosos que os atuais. Vários países já aplicam a política da boa vizinhança nos grandes aeroportos, regulamentando ao máximo a aplicação de potência no solo e fazendo com que os pilotos decolem seguindo procedimentos especiais, chamados Abatimento ou Atenuação de Ruído (*Noise Abatement*), nos quais, em vez de voar baixo e acelerar após uma decolagem, os pilotos mantêm uma velocidade baixa e ganham altitude rapidamente, fazendo menos barulho.

O que é um TRANSPONDER?

É um equipamento transmissor de sinais, que está a bordo da aeronave. Foi desenvolvido para trabalhar em conjunto com o radar, que está baseado em terra, e é utilizado pelo controlador de voo. O transpoder envia para o controlador sinais que aumentam a capacidade do radar identificar a posição, velocidade e altitude da aeronave. Ele pede ao piloto que insira um código numérico em seu transponder e, a partir daí, esse número também aparece na tela do controlador, servindo como mais uma identificação daquele avião em particular, ajudando dessa forma a rastrear e orientar aquela aeronave da forma mais segura.

Como funciona o RADAR do avião?

Ele tem função meteorológica e capta grandes formações de nuvens, mostrando para o piloto onde elas estão em relação ao avião. Durante um dia claro, com grandes nuvens isoladas, o piloto pode vê-las com clareza, entretanto, à noite, ou com o tempo muito fechado, o radar é fundamental para um voo seguro.

Ao contrário do que pensa a maioria das pessoas, não é o radar que capta a presença de outras aeronaves; essa é função de um equipamento chamado TCAS — *Traffic Collision Avoidance System* (Sistema de Alerta de Tráfego e Evitamento de Colisão), que trabalha de modo totalmente diferente. O TCAS funciona por meio do transpoder, e usa o mesmo sistema que emite sinais para o controlador de voo como plataforma para emitir sinais para outros aviões, que também devem estar equipados com tecnologia semelhante.

O radar meteorológico de um avião moderno

O TCAS não depende, para o seu correto funcionamento, em nenhum momento e de forma alguma do radar de solo, nem de nenhum tipo de comando realizado por um controlador de tráfego aéreo. Os dois ou mais aviões envolvidos devem, obrigatoriamente, estar com seus respectivos equipamentos transponders e TCAS ligados, e funcionando bem. Dessa forma, os TCAS dos aviões analisam os respectivos sinais e calculam distância, altitude, velocidade e tempo para uma possível colisão.

Transpoder com TCAS integrado

Caso o TCAS determine que as aeronaves se encontram em rota de colisão, ou que passarão mais perto uma da outra do que um limite preestabelecido, ele emite uma série de sinais de alerta e comandos de subida ou descida, conforme o caso. Os TCAS das aeronaves interagem entre si para evitar que comandos iguais sejam dados aos aviões envolvidos, eles combinam entre si as ações a serem tomadas; trata-se de uma conversa eletrônica rápida. O primeiro sinal é apresentado para o piloto quando a outra aeronave estiver a cerca de 40 segundos do ponto da colisão, o segundo será apresentado quando esse tempo cair para 25 segundos.

Não tendo sido tomada nenhuma atitude por nenhum dos pilotos, o TCAS inicia uma série de alarmes e comandos emitidos por alto-falante, do tipo "Suba! Suba mais rápido!" ou "Desça, desça mais rápido!". Cabe ao piloto desligar o piloto automático e seguir esses comandos manualmente, até que sua aeronave saia da área considerada perigosa.

São três os tipos de TCAS. Até a publicação deste livro, apenas os dois primeiros já se encontravam operacionais:

TCAS I — Mais simples e barato, com menos recursos. Identifica a posição da outra aeronave e avisa o piloto; entretanto, deixa para este a responsabilidade de identificar visualmente o outro avião e decidir o que fazer: subir ou descer.

TCAS II — Mais moderno, detecta o mesmo que o anterior e ainda informa ao piloto o que fazer. É o modelo utilizado nos grandes aviões.

TCAS III — Fará tudo o que os anteriores fazem; está em desenvolvimento e vai permitir também comandos laterais de fuga (esquerda ou direita), além de subir e descer.

Nada garante a perfeição de nenhum equipamento, existe sempre uma possibilidade de que o computador interprete algo de forma errada e emita falsos alarmes. No caso do TCAS, isso ocorreu recentemente, em 2001, sobre o Japão, e envolveu um Boeing 747 e um Douglas DC-10, ambos pertencentes à mesma empresa. Eles estavam voando em sentidos opostos e separados, em altitude, por 2.000 pés (600 metros), mais do que suficiente para a segurança de ambos. Um controlador em treinamento confundiu os números de chamada dos dois voos e emitiu instruções equivocadas de descida e subida para as aeronaves erradas. Em pouquíssimo tempo as aeronaves estavam frente a frente.

Em seguida, um dos pilotos percebeu que se tratava de um alarme falso e parou a subida e, por pouquíssimos 100 metros, não se chocou com a outra aeronave. Várias pessoas se feriram gravemente em consequência da violência das manobras requeridas para evitar o choque, mas ninguém morreu. Caso tivesse ocorrido a colisão, teríamos tido o maior acidente da história da aviação, com 677 vítimas, superando o ocorrido em 1977 em Tenerife. O Japão pediu à ICAO que analisasse o caso e implementasse novos sistemas e procedimentos de segurança, mas infelizmente as lições não foram aprendidas, e anos mais tarde, no coração da Europa, uma colisão fatal finalmente viria a acontecer, e pelos mesmos motivos.

Em novembro de 1996, infelizmente, o pior realmente ocorreu. Nos céus da Índia um Boeing 747 das Linhas Aéreas da Arábia Saudita chocou-se com um Ilyushin IL-76 cargueiro, do Casaquistão. Acredita-se que houve falha na interpretação das instruções do controlador de tráfego aéreo em relação à altitude que cada um deveria manter. O fato é que, com um TCAS II, esse acidente talvez não tivesse ocorrido. O caso ocorrido no Brasil com o Boeing 737-800 e o jato executivo Legacy 600 será discutido mais à frente em detalhes.

Subir, descer, ou manter o nível de voo? Eis a questão. De vida ou de morte... .

Para ilustrar o quanto os pilotos acreditam nos controladores de tráfego aéreo, vou exemplificar com um terrível acidente ocorrido nos céus europeus, em 2002, envolvendo uma aeronave de passageiros russa e um avião cargueiro com registro do Bahrein, Emirados Árabes, acidente no qual 71 pessoas perderam suas vidas. A colisão aconteceu durante a madrugada, sobre a região do lago Constanz, divisa da Alemanha com a Suíça, bem no coração da Europa. O avião russo era um Tupolev 154M (três turbinas) procedente de Moscou, com destino a Barcelona, Espanha, que levava 60 passageiros, entre os quais 45 crianças, que se dirigiam a um Resort na Espanha, e 9 tripulantes; o avião cargueiro era um Boeing 757 (duas turbinas), procedente de Bérgamo, Itália, com destino a Bruxelas, Bélgica; neste, apenas os dois pilotos estavam a bordo.

Os dois aviões mantinham a mesma altitude, mas não se encontravam voando na mesma aerovia. As aerovias, contudo, se cruzariam em um determinado ponto da região já citada acima. Embora se encontrassem sobre a Alemanha, o controle de tráfego aéreo estava sendo realizado por controladores de uma empresa privada com sede em Zurique, Suíça. Um controlador em serviço estava gerenciando duas estações ao mesmo tempo (fazendo o serviço de duas pessoas), enquanto o outro estava descansando em outra sala, procedimento ilegal, mas conhecido e erroneamente tolerado...

Um moderníssimo sistema óptico de aviso avançado de colisões havia sido desligado para manutenção. O controlador não estava ciente desse fato, coisa quase impossível de acreditar. Além desse moderno sistema, ainda havia outro, um alarme sonoro, que também não foi ouvido por ninguém. Nos momentos antecedentes ao acidente, o controlador tinha sua atenção desviada por outro avião que pousava em uma cidade próxima. Ele estava sozinho e sobrecarregado de trabalho, e só percebeu o perigo iminente de colisão quando faltava apenas cerca de um minuto para o choque.

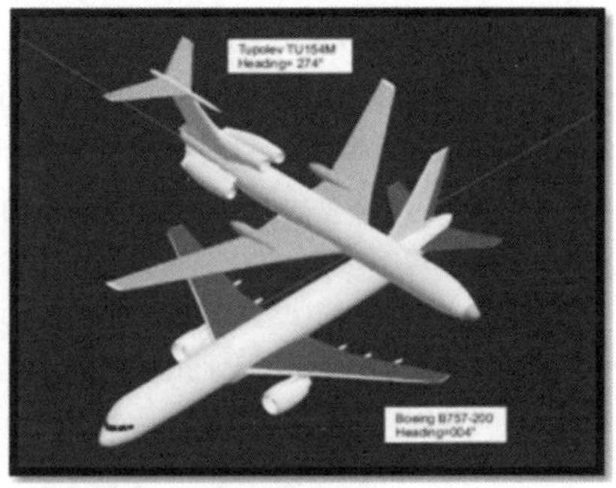
A trajetória da colisão

O controlador instruiu o avião russo a descer cerca de 300 metros. Apenas alguns segundos após iniciar a descida, o TCAS do avião russo detectou a presença do cargueiro e iniciou sua série de alarmes, instruindo o piloto russo a subir. Nesse mesmo instante, o TCAS do cargueiro, que havia se coordenado automaticamente com o outro TCAS, instruía seus pilotos a descer, e eles imediatamente seguiram as instruções de seu equipamento e iniciaram a descida. O controlador havia demorado muito para dar a ordem de descer para os russos, fato que levou os TCAS dos dois aviões a fazerem o trabalho de separação por conta própria, o que fizeram corretamente. A despeito da instrução de SUBIR dada pelo seu equipamento, o piloto russo preferiu seguir a instrução do controlador, e DESCEU. Resultado: bateu em cheio no cargueiro.

Nesse caso em particular, se a instrução por parte do controlador não tivesse sido dada tão em cima da hora, com certeza não teria havido confusão, pois os dois pilotos simplesmente confiariam nos alarmes de bordo. Dois anos depois, o controlador, já afastado de suas funções, por haver sofrido um choque emocional e se encontrar em tratamento psiquiátrico, foi esfaqueado até a morte em frente à sua residência por um homem que perdera a esposa e um casal de filhos no acidente. Este mesmo homem foi um dos primeiros parentes de vítimas a chegar ao local do acidente. Participou da busca dos corpos, e ele mesmo encontrou o corpo de uma filha, intacto; a esposa e o outro filho foram achados quatro dias depois, totalmente mutilados. Ele passou o primeiro ano após o ocorrido rezando sobre os túmulos de seus entes queridos.

Tempos depois, ele chegou a contatar a empresa de controle de tráfego aéreo, consultando sobre a possibilidade de conversar pessoalmente com o controlador, mas foi sumariamente ignorado; então, contratou um investigador particular e achou o controlador, que foi morto na frente de sua mulher e seus três filhos. Algumas horas mais tarde, a prisão foi efetuada em um quarto de hotel onde o agressor se encontrava em choque. Ao ser inquirido por um juiz, ele alegou que, desde o acidente, vivia sua vida em um cemitério. Mostrou documentos que comprovavam a oferta de 60.000 francos suíços pela morte de sua esposa, e de 50.000 por cada um de seus filhos, em troca, é claro, de um acordo judicial.

Aquela proposta o enfurecera de vez.

"Eu queria apenas que o controlador se desculpasse", disse ele. "Mas ele bateu em minha mão quando tentei lhe entregar um envelope contendo as fotos de meus filhos e de minha esposa. Daí para a frente perdi a cabeça."

Ele foi julgado e sentenciado a oito anos de prisão, pena que estava sendo cumprida em uma penitenciária suíça. Investigações posteriores concluíram que mais gente era culpada, e quatro diretores da empresa também foram condenados. Três deles cumprem prisão especial e um pagou fiança. Após dois anos da prisão do homem agressor, sua sentença foi revista, chegando-se à conclusão de que sua condição emocional e psicológica não havia sido suficientemente levada em consideração, e ele foi liberado para tratamento.

Um fato interessante é que o piloto russo, a princípio, parecia estar seguindo fielmente o manual de operações de seu avião, que diz:

> PARA EVITAR COLISÕES EM VOO, QUANDO VOANDO EM CONDIÇÕES VISUAIS (quando o piloto tem a possibilidade de enxergar a outra aeronave a tempo e evitar, por conta própria, uma colisão), A REFERÊNCIA E AS INSTRUÇÕES EMITIDAS PELO CONTROLE DE TRÁFEGO AÉREO DEVEM SER UTILIZADAS COMO AS PRINCIPAIS FERRAMENTAS. NESTE CASO, O TCAS É CONSIDERADO UM INSTRUMENTO ADICIONAL, QUE DEVE SER UTILIZADO PARA A AVALIAÇÃO DA POSIÇÃO DA OUTRA AERONAVE E DAS MEDIDAS A SEREM ADOTADAS.

Entretanto, ele desconsiderou as instruções contidas no manual de instruções do TCAS, que dizem claramente aos pilotos que, caso duas instruções conflitantes sejam recebidas ao mesmo tempo, sendo uma do órgão de controle de tráfego aéreo e outra do TCAS, a instrução do TCAS deverá ser priorizada. Isto porque o TCAS não leva em conta as condições meteorológicas nem a escuridão da noite, ele simplesmente não paga para ver.

Depois desse acidente, uma proposta de modificação para o TCAS foi feita, e assim nascia o TCAS II. A partir daí esse equipamento tornou-se capaz de reverter, por conta própria, os comandos inicialmente emitidos, o que talvez tivesse salvado a todos.

Esse é um exemplo de um mundo que está mudando tecnologicamente de modo muito rápido. A crença nos novos equipamentos e o profundo entendimento a respeito de seu funcionamento ainda levarão muitos anos para se estabelecer como cultura, como verdade incontestável, pelo menos na cabeça dos seres humanos.

Sequestro e terrorismo...

Pois é, estão aí dois dos mais delicados e complicados assuntos de nossa atualidade aeronáutica. Ao contrário do sequestro de veículos ou navios, o de aeronaves normalmente não é realizado com o objetivo de roubar a carga. Em sua grande maioria, os sequestradores querem mesmo é usar os passageiros como reféns e barganhar, movidos por sentimentos políticos, religiosos e/ou outros motivos, tais como tornar visível ao mundo uma causa qualquer. Desde os atentados de 11 de setembro, ocorridos em Nova York, os sequestros de aeronaves têm sido tratados como um tipo diferente de ameaça. É, sem dúvida, um dos grandes pesadelos de um piloto, pois trata-se de uma situação na qual se lida com pessoas cujo grau de sanidade mental nunca está muito claro.

No Brasil, o sequestro mais famoso ocorreu em 1988, envolvendo um Boeing 737-300 da VASP. Motivado por sentimentos de vingança pessoal, um trabalhador desempregado e desesperado teria resolvido se vingar pessoalmente do Presidente da República daquela época. Ao entrar na cabine de comando munido de arma de fogo, o sequestrador atirou no copiloto, matando-o instantaneamente. Após ter sido informada da situação, a Força Aérea Brasileira enviou caças Mirage III no encalço do Boeing e rapidamente o interceptou. Suspeitando que as intenções do sequestrador pudessem ser as de obrigar o comandante a lançar o avião contra o Palácio do Planalto, os pilotos dos caças se posicionaram de modo a disparar e abater o Boeing, o que felizmente não foi necessário. O comandante do avião conseguiu distrair o sequestrador e dirigiu-se ao aeroporto de Goiânia, Goiás, onde, em meio a muita tensão e prevendo o pior, viu-se obrigado a fazer manobras acrobáticas a baixíssima altura com o grande jato de passageiros, conseguindo finalmente pousar o avião. O sequestrador, ferido e preso, morreu em um hospital da cidade.

Hoje em dia, os aeroportos contam com sistemas de vigilância e detecção de armas e explosivos muito mais eficientes, o treinamento do pessoal de segurança está muito melhor, e, ainda, a maioria das aeronaves que voam comercialmente no mundo inteiro já dispõem de portas blindadas e travas especiais para bloquear o acesso à cabine de comando. Mas o problema está longe de ser totalmente resolvido. Talvez o risco só seja eliminado quando a cabine de comando já vier de fábrica totalmente isolada da cabine de passageiros, sem nenhuma possibilidade de acesso durante o voo. Nos dias atuais, vários países já declararam oficialmente que, a despeito da perda de vidas inocentes a bordo, suas forças abaterão todo e qualquer avião que for sequestrado em seu espaço aéreo. As Convenções de Tóquio e de Haia, bem como a ONU — Organização das Nações Unidas — preveem leis e procedimentos para lidar com situações de sequestro de aeronaves, mas nos turbulentos dias atuais, cada país anda preferindo lidar com esse tipo de problema da sua própria maneira, convergindo naturalmente para a solução mais rápida, ou seja, um míssil disparado contra a aeronave e pronto...

Quanto ao terrorismo, este sim deve ser combatido sem ilusões, sem perdão e, principalmente, sem pestanejar.

O terrorismo é uma prática antiga, extremamente difícil de ser combatido e/ou controlado, além de considerado uma ofensa criminosa em praticamente todos os códigos legais do mundo. Terrorismo é uma palavra que tem vários significados adquiridos ao longo dos anos, mas é simplesmente assassinato de inocentes a sangue frio, independente do propósito alegado. Seja aleatório ou seletivo, trata-se apenas e tão-somente de assassinato. Haja vista que não existe nenhuma organização terrorista cujas ações lhes tenham trazido o verdadeiro respeito e admiração, nem mesmo das pessoas as quais essas organizações criminosas dizem representar. O assassinato de inocentes nunca justificou nada em lugar algum. A maior arma contra terroristas que se utilizam de aviões são os seus passageiros. Toda vigilância é e será sempre pouca. Observe, e se constatar algo errado ou suspeito, comunique imediatamente ao tripulante mais próximo e, se necessário, ajude este tripulante na tarefa de conter a ameaça. Não hesite!

Muitos foram os casos de sequestros efetuados por terroristas, mas um em particular merece ser lembrado. Em 13 de outubro de 1977, um Boeing 737-200 da empresa aérea alemã Lufthansa voava de Palma de Maiorca, Espanha para Frankfurt, Alemanha quando foi sequestrado e desviado de sua rota original por quatro militantes palestinos que exigiam a libertação de 11 companheiros presos na Alemanha e mais 15 milhões de dólares. Após pousar em Roma, na Itália, e ser reabastecido, o avião seguiu seu voo pousando na ilha de Chipre, Bahrein e Dubai. O comandante foi capaz de transmitir o número de sequestradores a bordo, por isso foi ameaçado de morte. Dois dias depois o avião decolou para Oman, onde não pôde pousar, pois a permissão lhes fora negada. Seguiram então para Aden, Iêmen, onde encontraram a pista do aeroporto interditada por veículos. Sem combustível, o comandante não teve opção, pousou o jato de 113 passageiros em uma pequena pista de areia próxima ao aeroporto principal. Foi um pouso duro, e o piloto pediu para descer e verificar as condições do trem de pouso. O pedido foi atendido, mas suspeita-se que, ao fazê-lo, o piloto foi levado contra sua vontade pelas autoridades iemenitas e mantido sob custódia.

Os sequestradores ameaçaram explodir o avião com todos a bordo, e o piloto foi devolvido e forçado a decolar novamente. O líder dos sequestradores acreditava que o comandante havia informado as autoridades sobre a localização de explosivos dentro da aeronave, e fez com que ele passasse o controle do avião para o copiloto, levando-o em seguida para a cabine de passageiros e finalmente matando-o com um tiro na cabeça, na frente de todos os passageiros. Em seguida, pousaram em Mogadíscio, Somália, e jogaram o corpo do comandante no pátio do aeroporto.

Foi então que duas unidades especiais de resposta antiterrorista entraram em ação, o GSG9 da Polícia Federal da Alemanha e o SAS — *Special Air Service* — da Inglaterra. Ainda que tardiamente tinha início a operação Feuerzauber (Fogo mágico). Os homens das unidades entraram no avião e mataram três dos quatro terroristas sem que nenhum passageiro ou tripulante a mais fosse morto. Em seguida, o Chanceler Alemão declararia que jamais a Alemanha negociaria novamente com terroristas. Anos mais tarde, o avião foi vendido e, curiosamente, hoje voa no Brasil.

E o avião do Presidente da República, o que dizer dele?

Na verdade, não devemos nunca nivelar por baixo e invocar certos erros administrativos para justificar outros. Criticar a aquisição de um avião novo para o transporte do nosso representante maior é típico daqueles que não conseguem enxergar o tamanho e a importância do nosso país no cenário mundial. Não que esse tipo de ambição justifique deixar o nosso povo passar fome e perpetuar tudo o que de ruim existe por aqui. Sou o primeiro a defender atitudes corretas e imediatas do nosso governo em relação a tudo o que puder melhorar a vida dos brasileiros. Escola, segurança e saúde são realmente prioridades incontestáveis e urgentes, mas não é voando em avião velho que nosso Presidente vai juntar dinheiro para consertar essas coisas. Existem formas mais eficientes de fazer isso, é só querer...

A verdade é que o mundo está mudando, a economia e o comércio entre os países mais capazes e mais organizados estão ganhando novo impulso e nova dimensão. Alguns definem isso como "globalização", mas, na realidade, é uma grande corrida para ver quem vai mandar mais e melhor em um futuro que já está muito próximo de todos nós. É o nascimento de novas potências mundiais, com novas caras e novas armas. Índia, China, Rússia e outros, considerados países do terceiro mundo, já não são mais os mesmos de ontem. São países com novas ordens internas, que sabem do que são capazes, e estão no jogo para ganhar.

O Airbus A-319 ACJ da Presidência da República

Esses são apenas alguns exemplos de países que no passado foram considerados um problema, e hoje são nações emergentes que estão vencendo o atraso, graças às reformas liberais a que estão se impondo. Como consequência, dividiram com os tradicionais países mais ricos e mais influentes o crescimento mundial. O Brasil não tem como se omitir nem como fugir disso. Por todos os métodos utilizados para se medir uma economia, nós já somos bem grandes e já temos nossa importância reconhecida, e também garantida nossa quota de responsabilidade em toda essa nova realidade. O brasileiro comum não sabe disso, mas o Brasil é uma nação que, em comparação com outras do seu mesmo nível, leva algumas vantagens nesse jogo mundial.

Temos uma indústria já fortemente diversificada, somos grandes exploradores de minérios e grandes produtores de alimentos. Temos um mercado financeiro avançado e em franco crescimento, atingimos a estabilidade econômica e temos uma democracia consolidada. Tudo isso tem um preço inestimável aos olhos de potenciais investidores, sejam eles estrangeiros ou brasileiros. E é um grande passo para a superação da "Síndrome de Coitados" da qual somos vítimas. Na minha opinião, adquirir um jato novo para transportar nosso Presidente é o mínimo que um país como o nosso deveria fazer. Dinheiro não nos falta, o que nos falta é coragem e competência para fazer com que esse dinheiro pare de ser roubado e/ou mal empregado, e comece, efetivamente, a ir para as nossas crianças, nossos hospitais etc.

Quem entende de avião sabe que o tempo de se utilizar aqueles que vinham sendo usados pela Força Aérea Brasileira para o transporte presidencial já passou, são aeronaves antigas e ultrapassadas para o fim a que se propõem. Os Boeing 737-200, os famosos "sucatinhas", estão em excelentes condições, são dois, foram comprados novos, e são mantidos a pão-de-ló, e talvez sejam, hoje em dia, os exemplares do seu tipo menos voados no mundo inteiro. Entretanto, não servem para grandes viagens, seus motores são de uma geração mais antiga, e até sua manutenção já se torna mais complexa, além de não serem tão eficientes e confortáveis como os aviões da nova geração.

Podem ser utilizados, como aliás vêm sendo, como bons aviões reserva, ou transformados em algum outro tipo de prestadores de serviços dentro da combalida e necessitada FAB — Força Aérea Brasileira. O Boeing 707, o famoso "sucatão", é outro caso de aeronave que, embora antiga, de tão boa que é continua na ativa, achando uma função atrás da outra. E não é só no Brasil não, todas as grandes potencias ocidentais ainda o mantêm em suas forças. Em alguns casos, fazendo reformas tão profundas que eles ficam "zero". Como transporte de Presidente da República, no entanto, ele pode, hoje, ser adequado ao presidente de algum país bem mais pobre que o nosso. Creio que no Brasil ele já deu o que tinha que dar nessa função. Melhor mantê-lo como transporte militar e/ou reabastecedor aéreo de caças, coisa realmente necessária para uma boa capacidade militar.

O B-707 reabastecedor da FAB

Comprar uma aeronave nova que realmente faça o serviço bem-feito foi a decisão correta. E devemos ter sempre em mente que o avião é do país, e representa o país. Servirá a todos os nossos presidentes, e, sendo assim, estará nos servindo, sejam eles que Presidentes forem, de que partidos políticos forem, até que seja novamente substituído. No entanto, a Presidência da República Federativa do Brasil poderia ter feito uma escolha um pouco mais arrojada. Não que o Airbus A-319 não dê conta do recado — esta aeronave é excelente —, mas porque ele é pequeno e por enquanto é só um. Deveríamos ter comprado um avião um pouco maior e pelo menos duas unidades, pois, se é para resolver, vamos resolver bem resolvido.

Como avião ele é excelente, mas trata-se de uma versão executiva mais conhecida como ACJ — Airbus Corporate Jet —, feita na realidade para servir a executivos e magnatas. Por um pouco a mais, nos equiparíamos melhor. Quem quer melhorar seu lugar no mundo precisa se preparar, só roupa nova não resolve, a festa requer "limusine" nova também.

EMBRAER. Por que o Brasil não compra o que produz de melhor?

Com a estabilização de nossa economia e o fortalecimento de nossa moeda, esta triste realidade está começando a mudar, e algumas empresas brasileiras já são capazes de assinar algumas encomendas e, em um cenário bem próximo, a aviação comercial de nosso país pode vir a mudar. A Embraer nasceu e cresceu graças a um grupo de homens possuidores de grande capacidade de persistência e uma excelente visão de futuro, e é hoje uma das maiores indústrias aeronáuticas do mundo. Nossa grande estrela realmente provou ser extremamente competente, tanto para fabricar quanto para vender aviões de boa qualidade e alta tecnologia. Isso ocorreu, é claro, depois que ela passou para as mãos da iniciativa privada.

O governo muito raramente dá umas bolas dentro, e a EMBRAER foi um desses casos. Criada pelo então governo militar, a empresa deu a muita gente boa a chance de se provar competente, como projetistas e construtores. Fez parcerias importantes e aprendeu como se faz bons aviões. Hoje, ela produz uma gama variada de excelentes aeronaves, servindo a vários propósitos diferentes, desde aquelas para pulverização agrícola até jatinhos executivos e grandes aeronaves para linhas aéreas.

Que ninguém se engane. Enquanto foi do governo, ela fez bem e vendeu mal, o objetivo na realidade era o de todo bom militar, aprender a fazer aviões militares, fato que se repetiu na Argentina com a FMA — Fábrica "Militar" de Aviones —, só que aquele país viveu sob o jugo militar por muito mais tempo, e de forma muito mais autodestrutiva do que nós, e não deu outra. Tecnicamente a FMA quebrou, além de nunca ter feito nenhum avião que realmente fosse um sucesso. O auge da atuação de seus produtos foi durante a guerra das Malvinas, quando uns poucos exemplares de um avião feito por ela, chamado Pucará, foram crivados de balas pelos ingleses sem sequer terem saído do chão. Anos mais tarde, o muito pouco que se aproveitava de sua estrutura foi vendido para uma grande fábrica americana de aviões militares, que até agora não fez nada de impressionante por lá.

No caso brasileiro, quando a realidade econômica apertou, algum iluminado percebeu que, nas mãos do governo brasileiro, tudo aquilo que fora construído seria posto a perder, e convenceu o governo de que o melhor mesmo para o país seria transferi-la para a iniciativa privada, e a EMBRAER foi então vendida para um grande investidor brasileiro. Foi uma das grandes bolas dentro do governo brasileiro: fomentar e depois repassar. Quem comprou levou consigo um acervo de projetos de grande magnitude, bem como instalações do mais alto nível, e, o mais importante, as pessoas que lá trabalhavam, responsáveis por uma extensa lista de vitórias alcançadas em uma das mais intrínsecas e competitivas áreas da atividade humana.

O Brasil não tem comprado os aviões mais novos da EMBRAER em maior quantidade simplesmente porque eles, a princípio, não foram feitos para o mercado brasileiro, tendo como obstrução a nossa economia, quase sempre fraca e oscilante. Na verdade, já como uma empresa privada, ela se especializou em fazer aviões para quem realmente possa comprá-los sem maiores problemas (leia-se: Estados Unidos). Pode apostar, eles são ótimos aviões, e como todos os aviões, são caros, ou seja, os clientes são países ricos, ou com economias em forte ascensão, e também alguns poucos países pobres, onde mandam comprar e pronto. Outros também compram, entretanto, quase 100% dos pedidos são feitos por empresas norte-americanas.

A economia brasileira só agora dá sinais de crescimento, e só agora a Força Aérea Brasileira, tradicional compradora dos produtos feitos aqui, conseguiu encomendar uns poucos exemplares dos mais novos produtos da empresa, a exceção foi a aquisição à alguns anos dos Super Tucanos, aviões com motores turboélice, cuja função é a de atacar alvos no solo e interceptar aeronaves com performance inferior ou semelhante.

O T-27 Super Tucano

O Super Tucano é um tipo de caça econômico, comprado para dotar o Projeto SIVAM — Sistema de Vigilância da Amazônia de aviões que pudessem interceptar e/ou abater as aeronaves captadas pelos nossos "eficientes" radares. Não se sabe bem por que, mas grande parte desses aviões não se encontra mais onde deveria estar segundo o plano inicial. Com certeza deve ser pelo fato de que o Projeto SIVAM ainda se encontra incompleto. Este foi um projeto iniciado há alguns anos para atender a alguns anseios das Forças Armadas de nosso país, tais como garantir a presença dessas forças na Amazônia, e, dessa forma, fazer frente a certas manifestações no exterior sobre os direitos brasileiros sobre a região. Os militares têm toda razão, porque quem não cuida bem direitinho do que é seu acaba entregando para quem queira e possa cuidar. É a lei da selva...

Sua função é o monitoramento da Amazônia legal, e custou a módica quantia de US$ 1,7 bilhão, encontrando-se hoje com vários equipamentos incompletos e/ou inoperantes. Equipamentos cuja finalidade é dotar a região norte do Brasil de uma boa capacidade de radares e serviços de defesa aérea, para tentar combater melhor o narcotráfico, e melhor defender o país naquela região. Nunca foram completamente implantados nem operados corretamente pelas autoridades encarregadas da Defesa Aérea Nacional.

"Dizem os entendidos em alimentação de felinos que é porque o gato comeu"...

Embora alguns poucos radares que compõem essa rede (cerca de 25 no total) estejam em operação, o SIVAM não chega hoje nem perto do que deveria ser. Melhorou um pouquinho a vida dos pilotos na Amazônia, é fato, entretanto, reflete bem o jeito brasileiro de fazer as coisas em seu próprio país. Os radares comprados não são capazes de captar aeronaves que estejam voando baixo, como é o caso dos traficantes de drogas e armas, sendo assim, atualmente não são capazes de ajudar a combater o principal inimigo brasileiro. E como se não bastasse, apenas cerca de 200 das 665 estações de telefone por satélite que compõem o sistema, e que deveriam estar funcionando em povoados isolados no meio da selva, estão operacionais.

Mas, já que os radares não funcionam bem, comprovadamente fornecendo informações não confiáveis aos controladores de voo, e a comunicação também é um problemão, então para que servem os aviões? Vão interceptar o que, e onde? É o carro sem as rodas, a carroça sem os cavalos... E ainda tem mais um detalhe. As promessas feitas a respeito de ajudar a monitorar os tão falados desmatamentos continuam apenas como promessas, pois nunca foram feitas as conexões necessárias com órgãos como o IBAMA, a FUNAI e a Polícia Federal.

Os jatos da EMBRAER que foram incorporados por último à frota da FAB são do tipo EMB-145, antigos e bem usados, utilizados para transporte executivo e voos de ligação entre as Bases Aéreas. Pertenceram originalmente a uma empresa aérea subsidiária da Varig, RIO-SUL, que não existe mais. Essa empresa foi também uma grande e tradicional operadora dos EMB-110 Bandeirante e EMB-120 Brasília, aviões bimotores, do tipo turboélice, que precederam os jatos comerciais da EMBRAER.

Na época em que a VARIG determinou a compra desses aviões, ela era ainda a toda-poderosa na aviação brasileira e trocava figurinhas com o governo, que ainda era dono da fábrica. Era, por assim dizer, uma troca de gentilezas. A VARIG prestigiava o governo, e o governo prestigiava a VARIG. Pessoalmente, não vejo nada de errado nisso, pois é prática comum mundo afora, inclusive nos países mais desenvolvidos. Aliás, prestigiar os próprios fabricantes sempre foi bom para fortalecer a economia local, não é mesmo?

Por que é tão comum um voo estar atrasado?

Atrasos ocasionais são parte das viagens aéreas, e ainda que não nos agrade, são inevitáveis nos dias de hoje. Trata-se de um grande sistema que envolve muita gente e muitas decisões tomadas separadamente. Além disso, as modernas aeronaves são extremamente caras, e mesmo as empresas mais abastadas não podem se dar ao luxo de manter um avião reserva o tempo todo. Isso é uma realidade em qualquer lugar do mundo. Sendo assim, caso o avião em que você se encontra tiver algum problema técnico, pode ter certeza, haverá atrasos. E eles são, na maioria das vezes, cumulativos, já que o mesmo avião será utilizado para cumprir toda uma programação de voos. Pense sempre na segurança, pois só ela, e nada mais, é realmente importante. Você prefere esperar até que os mecânicos resolvam o problema ou gostaria de arriscar sua vida e as de seus filhos voando em um avião que não está em perfeitas condições?

O passageiro deve se conscientizar de que a empresa aérea não tem nada a ver com o que você vai fazer no seu destino, e muito menos com o tamanho da sua pressa. Ela apenas tem o compromisso de levar o passageiro ao seu destino em segurança. O custo de um eventual atraso ou cancelamento deve ser acertado previamente. Lembre-se sempre: o cumprimento de horários nunca se sobrepõe às questões de segurança.

Conscientize-se de tudo lendo o contrato de prestação de serviços, que está disponível junto com a sua passagem, ou na página da empresa na internet. Depois, não adianta chorar, a coisa vai ter que ser decidida por um órgão como o PROCON, ou algo semelhante. Essa também é uma das funções de uma Agência Reguladora, deixar tudo muito claro para os dois lados. Munidos, na maioria das vezes, de uma boa dose de ignorância, os passageiros ficam transtornados e disparam sua fúria em direção aos representantes da empresa. Entretanto, os pobres coitados não têm culpa nenhuma, e o máximo que podem fazer é se desculpar e dar as informações de que dispõem sobre o andamento da coisa.

Além dos eventuais problemas técnicos, os atrasos também ocorrem em função da falta de investimentos nos aeroportos, que não dispõem sequer de posições de estacionamento suficientes com as devidas rampas para desembarque, fazendo com que aeronaves que estão chegando tenham que aguardar para pousar, e mesmo após o pouso fiquem aguardando, com os motores ligados, até que outra aeronave libere a posição de estacionamento. Também temos o fato de que os céus estão ficando mais congestionados e, sendo assim, uma autorização de decolagem pode demorar mais para ser obtida. E como se não bastasse, temos os próprios passageiros, que, em alguns casos, se apresentam no balcão, despacham suas bagagens e pegam o cartão de embarque, mas, no entanto, resolvem fazer compras de última hora nas lojas do aeroporto, conversar com alguém, pessoalmente ou ao telefone, e simplesmente se esquecem do horário para embarcar no avião, fazendo com que os funcionários de terra tenham que chamá-los várias vezes pelos alto-falantes.

Quando são encontrados, embarcam e o voo sai; quando não, a coisa enrola. Para tudo e, por lei, a bagagem desse passageiro que não embarcou deve ser retirada do avião. Bagagem desacompanhada não levanta voo, essa é uma medida antiterrorismo (bomba), e isso leva tempo... pilotos não atrasam voos deliberadamente. Qualquer atraso, mesmo que seja por um minuto, deverá ser explicado. Caso a explicação não convença, o piloto será convidado a fazer uma visitinha ao escritório do chefe. Os pilotos também não decolam em qualquer situação nem de qualquer jeito. São pagos pela empresa para conduzir passageiros e aviões em segurança, e não necessariamente no horário. Horário é uma referência que deve ser cumprida caso tudo esteja de acordo.

Nas condições competitivas de hoje, as empresas aéreas contam com a confiabilidade, e os passageiros julgam confiabilidade como pontualidade. Em uma malha aérea doméstica com várias escalas, é muito difícil eliminar todos os pequenos atrasos. Isso só pode ser feito quando a coordenação em solo é perfeita; é o pessoal de terra que tem como agilizar grande parte dos processos. Sendo assim, quanto mais apertado o cronograma da empresa, maior a pressão sobre os pilotos para chegar no horário. É uma faca de dois gumes, pois pilotos ganham, na sua maioria, por hora de voo, e não têm interesse em encurtar o próprio salário.

Eles são pressionados a fazer de tudo, encurtar caminhos, usar velocidades maiores e dessa forma, vão trazendo para si próprios os prejuízos e a obrigação de resolver o que é causado por outros. Existe um velho ditado que diz que é melhor chegar cinco minutos atrasado nesta vida do que adiantado vários anos na próxima. Esse ditado, é claro, nem sempre é apreciado por todos os pilotos e passageiros. Finalmente, temos os fatores meteorológicos, como piloto não é São Pedro, o melhor a fazer é respeitar os elementos da natureza que, sem dúvida, podem comprometer a segurança de um voo. O treinamento e a experiência de um piloto lhe dão condições de avaliar se deve ou não prosseguir uma viagem, e eu digo e repito: "Nada substitui a experiência".

A experiência de um piloto também não vem de graça, um copiloto vê muita coisa antes de se tornar um comandante. O piloto que realmente aprendeu alguma coisa ao longo de seus anos de profissão sabe que, quando a meteorologia dá seu recado de forma muito incisiva, o melhor a fazer é não colocar a própria experiência à prova.

Avião de passageiros pode ser utilizado com fins militares?

Pode sim. Na realidade, em caso de guerra, as frotas das empresas aéreas podem ser utilizadas como uma reserva de transporte de tropas e cargas em geral. Outro caso menos vistoso, mas que já gerou várias mortes, é a utilização de equipamentos de espionagem fotográfica, secretamente embutidos em aviões de passageiros, muito utilizados na época da guerra fria entre Estados Unidos e a antiga União Soviética para espionar instalações militares sem correr o risco de envolver diretamente aeronaves militares.

Caso uma aeronave civil adentrasse inadvertidamente o espaço aéreo proibido, podia-se sempre "inventar" algo como um erro de navegação aérea induzido por equipamentos que falharam ou algo do tipo. Nem sempre funcionou, e foram vários os aviões civis abatidos.

Os casos mais famosos envolveram um Boeing 707, em 1978, e um Boeing 747, em 1983, ambos da empresa aérea nacional da Coreia do Sul, Korean Air Lines. As acusações de espionagem nunca chegaram a ser provadas. Caso tenha sido provado algo, os detalhes ficaram nas mãos de quem provou, e foram utilizados em jogos políticos. No caso do Boeing 707, este vinha de Paris com destino a Anchorage, Estado americano do Alaska, onde faria uma escala para reabastecimento e depois seguiria para a capital sul-coreana, Seul. Utilizava uma rota que cortava parte do polo norte e sobrevoaria também parte do Canadá.

A rota seguida pelo Boeing coreano

A aeronave não estava equipada com sistemas de navegação sofisticados, como GPS e Sistema Inercial e, em um determinado ponto, já tendo sobrevoado a Groenlândia e estando dentro de espaço aéreo canadense, o jato mudou de rumo e voou em direção à cidade russa de Murmansk, onde se localizavam várias instalações militares, em especial da Marinha soviética. Um caça foi imediatamente enviado e, sem demora, o interceptou. As regras internacionais de interceptação preveem procedimentos a serem rigorosamente seguidos por ambas as aeronaves. Segundo declarações do piloto russo, todas as regras foram seguidas da parte dele, como ficar ao lado do piloto do Boeing de modo que ele pudesse vê-lo e entrar em contato por meio do rádio, na frequência internacional de emergência, e esclarecer a situação.

O piloto coreano teria visto o avião interceptador e ignorado tal procedimento. O piloto russo, então, como manda a regra, teria feito algumas manobras, como balançar as asas, instruindo o piloto coreano a segui-lo e pousar em um aeroporto próximo, mas também teria sido ignorado. Finalmente, o caça teria disparado alguns tiros, não para acertar, mas para demonstrar sua capacidade de intimidação caso não fosse obedecido. Após tudo isso ter sido ignorado, o piloto russo cumpriu as ordens finais, posicionou-se atrás do Boeing e disparou um único míssil, que acertou a asa esquerda e também causou estragos na fuselagem. Duas pessoas, das 107 a bordo, morreram na hora, e a despressurização da cabine foi inevitável. No entanto, ainda

O pouso no lago gelado *(imagem real)*

assim foi capaz de voar cerca de 40 minutos, quando finalmente foi forçado por outro caça a efetuar um pouso forçado na superfície de um lago congelado.

Os sobreviventes foram todos presos, e após quatro dias liberados e encaminhados para a Finlândia e, de lá, à Coreia do Sul. Sem maiores explicações, o comandante daquele voo foi imediatamente promovido, em função de seu "erro"; ele assumiu que ignorou deliberadamente as instruções do caça.

Já o Boeing 747 (Jumbo) sobrevoava uma região de fronteira entre os Estados Unidos e a União Soviética, extremamente sensível em termos de vigilância, feita por radares, aviões e navios de patrulha.

Várias e importantes bases militares encontram-se nessa região, dos dois lados da fronteira. Naqueles dias, quase todos os comandantes coreanos de aeronaves civis eram oriundos da Força Aérea daquele país, e o desse voo em particular havia sido um renomado piloto de caça e, como ex-militar, conhecia muito a respeito de operações especiais naquela região.

Ao sobrevoar a costa soviética, esse avião também abandonou sua rota e passou a sobrevoar instalações militares. Mais uma vez a ordem foi derrubar o invasor, rigorosamente cumprida. Dessa vez, 269 pessoas morreram. O jogo de gato e rato seguia, produzindo as baixas dos inocentes. Cerca de sete anos após o ocorrido, o piloto do caça teve a oportunidade de se pronunciar. Ele disse que o problema com os pilotos dos caças russos é que jamais haviam tido oportunidade de estudar os aviões civis comerciais do ocidente.

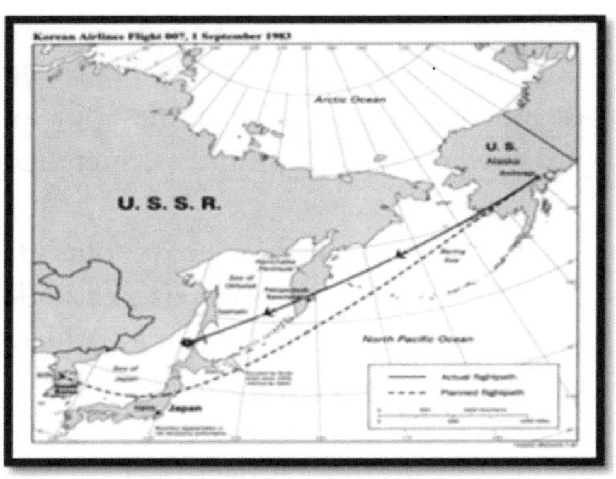

A rota seguida pelo Jumbo coreano *(linha contínua)*

Ele conhecia todos os modelos militares, mas não os aviões de passageiros, e ao se defrontar, em uma noite escura, com algo que invadia, sem aviso, o espaço aéreo de seu país, ele não teve dúvidas de que se tratava de um avião espião, e simplesmente cumpriu as ordens vindas do seu comandante e abateu o intruso. Provavelmente jamais saberemos se essa versão é a verdadeira ou não. Análises mais profundas daquele voo não deixam dúvidas de que não se tratou de um erro. O comandante fez variações de rumo e velocidade que sugerem que ele sabia exatamente o que estava fazendo, ou seja, conduzindo a aeronave por sobre pontos previamente escolhidos por alguém.

Quem seria esse alguém? Os Estados Unidos, país que sempre apoiou a Coreia do Sul militarmente e impediu que ela fosse invadida pela Coreia do Norte e transformada em mais um país comunista, que aproveitou e fincou mais um pé americano naquela região (o outro pé está fincado até hoje no Japão), e tem usado a Coreia do Sul como uma de suas "bases estratégicas" mundo afora.

Tivemos também o caso pouco conhecido de um Boeing 727 da Libyan Arab Airlines que, em fevereiro de 1973, decolou de Bengazi, na Líbia para a cidade do Cairo, no Egito, mas em função de uma combinação de mau tempo, causado por uma tempestade de areia, com uma "suposta" falha de seu equipamento de navegação aérea, acabou adentrando o espaço aéreo israelense, voando sobre a península do deserto do Sinai, que na época era ocupada por Israel. O Boeing líbio foi imediatamente interceptado por caças da Força Aérea de Israel e recebeu ordens de pousar em um aeroporto daquele país para maiores averiguações.

A interceptação do Boeing 727 líbio sobre o Sinai

O piloto do Boeing percebeu o que havia feito, e desastrosamente decidiu tentar voltar para o espaço aéreo egípcio, mas foi sumariamente abatido pelos caças, que viram no Boeing um avião espião. Naqueles dias Israel estava tecnicamente em guerra com o Egito, entretanto, as hostilidades haviam sido interrompidas por um acordo de cessar-fogo. Atingido nas pontas das asas, o Boeing foi forçado a fazer um pouso de emergência nas areias do deserto, em uma região repleta de dunas, matando 108 dos 113 ocupantes.

Outra ocorrência pouco conhecida do público em geral ocorreu em agosto de 1990, e teve como pano de fundo o Kuwait recém-invadido pelas forças de Saddam Hussein. Um Boeing 747 da British Airways efetuava um voo entre Londres e Kuala Lumpur, na Malásia. O voo faria algumas escalas no meio do caminho. Não se sabe a razão pela qual o jato pousou no Kuwait, pois já fazia muito tempo que o país havia sido invadido pelo exército iraquiano, e os britânicos estavam mais que cientes da confusão que se seguia por ali. O voo jamais decolou novamente, o próprio avião e seus passageiros foram capturados e mantidos como reféns. Um dos passageiros era um membro da família real do Kuwait, que foi executado pelos iraquianos. Existem fortes indícios de que, mesmo ciente da situação, a British Airways recebera ordens de pousar no Kuwait para que agentes das forças especiais britânicas, que supostamente estariam a bordo daquela aeronave, fossem capazes de rapidamente se infiltrar no país, fato negado até hoje pela empresa.

Algum tempo depois, os reféns foram levados para Bagdá para servirem como escudos humanos. Dos 385 ocupantes do Boeing, 384 foram libertados antes mesmo da invasão dos aliados na operação Tempestade no Deserto. Não se sabe bem ao certo, se por fogo aliado ou iraquiano, mas a aeronave foi totalmente destruída quando ainda se encontrava estacionada no pátio do aeroporto da cidade do Kuwait.

Como se pode perceber, os aviões também podem não ser o que aparentam. E existe ainda a possibilidade de que uma aeronave civil seja confundida como uma militar. Pouca gente sabe disso, mas em 1982, durante a guerra das Malvinas, uma guerra que nunca nos disse respeito, a VARIG quase perdeu um de seus Boeing 707, que voava durante a noite de Durban, Na África do Sul para o Rio de Janeiro. Alguns dias antes, a Força Aérea inglesa estava no encalço de uma aeronave espiã argentina, que já havia sido identificada como sendo também um Boeing 707, mas, nesse caso, uma versão militar equipada com aparelhos eletrônicos de escuta de comunicações e interferência em sistemas inimigos. A estratégia argentina com certeza levava em consideração as vantagens de atuar em uma área regularmente voada por aeronaves civis. Após ter sido descoberta, a aeronave argentina foi perseguida por caças ingleses, mas escapou.

No dia seguinte, o Boeing brasileiro foi detectado pelos ingleses, que se posicionaram na sua retaguarda e ficaram aguardando a ordem para abatê-lo. Graças à percepção por parte do oficial inglês, que deveria dar essa ordem, de que algo estava errado, uma verificação mais apurada foi efetuada e, felizmente, a ordem nunca foi dada. Com certeza seria um acontecimento muito triste. No quesito militar, certamente seria um acontecimento capaz de mudar o rumo da guerra, pois os norte-americanos vinham apoiando os ingleses por meio da permissão de uso da base aérea localizada na ilha de Ascensión, bem no meio do Atlântico Sul, o que tornava possíveis as missões de bombardeio às Malvinas; sem falar na incógnita que se tornaria a posição de neutralidade até então adotada pelo Brasil e também por outros países envolvidos na questão. Talvez nada mudasse, mas talvez mudasse tudo... Vários anos após o final da guerra, esses fatos foram oficialmente declarados como sendo verdade pelo próprio oficial inglês que optou por não abater de imediato a aeronave detectada.

16 Grandes Acidentes Aéreos que Mudaram a Aviação no Brasil e no Mundo

1. PAN AM + KLM *Boeing -747* (Tenerife, Espanha)
2. SOUTHERN *Douglas DC-9* (Atlanta, EUA)
3. PSA *Boeing-727* (San Diego, EUA)
4. ONA *Douglas DC-9* (St. Maarten, Caribe)
5. UNITED *Douglas DC-8* (Portland, EUA)
6. AIR NEW ZEALAND *DC-10* (Monte Erebus, Antártica)
7. AIR FLORIDA *Boeing-737* (Washington, EUA)
8. BRITISH AIRWAYS *Boeing-747* (Jacarta, Indonésia)
9. JAPAN AIR LINES *Boeing-747* (Tóquio, Japão)
10. ALOHA *Boeing-737* (Havaí, EUA)
11. BOAC *Boeing-707* (Tóquio, Japão)
12. AEROFLOT *Airbus A-310* (Sibéria, Rússia)
13. PAN AM *Boeing 377* (Mato Grosso, Brasil)
14. VASP *Boeing-727* (Fortaleza, Brasil)
15. VARIG *Boeing-707* (Orly, França)
16. VARIG *Boeing-707* (Tóquio, Japão)

2 Boeings 747
Pan Am & Klm

O PAN AM não saiu da pista?

Como um ato terrorista, a improvisação, um nevoeiro, o cansaço e a pressa levaram ao maior acidente da história da aviação comercial, tragando 583 vidas em segundos...

O inferno em Tenerife

Ilhas Canárias, um arquipélago próximo à costa africana, na altura do Marrocos, composto de sete ilhas vulcânicas, pertencente à Espanha, por muitos anos um grande rival turístico das praias mais concorridas dos países mediterrâneos. Os antigos navegadores gregos e romanos as conheciam por "Ilhas Afortunadas". O clima ameno e agradável dessas ilhas sempre causou inveja aos países do norte da Europa. Os portos de suas duas principais cidades, Santa Cruz e Las Palmas, sempre foram muito frequentados por navios cujos destinos eram a América do Sul ou o sul da África.

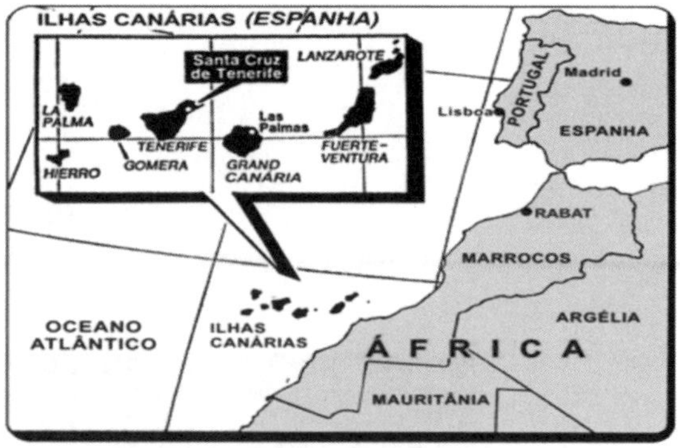

Com o transporte naval sendo gradualmente substituído pelo transporte aéreo e o grande incremento do turismo naquela região, grandes aeroportos foram sendo construídos para servir às ilhas. Uma nova rede hoteleira, particularmente orientada para atender ao grande afluxo de turistas oriundos da Escandinávia, Holanda e Alemanha, foi construída. Grandes esforços também foram feitos para atrair os abastados turistas norte-americanos. Las Palmas é a capital das Ilhas Canárias, e seu aeroporto, internacional, é o principal, que serve esse grupo de ilhas.

Era verão, e também era grande o número de voos indo e vindo da Europa e do outro lado do Atlântico. Após a explosão de uma pequena bomba em uma floricultura do aeroporto de Las Palmas, toda a tranquilidade desse paraíso começou a ser alterada.

Telefonando anonimamente da Argélia, alguém que se dizia integrante do "Movimento pela Independência das Ilhas" assumiu a autoria do atentado, e disse que havia outra bomba "plantada" no aeroporto de Las Palmas que explodiria em breve. Obviamente não disse quando nem onde. As autoridades locais não tiveram alternativa que não a de determinar o fechamento do aeroporto até que fosse feita uma varredura minuciosa e a segurança estivesse garantida. Essa medida afetou, e muito, os inúmeros voos que chegavam e saíam de Las Palmas; algumas aeronaves estavam a menos de uma hora de voo dali. As autoridades pretendiam superar esse problema com o envio desses voos para o aeroporto de Los Rodeos, na vizinha ilha de Tenerife, situada a apenas 100 km de distância.

O único problema seria a acomodação de tantos aviões de grande porte em um aeroporto não tão grande assim. Esse excesso de aeronaves iria testar em muitos aspectos a capacidade de Los Rodeos de lidar com tamanho volume de tráfego aéreo, e por algumas horas. Esse era um aeroporto com um movimento muito menor, onde oficiais da Força Aérea espanhola faziam o controle de tráfego aéreo. Tinha, na época, um terminal de passageiros pequeno e uma única pista de pousos e decolagens, e sua capacidade de estacionamento para grandes aeronaves era bem limitada. No entanto, o aeroporto de Las Palmas não deveria ficar fechado por muito tempo. Los Rodeos, então, era a única opção naquele momento.

Entre as aeronaves desviadas para Los Rodeos estava um Boeing 747-200 Jumbo, da empresa aérea estatal (na época) KLM, da Holanda. Essa aeronave estava fazendo um voo fretado para uma agência de turismo, e utilizava o número de voo KL 4805; havia decolado de Amsterdã, na Holanda) e levava 234 passageiros, entre os quais 48 crianças que fugiam alegremente do rigoroso frio europeu. Durante o voo, os passageiros ficaram impressionados com o fato de que seu comandante era ninguém menos que o elegante e renomado Jacob Veldhuyzen van Zanten, piloto instrutor chefe do Boeing 747-200 naquela empresa.

O mesmo piloto que aparecia na edição daquele mês da revista de bordo da KLM, espalhada por todo o avião. O comandante Van Zanten tinha 50 anos e 12.000 horas de voo; já voava há 30 anos, e ultimamente passava a maior parte do tempo como instrutor de simulador no centro de treinamento da KLM. O fato de um piloto passar a maior parte de seu tempo ministrando instrução de voo em simuladores gera vantagens e desvantagens; destas, uma é o afastamento da rotina diária de pilotagem e dos procedimentos aeroportuários.

Após um voo com quatro horas de duração, o Jumbo tocou o solo em Los Rodeos. Os passageiros olhavam pelas janelas um tanto desapontados, pois o clima era frio, ventava bastante e o dia estava nublado. Pelo menos daquela vez a fama de bom tempo eterno daquelas ilhas cedeu lugar para uma baixa camada de nuvens, chuva fina e alguns pontos de nevoeiro. Para complicar mais um pouco a situação, todas as posições de estacionamento e parte de uma das pistas de táxi (movimentação no solo) estavam totalmente ocupadas. Sendo o maior avião comercial do mundo, e sem ter onde acomodá-lo no pátio principal, o jeito foi fazer com que o KLM fosse posicionado junto com outros aviões em uma pequena área próxima de uma das cabeceiras da pista de pouso.

Os passageiros foram levados de ônibus ao terminal, e, enquanto isso, a tripulação, que permanecera a bordo, discutia sobre a influência daquele atraso nos limites de sua "regulamentação trabalhista" para aquela jornada de trabalho. Alguns minutos depois, também desviado de Las Palmas, pousava em Los Rodeos outro Boeing 747-200, pertencente à PAN AM (Pan American World Airways), que vinha de Nova York, EUA, com 378 passageiros, cujo número de voo era PA1736. A maior parte dos passageiros era de aposentados que se juntariam a um cruzeiro marítimo nas ensolaradas Ilhas Canárias.

O comandante do PAN AM era Victor Grubbs, um veterano de 57 anos e 21.000 horas de voo (uma senhora experiência). Ao receber a notícia de que deveria se dirigir a Los Rodeos, Grubbs ficou muito preocupado com seus também "veteranos" passagei-

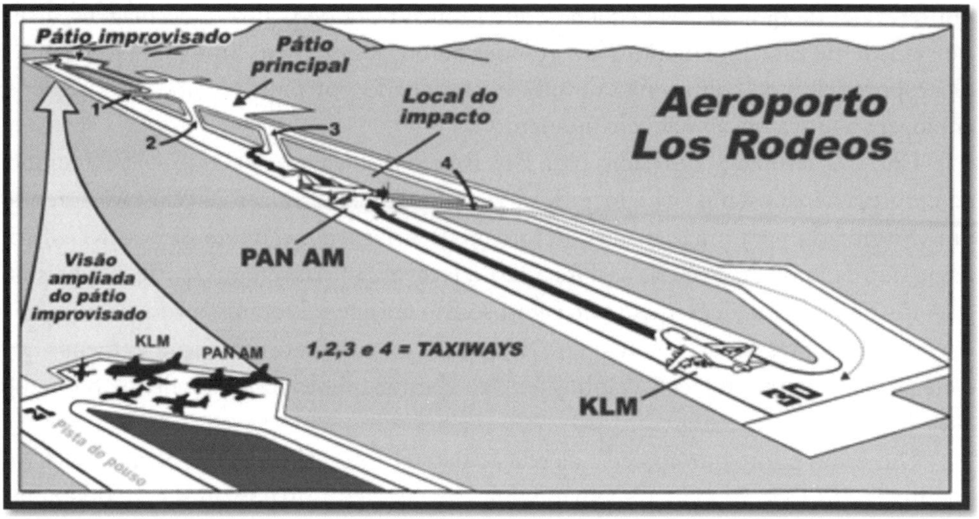

ros, pois a maioria deles já estava a bordo daquele avião há muito tempo, e um atraso desses poderia ter consequências indesejáveis sobre a saúde de alguns deles. Sentindo que havia a possibilidade de que Las Palmas fosse reaberto em pouco tempo, o comandante americano pediu autorização para ficar orbitando (esperando sobre o aeroporto ou próximo a ele) em vez de pousar em Los Rodeos.

O PAN AM tinha combustível mais que suficiente para ficar um bom tempo orbitando. Isso lhe daria a vantagem de ser o primeiro a pousar em Las Palmas quando, finalmente, aquele aeroporto fosse reaberto. Infelizmente, não se sabe o motivo, sua solicitação foi recusada e, sem escolha, a não ser se juntar aos aviões que já estavam no solo em Tenerife, Grubbs teve de pousar no aeroporto Los Rodeos, e foi posicionado ao lado do KLM.

Enquanto isso, a bordo do KLM o comandante Van Zanten ia ficando cada vez mais preocupado a respeito da regulamentação trabalhista. Em tempos passados, segundo a lei holandesa, o comandante tinha autoridade para estender o tempo previsto pela regulamentação de modo a poder lidar com atrasos como aquele. Entretanto, foram tantas as situações nas quais a extensão exagerada comprometeu a segurança do voo, causando a fadiga da tripulação, que esse direito havia sido revogado. A autoridade aeronáutica holandesa exigia que a lei fosse fielmente cumprida, mesmo sob pena de não ser possível completar o voo e ter de cancelá-lo. Os comandantes que não cumprissem essa lei estariam passíveis de ser processados. Van Zanten estava ciente de que se o atraso se prolongasse por muito mais eles teriam que pernoitar em Los Rodeos, com todos os grandes problemas que isso envolveria, como arranjar acomodações para todos os passageiros e tripulantes em época de alta temporada sem ter feito reservas.

Ele resolveu entrar em contato com a empresa, e foi informado de que poderiam "voar" até as 18h30, o que lhes dava certo alívio, mas não muito.

Em seguida, todas as aeronaves foram avisadas de que o aeroporto de Las Palmas fora reaberto. Todos os passageiros do KLM, menos um, voltaram ao avião. Uma funcionária da empresa de turismo que fretara o avião já havia cumprido sua função, e decidira ficar em Los Rodeos; uma decisão que salvaria sua vida. Aliviado pela informação dada pela companhia, Van Zanten decidiu ganhar tempo e reabastecer seu avião em Los Rodeos, pois estava prevendo uma espera considerável para obter combustível em Las Palmas, devido ao grande número de aeronaves que estariam por lá. Essa decisão, embora tenha lógica, selaria para sempre o destino daquele voo e de seus ocupantes.

Dois funcionários da PAN AM embarcaram no Jumbo, aproveitando uma "carona" até Las Palmas. O PAN AM ficou pronto primeiro, pois não havia optado por reabastecer como fizera o KLM, mas havia um pequeno detalhe. Na posição em que estava estacionado, o KLM obstruía o caminho do PAN AM, e todo o resto do pátio também estava lotado de aviões. Frustrados por estarem naquela situação, os pilotos do PAN AM entraram em contato com o KLM para saber quanto tempo levariam para finalizar o seu abastecimento. Trinta e cinco minutos foi a resposta, seca e sem nenhum traço de polidez.

A possibilidade de tentar contornar o avião holandês existia, mas o comandante Grubbs não quis correr esse risco em um aeroporto que, na verdade, não havia sido projetado para acomodar aeronaves como aquelas, e estava apenas servindo de "quebra-galho". O copiloto e o engenheiro de voo chegaram a descer e fazer uma medição, mas não havia espaço. Não havia o que fazer, teriam que esperar o KLM terminar seu abastecimento. Enquanto isso o tempo piorava, e o aeroporto começava a ser encoberto por um nevoeiro. Enfim, o reabastecimento terminou, as portas foram fechadas e os motores do KLM já estavam em funcionamento. Nesse exato momento a pista já se encontrava totalmente encoberta por um banco de nevoeiro.

Para chegar até a cabeceira da pista que seria utilizada para a decolagem, cuja localização era oposta ao local onde estavam estacionados, as aeronaves deveriam entrar na pista e taxiar no sentido oposto ao de decolagem até atingir a cabeceira, pois a pista de taxiamento que normalmente seria utilizada estava servindo de pátio para outras tantas aeronaves. Ao chegar próximo da cabeceira de decolagem, um pouco antes as aeronaves deveriam sair da pista, por uma pista de táxi desimpedida, e por ela rumar até o ponto onde seriam novamente autorizados a entrar na pista e decolar; isso facilitava as manobras dos grandes aviões, que não precisariam fazer um giro de 180 graus para poder se alinhar com a pista na qual decolariam (ver esquema).

O KLM *não* foi instruído a fazer exatamente esse procedimento, mas a ir até o final da pista e, sobre a cabeceira oposta, fazer os 180 graus e ficar parado, aguardando a autorização para decolagem, um procedimento conhecido como *backtrack*, e assim

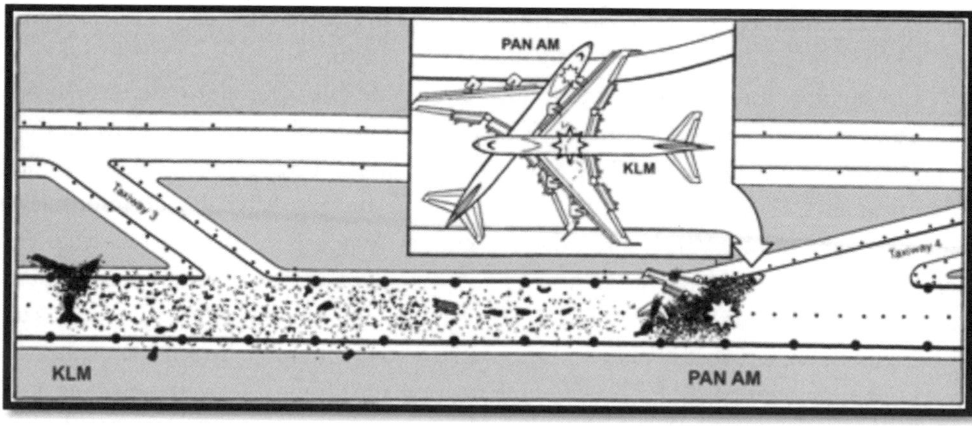

foi feito. A visibilidade era muito ruim por causa do denso nevoeiro — em apenas um minuto a visibilidade tinha variado de ilimitada para meros 500 metros, o que para a decolagem desses grandes pássaros é muito pouco. Os controladores da torre não podiam ver nem a pista nem os aviões. O PAN AM seria o próximo a receber instruções para taxiamento e decolagem; ele chamou a torre e perguntou se deveria entrar na pista com o KLM ainda estando nela, mesmo que parado. O controlador disse o seguinte:

— *Afirmativo, entre na pista de decolagem e faça o seu táxi de forma a sair da pista na terceira pista de táxi a sua esquerda.*

Eram quatro pistas de táxi antes do final da pista. Os controladores alertaram as duas aeronaves a respeito da baixa visibilidade, informando que no momento variava entre 500 e 700 metros. Naquela época, a visibilidade mínima para decolagem era de 750 metros, então, tecnicamente o aeroporto estava fechado para decolagens. Havia muita dificuldade de entendimento entre os pilotos e o controlador. O idioma falado entre os dois era o inglês, e isso apresentava algumas dificuldades reais de compreensão mútua.

Taxiando a certa distância do KLM, em meio ao denso nevoeiro, lá vinha o PAN AM, deslocando-se a meros 6 km/h. Ao checar o mapa da pista do aeroporto, o copiloto percebeu que, para sair na terceira pista de táxi, eles teriam que fazer uma curva de mais de 90 graus para a esquerda, e depois outra, também bem apertada, para a direita, o que é bem difícil de ser feito com segurança em meio a um nevoeiro, e com um avião gigantesco. Então, como estavam originalmente estacionados naquela que na verdade era também uma pista de táxi, os norte-americanos assumiram que o controlador não a estava incluindo em sua contagem, além do que, duas aeronaves que haviam decolado antes deles tinham recebido a seguinte instrução: "taxiar pela pista e abandoná-la na última pista de táxi à esquerda", obviamente a última antes da cabeceira oposta, e então poderiam ingressar novamente na pista pela próxima pista de táxi, já alinhando-se para decolar no sentido correto.

O copiloto havia percebido que, contando-se a partir da pista de táxi em que estavam estacionados, se saíssem na quarta pista de táxi não fariam nem metade desse esforço. E isso estava correto. Ele então demonstrou isso ao comandante Grubbs, que concordou com o julgamento do colega, mas acabaram por seguir as instruções recebidas. No meio do caminho, devido ao intenso nevoeiro, não conseguiam definir com clareza qual era a terceira pista de táxi.

Até então nenhuma das duas aeronaves havia recebido o que é conhecido como Autorização de Tráfego, a aprovação de seu plano de voo, que deve ser obrigatoriamente recebida, copiada e repetida pelos pilotos "antes da autorização de decolagem".

Ao fazer 180 graus e se alinhar com a pista, o comandante Van Zanten acelerou levemente os motores, dando a impressão de que iniciaria a decolagem. Nesse instante, o copiloto o alertou:

— *Comandante, aguarde um minuto, ainda não recebemos a Autorização de Tráfego* — na verdade, eles ainda não tinham nem a autorização de decolagem.

Demonstrando claramente seu nível de stress com a questão do pouco tempo que restava em relação à "regulamentação trabalhista", Van Zanten soltou os freios do grande jato e iniciou a decolagem, enquanto o copiloto ainda estava anotando a Autorização de Tráfego. Ele jamais poderia ter feito isso, pois simplesmente "não" estavam autorizados a decolar. Quando se recebe uma Autorização de Tráfego, deve-se repeti-la para o controlador, para que este tenha a certeza de que o piloto a compreendeu corretamente. Ao terminar de fazer isso, já fazia "seis" segundos que a aeronave da KLM estava correndo pela pista, e o copiloto, ao repetir a mensagem recebida, emendou, dizendo que já estavam na corrida de decolagem.

O controlador entendeu que o copiloto havia dito que, tendo recebido e repetido a Autorização de Tráfego, eles estavam agora, "prontos" para a decolagem..., e disse:

— *OK, aguardem para a decolagem.*

Ouvindo parte dessa comunicação entre o KLM e a torre, o PAN AM percebeu que algo poderia não estar certo, ficou alarmado, e disse para a torre:

— *Torre, nós ainda estamos taxiando pela pista!*

O controlador não percebeu aquilo que o PAN AM já havia percebido, mas também não tinha certeza, e respondeu:

— *Entendido, avise quando sair da pista.*

— *Ok, avisaremos* — o PAN AM respondeu.

Acredita-se que todos a bordo do KLM tenham ouvido apenas o "OK", e não a parte que dizia para aguardarem. Isso talvez tenha ocorrido em função de duas pessoas estarem pressionando as teclas de seus respectivos microfones ao mesmo tempo, causando uma superposição de ondas de rádio, fenômeno extremamente comum em aviação. De qualquer forma, iniciaram a decolagem por conta própria, e informaram depois, o que nem de longe pode ser considerado um procedimento padrão e profissional. Enquanto o diálogo entre o PAN AM e a torre estava ocorrendo, o KLM já estava correndo na pista há 20 segundos (muito tempo), e os dois pilotos estavam altamente concentrados na decolagem com baixa visibilidade. Naquele momento, só o engenheiro de voo do KLM havia prestado a devida atenção naquele diálogo. Ele percebeu que algo estava errado e perguntou aos pilotos:

— *Então ele não livrou a pista?*

Os pilotos contraperguntaram:

— *O que você disse?*

O engenheiro de voo repetiu:

— *O PAN AM não saiu da pista?*

— *Sim, ele saiu!* — foi a resposta, e a decolagem prosseguiu.

Enquanto isso, o PAN AM havia perdido a terceira pista de táxi à sua esquerda, o que é altamente normal em meio a um denso nevoeiro, principalmente em aeroportos desconhecidos pelos pilotos. Nem eles nem o controlador da torre tinham a menor consciência de que o KLM estava quase atingindo o PAN AM. O comandante Grubbs sentia-se desconfortável por estar ao mesmo tempo na pista em que também estava o KLM e disse:

— Vamos cair fora daqui.

O copiloto concordou:

— *É, parece que ele está bem ansioso* — referindo-se ao comandante do KLM.

O engenheiro de voo do PAN AM fez o seguinte comentário:

— *Depois de nos atrasar bastante, ele agora está com pressa.*

Alguns segundos depois avistaram luzes em meio ao nevoeiro. A princípio pareciam estáticas, mas depois de alguns instantes se intensificaram, e eles tiveram certeza de que vinham em alta velocidade em sua direção.

Grubbs gritou:

— Lá está ele, olhe para ele, sai fora, sai fora!

E imediatamente acelerou todos os quatro motores do grande jato ao máximo, tentando sair da pista o mais rapidamente possível, conseguindo girar a aeronave exatos 27 graus para a esquerda em relação à posição que estava antes de avistar o KLM, o que talvez tenha salvo muitos dos passageiros. Mas foi tudo em vão, já era tarde demais. Na cabine do KLM o comandante Van Zanten só enxergou o PAN AM quando seu avião já estava quase em cima dele. Em uma tentativa desesperada, ele puxou o manche para trás com violência, e com isso bateu com a cauda do Jumbo no chão, tentando fazer o avião passar sobre o PAN AM.

Devido ao peso extra do combustível que fora posto em seus tanques, o jato estava muito pesado, caso contrário, talvez tivesse sobrevoado o PAN AM com certa facilidade, pois, estando mais leve, ele teria atingido a velocidade de decolagem muito antes do ponto em que estava naquele momento, e provavelmente já estaria voando. Para escapar da colisão, teriam que subir cerca de sete metros a mais...

O KLM bateu bem no meio do PAN AM, a quase 300 km/h. Seu enorme trem de pouso e seus quatro motores foram os primeiros a tocar a fuselagem do outro Jumbo, despedaçando-o em uma fração de segundos. O que sobrou do KLM ainda voou por mais alguns metros, e então caiu na pista, disforme e em chamas, alimentadas por muito, muito combustível. Por incrível que pareça, a cabine de comando do PAN AM teve somente seu teto decepado e parte do piso arrancada, e os pilotos e o engenheiro de voo se salvaram. Antes, porém, tomaram o cuidado de tentar desligar as turbinas, o que foi em vão, pois os cabos que ligavam os comandos da cabine aos respectivos motores haviam sido decepados, e os motores que haviam sido acelerados a plena potência antes do choque continuavam rugindo ferozmente.

O copiloto pulou da cabine direto para o solo, sem auxílio de nada nem de ninguém. O comandante pisou em falso no pouco que sobrara do piso da cabine de comando e caiu direto sobre os assentos da primeira classe, recebendo a ajuda de uma comissária, e ambos fugiram junto com alguns passageiros, conseguindo escapar através de um buraco na fuselagem, que se "desmanchou" no chão momentos depois. Pouco depois, eles avistaram pessoas correndo para os destroços que queimavam furiosamente, mas não conseguiam entender nada. Eram os moradores das casas próximas ao aeroporto que corriam para ajudar.

Os controladores não foram capazes de visualizar a colisão, só puderam ouvir uma série de explosões. Outra aeronave que estava no pátio viu um grande clarão, mas não foi capaz de dar a localização exata. Os bombeiros foram acionados e, ao chegar ao local, viram um incêndio como nunca antes, só a cauda era visível, o resto era fogo. Com o calor intenso, o nevoeiro se dissipou um pouco e puderam ver ao longe outro grande incêndio. Eles acreditavam que se tratasse de outra parte desse avião, mas, ao se aproximar do local, perceberam que se tratava, isso sim, de outra grande aeronave, totalmente destruída, e também em chamas.

Dada a sua magnitude, somente na manhã do dia seguinte o incêndio foi totalmente extinto. Todos os meios para lidar com aquela tragédia sem precedentes foram empregados. Todos os recursos disponíveis em Santa Cruz de Tenerife foram utilizados. Todos as 248 pessoas a bordo do KLM pereceram no momento do choque; 317 passageiros e 9 tripulantes pereceram no PAN AM; 70 sobreviveram ao choque, entretanto, 9 destes, feridos, sucumbiram posteriormente. Os dois funcionários que haviam pegado uma "carona" haviam sido acomodados na cabine de comando e também sobreviveram.

A tarefa da identificação dos corpos foi tão gigantesca, que houve um acordo para que médicos patologistas espanhóis, holandeses e norte-americanos trabalhassem como

A asa esquerda do PAN AM

uma equipe, realizando inclusive autópsias nos casos em que isso ainda fosse possível. Na época ainda não existia o método de identificação de corpos por análise de DNA, a única possibilidade era a identificação pela arcada dentária. Esse método também não pôde ser utilizado em função de um ultimato dado pelas autoridades espanholas. "Ou os corpos seriam retirados das ilhas em 48 horas, ou seriam todos enterrados em uma sepultura comum". Também não foi possível arranjar tantos caixões de uma só vez nas Ilhas Canárias, por isso tiveram que trazê-los da Inglaterra e, assim, puderam trasladar os corpos para a Europa e os EUA.

Nada menos que 70 investigadores de acidentes aeronáuticos dos três países envolvidos participaram das investigações. Como é comum nesses casos, houve muita troca de acusações, mas a maioria reconheceu a pressa e o descuido de Van Zanten como sendo o principal fator causador dessa tragédia. Várias foram as perguntas feitas, mas respostas satisfatórias levaram muitos anos até ser verdadeiramente compreendidas. Algumas razões ainda não foram totalmente percebidas, e talvez nunca venham a ser. Uma das questões mais intrigantes diz respeito ao fato de que o copiloto *talvez* estivesse ciente da irregularidade da situação, mas se deixara levar pelo sentimento de respeito total, absoluto e incontestável em relação à autoridade do comandante.

Talvez tenha ficado com medo de ser incisivo o bastante a respeito da irregularidade das ações de seu comandante, afinal, ele era o instrutor chefe da empresa. "Talvez" tenha ficado com receio de expor um erro tão grosseiro de um piloto tão bem reputado como era Van Zanten, e então, "talvez" tenha pagado para ver. Há também muitas críticas à forma como foram realizadas as comunicações, o que só reforça a certeza de que, quanto mais dúvidas deixam as comunicações, mais certezas devemos exigir de nós mesmos e de nossos interlocutores, principalmente em aviação, e principalmente quando estamos cansados e/ou com pressa.

Soube-se mais tarde que os controladores já estavam trabalhando há muito mais tempo do que deveriam, e também não tinham experiência no trato com aquelas aeronaves gigantescas, portanto, não tinham uma ideia correta da sua manobrabilidade no solo. Por essa razão em particular, deram instruções de taxiamento ao PAN AM que resultariam em curvas tão apertadas. Vale salientar que, naquela época, o Boeing 747 ainda era uma aeronave muito nova no mercado, e pouco conhecida em geral. A sinalização de solo também não era tão eficiente como as que existem hoje em dia na maioria dos aeroportos internacionais. O mundo era outro, e a uniformização de procedimentos de tráfego aéreo na Europa de então ainda não era uma realidade, gerando margem para muitas interpretações particulares por parte de todos os envolvidos. No intuito de agilizar as operações e minimizar os atrasos, os controladores também erraram ao permitir que duas aeronaves estivessem presentes ao mesmo tempo em uma pista cuja visibilidade havia sido altamente prejudicada pelo nevoeiro.

Grubbs e sua tripulação também têm sua parcela de "incoerências". Muito embora não sejam os causadores principais da tragédia, também não foram tão assertivos em suas comunicações quanto se esperava que tivessem sido, porém, esse fato pode compreensivelmente ser creditado ao cansaço de um voo tão longo. É inegável o declínio exponencial do desempenho e do estado de alerta de um ser humano quando está cansado, e voos longos drenam a energia de qualquer piloto. Os dois pilotos e o engenheiro de voo continuaram suas carreiras, dois deles até a aposentadoria. Após esse acidente, várias modificações nos procedimentos de cabine foram feitas. As comunicações foram alvo de muitos estudos, que por sua vez geraram uma gama de modificações e proibições do uso de certas expressões coloquiais. A rigidez da legislação holandesa e a falta de uma "válvula de escape da regulamentação" em relação a determinadas situações como as que Van Zanten enfrentou foram alvo de inúmeras críticas. Existia na época até um ditado informal entre os pilotos holandeses que dizia: "Se você trabalhar pouco será demitido, se trabalhar demais será preso".

Uma das comissárias que sobreviveram também continuou a voar, e por um capricho do destino, ou por pura determinação divina, escapou mais uma vez da morte a bordo de um Boeing 747 da PAN AM quando trocou um voo de sua escala com um colega. Esse voo era o 103, que decolou de Londres com destino a Nova York em dezembro de 1988 (11 anos depois do ocorrido em Tenerife), um dos muitos da PAN AM a terem sido alvo de um atentado terrorista, que explodiu no ar e caiu sobre a pequena cidade escocesa de Lockerbie, quando morreram 270 pessoas entre ocupantes do avião e moradores.

Uma curiosidade, para não dizer uma coincidência nefasta. Ao lado do aeroporto passa uma estrada conhecida como *Camino del matadero* — Caminho do matadouro.

Douglas DC-9
Southern Airways

As duas turbinas apagaram!

Tempestades com muito granizo eram previstas no caminho de um voo de apenas 25 minutos. Mas quem poderia suspeitar que fossem tão violentas ao ponto de "apagar" as duas turbinas do jato?

Ponte Aérea para Atlanta — *4 de abril de 1977*

Todos os pilotos sabem que tempestades devem ser evitadas, especialmente quando se voa na estação do ano em que elas necessariamente estão nos cercando. No entanto, mesmo para os pilotos mais experientes São Pedro guarda algumas surpresinhas. Algo que nunca vimos nos livros, ou uma situação tão parecida com várias já vistas anteriormente, que simplesmente nos induz a utilizar estratégias que sempre funcionaram antes.

Um avião da Southern Airways fazia um voo regional, de número 242, entre os Estados do Alabama e da Geórgia. Esse era apenas um dos muitos voos que compunham a malha aérea dessa empresa, fundada logo após o fim da Segunda Guerra Mundial, que tinha sua sede na cidade de Atlanta, Geórgia (EUA). Os jatos começaram a ser utilizados em sua frota em meados de 1970, e o Douglas DC-9 fora o escolhido para substituir os aviões mais velhos. Com isso, sua malha de cidades servidas no sul dos Estados Unidos foi crescendo e a companhia foi se firmando como uma empresa aérea regional.

O voo 242 decolou de Huntsville, uma pequena cidade do Alabama, às 15h50, com as condições meteorológicas sobre aquela região dos Estados Unidos bem longe de serem as ideais; muita nebulosidade, chuvas e turbulência, estavam previstas. Antes de embarcar na aeronave, os pilotos receberam todas as informações meteorológicas pertinentes à sua rota, entretanto, não havia motivos para crer que seriam muito diferentes das encontradas durante o voo anterior, no qual encontraram chuva e granizo durante a descida.

O comandante tinha 54 anos e era muito experiente, já voava com a Southern há 17 anos e possuía 20.000 horas de voo, o que traduz uma experiência invejável. Conhecia muito bem as nuances da meteorologia local. Seu copiloto também era já bastante voado, tinha 34 anos, havia sido treinado como piloto da Marinha, e tinha, inclusive, experiência com operações em navios porta-aviões. As duas comissárias acompanharam o embarque dos 81 passageiros, e uma delas perguntou ao comandante como estava a previsão de tempo para o voo.

— Exatamente como na vinda — respondeu ele. — De qualquer forma, teremos apenas dez minutos em voo de cruzeiro (voo nivelado).

Os despachantes entregaram o manifesto de peso e balanceamento junto com as últimas informações meteorológicas, que apresentavam Atlanta com bastante nebulosidade e ventos fortes. No exato momento em que se iniciavam as manobras para a decolagem, começou a chover em Huntsville. Alguns instantes após a decolagem, piloto e copiloto chamaram o controle de tráfego aéreo, que lhes passou uma informação meteorológica mais recente, indicando tempo extremamente ruim e perigoso para a navegação aérea em várias regiões, inclusive a que eles se encontravam naquele momento. Passaram então para o controlador da área de Atlanta o destino, e logo escutaram uma aeronave solicitando vários desvios em função de pesadas nuvens.

Momentos depois, puderam escutar o controlador perguntando ao piloto da outra aeronave, que havia acabado de sair de dentro de uma dessas nuvens pesadas, como ele classificaria a região que havia acabado de atravessar. A resposta foi que a travessia não havia sido muito confortável, mas que também não haviam encontrado nada que pudessem classificar como algo muito perigoso. Alguns minutos depois, o controle de tráfego autorizava o avião da Southern a iniciar sua descida. Nos instantes subsequentes, quatro chamadas consecutivas foram feitas pelo controlador para esta mesma aeronave, mas sem resposta. Finalmente, após uma quinta chamada, o DC-9 da Southern respondeu:

— *Aguarde!*

O controlador compreendeu o pedido e disse:

— *Entendido, caso esteja me escutando, mantenha 15.000 pés* (altitude).

Nesse momento, o Southern respondeu de forma a transparecer que as coisas não estavam indo muito bem lá em cima.

— *Estamos tentando acertar as coisas por aqui!* — disseram eles, e segundos depois informaram que uma das janelas do pára-brisas havia rachado. — *Já estamos a 14.000 pés, vamos voltar para 15.000 pés.*

Apenas 15 segundos depois veio a seguinte mensagem:

— *Nosso motor esquerdo apagou!*

O controlador respondeu:

— *Estou ciente, perdemos o seu sinal de transponder.*

Meio minuto depois veio o anúncio dramático complementar:

— *O outro motor apagou também!*

— *Por favor repita* — pediu o controlador.

— *Aguarde, perdemos os dois motores, preciso que nos oriente de forma que possamos livrar a área da cidade!*

— *Mantenha seu rumo atual e contate agora o controle de aproximações da área de Atlanta na frequência 126.9, eles podem orientá-lo de forma a pousar na Base Aérea Dobbins* — um aeroporto militar ao lado de Atlanta. — Há um avião da TWA a cerca de 30 km à sua esquerda, ele informou que tem referências visuais com o solo — o Southern estava voando dentro das nuvens, portanto sem visibilidade externa.

— *Preciso de instruções urgentes para voar direto para a Base Aérea Dobbins!*

— *Chame na frequência 126.9, eles o ajudarão.*

Nos três minutos que se sucederam, foram feitas três chamadas ao DC-9 da Southern, nenhuma delas respondida. Algum tempo depois, o DC-9 chamou:

— *Controle, está escutando o Southern 242?*

— *Prossiga Southern 242, é o controle de Atlanta.*

— *Perdemos nossos dois motores, que tal nos orientar para pouso no lugar mais próximo?*

— *Entendido, vire à direita agora, vamos orientá-lo para um pouso direto na pista 11 da Base Aérea Dobbins. Neste momento vocês estão a 33 km de lá.*

— Não tenho certeza se conseguiremos ou não. Há algum outro local onde possamos pousar?

— *Negativo senhor, Dobbins é o aeroporto mais próximo de vocês.*

— *Temos nossas dúvidas, mas estamos tentando tudo para religar pelo menos um dos motores!* — o que eles não sabiam era que isso já não era mais possível.

— *Entendido. Temos a pista de pouso de Cartersville, vocês estão a cerca de 15 km de lá.*

— *Pode nos orientar para lá?*

— *Entendido, vire à direita, voe no rumo direto para Cartersville.*

— *Qual é o comprimento da pista de lá?*

— *Cerca de 1.000 metros, senhor* — um comprimento muito inferior ao necessário.

— *Não vai dar, vamos pousar em uma rodovia, agora já estamos muito baixo!*

Até então, nunca na história da aviação um grande jato comercial havia tido todos os seus motores "apagados" por ter entrado em uma grande tempestade. A possibilidade era considerada tão remota, que nenhuma orientação sobre como pilotar a aeronave em uma situação como essa era prevista pelo fabricante, e, portanto, não constava do manual de pilotagem nem dos programas de treinamento da empresa.

Às 16h18 o Douglas DC-9 tentou o pouso forçado em uma rodovia estadual próximo à pequena comunidade de New Hope. Curiosamente, esse foi o local de uma das maiores batalhas travadas durante a Guerra Civil americana há mais de um século. A rodovia era muito estreita e pinheiros altos estavam presentes dos dois lados, além de postes de eletricidade. Uma das asas cortou o topo de duas árvores e logo em seguida o avião já voava dentro da cidade propriamente dita. Suas asas iniciaram uma série de golpes contra postes e árvores. Os pilotos haviam abaixado o trem de pouso e os *flaps*, pois tinham a esperança de conseguir pousar sem maiores problemas. O trem de pouso tocou o asfalto, ao mesmo tempo uma das asas se enganchou em um barranco e virou o avião rapidamente, com consequências trágicas.

Em sua trajetória, ele foi derrubando cercas, postes, placas e árvores, até que rachou ao meio. Sem controle algum, os pedaços do avião atingiram um posto de gasolina e uma loja de conveniência. Todas as bombas, cinco carros e um caminhão foram imediatamente atingidos e incendiados. O que sobrou do avião parou 385 metros à frente. Bombeiros locais e das cidades vizinhas correram para ajudar, e concentraram seus esforços na tentativa de apagar o enorme incêndio que se sucedeu. As linhas de transmissão de energia elétrica, ao serem rompidas, causaram as centelhas que atearam fogo no posto destroçado, e as linhas de combustível rompidas alimentaram esse fogo. Os dois pilotos morreram instantaneamente como resultado do impacto, bem como 31 passageiros.

Outros 20 morreram em decorrência do fogo, oito pessoas que estavam no solo perderam suas vidas, entre elas, a filha e duas netas do proprietário do posto. As duas comissárias sofreram apenas pequenas lesões, e foram capazes de sair sozinhas dos escombros. Quando o avião finalmente parou, uma delas, a que estava sentada na frente do avião, se viu de cabeça para baixo, presa por seu cinto de segurança. Soltou-se, mas não foi capaz de abrir a porta da cabine de passageiros; saiu por um buraco na fuselagem e correu para uma casa próxima em busca de ajuda.

A outra comissária, que se sentava na parte de trás da aeronave, presenciou seis grandes impactos antes da parada. Ela também não foi capaz de abrir a porta traseira; mas conseguiu se soltar e ficou em pé. Nesse instante, uma grande labareda de fogo, seguida de muita fumaça, invadiu a cabine. Após tossir muito, ela caminhou em frente, e saiu por um buraco, através do qual ajudou vários passageiros a sairem também. Só parou quando uma explosão a forçou a se afastar. Vinte e um dos 81 passageiros sobreviveram, muito embora bastante machucados. Os investigadores chegaram na manhã seguinte, e logo verificaram vários detalhes. Entre eles, o fato de que as entradas de ar das turbinas, bem como grande parte da cauda e das asas, estavam completamente deformadas por pequenas mossas (deformações), o que indicava claramente a ação de bolas de granizo chocando-se fortemente contra todo o avião.

Ao serem ingeridas pelas turbinas, essas bolas de gelo, algumas do tamanho de uma bola de pingue-pongue, simplesmente causaram danos internos e externos aos dois motores, fazendo com que parassem de funcionar imediatamente. Várias peças internas dos motores haviam sofrido superaquecimento, rachaduras e até derretimento. Um dos sobreviventes, um piloto que seguia como passageiro, sentado do lado esquerdo e próximo de uma das turbinas, viu quando a asa esquerda foi atingida por um raio. Ele declarou que a turbulência severa durou cerca de dois minutos e que os motores falharam logo após o término do bombardeio de granizo, e, ainda, que, logo após a parada dos dois motores, escutou o som da APU (Unidade Auxiliar de Força) sendo ligada.

Quando um motor para de funcionar, junto com ele para também o respectivo gerador de energia elétrica — acoplado a ele —, que depende do funcionamento desse motor para seu próprio funcionamento. Como o DC-9 perdeu os dois motores, perdeu também os dois geradores, normalmente utilizados somente em voo. Restava um terceiro gerador. Este, por sua vez, estava acoplado à APU, que normalmente fica desligada durante o voo, mas que, se preciso fosse, poderia ser disponibilizada, alimentando os instrumentos de voo e vários sistemas vitais do avião, gerando iluminação para a cabine de passageiros.

As comissárias se lembravam exatamente dos mesmos detalhes. Elas não haviam recebido nenhuma informação vinda dos pilotos sobre o que estava acontecendo, nem como seria feito o pouso. Acostumadas, à sua maneira, com os sons e com as nuances da aeronave, elas perceberam que os dois motores haviam parado, e, por conta própria, decidiram iniciar os preparativos junto aos passageiros para um possível pouso forçado. Após isso, uma delas abriu a porta da cabine de comando e informou os pilotos que tudo estava preparado na cabine de passageiros. Foi neste momento, que ela viu a janela totalmente rachada pelo impacto das bolas de granizo.

Uma análise pós-acidente revelou que aquela tempestade através da qual os pilotos tentaram voar, e que os vitimara, havia sido uma das mais severas já ocorridas nos últimos três anos nos Estados Unidos; foi também a que mais rápido havia se movido. Todo o sistema incluiu 20 tornados e 30 grandes tempestades. Os investigadores também descobriram que o granizo, a chuva forte, e a turbulência severa contribuíram apenas indireta, e não diretamente, como a princípio se acreditava, para a falha dos motores.

Ao ser colhida violentamente por esses três elementos meteorológicos, a velocidade da aeronave deveria ser reduzida para evitar danos à sua estrutura, o que foi feito de forma muito brusca pelos pilotos. A aeronave estava mantendo 14.000 pés e havia sido instruída a manter 15.000 pés, portanto, teve que aplicar mais potência, de forma a conseguir subir. Ao aplicar a potência, o motor sofreu o que chamamos de *surge* — uma falha parecida com o engasgar do motor de um carro. Em seguida, partes internas dos motores sofreram danos, se desprenderam e danificaram mais ainda outras partes dos motores. O excesso de água da chuva e de granizo fez com que a quantidade de ar ingerida pelos motores fosse mínima, e quando o piloto reduziu a potência, ficou menor ainda; ao aplicar potência novamente, houve uma espécie de explosão interna nos motores.

Um dos fatores que mais intrigou os investigadores foi que, "todo" o tempo, a aeronave foi pilotada pelo copiloto, que se recusou por duas vezes a seguir o conselho do comandante e pousar em um campo aberto, em vez de em uma estrada. Nem mesmo nos instantes anteriores ao pouso o comandante assumiu a pilotagem, procedimento padrão, ainda mais levando-se em consideração o fato de ser a sua experiência de voo naquele avião, em particular, substancialmente maior que a do copiloto. A aeronave estava equipada com um radar meteorológico, e o comandante já havia feito até um comentário com o copiloto a respeito da tempestade que já aparecia na tela desse radar. "Parece pesada, nada vai passar aí por dentro." A razão pela qual o comandante mudou de ideia nunca será conhecida. Imagina-se que eles tenham "achado uma passagem" e pagaram para ver.

No entanto, outra hipótese é factível. Eram os anos 70, e os radares não eram tão modernos quanto são hoje. Era comum o fato de que chuvas extremamente intensas pudessem impedir o retorno das ondas magnéticas do radar, gerando, assim, uma imagem que muito bem poderia ser interpretada pelos pilotos como sendo uma área livre de precipitações. Na verdade, era bem o contrário. Muito embora esse fosse um fenômeno já bem conhecido pelos pilotos, o fato de a aeronave já estar voando dentro de uma pesada chuva pode ter levado o comandante a pensar que realmente se tratava de uma área livre.

Em um certo momento, o comandante faz o seguinte comentário: "Está tudo claro a nossa esquerda", e em seguida viraram para a esquerda, para o ponto mais intenso da tempestade. Os despachantes de voo da Southern só ficaram sabendo da previsão e/ou da existência dessas tempestades tão intensas após o pior já ter ocorrido. Vários fatores foram apontados pelo NTSB — National Transport Safety Board — como tendo sido contribuintes para que esse acidente ocorresse, entre eles o fato de que os meios disponíveis para o repasse de informações sobre condições meteorológicas críticas foram insuficientes, e o treinamento dos pilotos a respeito da interpretação das informações do radar também.

Este foi o segundo acidente fatal ocorrido com um DC-9 da Southern Airways. O primeiro ocorrera sete anos antes, e vitimou 75 pessoas. A Southern seria absorvida pela Republic Airlines em 1979, e esta, por sua vez, em 1986, seria absorvida pela Northwest, uma das megaempresas aéreas norte-americanas.

Em 13 de abril de 1997, portanto, 20 anos após o acidente, sobreviventes e parentes de algumas da vítimas se reencontraram em New Hope para agradecer à aqueles que ajudaram na tragédia. Em meio a algumas declarações emocionantes, selecionei duas que gostaria de reproduzir aqui.

"Fiquei em pânico nos segundos que se seguiram ao pouso forçado, percebi que estava vivo e meu corpo estava em chamas. Metade do meu corpo foi totalmente queimado. A tragédia mudou minha vida, deixei meu emprego de instalador de programas de computador e me formei em psicologia. Hoje sou professor no Alabama e me preocupo em ajudar pessoas em vez de perseguir uma carreira."

Uma das comissárias de bordo declarou:

"Precisei de muitos anos de terapia para superar tudo o que havia acontecido e curar as feridas. Hoje trabalho como assistente no treinamento de funcionários de empresas aéreas vítimas de acidentes. Ninguém deveria atravessar algo assim sozinho. Não posso consertar o que passou, mas se necessário for, caminharei com as vítimas em meio à dor."

Boeing 727-200
Pacific Southwest

"Já estamos livres daquele Cessna?"

Um dia com visibilidade impecável, radares moderníssimos em ação, um novo sistema capaz de alertar contra colisões... Nada disso foi capaz de evitar esse horroroso acidente, que ceifou 144 vidas.

Los Angeles, San Diego (EUA) — *25 de setembro de 1978*

Manhã de segunda-feira. Outono nos Estados Unidos, um daqueles dias espetaculares pelos quais o Estado americano da Califórnia é mundialmente conhecido. Tranquilo e calmo, céu azul e sem nuvens, temperaturas agradabilíssimas. Para a PSA — Pacific Southwest Airlines, uma próspera empresa aérea californiana com sede em San Diego, aquele prometia ser apenas mais um excelente dia para voar e ganhar dinheiro.

O voo 182 decolou de Sacramento com destino a Los Angeles, um percurso curto, apenas 45 minutos. Muito procurado por homens de negócios, aquele voo costumava oferecer um ótimo café da manhã, e hoje com certeza não seria exceção. Era o típico trajeto frequentado por passageiros que vão de manhã e voltam à noite. O voo era comandado por James McFeron, 42 anos e 14.000 horas de experiência, 12 anos comandando o Boeing 727. Seu copiloto tinha 38 anos e 10.000 horas de voo, metade delas no Boeing 727. O engenheiro de voo tinha 44 anos e experiência semelhante à do copiloto.

Boeing 727-200 e Cessna 172

Quatro comissárias cuidavam dos passageiros, algumas outras viajavam como "tripulantes extras", ou seja, como passageiras, voltando para sua base, em San Diego. Um outro comandante da PSA também seguia nessa condição, sentado em um dos bancos da cabine de comando, reservados a observadores. Esses banquinhos são conhecidos como *jump seat*.

O voo decolou no horário e pousou em Los Angeles sem maiores problemas. Para a próxima etapa, com destino a San Diego, 128 passageiros estavam a bordo. O copiloto estava pilotando nesse trecho, e o voo transcorria sem maiores problemas. Ao entrar em contato com o controle de San Diego, o Boeing teve sua descida autorizada, além de também autorizada uma "aproximação visual" (aproximação feita sem o auxílio de instrumentos, apenas os olhos do piloto são necessários) para pouso na pista 27 do

Lindbergh Field, nome pelo qual é mais conhecido o Aeroporto Internacional de San Diego.

Nas redondezas de San Diego, mais especificamente em um pequeno aeroporto chamado Montgomery Field, decolava um pequeno avião monomotor pertencente a uma escola de pilotagem. Era um Cessna 172 Skyhawk, aeronave com capacidade para quatro pessoas e extremamente popular no mundo inteiro. Nele seguiam um instrutor e um aluno, que já era piloto comercial e recebia instrução para poder obter a habilitação de voo por instrumentos. O instrutor tinha 32 anos e 5.000 horas de voo, o aluno era um sargento do Corpo de Fuzileiros Navais. Embora já fosse piloto, o aluno ainda não tinha experiência relevante.

O programa de treinamento incluía uma série de exercícios que só poderiam ser efetuados em um aeroporto equipado com o sistema ILS — *Instrument Landing System* (Sistema de Pouso por Instrumentos). Esse tipo de aproximação para pouso por instrumentos é considerado de alta precisão, entretanto, esse equipamento (as antenas transmissoras) só estava disponível no Aeroporto Internacional. Sendo assim, eles solicitaram autorização e se dirigiram para lá. Nesse caso utilizariam a pista 9, a mesma pista na qual dentro de alguns minutos pousaria o Boeing 727-200 da PSA, só que no sentido contrário.

O Cessna 172 efetuou dois exercícios de aproximação ILS. Sem chegar a pousar, ele arremeteu ainda no ar (também se pode arremeter após o pouso). Solicitou mudança de pista e, também, mudança de tipo de exercício. Dessa vez se dirigiriam para a pista 27, a mesma em que pousaria o Boeing 727 da PSA, e efetuariam um procedimento do tipo NDB — *Non Directional Beacon* —, um tipo de procedimento para pouso por instrumentos considerado como sendo de muito baixa precisão, muito pouco utilizado nos Estados Unidos, mais ainda amplamente utilizado no Brasil. O controle chamou outro avião da PSA que estava na frente do voo 182 e também se preparava para pousar em San Diego, informando-lhe sobre a presença de uma aeronave de pequeno porte que estava apenas cruzando seu caminho, aeronave esta que seguiria para outro local, e, ainda, que o tipo da aeronave era um Cessna 172.

O comandante aparentemente não havia escutado a mensagem por inteiro, e perguntou ao copiloto se a mensagem havia sido transmitida para eles. O copiloto respondeu que não, que tinha sido para outro avião da empresa. Instantes após, o controlador informou o PSA 182, que vinha atrás do outro PSA, a respeito da posição desse mesmo Cessna 172 (uma informação corriqueira em tráfego aéreo), e o comandante respondeu:

— *Estamos procurando por ele.*

Logo em seguida, o controle informou o PSA 182 sobre a presença de mais um Cessna 172. Dessa vez tratava-se do avião que estava fazendo o voo de treinamento em Lindbergh Field, e dessa vez o copiloto respondeu:

— *OK, já estamos avistando este, está bem a nossa frente.*

O Cessna, como já explicado, estava fazendo exercícios de voo "por instrumentos". Entretanto, foi instruído pelo controlador a se manter em condições visuais, abaixo de 3.500 pés (altitude), e também a voar em um determinado rumo, aguardando novas instruções para poder voltar a praticar seus exercícios. Os pilotos do Cessna entenderam e repetiram as instruções recebidas. O controlador avisou mais uma vez o PSA 182 sobre a posição do Cessna. O comandante respondeu:

— *Tráfego à vista* — aeronave avistada.

O controlador, então, instruiu o PSA 182 a se manter por conta própria, distante do Cessna, enquanto descia para a altitude final que deveria manter, avisando-os que deveriam usar o conceito conhecido como *see and avoid* (mantê-lo à vista e simplesmente evitá-lo), e, em seguida, mandou que chamassem o controle de aproximações em outra frequência. O Cessna também havia sido devidamente informado a respeito do PSA 182 e sobre sua posição. Ao se posicionar paralelamente à pista 27, já reduzindo a velocidade, se preparando para o pouso, o Boeing 727-200 da PSA foi novamente avisado a respeito do Cessna, dessa vez pelo controlador da Torre de Controle. O comandante disse:

— *Nós o tínhamos à vista a cerca de um minuto atrás, acho que ele já passou pela nossa direita.*

Mudando de assunto, a Torre perguntou o quanto o PSA 182 iria se afastar antes de efetuar as últimas curvas para o pouso, pois havia outro avião da PSA aguardando o pouso do 182 para então poder decolar. A resposta foi a seguinte:

— *Cerca de 5 ou 6 km* — distância absolutamente normal para um jato daquele tamanho.

A Torre então autorizou a decolagem imediata do avião que estava aguardando, e logo depois autorizou o pouso do PSA 182. O Cessna ainda estava em uma altitude abaixo do PSA 182, mas estava subindo, havia mudado levemente de rumo, sem, no entanto, informar esse fato ao controlador. Na realidade, o Cessna estava à frente do PSA 182, ao contrário do que pensavam os pilotos do Boeing 727-200.

À medida que o PSA se afastava do aeroporto antes de curvar para o pouso, ele se aproximava velozmente do pequeno aeroplano, e por trás. Os dois aviões se encontravam, agora, comunicando-se por meio de frequências diferentes, e com controladores diferentes. Imediatamente o sistema automatizado de alerta de colisões começou a piscar luzes e emitir alarmes sonoros para os controladores de tráfego aéreo. Indicava que as atuais trajetórias dos dois aviões iriam em breve se cruzar. A região do Aeroporto Internacional era, e ainda é, uma das mais movimentadas dos Estados Unidos, fazendo com que esse tipo de alarme se tornasse uma coisa corriqueira, e, além disso, o piloto informara ter o pequeno avião à vista antes mesmo de ser transferido para o controlador da Torre.

Sendo assim, os controladores não deram importância ao alarme, mas chamaram o Cessna para novamente informá-lo de que havia um Boeing 727 atrás dele, e que os pilotos já o haviam avistado.

— *Tráfego* (avião) *na sua vizinhança, jato da PSA descendo para Lindbergh, ele já o tem à vista.*

Não houve nenhuma resposta da parte do Cessna, e muito em breve a razão seria descoberta...

Algumas pessoas que passavam próximas ao local da colisão presenciaram o momento em que o Boeing 727-200 da PSA acertou com sua asa direita o pequeno e desafortunado Cessna. Estavam sobrevoando uma grande área residencial, todos viram quando a asa direita do PSA 182 cortou o Cessna ao meio. O som do impacto foi tão forte que chamou a atenção de muitos outros pedestres. O Boeing se inclinou para a direita enquanto os restos esmigalhados do Cessna caíam espalhados sobre as casas, misturados a alguns pedaços do Boeing.

Uma nuvem de fumaça negra se formou no momento do impacto, e após alguns instantes o Boeing tornou-se visível novamente. Para horror de todos, via-se com clareza que trilhas de vapor de combustível saíam da asa bastante afetada. A aeronave iniciou uma pequena curva descendente, e instantes depois o fogo já se espalhava pela área afetada da asa. Eram os tanques de combustível se incendiando. Vários estilhaços de metal foram parar dentro de um dos motores do jato, que perdeu potência imediatamente e, o pior de tudo, os comandos de voo haviam sido seriamente danificados em função de as linhas de fluido hidráulico também terem sido rompidas. A inclinação da aeronave foi se acentuando, o Boeing estava claramente sem controle, claramente ferido de morte...

Dez segundos após o impacto com o pequeno monomotor, o comandante fez sua última transmissão pelo rádio, impressionantemente calmo e, quem sabe, talvez até em um tom de resignação:

— *Torre, estamos caindo, é o PSA...*

Aparentemente sem compreender a brutalidade da tragédia que estava se consumando, o controlador respondeu:

— *OK, vou chamar os Bombeiros para vocês.*

Cinco segundo depois, o Boeing 727-200 literalmente mergulhava com incrível violência na região do densamente povoado subúrbio de North Park. "Foi como se fosse uma bomba atômica", disse uma testemunha, claramente traumatizada. Uma enorme e intensa bola de fogo se formou, seguida de um gigantesco cogumelo de fumaça preta. Eram 9h02 da manhã. Equipes de socorro de toda a região de San Diego rasgaram o trânsito em horário de pico e foram para o local, mas já não havia nada a ser feito pelos ocupantes das duas aeronaves. As equipes ainda não sabiam, mas o socorro seria prestado aos moradores e transeuntes.

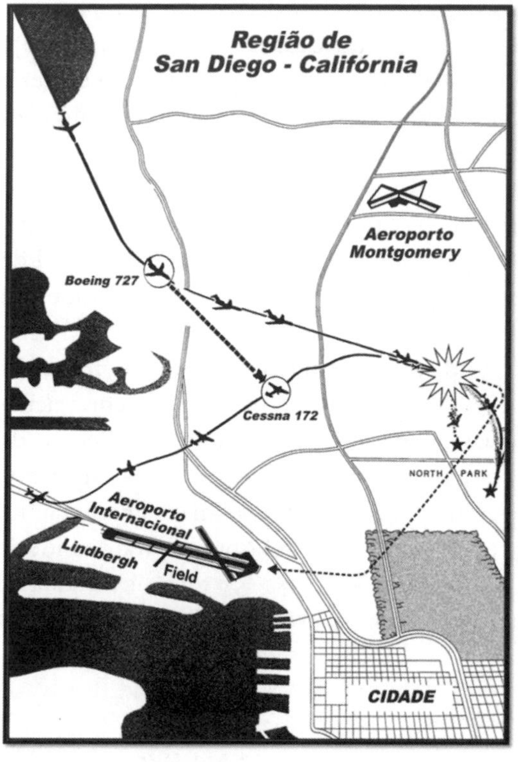

A cena era simplesmente de devastação total. Nada menos que 22 casas e um grande número de veículos estavam destruídos, o fogo ainda era intenso em algumas casas. Muito pouco restou para mostrar que a causa de tamanha destruição havia sido a queda de um moderno jato comercial. Com exceção dos motores muito avariados e de algumas partes da cauda, todo o resto da complexa estrutura de metal do grande jato fora total e completamente fragmentado. Pedaços de corpos e o pouco que restou de seus 135 ocupantes estavam agora espalhados por ruas, calçadas, árvores, telhados e jardins. Além dos passageiros, sete residentes da área morreram. Os restos do Cessna caíram a cerca de apenas 1 km de distância do local onde caiu o Boeing, e dele não sobrou nem o suficiente para pegar fogo; seus ocupantes obviamente morreram na colisão aérea.

Momentos finais (*imagem real*)

Os investigadores do NTSB chegaram no mesmo dia e logo puderam verificar que várias partes da asa direita do Boeing estavam misturadas com o que sobrara do Cessna e vice-versa. Os gravadores de voz, CVR (*Cockpit Voice Recorder),* e também de dados de voo FDR (*Flight Data Recorder*) sofreram danos intensos provocados por um impacto de grande magnitude e pelo fogo intenso que se seguiu. Entretanto, ainda foi possível decifrar algumas informações de grande valia. A maioria das causas foi de procedimentos envolvendo os controladores e os pilotos do Cessna. Entretanto, até hoje existe a suspeita de que o comandante tenha visto um outro avião qualquer, que ele teria identificado como sendo um Cessna 172, aeronave esta que não estava em contato com ninguém, violando as leis de tráfego aéreo. Levando-se em consideração a realidade do dia a dia de então, essa é realmente uma hipótese extremamente plausível. O último som gravado na cabine de comando foi a voz do copiloto se despedindo de sua amada esposa, Marianne. O abalo causado pelo impacto do grande jato contra o solo foi de tamanha magnitude, que foi registrado pelos equipamentos do Centro de Estudos de Abalos Sísmicos de San Diego.

Esse acidente foi um marco, e gerou mudanças profundas na forma de trabalhar dos controladores. Ele provou que, por vezes, tentar conciliar a separação entre aeronaves usando apenas o conceito básico de ver e evitar é simplesmente pedir demais da capacidade humana. Entre os mortos estavam os dois pilotos do Cessna, sete moradores e 135 ocupantes do Boeing. Cento e quarenta e quatro vidas foram ceifadas em uma bela manhã de segunda-feira. A PSA é considerada a empresa precursora dos ideais hoje defendidos pela Southwest — baixo custo e baixas tarifas —, e foi uma das quatro empresas que viriam a se fundir para criar a US Airways, hoje uma das megaempresas aéreas norte-americanas.

Douglas Dc-9
ONA
Overseas National Airways

"Talvez eu tenha que pousar esse avião no mar..."

Com a chegada de aeronaves a jato para o transporte de passageiros, os pousos no mar, tão comuns para as aeronaves a hélice, pareciam ser coisa do passado. Mas o tempo demonstraria que também esses jatos dependem profundamente do gerenciamento correto feito por seus pilotos.

Antilhas Holandesas, Caribe — *2 de Maio de 1970*

Todo passageiro um dia já se perguntou como seria e o que aconteceria se o avião em que está viajando tivesse que fazer um pouso na água, seja no mar, em um rio ou em um lago. Esse avião ficaria inteiro? Flutuaria tempo suficiente para que todos os passageiros saíssem dele? Esse tipo de acidente é extremamente raro no meio aeronáutico como um todo, pois trata-se de um pouso controlado na água, e não de uma queda sem controle. O caso que relatarei aqui é, até hoje, o único conhecido de um pouso controlado e bem-sucedido no mar de um jato comercial de grande porte. A esse tipo de pouso damos a definição técnica de amerissagem.

O voo 980 da ONA não era um voo comum como os que costumavam ser feitos pelas empresas aéreas domésticas americanas. Ele estava sendo realizado por uma empresa americana que havia concluído um acordo operacional com outra empresa aérea, cuja base se encontrava na ensolarada ilha caribenha de St. Maarten, colônia holandesa. Essa empresa era a ALM, uma pequena subsidiária da poderosa KLM, na época a empresa aérea estatal da Holanda.

A aeronave era quase nova, e pelas suas características técnicas, normalmente realizava voos de curtas e/ou médias distâncias, e este voo seria atípico. As Antilhas holandesas são dois grupos de pequenas ilhas caribenhas, que, por sua vez, fazem parte de uma região conhecida como as Índias Ocidentais (West Indies). Os pilotos eram norte-americanos, e os dois comissários eram da ALM; essa mistura de tripulações costuma ser comum quando se trata de acordo operacional. As previsões meteorológicas não estavam lá muito amigáveis naquele dia, algumas pancadas de chuvas e turbulência eram esperadas pelo caminho, além do que, o voo seria relativamente longo, cerca de três horas e meia. O comandante conferiu os cálculos dos despachantes de voo e viu que na verdade tinha algum combustível a mais que o requerido por lei para aquele trecho a ser voado.

No aeroporto JFK — John Fitzgerald Kennedy —, em Nova York, 57 passageiros subiram a bordo. O voo prosseguia normalmente até que, cerca de 1.400 km depois, começou a encontrar pesadas tempestades sobre o mar. A tripulação solicitou alguns desvios ao controle de tráfego aéreo e reduziu a velocidade do jato para poder enfrentar a turbulência com mais tranquilidade. O mau tempo continuou presente, e como a turbulência estava incomodando bastante, resolveram mudar de nível de voo, e desceram 600 metros.

Algum tempo depois, foram avisados pelo controle de tráfego aéreo da região de San Juan, Porto Rico, que as condições meteorológicas em St. Maarten haviam se deteriorado bastante, e que aquele aeroporto estava abaixo dos mínimos meteorológicos para se fazer um procedimento de descida por instrumentos (teto e visibilidade muito baixos). O comandante, então, solicitou autorização para mudança de destino, e foi autorizado a seguir para o pouso em San Juan, quando faltavam apenas 15 minutos para o pouso em St. Maarten. Cinco minutos depois, foram chamados pelo controlador da Torre do Aeroporto Juliana (nome do aeroporto de St. Maarten) e informados a respeito da melhora do tempo naquele local. Resolveram, então, voltar ao rumo de St. Maarten e tentar o pouso.

O sistema de aproximação por instrumentos utilizado naquela época, naquele aeródromo, consistia em um método que se baseia nos sinais emitidos por uma antena de rádio, fixada nas proximidades da pista, chamado NDB.

Esse é talvez o método mais rudimentar utilizado para esta finalidade. É tecnicamente definido como sendo um método de "baixa precisão", pois a leitura desses sinais é feita pelo piloto por meio de um instrumento que indica apenas se a localização da antena que emite os sinais está ficando para a esquerda ou para a direita, e, além disso, a emissão desses sinais é altamente suscetível a interferências de descargas elétricas (raios), uma das maiores e mais conhecidas características de nuvens de mau tempo. Quando os raios começam a se fazer presentes, o ponteiro aponta para a descarga elétrica, e não para a antena transmissora, gerando falsas informações para os pilotos. Enquanto o tempo está bom, ou com a inexistência de descargas elétricas na área próxima à antena do NDB, é possível fazer uma descida por instrumentos com razoável grau de precisão; entretanto, quando os raios começam a interferir com os sinais, esse sistema deixa de ter essa confiabilidade.

Em um procedimento NDB, e sob condições meteorológicas desfavoráveis, determinar a distância da aeronave em relação à pista também requer bom treinamento, pois quase tudo é determinado na base de cálculos estimados, e não precisos. O aeroporto de St. Maarten não estava equipado, naquela época, com nenhum outro tipo de estação de rádio que pudesse informar ao piloto sua distância, nem mesmo o radar de controle de tráfego aéreo estava disponível naquele local. As antenas de NDB costumam ser muito altas, por este motivo são quase sempre instaladas nas laterais das pistas de pouso, e não alinhadas com elas. Isso faz com que na maioria das vezes o sinal que orienta o piloto para o rumo da pista seja, na verdade, transmitido em um ângulo de cerca de 15 a 30 graus de diferença em relação ao alinhamento da pista (eixo da pista).

A FATÍDICA ROTA DO ONA 980

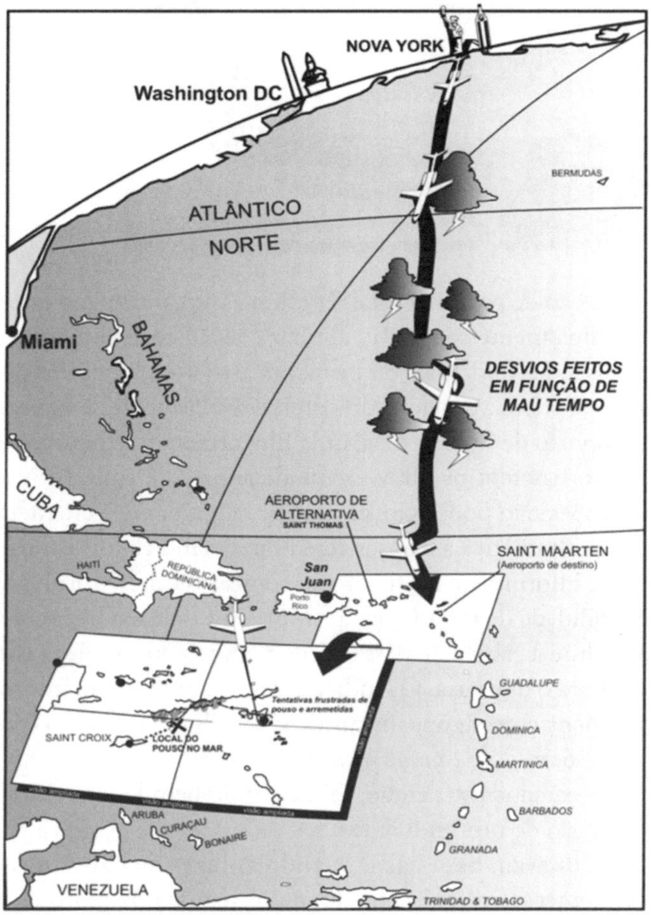

Neste tipo de procedimento, o avião não vem para pouso corretamente alinhado com a pista, vem fora do seu eixo, e quando o piloto finalmente consegue avistar a pista de pouso, rapidamente faz um pequeno ajuste para a direita ou para a esquerda e se alinha com ela. Como em alguns casos não há como determinar com precisão sua distância da pista, o avião para de descer ainda longe, e se mantém nivelado em uma determinada altitude, mantém o rumo, e aguarda para ver se enxerga a pista. Quando finalmente a enxerga, a finalização desse procedimento deve ser rápida e precisa, caso contrário perde-se a chance de alinhar o avião corretamente e a tempo, de modo a fazer um pouso seguro. O piloto tem que ir fazendo curvas e descendo ao mesmo tempo, não pode ficar alto nem baixo, e tem que se manter perfeitamente alinhado com a pista.

Quando o tempo está ruim e a visibilidade muito baixa, é muito comum o piloto só conseguir enxergar a pista quando já está próximo demais dela. Dessa forma, ele fica muito alto para tentar o pouso, e ai é melhor arremeter e tentar de novo ou seguir

para o aeroporto de alternativa. Os pilotos do DC-9 da ONA fizeram dois procedimentos desse tipo e não conseguiram pousar por causa da chuva forte e à visibilidade muito baixa. Cada vez que eles efetuavam uma arremetida, o consumo de combustível era intenso, pois toda arremetida feita nessas condições é sempre realizada com a aplicação de potência total. Mesmo assim, o comandante resolveu tentar uma terceira vez, e finalmente conseguiu alinhar o avião corretamente, mas percebeu que estava alto demais, e perto demais da pista, por isso arremeteu mais uma vez. Após discutir rapidamente sobre a situação do combustível, solicitaram autorização para prosseguir para o aeroporto de St. Thomas, uma ilha próxima, e foram autorizados.

Ao baterem os olhos nos indicadores de combustível, ficaram atônitos. Aquelas indicações não poderiam de maneira alguma ser verdadeiras. De qualquer forma, não tinham alternativa a não ser acreditar nos indicadores. Chamaram o controle de tráfego aéreo e informaram a situação. A comissária chefe foi chamada à cabine e informada da possibilidade de terem que fazer um pouso de emergência nas águas do mar do Caribe. Ela voltou à cabine de passageiros e, junto com o colega comissário, iniciou os preparativos para o que viria. Os indicadores de combustível informavam que os motores iriam parar dentro de alguns instantes. O copiloto chamou o controle de San Juan e disse:

— *San Juan, estamos pousando no mar.*

O comandante, então, foi descendo bem lentamente para não prejudicar sua própria noção de profundidade.

Já estavam bem baixo quando as luzes de baixa pressão das bombas de combustível começaram a piscar, e logo em seguida os motores apagaram. Não houve aviso dado pelos pilotos pelo alto-falante, apenas a parada dos motores deu a pista para os comissários de que o pouso na água era realmente iminente. Vários passageiros ainda se encontravam de pé no corredor, vestindo seus coletes salva-vidas, quando os comissários começaram a gritar desesperadamente, dando ordens para que todos se sentassem. Mas alguns pareciam estar simplesmente esperando que o DC-9 completasse sua aproximação sobre o mar e pousasse na pista de algum aeroporto, e simplesmente não assumiram a "posição de impacto", como estava descrito nos folhetos de leitura de emergência.

De qualquer forma, a maioria não estava de forma alguma preparada para a severidade do impacto. Aqueles que ainda estavam em pé no corredor ou sentados sem o cinto de segurança, simplesmente foram arremessados violentamente através da cabine de passageiros e sofreram ferimentos gravíssimos. Incrivelmente, o pouso havia sido um sucesso e, ao parar sobre as ondas, a aeronave estava praticamente intacta. Quando a tripulação tentou abrir a porta dianteira esquerda, percebeu que estava emperrada, em função de a estrutura da fuselagem (o corpo do avião) ter sido deformada pelo impacto, e que não seria possível abri-la. Os tripulantes então, rapidamente, abriram as outras portas que, junto com as janelas de emergência, começaram a ser utilizadas para permitir a fuga de todos aqueles que tinham condições de fazê-lo.

Ao sair da cabine de comando, o copiloto se deparou com os outros tripulantes próximos à porta direita dianteira tentando recuperar um bote salva-vidas que estava debaixo de alguns escombros. Como se não bastasse, nesse momento o bote foi acidentalmente inflado, ainda dentro do avião, prensando o copiloto contra uma das divisórias da cabine. Com algum esforço ele conseguiu se desvencilhar do bote e se juntar aos outros. Enquanto isso, a água não parava de entrar no DC-9. Um passageiro havia se sentado próximo a uma das saídas de emergência e, assim que pôde, a abriu, permitindo que vários passageiros fossem capazes de sair rapidamente do avião.

Ao ver que a saída da cabine estava bloqueada pelo bote inflado, o comandante abriu sua pequena janela e por ali abandonou a cabine de comando, pulando ao mar e nadando até a asa esquerda. Ele subiu na asa e abriu, pelo lado de fora, as janelas de emergência do lado esquerdo do avião, e procurou por mais alguém que pudesse ser retirado, mas não havia mais ninguém. O avião já estava quase afundando, e naquele momento tornara-se vital afastar-se dele. Apenas dez minutos após o pouso na água e a aeronave ia direto para o fundo do mar. Um voo da PAN AM, que estava na área, localizou rapidamente os botes salva-vidas e passou a posição exata para as equipes de resgate. Dentro de algum tempo, aviões da Guarda Costeira norte-americana sobrevoaram o grupo e lançaram mais botes salva-vidas.

Algumas horas depois, todos já haviam sido resgatados por helicópteros, exceto 22 passageiros (incluindo duas crianças) e a comissária chefe. Presume-se que tenham morrido no impacto ou se afogado nas águas revoltas enquanto esperavam pelo resgate. A aeronave afundou em um local muito profundo e não pôde ser recuperada. Para os investigadores do NTSB não havia dúvidas, a causa do acidente havia sido o gerenciamento equivocado do consumo de combustível da aeronave e sua consequente falta.

Momentos antes do afundamento...

A decisão de não pousar no aeroporto de San Juan, somada às três tentativas consecutivas de pouso em St. Maarten e às três arremetidas foi crucial no aumento desproporcional do consumo, porque queimou todo o combustível extra. Além disso, foi também constatado que a falta de comunicação entre os tripulantes, nos instantes finais que antecederam o pouso na água, reduziu drasticamente o tempo hábil para uma preparação adequada da cabine de passageiros.

Douglas DC-8
United Airlines

"MAYDAY, não vamos alcançar o aeroporto!"

O problema com o trem de pouso do Douglas DC-8 da United Airlines não parecia ser grande coisa, uma vez que a aeronave já estava praticamente sobre o aeroporto e ainda tinha pelo menos uma hora de voo em relação ao combustível nos tanques. Mas durante os preparativos para um pouso de emergência, a tripulação pareceu ter perdido, por assim dizer, o fio da meada...

Denver, *Colorado* — Portland, *Oregon* — EUA
28 de Dezembro de 1978

Esse era um voo doméstico procedente de Nova York, com uma escala em Denver e destino final Portland. Noite de terça-feira. O voo 173 era feito por um Douglas DC-8-61, uma aeronave que, muito embora já estivesse voando na United há cerca de dez anos, na época ainda podia ser considerada moderna; tinha grande alcance e capacidade de passageiros, podendo acomodar até 257 passageiros. Esse modelo tinha prestado bons serviços desde sua entrada em operação na companhia. A tripulação escalada para esse voo refletia a experiência que se espera ver a bordo de um grande jato operado por uma empresa há muito estabelecida neste ramo.

O comandante tinha 52 anos e 28.000 horas de voo, estava com a United Airlines há 27 anos. O copiloto tinha 45 anos e 8.000 horas de voo, e há 13 anos na companhia. O engenheiro tinha 41 anos e 3.900 horas de voo, e também era piloto comercial.

A primeira e longa etapa do voo transcorreu sem incidentes. Denver está localizada bem no coração dos Estados Unidos, e sempre foi um aeroporto estratégico para as muitas operações diárias de voos domésticos. Ali os tanques foram reabastecidos, a cabine de passageiros passara por uma rápida limpeza e o suprimento de bebidas e refeições para os passageiros fora refeito. Tudo pronto para a etapa final até Portland, que duraria cerca de duas horas e meia.

Às 14h30, as cinco comissárias deram início à acomodação de exatos 181 passageiros, incluindo seis crianças de colo. Foi dada a partida nos quatro motores daquela bela aeronave e as manobras começaram. Na cabine de comando seguia também um outro comandante da empresa viajando como passageiro. O copiloto pilotava a aeronave, e a decolagem se deu às 14h47. A previsão meteorológica era bastante favorável e a viagem transcorria suavemente; os tripulantes estimavam o pouso em Portland para as 17h13. A noite caiu e logo puderam ver o grande tapete de luzes que compunha a cidade de Portland. Ao contatar o controle de tráfego aéreo daquela região, receberam instruções de se preparar para uma aproximação visual e pouso direto na pista 28. O comandante acatou as instruções e informou que já tinham a pista à vista.

Cerca de três minutos depois, o copiloto pediu ao comandante que abaixasse o trem de pouso. Quando este selecionou o abaixamento, alguma coisa errada aconteceu. Um barulho totalmente diferente do usual foi ouvido, algo balançou o avião lateral-

O Douglas DC-8 da United

mente, e logo em seguida um outro barulho semelhante. Na cabine de comando os pilotos possuem um pequeno conjunto de luzes para se certificarem de que o trem de pouso esta abaixado e travado, ou recolhido e travado, elas vão mudando de cor dependendo da fase em que o trem de pouso esteja. Somente uma da luzes acendeu na cor verde, indicando que somente o trem de pouso da Bequilha, o da frente, estava abaixado e travado.

O comandante então informou à Torre de Controle de Portland o problema e disse que parariam de descer e manteriam 5.000 pés (altitude). Tratariam do assunto e, quando fosse possível, dariam mais informações ao controlador de tráfego aéreo. Este, por sua vez, deu algumas instruções para o United 173 e informou o comandante que ele seria posto em *órbita* (procedimento de espera) em uma determinada posição próxima ao aeroporto. O comandante informou os comissários e os passageiros, dizendo que circulariam sobre Portland até que verificações fossem feitas pela tripulação. Não houve surpresa alguma, todos haviam sentido o balanço diferente e ouvido o barulho estranho; sabiam que algo estava errado.

Nos 23 minutos seguintes a aeronave permaneceu efetuando procedimentos de espera, sobrevoando as redondezas da cidade, enquanto a tripulação tentava todos os procedimentos possíveis para se assegurar de que o trem de pouso estava abaixado e travado em segurança.

O engenheiro de voo pegou uma lanterna e, como parte de um procedimento previsto, dirigiu-se à cabine de passageiros e tentou visualizar os mecanismos que ficam sobre as asas, que, naquele tipo de avião, indicam quando o trem de pouso está abaixado e travado. Ele avistou os tais mecanismos, indicando que tudo estava em ordem, entretanto, não tinha realmente certeza disso. Também a pedido do comandante, a comissária chefe se dirigiu à cabine de comando e foi inteirada da situação. Ela aguardaria até que mais algumas providências fossem tomadas e então seria informada da decisão final do comandante.

A tripulação entrou em contato com o Centro de Manutenção da United, em San Francisco, e lhes informou a situação em que se encontravam. Disse que não apressaria demais suas comissárias na preparação da cabine de passageiros para um eventual pouso de emergência em Portland, talvez seguido de uma evacuação de emergência (saída dos passageiros da cabine da aeronave); aguardariam em espera mais alguns minutos, cerca de 20.

— *Precisamos de tempo para preparar todo mundo, o tempo está muito bom aqui, não haverá maiores problemas!* — disse o comandante para os que o ouviam no Centro de Manutenção. — *Estaremos pousando em Portland as 18h05.*

A comissária chefe voltou à cabine de comando e informou o comandante sobre o andamento dos preparativos. Como alguns passageiros começavam a ficar inquietos, ela pediu ao comandante que ele mesmo informasse os passageiros a respeito da real situação, pois, em situações com essa, a voz do comandante costuma ser mais tranquilizadora e impõe mais autoridade. Não havia, no entanto, nenhum traço de ansiedade na forma como esta profissional conversava com o comandante.

— *Como estão indo as coisas Dory?* — perguntou o comandante.

— *Está tudo preparado comandante, estou apenas aguardando sua instrução para nos colocarmos em posição de impacto.*

— *Tem alguma sugestão de quando você gostaria que eu fizesse esse anúncio pelo alto-falante?*

— *Serei honesta com o senhor, isso nunca me aconteceu antes, não tenho ideia!*

— *OK, pedirei para o engenheiro de voo fazer o anúncio cerca de dois minutos antes do pouso.*

— *Ele vai fazer esse anúncio pelo alto-falante? E se o senhor não quiser que iniciemos uma evacuação de emergência, como saberemos?*

— *Usaremos o alto-falante ou nos levantaremos e iremos até a cabine de passageiros.*

Enquanto isso, o copiloto estava preocupado com o combustível que ainda tinham nos tanques. O comandante que seguia como passageiro brincou com os colegas:

— *Eu me aposentarei em apenas três semanas, é bom vocês me tirarem daqui.*

— *Não se preocupe* — disseram eles.

Nesse momento, o comandante passageiro se despediu dos colegas e foi para a cabine de passageiros, sentar-se ao lado de uma das saídas, local em que seria bastante útil, pois tinha treinamento bastante adequado para manejá-las.

O copiloto perguntou quanto combustível ainda tinham e o comandante respondeu que tinham algo em torno de 2.300 kg (muito pouco para aquela situação). O engenheiro de voo fez um comentário a respeito dos alarmes de baixa pressão das bombas de combustível, que começavam a se acender no painel de instrumentos. O comandante explicou que aquela situação era normal, uma vez que tinham exatamente a quantidade mínima de combustível utilizável, e lhe solicitou que recalculasse as velocidades para pouso, levando em conta que sua estimativa era pousar dentro de mais 15 minutos. Imediatamente o engenheiro de voo o alertou:

— *Senhor, dentro de mais 15 minutos estaremos sem combustível!*

E mesmo assim finalizou os cálculos como lhe foram solicitado. Então o copiloto lhe perguntou se, na conversa com o Centro de Manutenção da United em San Francisco, eles haviam sugerido algo.

— *Eles disseram que aparentemente nós já fizemos tudo o que podia ser feito, e eu disse que estávamos relutantes em recolher o trem de pouso, pois algo poderia se quebrar ou entortar, e aí, talvez, não conseguíssemos abaixá-lo novamente.*

O copiloto perguntou ao comandante se deveriam avisar ao pessoal de terra da United em Portland, ao que o comandante respondeu:

— *Claro que sim, passe a eles o nosso total de passageiros e combustível, e peça para repassarem essa informação aos Bombeiros, avise também que, mesmo que tudo saia bem, iremos parar a aeronave na pista e precisaremos que mecânicos da companhia examinem o trem de pouso antes de prosseguirmos para o terminal de passageiros.*

A ordem foi prontamente cumprida. Também, segundo instruções do comandante, o engenheiro de voo foi novamente à cabine de passageiros e verificou se tudo estava em ordem. Ao voltar à cabine de comando, informou que tudo estaria pronto em no máximo três minutos, e que estavam todos calmos. Logo depois, a comissária chefe entrou:

— *Estamos todos prontos.*

Nesse momento, o copiloto chamou o engenheiro de voo e disse:

— *Estamos perdendo o motor número 4, faça algo aí atrás!* — ele se referia a fazer cruzamento das várias linhas de combustível, pois sabia que o motivo era a falta deste para aquele motor. — *Vamos perder o motor!*

O comandante perguntou por que, ao que o copiloto respondeu:

— *Combustível! Abra a alimentação cruzada de combustível!*

Confusão e conflitos reinaram na cabine nos próximos 15 segundos, até que o copiloto anunciou:

— *Não adianta mais, o motor já apagou.*

Distante ainda 34 km do aeroporto, o comandante chamou o controle de tráfego aéreo e pediu autorização para um pouso direto na pista 28L. O engenheiro de voo disse:

— *Perderemos o motor número 3 em 1 minuto* — em seguida o motor "apagou". Restavam agora apenas os outros dois motores.

— *Pessoal, perdemos os outros dois, acabamos de perder os motores 1 e 2!!!* — alertou o engenheiro de voo.

O comandante, já ciente de que não chegariam a aeroporto algum, deu a ordem:

— *Declare MAYDAY!!!*

A expressão *MAYDAY* é um termo em inglês derivado da expressão francesa *venez m'aidez*, que significa algo como *SOCORRO, PRECISO DE AJUDA, VENHA ME AJUDAR!* Todos os pilotos, no mundo inteiro, se utilizam desta expressão para declarar uma situação de "emergência". Para situações que não são de emergência, mas requerem urgência, o termo utilizado é *PAN*, derivado da palavra também francesa *panne,* que em português significa "pane" ou "mau funcionamento".

A expressão "SOS" foi oficialmente utilizada pela comunidade naval até 1999, e não é utilizada em aviação. Ao contrário do que muitos pensam, SOS não significa *Save Our Souls* (salve nossas almas), nem *Save Our Ship* (salve nosso navio). Trata-se de uma mensagem criada originalmente em código Morse pelo governo alemão, em 1905, e adotada como padrão mundial de pedido de socorro no ano seguinte, durante uma conferência mundial de radiotelefonia. Essas letras foram escolhidas apenas por sua facilidade de transmissão em sequência, e também por serem de fácil compreensão em meio a muito ruído, não são iniciais de nenhuma palavra e/ou frase em particular.

— *Torre, é o United 173, todos os nossos motores pararam, não seremos capazes de alcançar o aeroporto, estamos caindo,* ***MAYDAY! MAYDAY!***

Na agonia de uma noite escura, o comandante, incapaz de saber exatamente onde pousar, escolheu uma faixa escura, cercada pelos dois lados de muitas luzes, na certa supondo que ali não haveria casas. Estava parcialmente certo. E às 18h15 o enorme Douglas DC-8 atingiu o topo de árvores com até 35 metros de altura e veio decepando-as até atingir uma casa que estava desocupada, perdendo parte da asa esquerda.

Em seguida, atingiu a margem de uma estrada, e ali ficou o trem de pouso do grande jato. Por muito pouco ele não atingiu um edifício com 47 apartamentos e vários andares. Mais à frente atingiu postes de iluminação e fios de alta tensão. E, finalmente, a fuselagem se partiu e atingiu outra casa desocupada, no meio de uma pequena floresta. Ali, no que sobrou da casa, ficou o que restou do Douglas DC-8.

Muito embora o impacto tenha sido de grande magnitude, grande parte da longa fuselagem do jato permaneceu intacta, e não houve fogo, graças, em parte, ao fato de não haver mais combustível nos tanques. Em razão do acionamento automático do sistema de iluminação de emergência da cabine de passageiros, 165 dos 189 ocupantes da aeronave, inclusive 4 das 5 comissárias, foram capazes de sair dos escombros, alguns com apenas pequenas escoriações. Nada menos que 39 veículos de equipes de resgate chegaram ao local. Os moradores da vizinhança foram os primeiros a correr em socorro das vítimas.

Dos 189 ocupantes, 10 morreram, entre eles o engenheiro de voo e a comissária chefe. Uma garotinha de três anos foi a única sobrevivente de uma família de cinco pessoas. O comandante teve um tornozelo e várias costelas quebradas, bem como lacerações na cabeça e ferimentos nas costas. O copiloto foi hospitalizado em estado crítico e esteve várias vezes entre a vida e a morte, mas acabou por voltar a voar até sua aposentadoria. Ao revistarem o interior da cabine destroçada, as equipes de socorro

escutaram algo. Era um cão pastor alemão chamado Marcus, que estava no compartimento de bagagens e cuja caixa de viagem se rompera com o impacto. Felizmente ele estava muito bem.

Essas equipes contaram inclusive com a ajuda de um presidiário fujão que estava sendo reconduzido à penitenciária. Após ajudar bastante no salvamento de várias vidas, a tentação foi demais e ele fugiu de novo, e foi recapturado sete meses após. O que sobrou da aeronave, que custara US$ 6 milhões para ser construída, foi vendido a uma fundição, que apurou apenas US$ 12 mil com o que foi possível vender. Ao ser interrogado pelos investigadores do NTSB ainda no hospital, o comandante disse que, durante todo o voo, o consumo de combustível havia sido checado e conferido com as previsões e não haviam sido detectadas maiores discrepâncias. Ele levaria um bom tempo se recuperando de seus ferimentos.

O problema é que, ao convocar a comissária chefe para a preparação da cabine para um pouso de emergência, ele não estipulou em quanto tempo isso deveria ser feito, como dita o manual da própria empresa. Sem esse parâmetro, a comissária priorizou

detalhes, a tripulação ficou esperando, e gastando combustível. O comandante havia informado que pousaria às 18h05. Caso tivessem calculado corretamente o consumo, chegariam à conclusão de que naquela razão de consumo, o combustível acabaria, de fato, às 18h15. Caso o comandante tivesse aderido estritamente à própria estimativa de pouso, teriam pousado em Portland ainda com cerca de 400 kg nos tanques. Muito pouco, praticamente nada, mas estariam na pista, em segurança.

Em 1979, o comandante foi julgado culpado, e teve sua licença de piloto comercial "revogada". No ano seguinte, demitiu-se da United Airlines, pondo fim a uma carreira até então impecável. O FAA — Federal Aviation Agency — não aceitou o fato de um comandante de linha aérea ter consumido todo o seu combustível tendo o tempo todo o aeroporto à vista. As responsabilidades dos outros membros da tripulação também abrangem o gerenciamento de combustível, especialmente em uma situação anormal. Eles deixaram claro em vários momentos que tinham consciência a respeito do combustível baixo. No entanto, também se deixaram levar por distrações fatais.

Este acidente exemplifica um problema recorrente nas cabines: a quebra da sequência de gerenciamento durante situações anormais. Responsabilidades precisam ser divididas em momentos como esse, mas ninguém delegou, nem tomou para si essa importante tarefa. Como um dos resultados da investigação deste acidente, o NTSB concluiu que: assertividade, iniciativa individual, a forma de expressar uma preocupação e outras questões muito importantes em relação ao ser humano, bem como a filosofia de relacionamento humano entre tripulantes deveriam mudar.

Uma nova filosofia nasceu e recebeu o nome CRM — *Crew Resources Management* (Gerenciamento de Recursos de Tripulação). Foi, sem dúvida alguma, um dos maiores e melhores passos já tomados para a melhoria da qualidade do trabalho e aumento da segurança aérea. Hoje, o CRM é um curso muito moderno, com conceitos revolucionários, e adotado por quase 100% das empresas aéreas do mundo. Infelizmente, vez por outra essa filosofia é deixada de lado, cedendo lugar a comportamentos arcaicos e inadequados que, na sua maioria, não produzem bons resultados, servindo apenas e tão-somente para evidenciar o despreparo de alguns aviadores para enfrentar as situações do dia a dia presentes nesta profissão.

Esse despreparo é observado tanto em relação aos copilotos quanto em relação aos comandantes. Em relação a estes, a coisa fica mais evidente, pois, a princípio, é deles o dever de, desde o primeiro momento, montar uma equipe e não se comportar com estrelismo contraproducente, autoritarismo barato e atitudes intimidadoras, mas sim com atitudes que, na verdade, estejam voltadas para a formação de uma equipe que realmente trabalha em conjunto, fazendo com que as situações potencialmente adversas e até perigosas sejam encaradas e administradas por todos de forma profissional e eficiente, fazendo com que as chances de sucesso sejam infinitamente maiores.

Douglas DC-10
Air New Zealand

"Não estou gostando nada disso..."

A inacreditável perda de um Douglas DC-10 e de seus ocupantes nos confins da Antártida, o continente gelado...

Voo panorâmico Auckland, Nova Zelândia — Base McMurdo, Antártida 28 de Novembro de 1979

O Continente Antártico é a porção de terra mais ao sul do planeta terra, muito embora seja um lugar extremamente fascinante, ainda é muito desconhecido. Seu nome significa simplesmente "oposto ao Ártico", é o quinto maior continente do planeta, tem 98% de todo seu território coberto por uma camada de gelo com espessura média de 1,6 km, o que faz com que esse continente concentre, na forma de gelo, cerca de 70% de toda a água doce do mundo. Se todo esse gelo se derretesse, o nível dos oceanos em todo o mundo se elevaria em cerca de 60 metros.

Esse é um continente sem donos, literalmente falando, uma "terra de ninguém". Foi avistado pela primeira vez em 1820. Um tratado que atualmente congrega 45 países prevê sua exploração apenas em bases científicas, proibindo atividades militares e explorações minerais. Atualmente, a população desse continente atinge cerca de 1.000 pesquisadores no inverno e 4.000 no verão. Sua paisagem nos brinda com cenas inacreditáveis de grandes geleiras e enormes cadeias de montanhas, bem como intermináveis planícies geladas, além de muitos vulcões, apesar de apenas um, o Erebus, ainda ser considerado ativo.

Reluzente sob o sol da manhã estava o DC-10, da Air New Zealand, aguardando seus passageiros no portão 2 do Aeroporto Internacional de Auckland, na Nova Zelândia, a maior cidade daquele belo e isolado país nos confins do mundo. A empresa operava oito desses grandes e modernos jatos. A reputação dos DC-10 não andava lá essas coisas após dois grandes acidentes terem manchado gravemente a imagem desse belo e imponente modelo de aeronave. Pequena para os padrões internacionais, a Air New Zealand era, contudo, reconhecida por todos como uma ilha de excelência.

Seus padrões técnicos e operacionais eram altíssimos. Na verdade, o próprio fabricante dessa aeronave, a McDonnell Douglas, a tinha como o exemplo perfeito de como deveria ser uma operadora de seus jatos. O mais interessante era o tipo de voo que essa aeronave faria naquela manhã. Todos os passageiros portavam um ticket de embarque que dizia o destino de seu voo: "Auckland to Auckland". Eram 237 passageiros e 20 tripulantes. Tecnicamente era um voo internacional, mas não foram exigidos passaportes, e a grande maioria dos passageiros trazia pouquíssima bagagem.

Era um dia especial para todos eles, afinal, estavam embarcando naquele que era um dos voos mais concorridos da malha aérea da Air New Zealand. Por mais de dois anos a companhia vinha fazendo grande publicidade desse voo. Suas propagandas diziam: "Siga os passos dos grandes exploradores através do continente gelado", "Olhe para baixo e veja a terra de Scott, Schackleton e Byrd" (os grandes exploradores da Antártida). Slogans como "Nobody does it better" (Ninguém faz melhor), somados ao entusiasmo de quem já havia feito esse mesmo passeio, garantiam que todos os voos saíssem absolutamente cheios. Propositalmente, a ocupação máxima da aeronave não era atingida, para poder propiciar a todos a possibilidade de visualizar a terra gelada através das janelas do grande jato.

Para dar mais autenticidade a essa "aventura", a Air New Zealand fazia que em cada um desses voos seguisse também um guia, muitas vezes pessoas com experiência real em explorações na região. Caso o tempo estivesse bom, havia a possibilidade de serem convidados pelo controle de tráfego aéreo da Base Polar norte-americana de McMurdo, a maior e mais moderna instalação de pesquisa localizada naquela região do planeta, para um voo panorâmico sobre a base. Cravada no pólo sul, ela possui mais de 100 edifícios e cerca de 1.300 habitantes, e muitos voos já haviam feito passagens à baixa altura sobre a base.

Depois desse voo, todos voltariam para a cidade de Cristchurch, no sul da Nova Zelândia. Entre a ida e a volta seriam ao todo 12 horas de voo, uma oportunidade única na vida da grande maioria. Para as tripulações escaladas para esse voo, a oportunidade de escapar da enfadonha e monótona rotina dos voos internacionais era a glória.

No entanto, ninguém parecia estar mais excitado com o voo do que o próprio comandante. Ele já havia sobrevoado o Polo Norte algumas vezes como passageiro, e já admirara a distância a vastidão branca e selvagem do Ártico. Sabia, no entanto, que a grandeza do Polo Sul, com as grandes cadeias de montanhas e geleiras da Antártida, era ainda maior. Ao fazer uma solicitação para comandar um desses voos, ele não acreditava muito que teria alguma sorte, afinal, eram apenas quatro voos por ano, e normalmente eram escalados os comandantes com mais tempo de casa. Havia rumores de que os altos preços do combustível estavam a ponto de comprometer o futuro dessas magníficas viagens, e aquele voo em particular seria o último daquele ano.

A época do ano não poderia ser melhor, em breve o verão antártico chegaria, e a movimentação de aeronaves trazendo suprimentos para a Base McMurdo seria grande, assim como a chance de ter tempo bom e poder ver as equipes de pesquisadores em seus trenós. Nessa época do ano a luz do sol brilha 24 horas, não existe noite como nós a conhecemos. O comandante Collins tinha 45 anos e era bastante respeitado na companhia, tido como um ótimo piloto e capaz de avaliar muito bem uma situação considerada atípica. Havia sido treinado pela RNZAF — Royal New Zealand Air Force —, era piloto há 25 anos e já estava há 15 com a companhia. Tinha 11.000 horas de voo e era muito querido pelos colegas de trabalho.

O local do impacto e o rastro negro da morte

Cerca de três semanas antes do voo, o comandante e um dos dois copilotos escalados para o voo compareceram a um departamento da empresa encarregado de familiarizá-los com rotas novas para eles; uma espécie de curso sobre as novidades ou diferenças da rota. Mapas, estações de rádio e os procedimentos aeronáuticos eram diferentes para aquela região. Durante o *briefing*, foi comentada a posição do Monte Erebus em relação à rota a ser voada e foram fornecidos dados como as coordenadas contidas no plano de voo a ser fornecido pela empresa. O Monte Erebus era um vulcão ainda ativo, localizado na Ilha Ross. Esse vulcão tem uma elevação de cerca de 3.800 metros, o que deixava claro que, em condições de voo por instrumentos, sem ver nada lá fora, a altitude mínima a ser mantida deveria ser de 4.800 metros. Aquela é uma região montanhosa e, além desse vulcão, existem várias outras elevações.

Na Ilha Ross estão localizados dois montes, o Terror e o Erebus, este o maior deles. Foram batizados com esses nomes em homenagem a dois dos navios que participaram da expedição que primeiro vagou por aquela região. Segundo a mitologia grega, Hades, o reino dos mortos, tem duas partes: a primeira é chamada de Erebus, o nome da escuridão nascida do Caos, e deve ser atravessada por todos aqueles que acabaram de morrer. Erebus havia nascido junto com Nyx, que representava a Noite...

Durante o breve curso de familiarização, foi deixado bem claro aos pilotos que, caso a aeronave fosse conduzida abaixo de 4.800 metros naquela região, isso deveria ser feito, obrigatoriamente, em condições de tempo bom e com total visibilidade. A boa vontade e cooperação dos controladores de tráfego aéreo da base norte-americana já eram bem conhecidas, entretanto, a empresa pedia encarecidamente aos seus pilotos que mantivessem estrito controle sobre o combustível gasto durante o passeio, pois voar a baixa altura aumentava muito o consumo do grande jato e poderia comprometer o voo de volta. A aeronave estava equipada com um Sistema de Navegação Inercial por Área AINS. Era muito preciso, e o que havia de mais moderno na época. Para os voos regulares da Air New Zealand, os pilotos recebiam todos os dados da rota já gravados em uma fita magnética, e com ela alimentavam o computador com as informações necessárias. O DC-10 também contava com o GPWS, um equipamento moderno que detecta a presença de elevações à frente da aeronave e emite alarmes para os pilotos, evitando colisões com o terreno.

No caso desse voo em particular, os próprios pilotos tinham que digitar no computador as coordenadas geográficas das posições a serem sobrevoadas. Essas informações vinham junto com a cópia do plano de voo, impressa em folhas de papel e entregue pelo despachante de voo. Esse plano de voo previa que, caso o tempo não estivesse bom sobre a região da base McMurdo, eles então sobrevoariam, como passeio alternativo, a região de uma impressionante geleira chamada Ninnis e, se possível fosse, depois seguiriam mais adiante. Essa decisão, contudo, teria de ser feita ao sobrevoar as Ilhas Balleny.

A partir de um determinado ponto, os pilotos deveriam mudar a forma como realizam a "navegação aérea", técnica pela qual os pilotos "acham" o seu caminho nos céus. Isso porque, à medida que uma aeronave se aproxima dos polos da terra, a bússola convencional utilizada em aviões já não é tão precisa, pois inicia-se uma convergência de meridianos e paralelos rumo a este mesmo polo, o que causa várias distorções em tempos e distâncias medidas da forma convencional.

Para evitar os erros causados por esse fenômeno, utiliza-se um processo conhecido como *grid navigation* (navegação por grade), um processo alternativo que elimina o problema. No entanto, esse sistema não estava disponível para uso pelo AINS, o Sistema Inercial de Navegação, que continuaria enviando os dados tradicionais para o piloto automático. Assim que fecharam as portas, uma passageira, que claramente não se sentia confortável com a ideia de voar, pediu para descer. As portas foram abertas e ela foi acompanhada por uma comissária até a sala de embarque, onde, após alguns minutos, já mais calma, foi convencida e retornou ao seu assento. Decolaram suavemente às 08h17 e, degustando um generoso café da manhã, voaram rumo ao Pólo Sul.

Quatro horas depois a excitação começou a tomar conta de todos, haviam avistado o primeiro grande pedaço de gelo. Era, na verdade, um *iceberg*, mas, logo após, com a visão das sombrias e gélidas Ilhas Balleny, tiveram certeza de que estavam penetrando no Círculo Antártico. A tripulação fez seu primeiro contato com a Marinha Norte-americana, que administrava o tráfego aéreo naquela região. Ao solicitarem as condições meteorológicas, a resposta não foi muito encorajadora, e o comandante deveria decidir se prosseguiria para o destino principal ou se optaria pelo passeio alternativo, sobrevoando a geleira Ninnis. Entretanto, com grande parte da costa bem visível, o comandante Collins decidiu que valeria a pena continuar.

Prosseguiram rumo a McMurdo, e foram voando em direção ao Sul, com uma magnífica visão do continente gelado, que ia ficando ao seu lado direito, uma região conhecida como Victoria Land. Quando mais próximos, pediram para descer para 4.800 metros. Foram autorizados para 5.400 metros e avisados de que havia áreas com tempo bom a cerca 150 km da base; entretanto, exatamente sobre McMurdo o tempo estava bastante encoberto. O controlador também explicou que somente após estarem a uma distância de cerca de 75 km da Base McMurdo eles seriam autorizados a descer a uma altitude de cerca de 450 metros sobre o solo. Após várias tentativas de contato com a Torre de Controle do aeroporto da base, o DC-10 foi autorizado pelo controlador, o mesmo que já vinha controlando o voo, a descer em condições "visuais" e manter o Controle informado de sua altitude.

Um pouco mais tarde o voo 901 da Air New Zealand conseguia contato com a Torre de Gelo, nome dado para a Torre de Controle de McMurdo. Foram autorizados a descer para 3.000 metros, mas perderam o contato. Fizeram novo contato com o controlador anterior e informaram que já estavam mantendo essa altitude e que se encontravam a 64 km do aeroporto. Receberam novamente a instrução de se manterem em "condições visuais" com o terreno e informar quando estivessem a 19 km do aeroporto.

Perguntaram a que altitude estava a base da camada de nuvens, a resposta foi a 3.000, então comunicaram que estavam descendo para 600 metros, e em condições visuais. Alguns minutos depois, ciente de que o voo 901 ainda não havia informado que já estava mantendo 600 metros, o controlador chamou várias vezes, mas todas sem resposta. O primeiro na Nova Zelândia a saber que havia preocupação no "fim do mundo" a respeito da localização do DC-10 da Air New Zealand foi um antigo funcionário aposentado. Ele havia trabalhado muitos anos como radioperador em voos de hidroaviões de uma empresa antecessora da Air New Zealand, e agora passava o tempo como radioamador.

Um de seus amigos radioamadores, que trabalhava na Base Scott, uma base que também fica na Antártida e pertence à Nova Zelândia, o havia contatado informando que um avião e três helicópteros de busca e salvamento haviam sido enviados de McMurdo atrás do DC-10. Ele imediatamente pegou o telefone e chamou o Departamento de Operações da Air New Zealand, e foi aí que a companhia ficou sabendo que algo não estava bem com o voo 901. A esperança de todos era de que o DC-10 simplesmente tivesse sofrido uma falha total de comunicação, talvez em função de raios solares ou das interferências do magnetismo terrestre, tão comuns e intensos nos pólos. De qualquer forma, os serviços de resgate já estavam em fase de alerta. O pouso do grande jato em Cristchurch, no sul da Nova Zelândia, era aguardado para as 19h00, e somente o tempo iria confirmar.

Quando a hora em que o combustível da aeronave se esgotaria passou e ela não pousou, a fase de alerta passou para EMERGÊNCIA. Nesse momento, o inspetor chefe da Divisão de Acidentes da Air New Zealand soube com certeza de que enfrentaria uma tarefa gigantesca, muito maior do que tudo o que já enfrentara antes, e que talvez o levasse aos confins do mundo.

Ao ser noticiado o fato de que a aeronave estava desaparecida, houve grande comoção na pequena nação. Não demorou muito, na manhã de 29 de novembro a imprensa neozelandesa informava a nação de que os destroços haviam sido encontrados por um avião Hercules C-130 da Marinha norte-americana. Não havia sobreviventes. Para qualquer país, um acidente aéreo de tamanha magnitude é sempre algo terrível, entretanto, para a Nova Zelândia, que na época era um país com apenas três milhões de habitantes, foi quase como que algo pessoal para cada um deles. Os preparativos para o deslocamento de todo o pessoal necessário para uma região tão inóspita e em tão pouco tempo foi, por si só, uma tarefa sobre-humana, mas foi realizada. No dia seguinte, os inspetores da Air New Zealand já se encontravam na base McMurdo, e a bordo de um helicóptero puderam, então, avistar o enorme rastro marrom deixado pelos escombros em meio ao branco eterno das neves antárticas. Desolação total.

Dois acidentes fatais de grandes proporções haviam ocorrido com esse modelo de aeronave. O primeiro, cinco anos antes com um DC-10 novo em folha da THY — Türk

O DC-10 da THY

Hava Yollari —, Linhas Aéreas Turcas, em Paris, e todos os seus 346 ocupantes morreram. No caso da empresa turca, o DC-10 era o maior e mais novo avião da frota, adquirido em um lote de seis aeronaves que foram disponibilizadas pela fábrica após a desistência de uma empresa japonesa.

A THY era uma operadora improvável para aquela aeronave, pelo menos naquele momento, pois era, na época, uma empresa pequena, com um histórico de segurança aérea muito fraco e sem nenhuma experiência com a operação de grandes aeronaves. A aeronave seria utilizada no transporte de imigrantes para a Europa e o transporte de fiéis muçulmanos para a peregrinação anual a Meca; mas havia outro motivo, e este era claramente militar. Os turcos aproveitaram a chance há muito esperada, pois aquele tipo de avião casava muito bem com a estratégia dos militares turcos de contar com um avião a jato de grande porte que, caso fosse necessário, poderia ser utilizado como transporte militar de tropas e carga em geral contra as forças da Grécia, sua arquirrival na questão da posse da ilha de Chipre. Ao longo dos anos esses dois países viveram sempre como cães e gatos.

A THY é até hoje a maior empresa aérea da Turquia, e na época era uma estatal completamente dominada pelos oficiais da Força Aérea Turca. Infelizmente, na pressa de iniciar as operações com os novos DC-10, os turcos treinaram muito mal, tanto os tripulantes técnicos (pilotos e engenheiros de voo) quanto o pessoal de apoio em terra, no trato com aquele tipo de avião em particular. Quiseram fazer as coisas funcionarem bem da noite para o dia a qualquer custo...

Após o término do carregamento das bagagens, no aeroporto de Paris, o funcionário responsável pelo fechamento da porta do porão traseiro de bagagens fechou-a de forma errada, simplesmente porque não fora treinado para fazer de forma correta, e também porque não era capaz de entender as instruções escritas em turco e em inglês. Somou-se a isso o fato de que tanto o projeto quanto a construção do mecanismo interno de fechamento da porta do porão de carga apresentavam falhas de segurança já conhecidas e extremamente sérias; falhas estas que já haviam sido responsáveis por um incidente grave com um avião do mesmo tipo nos Estados Unidos em 1972.

Também não houve nenhum tipo de treinamento sobre como fechar a porta de carga adequadamente nem supervisão por parte dos responsáveis turcos em relação ao pessoal que faria esse tipo de serviço naquele que era um avião completamente novo para todos. O resultado foi que, logo após a decolagem, a porta do porão de cargas se abriu, causando uma despressurização instantânea do compartimento de carga. A diferença brutal de pressão entre o porão de cargas e a cabine de passageiros fez com que a parte do piso da cabine de passageiros que ficava sobre o porão de bagagens cedesse e fosse sugada juntamente com seis fileiras de assentos e seus ocupantes para dentro do porão de carga e, depois, para fora da aeronave, através da porta de carga aberta.

Durante esse processo, os estilhaços atingiram e danificaram os sistemas que permitem a pilotagem do avião, e a perda de controle foi imediata. O controlador de voo declarou ter visto, por um momento, um pequeno sinal atrás do sinal gerado pelo avião em sua tela de radar, e mais tarde soube-se que era a porta que se soltara e caíra junto com os assentos e seus ocupantes, ainda presos pelos cintos de segurança, em uma plantação de nabos. Os pilotos fizeram tudo o que podiam, mas a aeronave chocou-se com o solo a 430 km/h, desintegrando-se em milhares de pequenos fragmentos. A destruição foi de tamanha magnitude, que apenas pequenos focos de incêndio irromperam, pois não sobrara quase nada para queimar. Dos 346 ocupantes da aeronave, apenas 40 tiveram seus corpos reconhecidos.

Esse acidente, ocorrido em 1974, tornou-se um caso de estudos nas áreas de fatores humanos, interface de desenho e responsabilidade de engenharia. A possibilidade de esse acidente acontecer já havia sido comprovada em 1969, tendo realmente ocorrido durante um teste feito em solo em 1970. A aeronave acidentada em Paris havia sido encomendada três meses após a emissão, por parte da FAA, a agência reguladora norte-americana, de um Boletim Técnico que determinava várias modificações no projeto. Contudo, nada foi feito, e aquela aeronave foi entregue sem que todos os itens previstos pelo Boletim tivessem sidos modificados, presumivelmente por se tratar de mudanças que encareceriam demasiadamente o custo de produção.

As investigações revelaram que, durante o processo de fechamento da porta, uma peça de metal que já havia sido comprovadamente forçada anteriormente, o não cumprimento por parte da fábrica de várias modificações exigidas quando do incidente nos Estados Unidos, junto com a falta de treinamento adequado e de supervisão do fechamento das portas por parte de mecânicos e tripulantes, foram os fatores que colaboraram para o desfecho fatal.

O segundo acidente havia ocorrido há apenas seis meses, com outro DC-10 da American Airlines, que se precipitou ao solo logo após decolar de Chicago. Nesse caso também não houve sobreviventes. A causa foi determinada como tendo sido o rompimento de um dos pinos que prendiam o motor à asa esquerda. Isso foi resultado de um procedimento de manutenção efetuado de forma equivocada e danosa à estrutura responsável pelo suporte do motor junto à asa, quando houve a necessidade de substituição de uma turbina.

O DC-10 caindo em Chicago *(imagens reais)*

Os investigadores neozelandeses examinaram os destroços cuidadosamente, buscando similaridades possíveis entre este e os outros acidentes ocorridos com o DC-10.

Mas, à medida que o helicóptero se aproximava, eles notaram claramente que este, em particular, era totalmente diferente. A aeronave havia se chocado contra uma colina, de uma forma que deixava claro que em momento algum os pilotos estiveram sem o controle da aeronave. O grau de destruição era indescritível. Pelo tamanho da trilha deixada no gelo, ficou claro que o impacto havia se dado em alta velocidade. Como integrante da equipe, seguia um inspetor da Polícia, cujo dever era fazer o recolhimento dos corpos, fotografá-los, etiquetá-los, embalá-los em sacos plásticos e despachá-los para identificação na distante Auckland. Ele teve muito trabalho, recuperou 114 corpos intactos e coletou restos humanos que encheram 133 sacos plásticos mortuários. Ao todo 213 corpos puderam ser identificados. Os outros 44 que não tiveram como ser identificados foram sepultados todos juntos no próprio local do acidente. Um monumento homenageando todas as vítimas seria erguido naquele mesmo local um ano depois.

Após muitas horas no gelo, o inspetor chefe da investigação chegou à conclusão de que não houve nenhuma falha na estrutura do avião que o fizesse cair, como foi o caso dos dois acidentes anteriores. Ele simplesmente voara direto ao encontro daquela colina coberta de gelo, de forma absolutamente controlada, tornando-se mais uma vítima do temível CFIT — *Controled Flight into Terrain* (Voo controlado de encontro ao terreno).

Mas por quê? O que teria levado um jato daquele tamanho, em perfeitas condições e tripulado por profissionais altamente experientes, a se chocar com as encostas cobertas de gelo do Monte Erebus? Ele se chocou a uma altitude de 450 metros. Os filmes das máquinas fotográficas dos passageiros foram revelados e entrevistas com os controladores de voo e pilotos da base foram feitas. Várias partes da aeronave foram coletadas e levadas para pesquisa e investigações na Nova Zelândia, Estados Unidos e Inglaterra.

As investigações demonstraram que o GPWS funcionou normalmente, e que os pilotos reagiram corretamente aos alarmes. Quando a aeronave se chocou com o solo, todos os motores já estavam em aceleração total e a aeronave já iniciava sua subida para escapar da colisão. Foi verificado que as coordenadas de todos os pontos da rota haviam sido inseridas corretamente no AINS pelos pilotos. O que ainda não se sabia era que as próprias coordenadas da base McMurdo estavam erradas no plano de voo. Ao ouvirem as gravações de voz da cabine de comando, os investigadores se depararam com uma tripulação que, na realidade, estava enfrentado dois problemas distintos. Não sabiam com certeza absoluta onde se encontravam e, ao mesmo tempo, e sem perceber, enfrentavam os nefastos efeitos de um conhecido e fatal fenômeno visual chamado *Whiteout* (numa tradução livre, Clarão ofuscante, ou Brancão ofuscante), muito comum nos Polos e regiões geladas.

Esse fenômeno não está necessariamente associado a chuvas, nevoeiros e coisas do tipo, ele pode ocorrer em um dia claro, e é considerado por pilotos com grande experiência em voos polares como o mais traiçoeiro de todos os fenômenos meteorológicos enfrentados naquelas regiões do globo terrestre, normalmente causado por neve soprada pelos ventos.

Esse fenômeno gerou a total perda de noção de profundidade e de distância. Os raios solares atingiram a camada de gelo à frente e ao redor da aeronave e, ao serem refletidos para a atmosfera, se misturaram com a base da camada de nuvens abaixo da qual a aeronave já estava voando, gerando uma intensa difusão de luz. Isso fez com que, aos olhos dos tripulantes, tudo se transformasse em uma coisa só, dando-lhes a nítida impressão de que haviam entrado em uma nuvem. Era uma "ilusão de ótica". Estavam, na verdade, rumando para uma colina coberta de gelo, e simplesmente não conseguiram vê-la. O *Whiteout* é capaz de disfarçar a aparência do mais óbvio dos acidentes geográficos.

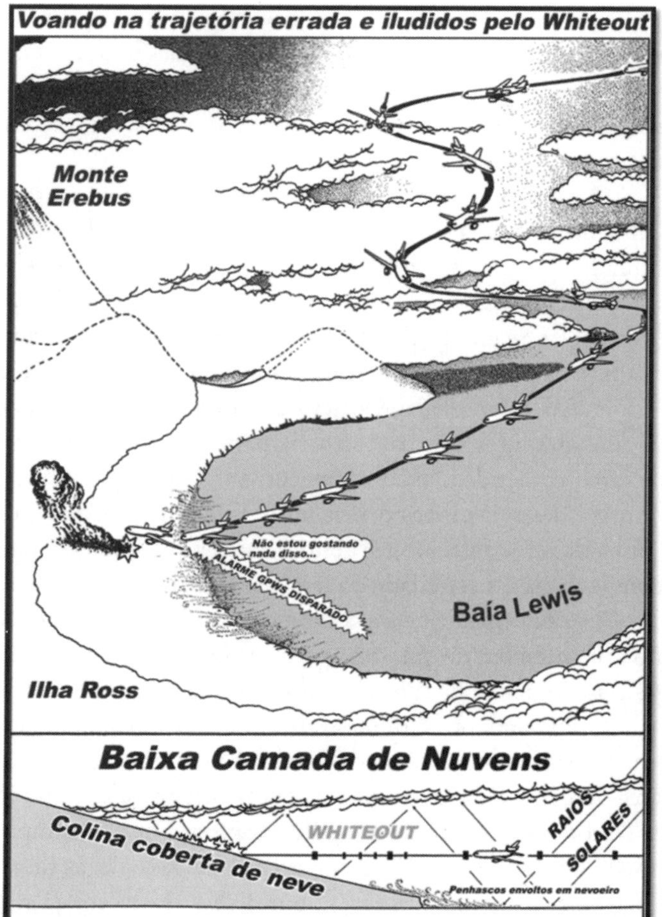

Para piorar a situação, eles não conseguiam captar os sinais das estações de rádio de McMurdo, sinais que lhes forneceriam a distância correta da base, porque já se encontravam muito baixo, e atrás do Monte Erebus, que passou a agir como uma parede, impedindo que esses sinais chegassem ao avião. Tinham certeza de que o Monte Erebus e a Ilha Ross, na qual ele se localizava, estavam à esquerda da aeronave, quando na verdade já estavam à direita, e à frente estava o meio da Ilha Ross, e voavam direto para ela.

A aeronave voou quase que 100% do tempo com o sistema AINS acoplado ao piloto automático. Por um breve período durante a descida, o comandante pilotou o avião com suas próprias mãos, e, em seguida, ligou o piloto automático novamente, e novamente o AINS passou a guiar os passos do piloto automático.

Alguém na cabine pergunta:

— *Onde está o Monte Erebus em relação a nós?*

— *Está a nossa esquerda, cerca de 50 km* — na verdade, estava à frente, levemente à direita.

O comandante, confuso, comenta:

— *As coisas não parecem nada boas, não é mesmo?*

O engenheiro de voo também comenta de forma bastante desconfortável:

— *Não estou gostando nada disso...*

O comandante, com certeza, percebeu que haviam entrado em uma situação de perigo, e decidiu iniciar uma subida e sair dali o mais rápido possível. Foi nesse exato momento que o GPWS iniciou seus alarmes, o que indicava com clareza que o grande jato voava rapidamente de encontro a alguma elevação à sua frente. A conversa parou e a atenção de todos foi imediata. Enquanto eles tentavam definir a visão de algo à frente, para terem certeza de que não se tratava de um alarme falso, o que às vezes ocorria, o engenheiro de voo começou a ler em voz alta as indicações do GPWS:

— *150 metros, 120 metros...*

O comandante ordenou com voz firme que os motores fossem acelerados ao máximo, mas já era tarde demais. O gigante Douglas DC-10 bateu de frente e, como que subindo a montanha, dividiu-se em várias partes. Um dos motores, que ficava na cauda, se desprendeu de seus suportes e passou voando sobre todo o resto. Uma cratera de 600 metros de comprimento por 100 de largura foi aberta no gelo, e o combustível em chamas, ainda em grande quantidade para o voo de volta, calcinou tudo e todos.

A Air New Zealand estava sobre grande pressão para fornecer respostas, e elas viriam, mas infelizmente não seriam, de pronto, as verdadeiras. Na tentativa de ocultar os erros cometidos, os altos executivos da empresa tramaram um plano para ocultar, omitir e destruir provas desses fatos. Como parte desse plano, até um assalto à casa do comandante já falecido foi feito. Levaram cadernos e anotações que comprovariam a competência e a seriedade com as quais Collins conduzia sua carreira, entre outras coisas. Com a liberação de um comunicado "oficial", a empresa deixava claro que a culpa era, no seu entender, do piloto, e ponto final. Claramente não acreditavam que um morto pudesse se defender, mas esse morto tinha amigos, e dos bons...

O comandante Collins sempre se mostrara meticuloso e cuidadoso demais para que pensassem que voaria de forma tão perigosa e desleixada, principalmente em uma área desconhecida, que ele sabia era montanhosa, e sem ter nenhuma visibilidade. Não era o comportamento de um piloto como ele, era uma imprudência que não se adequava ao seu histórico profissional. Seus verdadeiros colegas sabiam muito bem disso, e foram abertamente contra a empresa em defesa do colega já morto, mesmo que arriscando seus próprios empregos. Liderados por um dos comandantes da própria empresa, e com o apoio da Associação Neozelandesa de pilotos, não aceitaram a versão oficial e tão conveniente de "Erro humano".

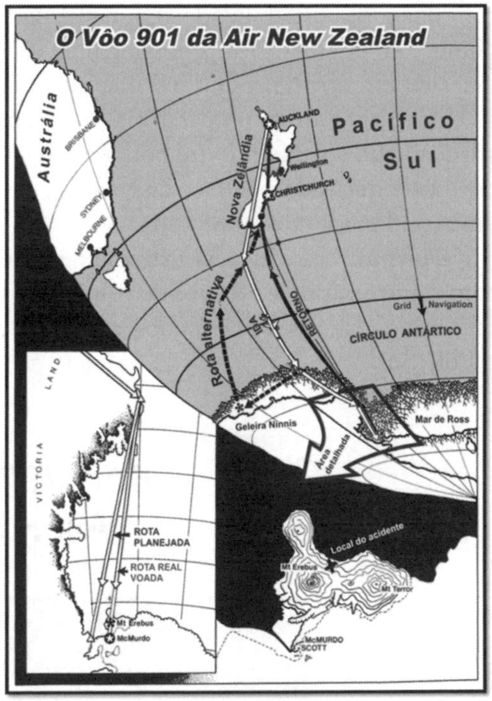

Levaram a cabo uma investigação independente e conseguiram provar que as informações contidas no plano de voo, que fora alterado, não haviam sido repassadas aos pilotos de modo eficiente, tendo prevalecido as informações recebidas na reunião de três semanas antes. Os pilotos inseriram os dados já com as coordenadas corrigidas corretamente no sistema de navegação, sem nenhum erro sequer. O problema é que não haviam sido avisados que elas estavam erradas e que haviam sido corrigidas. Dessa forma, foram levados a pensar, o tempo todo, que estavam em uma determinada posição, quando na verdade sempre estiveram em outra.

Os pilotos que efetuaram os voos anteriores ao do comandante Collins não se deram conta disso, única e exclusivamente porque tiveram a sorte de encontrar condições meteorológicas excelentes, e fizeram o sobrevoo das bases polares com referências visuais, não se detendo nas informações do sistema de navegação. Com as coordenadas corretas, a trajetória da aeronave passaria por cima de um braço de mar, deixando o Monte Erebus e também as bases do lado esquerdo da aeronave. Os pilotos, no entanto, aproavam o local correto utilizando apenas seus próprios olhos. Com as coordenadas corrigidas, o voo seria efetuado direto para a base, sobrevoando a Ilha Ross e deixando o Monte Erebus levemente à direita da aeronave. Ou seja, sem estar em condições realmente visuais, a aeronave não poderia jamais descer abaixo de uma determinada altitude. Os pilotos, no entanto, acreditavam que estavam sobre o braço de mar, e ficaram confusos, pois as coisas não batiam, por assim dizer.

Os colegas de Collins provaram que as coordenadas da base McMurdo haviam sido alteradas na madrugada anterior ao voo em quase dois graus, o que gera uma enorme diferença em navegação aérea. Também conseguiram provar que, exatamente por estar no lugar errado, foram vítimas do *Whiteout*. Os escombros do voo 901 da Air New Zealand jamais foram retirados do local. Estão lá, cobertos pelas neves da Antártida. São visíveis durante os verões do "Continente gelado".

Em 1981, a Suprema Corte de Justiça exonerou "todos" os tripulantes de culpa, e condenou a Air New Zealand. Entretanto, uma análise fria de todo o ocorrido faz com que a responsabilidade seja, na verdade, dividida, pois, embora se tratasse de um piloto com um histórico profissional invejável, a verdade é que o comandante também incorreu em erro grave e fatal quando, a despeito das informações e recomendações recebidas na reunião preparatória, optou por voar a baixa altitude e sem visibilidade adequada do terreno por um bom tempo, em uma região totalmente desconhecida por ele. Dizer que toda a culpa é da empresa é uma inverdade. Infelizmente, na verdade foi uma combinação de fatores.

Por uma coincidência extremamente bizarra, a data exata do acidente coincidiu com o aniversário de 50 anos do primeiro voo histórico do comandante Richard Byrd e seus três companheiros por entre aqueles mesmos vales e montanhas geladas, cruzando o Pólo Sul.

Boeing 737-200
Air Flórida

"Larry, nós estamos caindo!"

Um aeroporto congestionado, uma tempestade de neve, atrasos por fechamento temporário da pista e todas as pressões psicológicas que em breve cobrariam seu preço de uma jovem e inexperiente tripulação.

O dia 13 de janeiro de 1982 foi de um frio intenso na capital norte-americana. Nevava muito, e no início da tarde a temperatura era de 5 graus Celsius negativos, visibilidade baixa e ventos intensos. Entre os muitos aviões que se preparavam para decolar do Washington National Airport (hoje batizado como Ronald Reagan), estava o Air Florida 90. Ele rumaria para Fort Lauderdale, no sul da Flórida, região de clima muito mais agradável.

O comandante Larry Wheaton e o copiloto Roger Pettit estavam no comando. Eram dois jovens pilotos que tinham acumulado toda a sua experiência de linha aérea com aquela empresa que praticava baixas tarifas e que havia crescido muito rapidamente durante os últimos anos, como um dos resultados do Ato de Desregulamentação da aviação norte-americana.

Às 13h40 todas as decolagens foram suspensas por causa de uma forte nevasca sobre o aeroporto que, esperava-se, fosse reaberto após a retirada do excesso de neve da pista 36, a única que operava para pousos por instrumentos. Tratores removedores de neve partiram para a limpeza pesada da pista, o que levaria cerca de 50 minutos. Os pátios do aeroporto ficaram incrivelmente cheios de aeronaves que aguardavam. Localizado às margens do rio Potomac, esse aeroporto está a apenas 3 km da Casa Branca, bem no coração de Washington, a bela e imponente capital dos Estados Unidos. Enquanto a pista era limpa, o comandante solicitou o procedimento de aplicação de fluido de degelo sobre sua aeronave. Os 74 passageiros já se encontravam todos a bordo do Air Florida 90.

O caminhão tanque contendo a solução aquecida que seria borrifada sobre a aeronave encostou ao seu lado e o trabalho começou. Apenas uma terça parte do serviço havia sido completado quando o comandante Wheaton foi informado de que haveria um atraso adicional e que 11 aeronaves teriam prioridade sobre o seu voo. Ele então ordenou que o procedimento de degelo fosse interrompido. Cerca de 30 minutos depois, com o aeroporto já por ser reaberto, ordenou que o trabalho fosse terminado.

Os operadores do caminhão completaram o serviço e, quando terminaram, a espessura no solo da camada de neve que não parava de cair dos céus já somava 8 centímetros. Ao fechar as portas da aeronave, a neve ainda caia intensamente. Os pilotos do Air Florida 90 só foram autorizados a iniciar seus procedimentos sete minutos depois de estarem totalmente prontos. O trator que os colocaria em posição de iniciar o taxiamento, movimentação no solo, começou a patinar na lama que se formara com o procedimento de remoção do gelo. Eles deram partida nas duas turbinas do Boeing 737-200 e tentaram ajudar, aplicando a potência reversa, mas não foram bem-sucedidos, desligaram as turbinas e um trator com correntes nos pneus teve de ser trazido e, dessa vez, tudo deu certo. Finalmente puderam entrar no fim de uma fila de 16 aviões que iriam decolar; estavam atrás de um Douglas DC-9 da New York Air. Quando finalmente foram autorizados a decolar, já haviam se passado 49 minutos desde que o procedimento de remoção de gelo terminara (muito tempo).

Quando começaram a corrida de decolagem a neve ainda caía muito forte, e a visibilidade bastante restrita. As aeronaves que decolavam naquele sentido deveriam fazer uma curva para a esquerda logo após a decolagem, no intuito de evitar o sobrevoo da Casa Branca; essa curva coincide com o sobrevoo de algumas pontes sobre o rio Potomac.

Assim que o avião desapareceu nas nuvens, a Torre de Controle instruiu o comandante Wheaton a chamar o controle de tráfego aéreo em outra frequência, mas não houve resposta; o controlador olhou para a tela de seu radar e notou que a aeronave havia desaparecido da tela. A Torre chamou novamente e, não sendo bem-sucedido, o controlador imediatamente declarou EMERGÊNCIA. Dois minutos depois o telefone tocou, e o pior foi confirmado. Um avião acabara de mergulhar nas águas geladas do rio Potomac.

A ponte e os veículos atingidos

Eram 16h01, e a maioria dos moradores do entorno de Washington, que trabalhava no centro da cidade, estava voltando mais cedo para suas casas, evitando ser pegos no meio de tanta neve. A ponte Rochambeau estava lotada de veículos. Seis carros de passeio, um caminhão e a própria ponte foram atingidos em cheio pelo jato que caía descontroladamente e abriu um vão de 30 metros na cerca da ponte. Após colidir violentamente com a ponte, o Boeing 737 mergulhou nas águas geladas do Potomac.

Aeronave sendo borrifada com solução removedora de gelo aquecida e sob pressão

Em cinco minutos todas as unidades de resgate estavam convergindo para o local, mas nenhuma delas estava equipada para aquele tipo de resgate. Os pedaços de gelo que haviam se formado sobre as águas do rio eram muitos e muito grandes, e não permitiam que as lanchas de resgate alcançassem os sobreviventes; no entanto, não eram espessos o suficiente para permitir que se caminhasse em cima deles, por isso aqueles que já estavam na margem do rio não puderam ajudar muito. Os sobreviventes estavam a apenas 100 metros dos Bombeiros, mas as cordas de que dispunham simplesmente não os alcançavam. Os sobreviventes já começavam a perder a consciência por causa da água extremamente gelada. No meio desse caos teve-se a visão de uma comissária cujo senso de dever profissional e altruísmo foram tanto, que ela abdicou do único colete salva-vidas que estava ao seu alcance e vestiu-o em uma passageira ferida. Após 22 congelantes minutos, a situação começou a mudar para melhor com a chegada de um helicóptero da polícia.

Aquele helicóptero não havia sido construído para aquele tipo de serviço, não possuía nem mesmo um guincho para içar as vítimas, mas era o que tinham de melhor no momento. As condições meteorológicas eram extremamente perigosas também para aquele helicóptero, mas os dois experientes pilotos improvisaram o quanto puderam para salvar os sobreviventes da morte certa por hipotermia.

Eles pairavam baixinho sobre o gelo, lançavam qualquer coisa que flutuasse para os passageiros e levavam as cordas dos Bombeiros para o alcance daqueles que ainda tinham condições de agarrá-las, permitindo que fossem um a um puxados para a margem e levados aos hospitais. Boias salva-vidas foram atiradas para aqueles que não tinham mais forças para se agarrar às cordas. Ao ver que uma passageira ferida, que não havia conseguido se segurar em uma boia, se soltara e estava sendo levada pela correnteza, um funcionário público se atirou ao rio e a trouxe até a margem, onde foram devidamente aquecidos e conduzidos ao hospital. Muitos atos de bravura e desprendimento foram demonstrados durante o resgate.

Ao ser entrevistado, esse funcionário público disse:

— *Quando vi que ela havia se soltado, eu soube que se não pulasse, ela se afogaria. Não havia outro meio de eles chegarem até ela. Eu a vi perder as forças e seus olhos se revirarem, achei que ela tinha morrido. Alguma coisa me disse para pular, e eu simplesmente fiz o que tinha que fazer.*

Enquanto isso, os pilotos do helicóptero também arriscavam suas vidas tentando resgatar outra mulher. Chegaram a mergulhar o trem de pouso da aeronave nas águas do Potomac e o utilizaram para arrastá-la até a margem. Um dos sobreviventes abriu mão de sua própria vida para salvar outras cinco pessoas. Cada vez que a corda lhe era atirada, ele a repassava para alguém que estava ao seu lado. Quando finalmente não havia mais ninguém além dele já era tarde demais, vencido pelo frio ele sumiu nas águas geladas do rio. Um dos tripulantes do helicóptero disse:

— *Nem quando combati no Vietnã vi tamanha coragem. Ele poderia ter salvado a si próprio logo na primeira vez, ele é o grande herói dessa tragédia, só não pulei para salvá-lo porque não consegui mais vê-lo.*

Ironicamente, seu corpo só pôde ser positivamente identificado 18 meses após o acidente. Ele era um inspetor bancário de Atlanta, Estado da Geórgia. Sua mãe recebeu uma mais que justa homenagem; foi recebida na Casa Branca pelo então Presidente Ronald Reagan, que lhe entregou a Medalha de Ouro de Salva-vidas da Guarda Costeira Norte-americana.

Um dos sobreviventes havia sido o último a entrar no avião. Chegara atrasado e correra para o último banco; seus sete colegas que estavam na frente morreram. Enquanto o drama do resgate no Potomac se desenrolava, outro drama tinha lugar sobre a ponte. Quatro motoristas morreram com o impacto e outros quatro estavam feridos, um deles com gravidade. Alguns carros simplesmente foram achatados, outros ficaram sem o teto.

Disseram duas testemunhas:

— *Eu vi o avião mergulhando de frente na capa de gelo sobre o rio, e ela se quebrou exatamente como uma vidraça.*

— *A cauda se partiu à frente das portas traseiras, como se fosse uma casca de ovo.*

A veracidade desses depoimentos foi comprovada dias depois, quando guindastes içaram o que sobrou do Boeing 737-200. Apenas seis pessoas sobreviveram, uma comissária e cinco passageiros; 25 pessoas morreram afogadas, 4 motoristas esmagados, 45 passageiros morreram no impacto e 4 passageiros morreram no hospital. No total, foram 78 mortes. Durante as investigações, a leitura dos gravadores de voz e dos dados de voo revelou algumas "peculiaridades" da tripulação. Como a fila estava andando muito devagar, o comandante decidiu se aproximar o máximo possível do Douglas DC-9 à sua frente.

O Boeing 737 e o Douglas DC-9

Como os motores do DC-9 são fixados na parte de trás da fuselagem e não abaixo das asas, como era o caso do Boeing 737-200, o comandante achou que poderia se valer do calor gerado por elas para ajudar a remover um pouco do gelo acumulado em seu avião. Ele fez o seguinte comentário:

— *Não sei quanto às minhas asas, mas meu pára-brisas vai ser descongelado.*

Aquele definitivamente não era um procedimento eficaz nem aceitável. O correto seria ter voltado e solicitado novo spray da solução removedora de gelo, ainda que isso representasse mais custo e um novo atraso.

A mistura de gelo eventualmente derretido pelo calor das turbinas do DC-9 poderia facilmente se reacomodar e recongelar em outras áreas do Boeing 737-200, gerando perigo real de incontrolabilidade devido ao travamento de comandos por pedaços de gelo. O manual da empresa deixava bem claro que a distância da aeronave à frente deveria ser "maior" que a normalmente mantida, e não "menor", como fizera o Air Florida 90. Algum tempo depois, o copiloto fez o seguinte comentário:

— *Quer saber de uma coisa, esse negócio de pedir para degelar o avião é uma guerra perdida, apenas te dá uma falsa sensação de segurança.*

E o comandante emendou:

— *É, mas serve para satisfazer os Federais* — fazendo uma referência à Agência Reguladora.

Esses tipos de procedimentos e comentários muito bem refletiam a juventude e a falta de experiência real daquela jovem tripulação. Talvez estivessem tentando disfarçar a própria ansiedade, gerada pela dúvida se deveriam ou não voltar depois de tanta batalha para conseguir chegar à cabeceira da pista. Nesses momentos é que vemos como é solitária a função de comandante, e como é tão difícil, às vezes, tomar a famosa "decisão de comando", decolar ou não, entre outras tantas...

Eles iniciaram a corrida de decolagem, havia muita, muita neve na pista, o copiloto estava pilotando. Durante a corrida, o próprio copiloto notou que algo não estava certo com a indicação de potência dos motores e comentou:

— *Olhe aquilo, acho que não está certo!*

O comandante respondeu:

— *Está tudo certo, 80 nós* — ele se referia aos instrumentos dos motores e à velocidade que estavam atingindo naquele momento.

O copiloto observou novamente e retrucou:

— *Não, não acho que esteja certo!* — e logo em seguida disse: — *Bem, talvez esteja.*

O comandante replicou:

— *120 nós* — e em seguida — *V1* — V1 é a velocidade na qual se decide por continuar a decolagem ou interrompê-la com segurança.

Nesse momento pareceu que o copiloto havia puxado os controles da aeronave de forma um pouco brusca, e o comandante lhe pediu que fizesse com mais calma. No entanto, aquela reação havia sido causada pelo acúmulo de gelo sobre as asas do avião; o gelo modificara "negativamente" as qualidades aerodinâmicas das asas. O avião saiu do chão de uma forma conhecida entre os pilotos como "mole", ou seja, com dificuldade para ganhar mais velocidade, em uma espécie de "vai-não-vai".

Isso pode acontecer por uma série de razões, como o cálculo errado de peso e balanceamento, o que pode gerar velocidades de decolagem inferiores às realmente necessárias; vento soprando forte por trás do avião, o que faz com que se corra mais na pista

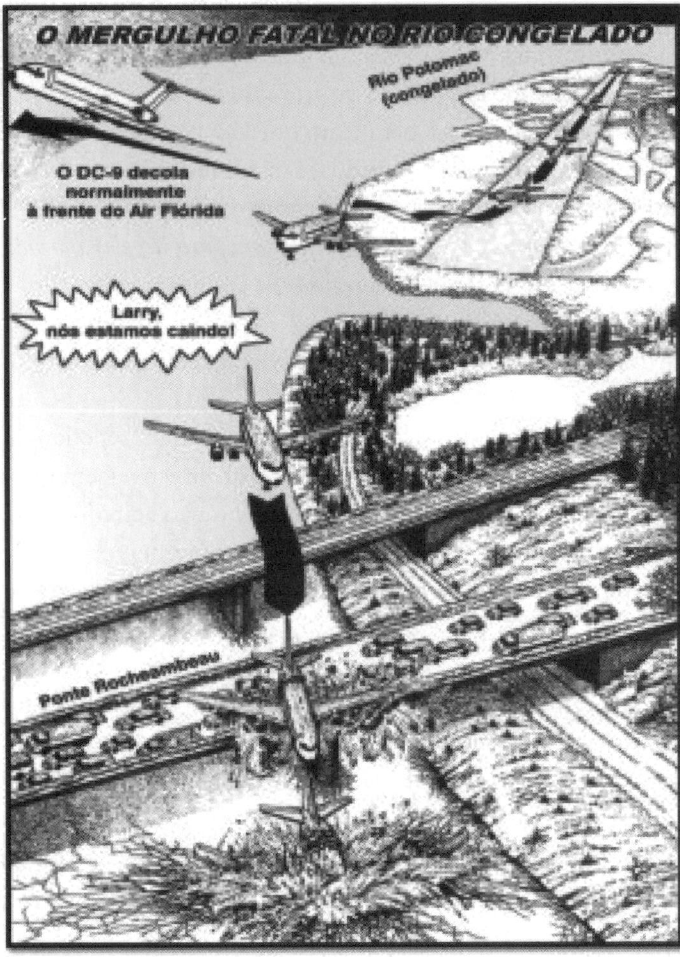

para atingir as velocidades necessárias. E, às vezes, o piloto tenta decolar o avião antes de ter atingido a velocidade necessária. Se estiver próximo à velocidade necessária, ele sai do chão, mas sai... "mole". No caso do Air Florida 90 era outra coisa.

O comandante tinha 34 anos e havia sido promovido há dois anos. Enfrentou alguns problemas durante a carreira. Era um sujeito calmo e tranquilo. O copiloto tinha 31 anos e fora piloto de caça F-15, até então o caça mais moderno do mundo, na Força Aérea Americana, descrito com um piloto brilhante e extremamente calmo em situações de stress. Era o tipo de pessoa que não hesitaria em falar se suspeitasse que algo estivesse errado, mas ainda era novo e inexperiente no Boeing 737-200.

As investigações provaram que a aceleração dos motores esteve o tempo todo abaixo da requerida para aquela decolagem em particular. Também foi verificado que os instrumentos dos motores demonstravam indicações errôneas desde o início da corrida de decolagem, fato que foi notado pelo copiloto e ignorado pelo comandante. Concluise que o acúmulo de gelo na entrada de ar dos motores fez com que a "indicação" da potência desenvolvida por esses motores fosse substancialmente maior do que realmente era. Os investigadores verificaram também que os pilotos haviam se esquecido de ligar o sistema "antigelo" (não confundir com sistema de degelo; o primeiro evita, e o segundo remove a formação de gelo) para a decolagem. Isso evitaria que houvesse formação de gelo na entrada de ar das turbinas, o que realmente ocorreu. A utilização desse sistema em condições de formação de gelo estava prevista e descrita no manual de voo da empresa, e a falta de seu uso foi simplesmente fatal.

Os pilotos acharam que estavam com a potência correta, quando, na verdade, estavam muito abaixo da potência requerida. Com a fuselagem e principalmente as asas cobertas de gelo, e abaixo da velocidade requerida, o voo tornou-se impossível de ser realizado. A aeronave saiu "mole" da pista e logo em seguida começou a voltar ao chão, pois estava perdendo a pouca sustentação que tinha, até que bateu na ponte e caiu no rio. Todos os jatos de médio e grande portes, e boa parte dos aviões menores, possuem um sistema que avisa ao piloto quando a velocidade está abaixo da necessária, chamado *Stick Shaker*, que atua fazendo vibrar fortemente os manches (controles), e avisa que é preciso aplicar mais potência e/ou abaixar o nariz do avião para ganhar mais velocidade. Caso isso não seja feito, uma campainha começa a apitar sem parar, avisando que o avião entrará na fase de *Stall* (perderá totalmente a sustentação).

Os investigadores verificaram que o *Stick Shaker* do Air Florida 90 foi ativado desde a decolagem até o impacto com a ponte. O comandante chegou a pedir ao copiloto que abaixasse o nariz do avião. Teoricamente seria possível ganhar a velocidade que faltava fazendo isso, mas estavam perto demais do solo, e não houve o tempo necessário. Com o avião voando "mole" e o *Stick Shaker* atuando sem parar, o comandante disse:

— *Para frente, para frente, devagar!* — dizendo ao copiloto para empurrar o nariz do avião para baixo, empurrando os controles para frente e de forma suave. Finalmente o copiloto disse:

— *Larry, nós estamos caindo!* — e bateram.

Em momento algum foi aplicada mais potência, o que deveria ter ocorrido. Os pilotos acreditavam nos instrumentos dos motores, por isso achavam que já estavam na potência máxima.

O comandante havia operado em condições de precipitação de neve apenas oito vezes, e o copiloto, duas. As investigações finais determinaram que a rápida expansão da empresa havia proporcionado a Larry Wheaton uma rara oportunidade de ascensão rápida ao posto de comandante, entretanto, "nesse negócio a gente não se cria da noite para o dia", só o tempo traz a experiência real.

A “inexperiência” do comandante foi considerada como o “fator decisivo” para a ocorrência desse acidente. O longo tempo como copiloto, tão importante para a maturação de um piloto profissional de linha aérea, no caso dele infelizmente não existiu. Ele não foi obrigado a “amassar o banco da direita” como copiloto por muito tempo (o banco da esquerda é ocupado pelo comandante). O resultado foi a promoção de um piloto que ainda não estava pronto para tamanho desafio, ainda não suficientemente maduro para o cargo. Em aviação, a experiência de voo de um piloto é um “ativo valioso demais” para ser desprezado.

No entanto, nunca poderemos culpá-lo por aceitar aquela promoção. Nenhum piloto que já estivesse voando esse tipo de aeronave já há algum tempo a recusaria, é o sonho de todos eles. A questão é saber se ele está mesmo no ponto para ser promovido ou não, pois, voar com maestria não é suficiente, é preciso ter maturidade, é preciso ter vivência, e isso só o tempo traz. São raros os casos em que o próprio piloto reconhece que ainda não está pronto. Cabe à empresa e à Agência Reguladora impor limites mais restritivos para as promoções, chamadas hoje em dia de elevações de nível. Em minha opinião, o tempo “mínimo” para ser promovido a comandante deveria ser de cinco anos. Depois o jovem terá a vida inteira para ser comandante. O número de horas voadas em um grande jato exigido pela Agência Reguladora para a promoção de um copiloto a comandante pode ser atingido em cerca de três anos. Sinceramente considero muito pouco, tenho convicção de que é preciso ter a chance de ver e fazer um pouco mais antes de se tornar o responsável final.

Não adianta uma empresa crescer demais em muito pouco tempo e ter de promover pilotos a toque de caixa, a não ser que haja um excesso de mão-de-obra qualificada disponível, como foi o caso do Brasil nos últimos anos. Entregar a responsabilidade de comandar um grande jato de passageiros a alguém é coisa para lá de séria, trata-se de vidas. Precisamos ter em mente que a verdadeira experiência vem à tona exatamente quando o ”bicho pega”.

A verdade é que as companhias aéreas sempre foram confrontadas com todo tipo de questões que refletem a segurança dos voos, faz parte do negócio. Com o tráfego aéreo crescendo em uma velocidade estonteante, a demanda por pilotos tem levado ao comando de grandes jatos pilotos cada vez mais jovens e menos experientes. O tempo, com certeza, cobra seu preço de todos nós, e a falta dele também. Grande parte do crescimento rápido das novas empresas brasileiras só foi possível devido ao fato de que as empresas consideradas “tradicionais”, ao encerrarem suas atividades, deixaram um grande número de copilotos já muito experientes, que tiveram que passar uma média de dez anos nessa função. Quando apareceu a oportunidade de serem promovidos, eles compunham um grupo já altamente qualificado.

A Air Florida Airlines operou de 1971 até 1984, e esse foi o único acidente com vítimas fatais em toda sua história.

Boeing 747-200 Jumbo
British Airways

"Não posso acreditar, todos os quatro apagaram!"

A probabilidade de que os quatro motores de um jato de passageiros venham a falhar todos ao mesmo tempo é tão remota, que chega mesmo a ser considerada impossível. No entanto, a tripulação deste voo descobriu, de forma dramática, que isso não só é possível, como também pode vir acompanhado de manifestações visuais muito além da experiência desses profissionais.

Voo BA009
Kuala Lumpur, Malásia — Perth, Austrália
Sobrevoando Jacarta, ilha de Java, na Indonésia
24 de Junho de 1982

O Jumbo decolou às 21h00 de Londres, seu destino final era Auckland, na Nova Zelândia. Quase lotado, ele faria algumas escalas pelo caminho em Bombaim, atual Mumbai, na Índia, Kuala Lumpur, Perth e Melbourne, Austrália. Após saborearem o café da manhã, pousaram tranquilamente em solo indiano. A tripulação foi trocada, reabasteceram e seguiram para Kuala Lumpur, aonde chegaram após cerca de cinco horas de voo. Novamente a tripulação foi trocada e seguiram para Perth, em um voo que lhes consumiria toda a noite. A aeronave pousaria no litoral oeste da Austrália no início da manhã. As previsões meteorológicas ao longo da rota eram ótimas, e o Jumbo não poderia estar em melhores condições. Não havia nenhum motivo para pensar que aquele voo não seria simplesmente perfeito.

Ao fechar as portas, 247 passageiros e 15 tripulantes estavam a bordo. O sobrevoo de Jacarta, capital da Indonésia, estava previsto em 1h25; muitos passageiros estavam a bordo desde Londres e, já sentindo os efeitos da fadiga, esperavam apenas o final do jantar para poder cair no sono. Às 21h20, a galáxia de luzes que compõem a capital da Indonésia se estendia abaixo da grande aeronave. Na escuridão da cabine de comando brilhavam apenas as luzes dos instrumentos de voo. Tudo estava bem, o ar estava calmo, a noite estava clara e as estrelas brilhavam sobre o Jumbo. O comandante passou o comando da aeronave para o 1º oficial (copiloto mais experiente), enquanto ia ao banheiro, localizado na primeira classe, onde a comissária já havia servido o jantar aos seus passageiros e tirado um tempinho para também fazer sua refeição. Assim que experimentou o primeiro bocado, ela escutou o toque do interfone, era o 1º oficial, que dizia:

— *Suba e venha ver uma coisa, você não vai acreditar em seus próprios olhos!*

Relutante, pois estava faminta, ela foi à cabine de comando ver o que era. Entrou, olhou através do pára-brisas, e ficou boquiaberta. Milhares de pequenas centelhas batiam no vidro e explodiam como flashes de uma máquina fotográfica. O outro copiloto e o engenheiro de voo estavam igualmente fascinados. Em toda sua experiência, a única coisa remotamente parecida com aquilo era o fenômeno conhecido como *Fogo de San Telmo,* que nada mais era do que uma espécie de concentração de moléculas carregadas de eletricidade presentes na atmosfera, que às vezes ocorria nas extremidades da asas ou no próprio pára-brisas. Esse fenômeno costuma ser visto com maior frequência durante tempestades ou nos Polos, onde o ar é muito seco e muito carregado de eletricidade estática.

Aquilo que estavam vendo era totalmente diferente, e nada havia na tela do radar que pudesse indicar a presença de alguma grande nuvem ou coisa parecida. Entretanto, o céu acima da aeronave já não era mais visível, estava obscurecido. O 1º oficial olhou, ligou os faróis do avião, teve a impressão de que estavam voando dentro de uma nuvem, e disse:

— *Não estou gostando da aparência disso.*

Ele ligou o sinal de apertar os cintos de segurança e pediu aos colegas que fizessem o mesmo. Como medida de precaução, ligaram o sistema antigelo dos motores e também as velas de ignição, um sistema que normalmente só é utilizado na partida dos motores, mas que pode ser utilizado continuamente em voo como forma de evitar que os motores "apaguem" devido à ingestão de algum corpo estranho, como gelo, chuva, ou mesmo algum pequeno pássaro, ou quando o volume de ar sugado pelas turbinas é momentaneamente inferior ao requerido.

À medida que a aeronave avançava, a intensidade dos pequenos impactos ia aumentando. O 1º oficial se virou para a comissária e disse calmamente:

— *Acho melhor você chamar o comandante de volta à cabine...*

Enquanto isso, na cabine de passageiros, alguns deles já estavam cientes da quantidade anormal de fumaça na atmosfera e também dentro do avião. Todas as bandejas do jantar já haviam sido recolhidas, e parecia estranho que aqueles poucos que estavam fumando pudessem produzir tanta fumaça. Uma senhora perguntou se alguém não teria deixado cair um cigarro no chão, talvez estivesse queimando o carpete. A fumaça começava a ser notada também nas áreas de não fumantes. Um comissário perguntou ao outro se ele estava vendo a fumaça, e foram imediatamente verificar os lavabos. Enquanto isso, a fumaça ia ficando mais densa. Ao se dirigir à parte dianteira da cabine de passageiros, um dos comissários olhou para trás e percebeu que a parte traseira da cabine já não era mais visível.

No seu caminho de volta à cabine de comando, o comandante ficou alarmado ao ver a quantidade de fumaça saindo dos dutos de ventilação da cabine de passageiros. Ao voltar ao seu assento ficou atônito, era como se voassem em meio a uma chuva de fogo. O 1º oficial olhou para a asa da direita, estava acostumado a poder ver a ponta da asa e o motor externo durante o dia, mas sabia que na escuridão da noite não seria capaz de ver nada. No entanto, estava vendo tudo em detalhes, o motor parecia estar incandescente. Chamou a atenção dos colegas para o fato, e ao olharem para a asa da esquerda constataram que ali o mesmo acontecia, exatamente da mesma forma, com a diferença de que eles agora notavam que também a própria asa parecia estar incandescente. Tratava-se de uma tripulação verdadeiramente bem treinada e experiente; no entanto, todos começaram a sentir um medo sinistro, associado a algo fora da experiência humana.

Os comissários prepararam a cabine de passageiros para uma eventual emergência, guardaram e lacraram tudo. Um garoto chamou o pai para a janela e gritou:

— *Pai, o motor está pegando fogo!*

Os outros passageiros correram também para ver, e viram. Pequenas chamas dançavam sobre as asas e na entrada de ar de todos os motores, as asas pareciam estar totalmente em chamas. Uma passageira ficou histérica e começou a gritar:

— *Estamos pegando fogo!*

Muitos a ouviram, e o medo se espalhou. A fumaça, que agora tinha uma coloração que ia do cinza-escuro ao negro, já começava a formar um nuvem dentro da cabine de passageiros e, para piorar a situação, o som dos motores parecia estar mudando. Não era só uma impressão, barulhos estranhos e muita vibração começavam a se misturar ao som das turbinas. Lembraram-se do voo 007 da Korean Air Lines, que havia sido abatido por um caça sobre a União Soviética um ano antes, e se perguntavam se não estaria acontecendo o mesmo com eles.

A visão de labaredas imensas no comprimento e na espessura, saindo de todos os motores, colaborou para o desespero geral. Assemelhavam-se às labaredas de um foguete ou de uma nave espacial. Muitos passageiros haviam sido acordados pelo som áspero que vinha das turbinas, e estavam apavorados com o que viam e ouviam. Manifestações de pânico começavam a se fazer sentir. Uma senhora, tomada pelo medo, gritou:

— *Vamos morrer!*

Enquanto um comissário a acalmava, na cabine de comando a fumaça também já se avolumava. O engenheiro de voo olhava seus instrumentos cuidadosamente, buscando algo que lhe indicasse um provável incêndio ou falha no Sistema Elétrico da aeronave, talvez no sistema de ar-condicionado. Nada. Segundo esses instrumentos, tudo estava na maior normalidade. Ele estava iniciando um procedimento de "pesquisa de pane" quando uma lâmpada indicadora da posição de uma válvula do sistema pneumático começou a piscar; segundos depois o motor número 4 fez o que em aviação chamamos de "tossiu, e parou"; fez como o motor de um carro, que vai engasgando até parar.

A coordenação entre os tripulantes em uma situação de emergência entrou em ação. Cumpriram todos os itens que deveriam ser realizados de memória, e depois leram o Check-list para ter certeza de que não haviam se esquecido de fazer nada, utlizando-o também para dar início a outra sequência de procedimentos que, por sua vez, deveriam ser lidos, e não realizados de memória, tudo dentro dos padrões. Apenas um minuto depois, eles receberam nova notícia: "FALHA DO MOTOR NÚMERO 2!". Muito embora esse tipo de aeronave possua 4 motores, perder dois deles sem saber o porquê já era realmente alarmante. Contudo, a aeronave seria totalmente capaz de ainda voar com apenas dois motores e chegar a um aeroporto de alternativa. Mas, antes mesmo de eles completarem os procedimentos para o motor número 2, o inacreditável aconteceu. Quase simultaneamente os motores 1 e 3 também "apagaram". Haviam acabado de se transformar no maior planador do mundo. Eram 21h44 no horário local.

Incrédulo, o engenheiro de voo disse:

— *Não posso acreditar, TODOS os quatro apagaram!*

Abaixo deles, invisível na escuridão da noite, estava apenas o Oceano Índico, e mais nada. O comandante ordenou ao 1º oficial que declarasse "EMERGÊNCIA", e partiram para um procedimento que todos praticavam no Simulador de Voo de tempos em tempos, sem, no entanto, jamais acreditar que um dia o colocariam de fato em prática, o *Four Engine Failure* (Falha dos Quatro Motores). Apenas duas condições eram consideradas como sendo as prováveis causadoras de uma situação como esta, ambas altamente improváveis de ocorrer: a "falta total de combustível e o mau gerenciamento dos motores durante uma condição de formação severa de gelo". Realmente não se tratava nem de um caso, nem de outro, era algo muito mais sinistro.

— ***MAYDAY, MAYDAY, MAYDAY****, este é o SpeedBird* 009 — *SpeedBird* é o codinome de radiochamada da British Airways. — *Perdemos os quatro motores, estamos livrando 37.000 pés* — 11.100 metros.

O controlador da área de Jacarta perguntou:

— *SpeedBird 009, confirme, você perdeu o motor número 4?*

Os tripulantes, exasperados com a situação, chegaram a dizer vários palavrões, mas não para o controlador, para quem repetiram calmamente:

— *Controle Jacarta, o SpeedBird 009 perdeu* ***todos*** *os quatro motores, repito,* ***todos*** *os quatro motores, estamos cruzando 36.000 pés* — 10.800 metros.

Mesmo assim o controlador não parecia entender a urgência da situação. Entretanto, uma aeronave da Garuda Indonesian Airlines escutou e explicou para o controlador.

O engenheiro de voo agiu para garantir que o mínimo necessário fosse alimentado pelas baterias elétricas do avião, uma vez que, junto com cada um dos quatro motores, também haviam perdido um dos respectivos geradores de energia elétrica disponíveis, e naquela altitude o funcionamento da APU (unidade auxiliar de força), que é o 5º gerador, ainda não seria possível, pois em altas altitudes o ar é muito rarefeito, o que faz com que a partida nesse pequeno motorzinho não seja possível até que se desça mais. O avião estava em uma condição que bem poderíamos descrever como "descendo o morro", isso fazia com que, mesmo "apagados", alguns componentes dos motores ainda girassem por conta do vento e, dessa forma, ainda fossem capazes de gerar um mínimo de energia elétrica e força hidráulica para os comandos de voo. A tripulação iniciou uma série de tentativas de religar as turbinas, todas. No entanto, todas falhariam.

Drástica e inexplicável como era aquela situação, ainda restava um consolo: o tempo e a altitude ainda estavam a favor deles. Pelos seus cálculos, seriam capazes de planar por 23 minutos e percorrer 261 km. Isso era um bom alento para quem não tinha nada. Os comissários ainda não haviam sido informados da gravidade da situação, mas já tinham visto e ouvido o suficiente para saber que a coisa estava feia. Ciente de que o bem-estar e a segurança dos passageiros são primordiais, o comissário chefe pôs seus subordinados para se movimentar com calma e tranquilidade absolutas pelos corredores, enquanto executavam os preparativos para um eventual pouso de emergência.

Ao cruzar 30.000 pés (9.000 metros), e não tendo sido bem-sucedidos em nenhuma das tentativas de religar pelo menos uma das turbinas, o comandante deu meia-volta e tomou o rumo do aeroporto de Jacarta. Iriam sobrevoar uma região bastante montanhosa, na qual a altitude mínima a ser mantida, de modo a não bater em nada, era de 11.500 pés (3.450 metros). Avisaram o controle de tráfego aéreo de Jacarta das intenções que tinham de pousar naquele aeroporto. Em uma situação como essa, obviamente não se pede autorização, apenas informa-se o que se pretende fazer, ou tentar fazer. Também não sabiam o porquê, mas as comunicações com Jacarta eram quase impossíveis, devido a um alto grau de interferência nas transmissões de rádio. Também notaram grande diferença entre as indicações de velocidade entre os instrumentos do comandante e os do 1º oficial, um velocímetro indicava 270 nós e o outro, 320 nós, uma diferença absurda. Mas também não tinham ideia do motivo.

Os comissários sabiam muito bem que todos os motores haviam parado de funcionar, mas continuavam preparando a cabine. Sem os motores funcionando, era impossível manter a cabine pressurizada, porque são eles que permitem a renovação do ar durante o voo. A despressurização, nesse caso, se dá de forma relativamente lenta, além do que, a aeronave já estava descendo, lentamente, mas estava. E isto já começava a ser percebido.

Quando a despressurização da cabine foi anunciada por meio de um alarme, todos os pilotos colocaram suas máscaras imediatamente, mas, infelizmente, a máscara do 1º oficial não funcionou, e ele a atirou longe em um momento de raiva. O comandante não podia se dar ao luxo de ficar sem o seu auxiliar, e iniciou uma descida bem mais rápida, o que faria com perdessem preciosa altitude. À medida que a cabine ia despressurizando, os muitos bebês que estavam a bordo começaram a chorar, pois a equalização entre a pressão interna e externa ocorria de forma muito rápida, fazendo doer seus ouvidos.

Na cabine de passageiros somente as luzes de emergência, que, entre outras, são aquelas plaquinhas indicativas das saídas e sinais luminosos no piso da aeronave, ainda estavam acesas. Todo o resto da iluminação se fora. Na cabine de comando, o trabalho de tentar religar os motores era intenso. Pensavam em contaminação do combustível como sendo uma grande possibilidade. Os tanques haviam sido verificados quanto a isso em Kuala Lumpur e, além do mais, com os modernos controles de qualidade de combustíveis de aviação em uso hoje em dia, isso seria quase impossível. Entretanto, não parecia haver outra explicação para a falha quase que simultânea de todos os motores e sua seguida recusa em serem religados. Nada funcionava. Nem mesmo o radar de Jacarta era capaz de identificar a aeronave com precisão, e note-se que eles estavam relativamente próximos. Todos os instrumentos de navegação aérea estavam indicando coisas sem o menor sentido, ou não estavam indicando nada. E tudo estava funcionando perfeitamente antes dos estranhos efeitos visuais.

Os problemas com a geração de energia elétrica pioravam quando, repentinamente, todos os passageiros começaram a ouvir um som parecido com granizo caindo sobre uma cobertura de metal. Quando olharam para cima, viram uma quantidade enorme de máscaras de oxigênio amarelas penduradas sobre suas cabeças. A cabine havia se despressurizado por completo. Esperava-se que uma instrução de como utilizar as máscaras viesse automaticamente por meio dos alto-falantes, mas isso nunca aconteceu. Uma comissária tentou fazer isso por conta própria. Pegou um microfone e, falando por meio do sistema de alto-falantes, também não obteve sucesso. A tripulação então se utilizou dos megafones que estavam guardados. Sabedor de que a situação estava ficando desesperadora, o comissário chefe, em uma tentativa de acalmar os passageiros, fez uma piada:

— *Estou ficando tão confuso que já estou até respirando pelo megafone e falando através da máscara de oxigênio!*

A calma e o profissionalismo da tripulação de comissários também eram evidentes. Eles eram profissionais, e dos bons, muito bons.

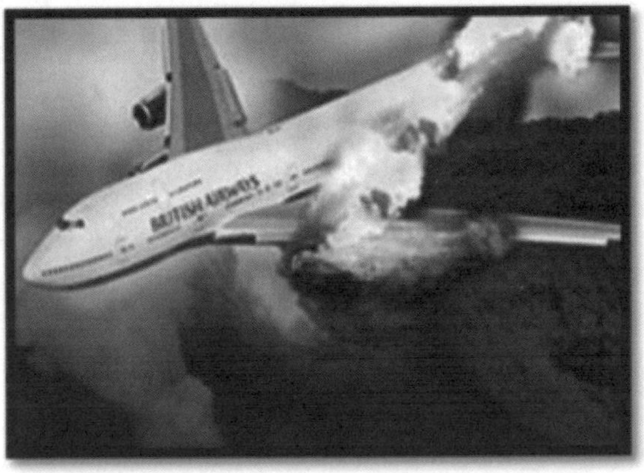

O momento da verdade estava chegando, a situação era mais que assustadora. E para uma tripulação experiente como aquela, era mais que frustrante não conseguir reativar nem uma turbina sequer. Não havia nenhum outro lugar onde pudessem tentar pousar e que estivesse mais perto do que Jacarta. Entretanto, Jacarta estava ficando inacessível. A decisão foi tomada. Caso nenhum dos motores desse sinal de vida antes da área montanhosa a ser cruzada antes do aeroporto, eles rumariam novamente para o sul e pousariam no mar. Pousar no mar era algo que nunca havia sido feito antes com um Boeing 747, não tinham como saber como o avião se comportaria. Era, na melhor das hipóteses, uma manobra altamente assustadora.

O comandante tentava falar com os comissários e com os passageiros, mas nenhuma linha de interfone estava funcionando. Sem saber que o sistema de alto-falantes também havia sido afetado, ele se dirigiu aos passageiros e os informou do que havia ocorrido. Muito poucos conseguiram ouvir a mensagem, mas foi o suficiente para causar comoção. Seria possível que aquilo estivesse realmente acontecendo com eles? O comissário chefe foi chamado à cabine e tomou pé da real situação. Ao voltar, encontrou vários colegas aguardando. E eles lhe perguntaram:

— *O que está acontecendo?*

O comissário chefe havia colhido poucas informações da cabine de comando, mas tirara suas próprias conclusões, e não eram nada boas. Demonstrando inteligência e capacidade de liderança, naquele momento ele preferiu manter suas conclusões para si próprio, e disse:

— *Estamos nos dirigindo para Jacarta. Entretanto, preparem tudo!*

Ao passar por um passageiro, uma comissária o viu já vestindo o colete salva-vidas. Ela então lhe perguntou gentilmente:

— *Por acaso o senhor sabe de algo que eu não esteja sabendo? Está planejando dar um mergulho?*

Outro problema era que todas as instruções seriam dadas por meio de megafones, e isso levaria muito tempo. O comissário chefe encontrava-se em um dilema. Sem saber se estavam sobre terra ou mar, sem ter como avaliar a altitude em que estavam, e quando exatamente deveria dar as instruções para os passageiros assumirem a posição de melhor proteção contra impacto, ele não poderia ficar aguardando, teria que dar logo essa instrução.

Já cruzando 13.500 pés (4.050 metros), a coisa começou a mudar de figura. Sem nenhum aviso prévio, o motor 4 voltou a funcionar. Para todos, o som desse motor soou como música, e da melhor qualidade, talvez o mais lindo som que eles já tinham ouvido na vida. Chamaram Jacarta, e dessa vez o rádio funcionou perfeitamente. Teoricamente, o Jumbo seria capaz de se manter nivelado com apenas aquele motor, mas a extensão dos danos era desconhecida, e para o comandante, manter aquele motor funcionando era prioridade. Teria que ter muito carinho com ele, não poderia forçá-lo demais, pelo menos não antes da hora certa. De qualquer forma, conseguiram reduzir bastante a descida. Ou seja, não resolvia, mas ajudava demais, dava muito mais tempo para eles tentarem novas partidas nos outros motores.

Tão inesperadamente quanto o número 4, agora também o motor 3 voltava à vida. Conseguiram se manter nivelados a um pouquinho mais que 12.000 pés. Mesmo que não fossem capazes de subir mais um pouco, naquela altitude, e com bastante cuidado, já poderiam voar e pousar em Jacarta. Havia mais. Quase que simultaneamente, e como um passe de mágica, os motores 1 e 2 também voltaram à vida. Não só na cabine de comando, mas em todo o avião, a sensação de alívio era total. O 1º oficial chamou Jacarta novamente e informou:

— *Jacarta, é o SpeedBird 009, estamos de volta aos negócios! Temos os quatro motores funcionando novamente, solicitamos subida para maior altitude.*

Pouco tempo depois, e o motor número 2 falhava novamente. O comandante avisou os passageiros de que pousariam em Jacarta em dez minutos.

Ao se alinharem com a pista de pouso do aeroporto de Jacarta, notaram as luzes do aeroporto muito fraquinhas. Ligaram os limpadores de pára-brisas e não notaram nenhum efeito. Foi então que perceberam que a transparência dos vidros havia sido afetada. Os instrumentos funcionavam todos normalmente, as discrepâncias anteriores haviam desaparecido todas. O comandante pediu que ligassem os faróis de pouso, e notaram que nada aconteceu, nenhuma iluminação. A transparência das capas (lentes) dos faróis também havia sido prejudicada. Com muita concentração, o comandante pousou suavemente na pista do aeroporto de Jacarta, e uma chuva de aplausos e gritos invadiu a cabine de passageiros. Ao saírem do avião, notaram que quase todo ele estava coberto por uma grossa camada cinza escura. O engenheiro de voo estivera em Jacarta cerca de um mês antes e se lembrou de ter lido algo em um jornal local sobre atividades de um vulcão próximo dali, e exclamou:

— *É cinza vulcânica, foi dentro disso que voamos!*

Após uma boa noite de sono, eles retornaram ao aeroporto para inspecionar o grande jato, e viram que quase tudo, asas e motores, a cauda, janelas, pára-brisas etc., havia sofrido sérios danos por severa ação de abrasão. Era como se alguém os tivesse "lixado" grosseiramente. Os quatro motores estavam pesadamente contaminados por cinza vulcânica. Todos os dutos de captação de ar e pressão estavam entupidos, o que explicava as diferenças e até a inoperância dos instrumentos de voo e de navegação aérea. As coisas começavam a fazer sentido.

Como o ar utilizado para pressurizar a cabine de passageiros é uma parte do ar sugado pelos motores, ele também veio contaminado, gerando a forte fumaça e o cheiro percebidos a bordo. Ficaram sabendo que na noite anterior um vulcão com 2.168 metros de altura, localizado a 175 km de Jacarta, chamado Galunggung havia entrado em violenta erupção, lançando na atmosfera uma quantidade enorme de cinzas.

Como as partículas lançadas ao ar não continham nenhuma umidade, elas se tornaram invisíveis para o radar meteorológico, e na escuridão da noite, também para os olhos humanos. As labaredas de fogo percebidas pelos passageiros eram apenas o resultado da ingestão e queima dessas mesmas partículas pelos motores. Os engasgos dos motores eram o resultado de repetidas tentativas de religá-los enquanto ainda voavam dentro da grande nuvem de cinza e poeira vulcânicas. Acredita-se que devido à altíssima concentração de carga eletromagnética contida nessas partículas, elas tenham criado uma espécie de escudo protetor contra as transmissões de rádio. Durante a descida, ao saírem da nuvem vulcânica, tudo voltou a ser possível. A aeronave sofreu reparos gerais e todos os motores foram trocados, e, então, foi levada para Londres, sem passageiros, onde passou um bom tempo em manutenção antes de voltar a voar no serviço regular.

Por sua competência, os tripulantes receberam a Comenda da Rainha por valorosos serviços prestados no ar. Como resultado dessa "quase" tragédia, a Indonésia fechou seu espaço aéreo nas vizinhanças do Monte Galunggung. A rota só foi aberta oito dias depois.

Cerca de 11 dias após a reabertura, um outro Boeing 747, desta vez da Singapore Airlines, teve o mesmo encontro com esse fenômeno, e na mesma região. Graças à alta divulgação na mídia, a tripulação foi capaz de saber imediatamente no que estavam se metendo, mas mesmo assim sofreram o superaquecimento de 3 dos 4 motores. Também pousaram em Jacarta sem maiores problemas. Um novo elemento capaz de derrubar grandes jatos havia sido descoberto. Dali para a frente as erupções vulcânicas seriam monitoradas bem de perto pela meteorologia aeronáutica.

Graças à altíssima qualidade de seu treinamento e à estrita aderência da tripulação aos procedimentos prescritos, todas as oportunidades de reverter a situação foram corretamente aproveitadas, e uma catástrofe aérea foi evitada. Isso vem ao encontro da ideia de que exercícios regulares em Simuladores de Voo não devem se limitar a apenas umas poucas sessões por ano, e que mesmo as situações mais improváveis devem ser rotineiramente treinadas, tanto pelos pilotos quanto pelos comissários.

Boeing 747
JAL
Japan Air Lines

"Controle Tóquio, Japan 123 INCONTROLÁVEL!"

A aeronave não era nova como outras na frota, mas meticulosamente bem mantida. Não havia razão para duvidar de sua integridade estrutural. Quem suspeitaria que um reparo malfeito, sete anos atrás, era, na verdade, uma bomba de efeito retardado, aguardando para ser detonada?

Ponte aérea Tóquio — Osaka, Japão
12 de Agosto de 1985

Na aviação, o Japão é muito conhecido por utilizar o Boeing 747 Jumbo em curtos voos domésticos. Alguns anos atrás, algumas empresas daquele país solicitaram à Boeing que projetasse uma versão especial para esse uso específico. Este modelo é denominado B747 SR (*Short Range*), para curtas distâncias, pode acomodar até 550 passageiros, contra 447 do modelo tradicionalmente usado em voos mais longos (voos internacionais). A densidade demográfica é enorme no Japão, e as empresas precisavam de uma aeronave capaz de fazer voos curtos, como os da ponte aérea Rio–São Paulo (cerca de 45 minutos), transportando regularmente uma grande quantidade de pessoas por voo. O novo modelo incorporava reforços estruturais e no trem de pouso, e asas mais longas, o que possibilita que esse tipo de avião suporte melhor uma maior quantidade diária de pousos e decolagens. A JAL — Japan Air Lines — operava nove desse enormes jatos especialmente modificados, que serviam suas rotas através do Japão.

Na vida daquela aeronave em particular, com 11 anos de uso, aquela seria apenas mais uma segunda-feira de trabalho. A JAL era, na verdade, a maior operadora de Boeing 747 do mundo. Sua frota, tanto doméstica quanto internacional, era composta de 46 aeronaves desse tipo, além de também operar vários outros modelos. Já tendo feito quatro voos naquele dia, aquele grande jato pousara em Tóquio às 17h17, trazendo a bordo o Ministro dos Transportes japonês, vindo de Fukuoka, uma cidade ao sul do Japão. O avião foi preparado para o próximo voo. Os pilotos foram substituídos por um veterano comandante instrutor e um 1º oficial que estava em instrução para se tornar comandante; a tripulação de comissários permaneceu a mesma. Era o voo 123 com destino à cidade industrial de Osaka. Era véspera de um grande e alegre feriado, o *Bon*, no qual as pessoas retornam aos seus locais de nascimento para visitar suas famílias e prestar homenagens àqueles que já se foram. Algo parecido com o nosso Dia de Finados. Os passageiros estavam alegres, descontraídos, e a maioria estava informalmente vestida.

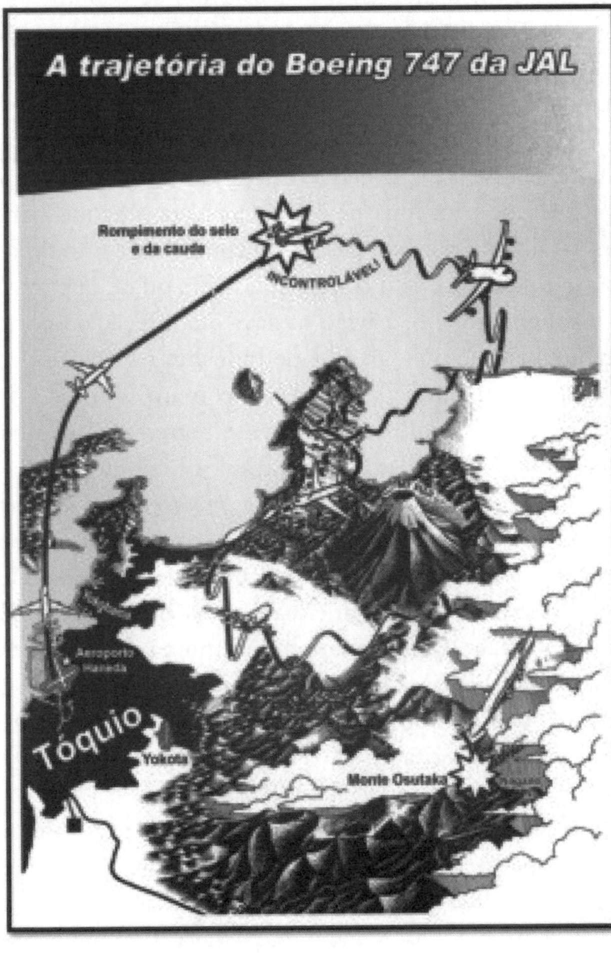

Eram 509 passageiros e 15 tripulantes. Saíram praticamente no horário, o voo tinha duração estimada de cerca de 50 minutos. Alguns instantes após a decolagem, os pilotos pediram ao controle uma autorização para voar direto para Osaka, no intuito de cortarem caminho, e foram atendidos. Seis minutos depois, o controlador percebeu em sua tela de radar que o código Transponder de EMERGÊNCIA, número 7.700, estava sendo transmitido pelo JAL 123. Apenas alguns segundos depois, os pilotos chamam o controle de Tóquio com um ar de urgência:

— *Tóquio, é o JAL 123, temos problemas, solicitamos retorno imediato a Haneda* — aeroporto de Tóquio. — *Solicitamos orientação do radar para voltar.*

O controlador aprovou o pedido exatamente como havia sido feito, não haveriam limitações, os pilotos poderiam fazer exatamente o que precisassem. Para consternação desse mesmo controlador, o avião não estava seguindo suas instruções quanto ao rumo que deveriam manter, de forma a voar direto para Tóquio. Ele então disse:

— *Negativo JAL 123, confirme, vocês estão declarando uma EMERGÊNCIA?*

A resposta foi positiva. Então, o controlador perguntou qual era o tipo de emergência, o que havia de errado com eles para quererem regressar, mas não obteve resposta imediata. Olhando incrédulo para a tela do radar, ele via o Jumbo variando constantemente de rumo e de altitude, e voltou a perguntar:

— *Vocês conseguem pousar em Nagoya?*

— *Negativo, vamos para Tóquio!*

Até aquele momento eles estavam se comunicando em inglês, a língua oficialmente falada em aviação na maioria dos países. Percebendo a dificuldade que este procedimento estava impondo às comunicações, o controlador reverteu o diálogo para o idioma japonês.

A notícia de que o voo estava em dificuldades vazou para a imprensa imediatamente, e a NHK, a televisão estatal do Japão, colocou no ar, e ao vivo, uma entrevista por telefone com uma pessoa que estava olhando para o avião naquele momento. A descrição feita por essa pessoa do comportamento do jato, levava a crer que a aeronave estava totalmente sem controle. Isso era quase que totalmente verdade...

Enquanto isso, o avião rumava em direção ao norte, onde há uma cadeia de montanhas, bem no meio da ilha de Honshu. As más notícias chegaram rápido à administração da companhia, que logo fez contato com seu avião. Perguntaram ao engenheiro de voo se o comandante realmente regressaria a Tóquio, e a resposta veio de forma confusa, deixando claro que estavam sob muita pressão naquele momento:

— *Aguarde um momento, temos problemas em uma das portas traseiras, estamos fazendo uma descida de emergência, continuem a monitorar o rádio!*

A aeronave havia feito uma curva suave, dando a impressão de que se dirigiriam a uma Base Aérea norte-americana na pequena cidade de Yokota, subúrbio de Tóquio. Ainda voavam sobre terreno muito montanhoso, coberto por tempestades e pancadas de chuvas isoladas. O controle daquela Base Aérea também chamou o JAL 123, que agora havia feito um círculo completo e continuava a descer. Agora eles ouviam, em um tom muito agitado:

— *JAL 123 está INCONTROLÁVEL!*

O controlador japonês dava instruções para o retorno a Tóquio, entretanto, o jato simplesmente não as seguia. Após várias tentativas de contato, o pior se confirmou. Um jato militar japonês informava que acabara de visualizar uma imensa explosão sobre as montanhas Nagano. Já passava do pôr-do-sol quando o contato foi perdido.

Dois helicópteros sobrevoavam o local da queda em meio a um tempo muito chuvoso e nublado, muito escuro.

Mesmo assim, um deles localizou os destroços. Haviam batido no Monte Osutaka, a 100 km do aeroporto de Tóquio. O lugar era tão montanhoso que a equipe de resgate não conseguiu achar nem mesmo um local adequado para o pouso seguro do helicóptero. Os integrantes da equipe informaram ter avistado cerca de dez focos de incêndio em uma clareira aberta pelo impacto, que media aproximadamente 300 metros de diâmetro. Informaram também que não havia sinais de sobreviventes. O que os pilotos do helicóptero ainda não sabiam era que vários haviam sobrevivido ao impacto. Eles estavam lá, em meio ao caos. O Jumbo havia batido em um terreno muito inclinado, cerca de 45 graus. A escuridão e o mau tempo estavam pondo em risco as próprias equipes de resgate, e não tiveram alternativa a não ser voltar e aguardar a primeira luz da manhã. Uma testemunha ocular disse:

— *Ele apareceu como que do nada, e voava como se estivesse embriagado, indo de um lado para o outro!*

Sem acesso por ar, as equipes de socorro seguiram por terra, passaram a noite montando um Acampamento Base no pé da montanha, envolta no frio, na chuva e na escuridão da noite. Não havia esperanças quanto a encontrar sobreviventes. Mesmo assim, alguns grupos empreenderam uma escalada noturna rumo ao local da queda.

Às 5h00 da manhã, antes mesmo que as equipes de solo chegassem, os helicópteros estavam sobrevoando o local. Dessa vez a enormidade da tragédia era totalmente visível. O impacto foi tão grande, que várias árvores foram arrancadas pelas raízes. Dos helicópteros não era possível visualizar nenhum sinal de vida, nem mesmo de corpos. Em Tóquio, a diretoria da JAL já admitia, em uma declaração para a imprensa estrangeira, que o acidente já poderia ser considerado como aquele que maior número de vítimas causara no mundo envolvendo um único avião. Em número de vítimas perderia apenas para uma colisão ocorrida ainda no solo, envolvendo dois Boeings 747 na ilha espanhola de Tenerife, acidente ocorrido oito anos antes, no qual 583 pessoas perderam a vida.

O acesso por terra era tão difícil, que as primeiras equipes chegaram apenas às 9h00 da manhã, 14 horas após terem iniciado a subida a pé. A visibilidade estava bastante prejudicada devido a um nevoeiro que se formara na região, o que forçou a suspensão temporária das operações dos helicópteros. Quando o tempo melhorou, uma equipe de soldados do Exército seguiu para o local em helicópteros de transporte de tropas e desceu por cordas. A JAL

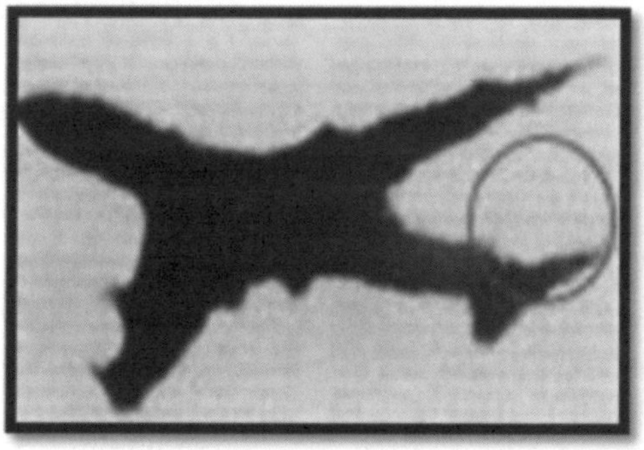

Foto real

já estava preparando 1.000 (mil) funcionários para serem enviados ao local do acidente e ajudar na recuperação de mais de 500 corpos. Além do que, a própria empresa se encarregara de providenciar toda a comida, bebida e vestimentas para este "exército de resgate". Na montanha, aqueles que já haviam chegado ao local estavam tentando reforçar as próprias emoções para poder aguentar tanta dor e tanta tragédia em um só lugar. Incontáveis corpos mutilados se amontoavam em meio ao que antes havia sido a fuselagem de um Boeing 747. A aeronave havia batido quase no topo do Monte Osutaka, e parte dos destroços deslizaram alguns metros morro abaixo. Ao vasculhar esses destroços, um bombeiro viu um braço se mexendo. Ele não pôde acreditar, mas alguém tinha sobrevivido. Uma pessoa gritou, e vários correram para ajudar. Era uma passageira gravemente ferida, mas ainda consciente. Cuidadosamente ela foi colocada em uma maca provisória, e logo um helicóptero a transportaria para um hospital. Ela havia quebrado a pélvis e um braço.

Logo depois, ouviram notícias que também eram muito boas. Uma garotinha de 12 anos havia sido encontrada presa aos galhos de uma árvore. Ela não sofrera mais que alguns pequenos cortes e algumas contusões sem gravidade. Em seguida, os bombeiros encontraram uma passageira de 34 anos e sua filhinha de 8; elas também estavam conscientes, embora ambas tivessem sofrido várias fraturas. Todas foram içadas por helicópteros e levadas ao hospital mais próximo. Todas as sobreviventes estavam sentadas nas últimas sete fileiras de assentos. Com as boas notícias, os parentes tiveram renovadas suas esperanças de que talvez o acidente não tivesse sido tão grave como diziam. Infelizmente, com o passar do tempo, e sem mais notícias de novos sobreviventes, a esperança ia morrendo. Equipes médicas que auxiliavam no local do resgate, ao verificar que muitos dos ferimentos não eram suficientemente sérios para causar a morte de muitos, chegaram à nefasta conclusão de que simplesmente haviam morrido de frio. Isso mesmo, de frio! Trajados apenas com roupas leves, eles sobreviveram ao impacto com a montanha, mas perderam a guerra contra as temperaturas próximas a zero grau durante a noite enquanto aguardavam o resgate chegar.

— *Se tivéssemos sido capazes de chegar aqui cerca de 10 horas atrás, muitos mais estariam vivos* — declarou um dos médicos.

Agora, vinham as perguntas:

"O que teria derrubado um avião daquele tamanho e com um histórico de manutenção invejável, como, a princípio se pensava, era o caso?"

"Por que os pilotos haviam perdido o controle da aeronave sem nenhum aviso prévio?"

Havia, como sempre, muita especulação baseada em nada. No entanto, o medo de que algum defeito estrutural muito grave estivesse ameaçando a frota mundial desse tipo de aeronave era latente. O Boeing 747 havia sido lançado no mercado já fazia 16 anos, e nunca se teve notícia de nenhum tipo de falha mais grave. Havia 600 voando em todo o mundo. Como já foi dito, o avião da JAL não era novo, e havia trabalhado muito duro desde que fora entregue pela fábrica à empresa. Seria essa a razão de alguma falha?

Como o engenheiro de voo disse que estavam com problemas em uma das portas traseiras do avião, as atenções se voltaram para a possibilidade de uma delas ter se desprendido e atingido partes vitais dos controles de voo na cauda do avião. A porta foi encontrada em meio aos destroços, perfeitamente fechada e travada. O mistério apenas começava a se aprofundar. Por que então, o engenheiro de voo se referira a ela? Grupos terroristas começavam a ligar, assumindo a pretensa responsabilidade por mais um ato de covardia. Contudo, esse acidente não apresentava características que pudessem ser relacionadas a uma bomba.

Um atento observador de uma pequena vila próxima ao local do impacto foi capaz de tirar uma fotografia do avião antes de ele cair. A foto não tinha qualidade muito boa, mas foi o suficiente para trazer à luz evidências importantes. Ao se examinar a foto mais atentamente, chegou-se à conclusão de que grande parte da cauda simplesmente não estava lá. Algum tempo depois, um navio da marinha japonesa encontrava um pedaço da cauda, com cinco metros, flutuando próximo à baía de Tóquio. Buscas mais detalhadas resultaram na recuperação de vários pedaços da cauda, inclusive um longo e pesado (50 kg) duto de ar, que estava conectado à APU (Unidade Auxiliar de Força), que também havia se desconectado da cauda do avião. Poderia ter sido a própria APU a culpada por tamanho estrago? Poderia essa pequena turbina, cuja função principal é auxiliar no fornecimento de energia elétrica e ar para a partida dos motores, bem como prover ar para a cabine de passageiros, ter se desintegrado a ponto de atingir as tubulações hidráulicas que permitem aos pilotos acionar as enormes e pesadas partes da cauda, e que são fundamentais para que fosse possível pilotar o avião?

No hospital, uma das vítimas foi capaz de fornecer as primeiras pistas aos investigadores. Foi a primeira a ter sido encontrada, e, por acaso, também era uma comissária da JAL. Não fazia parte da tripulação daquele voo, viajava como passageira. Estava sentada nas últimas fileiras de assentos, bem próxima à porta mencionada pelo engenheiro de voo.

— *Houve um grande barulho na parte traseira, meus ouvidos doeram muito e a cabine de passageiros se encheu de uma névoa instantaneamente* — ela disse.

Esses eram sinais claros e conhecidos de uma despressurização instantânea da cabine, e que normalmente era causada por uma abertura súbita, como um buraco, na fuselagem da aeronave.

Ela também informou que os "buracos de ventilação" abriram-se subitamente. Esses buracos haviam sido projetados para equalizar as pressões entre as várias seções da cabine de passageiros mais rapidamente na eventualidade de uma despressurização tão rápida como aquela. Isso evitava que uma seção "sugasse" a outra, causando maiores danos à estrutura do avião. Segundo ela, não houve barulho de explosão, mas partes do teto caíram. Também caíram as máscaras de oxigênio. Então ela sentiu o avião fazer manobras como se estivesse em um "Hira Hira", uma expressão em japonês que descreve o movimento de uma folha caindo do galho. Ela não estava de serviço, mas correu para ajudar as colegas a instruir os passageiros com o uso dos coletes salva-vidas. Ela também descreveu o som dos motores como estando constantemente em mutação, ora do lado esquerdo, ora, do direito. Completamente apavorados e sem saber o que aconteceria, muitos passageiros começaram a escrever bilhetes e poemas de adeus para seus entes queridos no verso de seus bilhetes de embarque. O fim realmente não demorou a chegar. Por mais de uma semana os corpos foram sendo retirados, e pelo menos um representante do Conselho Administrativo da JAL compareceu em cada um dos funerais.

Passados os primeiros momentos de dor, a confusão começava a se armar em torno de muita especulação. A diretoria da empresa pagou 780 milhões de yenes aos parentes das vítimas, a título de "Dinheiro de Condolências". No entanto, ainda não admitia culpa no ocorrido. A coisa esquentou, e mesmo os funcionários encarregados de prestar condolências às famílias foram fisicamente agredidos. Em Tóquio, os funcionários da JAL que estivessem em público, e usando uniforme, eram até mesmo expulsos de restaurantes. Um alto funcionário da divisão de manutenção da empresa se suicidara como forma de pedir desculpas, e os japoneses diziam que um funcionário da Boeing deveria fazer o mesmo. Os próprios investigadores japoneses estavam tendo dificuldades no seu trabalho porque a Polícia da área onde o avião caíra se julgava no pleno direito de ter responsabilidade primária na investigação do acidente, e não queria permitir a remoção dos destroços para um laboratório de pesquisa.

A Polícia foi inclusive criticada pelo Ministro dos Transportes por estar tratando um acidente aeronáutico como se fosse um acidente rodoviário. Coisa absurda, mas que lembra um certo país da América do Sul, chamado Brasil... Ao cruzar vários dados, os investigadores descobriram que praticamente "toda" a seção da cauda da aeronave havia sido arrancada em uma forte descompressão da cabine, através de um buraco que se abriu em uma espécie de "selo gigante" que fica na parte traseira da fuselagem contendo toda a pressurização da cabine de passageiros. O ar pressurizado vazou com tamanha intensidade e força, através de um buraco de mais ou menos três metros, que invadiu uma área da cauda que não era pressurizada, arrancando-a fora instantânea e quase que totalmente. Foi como se enchêssemos um pequeno balão de um sopro só até que ele explodisse. Ao fazer isso, romperam-se as linhas de fluido hidráulico, fazendo com que todo o sistema hidráulico ficasse sem potência para acionar nem mesmo outras partes do avião. Era como se alguém sangrasse por um pequeno furo até ficar sem nenhuma gota de sangue e, em consequência, sem forças para mover os próprios membros.

Esse "selo" havia sido projetado para uma vida útil de 20 anos, e o que estava no avião da JAL não apresentava nenhum sinal de corrosão, o que poderia comprometer sua integridade. Acredita-se que, ao ser arrancada a cauda, algum tipo de fiação entrou em curto-circuito e acendeu a luz referente à porta traseira no painel do engenheiro de

Visão de Raio X da cauda em dois planos

voo, fazendo-o acreditar que se tratasse dela. Ao ser encontrado e cuidadosamente examinado esse "selo", descobriu-se que um reparo estrutural havia sido feito naquela peça, mas não corretamente. Foram utilizados rebites a menos, o que resultou na diminuição de 70% da capacidade de contenção de pressão daquela peça. Exames detalhados dos registros de manutenção revelaram que em 1978, ou seja, sete anos antes, durante um pouso, essa mesma aeronave batera com muita violência a cauda no chão, e, em razão disso, sofrera um reparo estrutural de grandes proporções. O avião havia ficado em manutenção por esse motivo durante um mês inteiro, sob a supervisão de engenheiros da própria Boeing.

Durante os sete anos que se passaram, nada mais nada menos que seis grandes revisões foram feitas nessa aeronave, e nunca alguém sequer desconfiou desse serviço malfeito. Uma das razões pelas quais os investigadores se negavam a aceitar uma falha estrutural como sendo a causa, era o fato de que os pilotos mantiveram o avião voando por cerca de 30 minutos após o problema ter ocorrido. A grande verdade é que, dadas as dificuldades encontradas, a tripulação japonesa deu aquela que talvez possa ser considerada como a maior e melhor demonstração de pilotagem já vista até hoje. Morreram, mas deram muito trabalho para "Bruxa"... A variação no som dos motores, descrita pela comissária sobrevivente, era resultado da tentativa por parte dos pilotos de pilotar o avião utilizando a potência dos motores assimetricamente para fazer curvas e manter o avião nivelado, acelerando os motores de forma alternada. O raciocínio foi perfeito, infelizmente os danos causados à cauda do avião haviam sido grandes demais e tornaram impossível essa possibilidade. A inspeção de toda a frota mundial revelou que esse problema não existia em outras aeronaves do tipo. Um novo projeto para o sistema hidráulico foi desenvolvido, tornado-o mais seguro e menos suscetível a desastres como esse.

Conforme a tradição japonesa, o diretor-geral da JAL apresentou sua demissão ao Primeiro-Ministro, que foi aceita imediatamente, como a atitude eticamente correta a ser tomada naquele momento. Aos olhos do povo japonês, a JAL já não era mais a mesma instituição confiável de antes. Havia rumores de que a admissão de responsabilidade por parte da Boeing nada mais era do que uma manobra para proteger seu maior comprador de Boeings 747, até então o maior avião do mundo. Muitos anos foram necessários para que a JAL recuperasse seu prestígio junto ao público japonês. No total, 520 pessoas perderam suas vidas, e apenas quatro sobreviveram.

Boeing 737-200
Aloha

"Aloha, vocês ainda estão aí em cima?"

Para viajantes aéreos, estejam eles em férias ou a negócios, as ilhas havaianas sempre evocaram imagens de pores-do-sol tropicais e suaves brisas. Mas, para os operadores dos incansáveis jatos que fazem os voos que ligam as várias ilhas que compõem o Havaí, isso representa alguns desafios operacionais. Como os 89 passageiros em breve iriam descobrir...

Hilo, Honolulu — Havai, EUA
28 de Abril de 1988

Para o comandante Robert Schornsteimer o dia prometia ser exatamente igual a centenas de outros já passados voando pelos vários aeroportos das ilhas havaianas. Muito em breve ele saberia que não seria bem assim... Ele passara os últimos 11 anos voando com a Aloha Airlines, uma das duas grandes companhias que servem o arquipélago do Havaí.

A Aloha detinha uma frota de Boeings 737, e a Hawaiian Airlines, de Douglas DC-9. Para as tripulações de ambas as empresas, os voos, por serem muito repetitivos, chegavam a ser tediosos, e a paisagem havaiana, monótona. A duração média de cada voo era de apenas 20 minutos. No entanto, a calma e o isolamento dessas ilhas também tinham suas compensações, e poucos pilotos trocariam seu estilo de vida por algo mais complexo e desafiador. O comandante havia sido promovido a essa posição após ter passado precisos dez anos na função de copiloto, e estava adorando sua nova realidade. Dividia a cabine com uma mulher. Sua copiloto nesse voo seria Madeline Tompkins, carinhosamente chamada de Mimi, de 37 anos, que já estava com a empresa há nove anos, e tinha 8.000 horas de voo, metade das quais adquiridas em Boeing 737.

A convite do comandante, um controlador de tráfego aéreo que voltava para Honolulu se juntou a eles na cabine de comando. Naquele trecho o avião seria pilotado por Madeline. Decolaram, e cerca de 20 minutos depois já estavam voando nivelados a 24.000 pés (7.200 metros). Enquanto conversavam, um barulho parecido com um trovão invadiu a cabine. Subitamente sentiram suas cabeças serem jogadas para trás e o barulho do vento aumentar enormemente, seguido de uma despressurização explosiva (instantânea). Olhando ao redor, e bastante alarmado, o comandante ficou sem fala ao ver que a porta da cabine havia sido "arrancada", e que ele podia ver o céu azul onde antes era o teto da primeira classe. O comandante assumiu os controles e todos puseram suas máscaras de oxigênio. Muito embora a aeronave estivesse um tanto quanto instável em relação à pilotagem, ela ainda respondia bem aos comandos. Iniciaram uma descida de emergência e chamaram o controle de Honolulu para declarar EMERGÊNCIA. Entretanto, o barulho era tamanho, que eles não conseguiam ouvir a resposta do controlador.

Também estavam limitados a sinais feitos com as mãos para se comunicar entre eles mesmos. Muito embora o controlador da área de Honolulu não tivesse recebido nenhuma das transmissões feitas pelo rádio, ele pôde visualizar o código Transponder 7.700, código de EMERGÊNCIA, em sua tela de radar, e soube na hora que a coisa era séria com o voo 243 da Aloha. O controlador fez várias chamadas, todas sem sucesso; entretanto, o sinal continuava na tela do radar. Os pilotos chamaram o controle de tráfego de Ilha de Maui e conseguiram se comunicar a duras penas. Informaram que

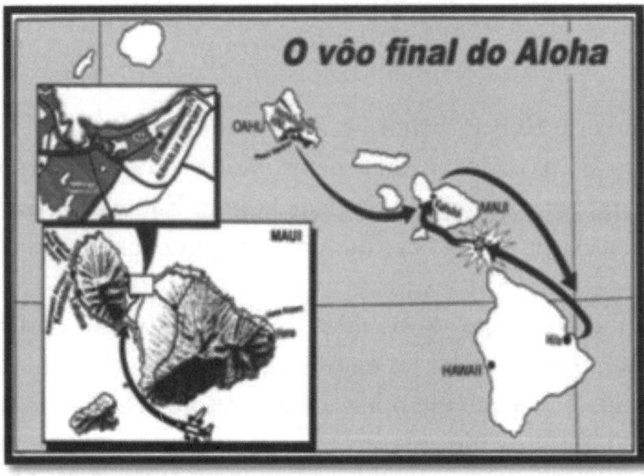

estavam despressurizados e em EMERGÊNCIA, que seguiriam para pouso em Kahului, e pediram que todo o equipamento de emergência (Bombeiros) fosse acionado.

Ao se alinharem para o pouso e selecionarem o abaixamento do trem de pouso, mais um problema surgiu. Não tinham certeza se o trem da bequilha (trem de pouso dianteiro) havia realmente baixado e se estava devidamente travado. Para saber com certeza, Madeleine teria que se levantar de seu assento e fazer a verificação através de pequenos visores no piso da cabine. Não havia tempo para isso, pousar o mais brevemente possível era a real prioridade. Não sabiam o que tinha acontecido nem qual a extensão real dos danos causados ao avião. Uma outra parte da fuselagem, das asas ou da cauda poderia estar por um fio, e as vidas deles também. Pediram ambulâncias e disseram que não tinham como se certificar de quantos poderiam estar feridos, pois não conseguiam se comunicar com nenhuma das comissárias. Avisaram também que havia a possibilidade de estarem com o trem de pouso da bequilha ainda recolhido, mas que prosseguiriam para o pouso com ou sem ele. Ao selecionar os *flaps* de pouso, notaram que a aeronave ia ficando substancialmente sem controle, e optaram pelo pouso com apenas a aplicação mínima desse recurso. A pista de pouso era muito boa e, além disso, o controlador os informara que o trem de pouso da bequilha parecia estar normalmente abaixado.

Subitamente o avião deu uma pequena guinada para a esquerda, e então perceberam que o motor esquerdo havia "apagado", o que acontecera em função de vários estilhaços que haviam sido ingeridos pela turbina esquerda. Agora estavam sem teto e sem uma das duas turbinas. Todos os passageiros haviam sido instruídos a vestir seus coletes salva-vidas. Muitos não esperaram e inflaram seus coletes ainda dentro da aeronave. Ao tocar o solo, foi a vez de os bombeiros ficarem de boca aberta. A aeronave estava com a parte superior da fuselagem literalmente rasgada, com vários passageiros visíveis,

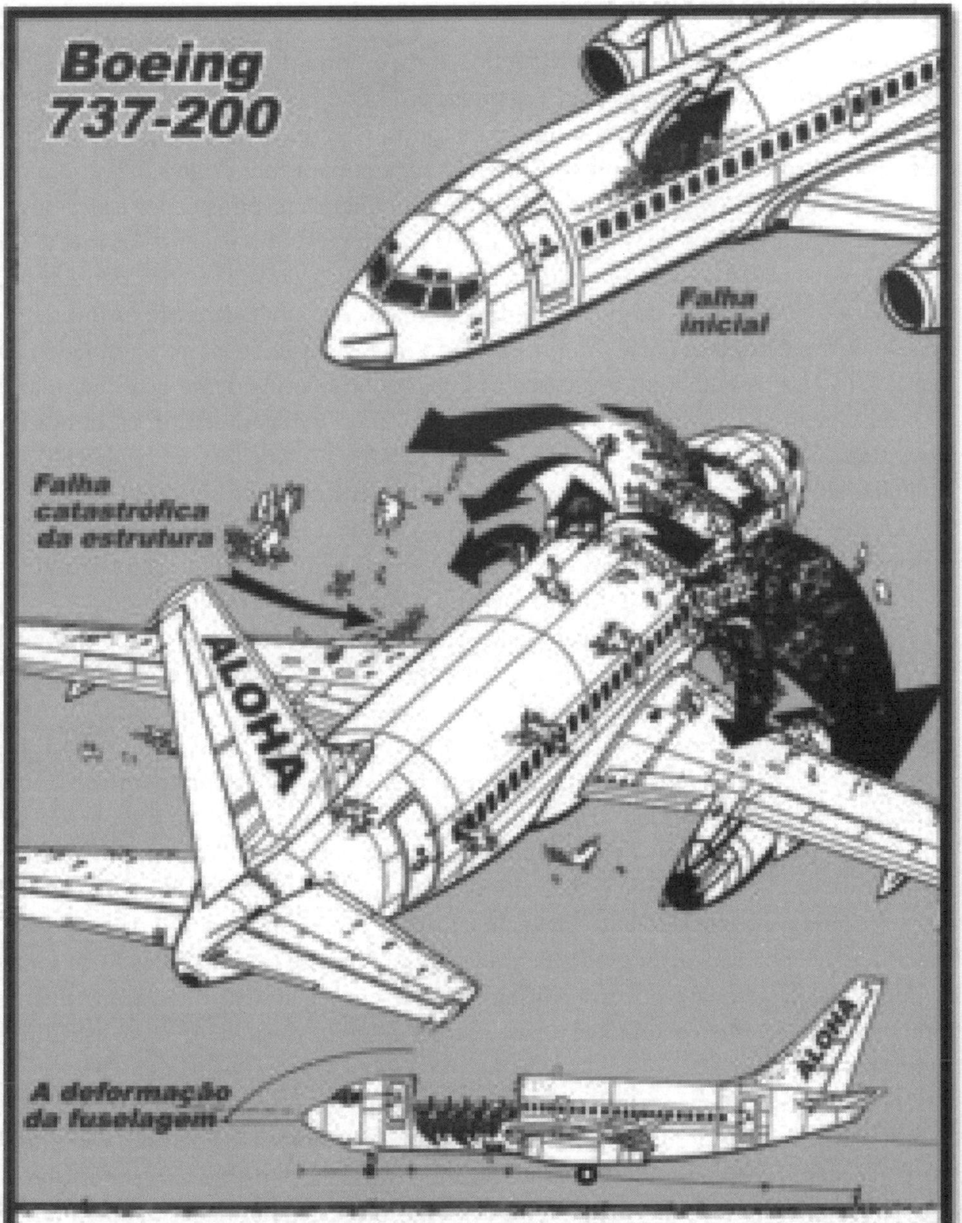
Boeing 737-200
Falha inicial
Falha catastrófica da estrutura
ALOHA
A deformação da fuselagem
ALOHA

sentados nas seis primeiras fileiras de assentos, muitos deles em estado de choque, com vários cortes nas faces, sangrando bastante. Uma das comissárias havia sido atingida na cabeça com gravidade.

Logo após o pouso, a copiloto Madeline abriu a porta dianteira e inflou os escorregadores, permitindo que os passageiros pudessem sair o mais depressa possível da cabine, escorregando até o chão. Para horror de todos, ficaram sabendo que a comissária que estava no corredor da primeira classe fora sugada para fora do avião assim que a estrutura se rompeu. Segundo alguns passageiros, enquanto recolhia copos e xícaras ela havia sido sugada através de um buraco aberto na lateral da fuselagem. Ao investigar a fuselagem, os investigadores encontraram o que parecia ser uma marca deixada por uma cabeça e manchas de sangue. Esse tipo de marca é conhecida entre os investigadores de acidentes aéreos como “impressão fantasma”. Um helicóptero e um navio da Guarda Costeira vasculharam por três dias a região onde o incidente ocorrera, mas o corpo de Clarabell Lansing, um das mais antigas comissárias da empresa, nunca foi encontrado.

Felizmente, no momento em que aquela parte da fuselagem se soltou, o sinal de “Atar Cintos” estava ligado, e todos os passageiros naquela sessão estavam devidamente sentados com seus cintos afivelados. Os outros comissários também foram atingidos por pequenos destroços, uma delas pela própria porta da cabine de comando.

Bastava olhar para saber que a aeronave estava perdida, condenada. Aquele Boeing 737-200 jamais voaria novamente. No entanto, por incrível que pareça, aquele tipo de coisa já havia sido prevista pelos projetistas daquela aeronave, que inseriram em seus projetos as chamadas “áreas de falhas controladas”, que nada mais eram do que regiões da fuselagem que poderiam se quebrar, rachar, ou mesmo se soltar em voo, como foi o caso, e mesmo assim não comprometeriam a segurança estrutural da aeronave. As investigações posteriores determinaram que uma pequena falha ocorrida no teto e do lado esquerdo da fuselagem dera início a um fenômeno conhecido como “efeito zíper”. A aeronave havia sido entregue pela fábrica, 19 anos antes, direto para a Aloha. Acredita-se que, na época, essa era a segunda aeronave desse tipo mais voada no mundo. Como aquela aeronave operava constantemente em região marítima, um ambiente propício à formação de corrosão, ela não escapou desse terrível efeito sobre estruturas metálicas.

Os investigadores verificaram que um tipo de adesivo utilizado durante o processo de fabricação da aeronave falhara. Dessa forma, a maresia penetrava entre duas chapas de metal e ia causando corrosão, fazendo também com que os rebites que as mantinham juntas sofressem um esforço extra. Algumas irregularidades também foram encontradas nos processos de manutenção da empresa aérea.

O comandante se aposentou em 2005. Nessa época, Mimi já havia sido promovida a comandante de Boeing 737-700NG, o novo modelo adquirido pela Aloha Airlines. O velho e cansado Boeing 737-200 foi vendido a um reciclador de metal de Kahului.

Boeing 707
BOAC
British Overseas Airways Corporation

Quando o céu está azul, o Fuji fica furioso!
(Provérbio japonês)

O vento que sopra nas encostas das montanhas normalmente gera turbulência. Isto é um fato conhecido dos pilotos. Entretanto, ninguém poderia suspeitar da fúria invisível que aguardava aquele Boeing 707...

Tóquio — Hong Kong
5 de Março de 1966

Ao contrário das condições climáticas do dia anterior, nesse dia o céu estava maravilhosamente claro na região central do Japão, coisa rara naquela época do ano. O céu estava tão claro, que o majestoso Monte Fuji podia ser visto de Tóquio, que estava a uma distância de mais de 110 km. Para um grande grupo de turistas norte-americanos, funcionários de uma grande empresa, que lhes proporcionara, a título de recompensa por bons resultados no trabalho, aquela maravilhosa viagem, a visão de tão bela paisagem era mais um mimo. Vinha também como alívio para uma terrível e devastadora notícia recebida na noite anterior, que lhes lembrava o tempo todo de sua vulnerabilidade como seres humanos.

Infelizmente, na noite anterior, um Douglas DC-8 canadense, que vinha de Hong Kong com destino a Tóquio, teve dificuldades ao tentar um pouso por instrumentos em meio a tempo muito ruim, escuridão e nevoeiro, e bateu antes da pista, matando 64 de seus 72 ocupantes em um intenso incêndio que se seguira ao impacto. O voo 911 da BOAC decolaria de Tóquio às 13h30 com destino ao aeroporto Kai Tak, em Hong Kong (na época, ainda uma colônia britânica) sob o comando de Bernard Dobson. Durante o taxiamento do Boeing 707, o comandante solicitou ao controle de tráfego aéreo uma pequena modificação no procedimento tradicional de saída: uma passagem sobre a região do Monte Fuji, para depois seguirem a rota normal prevista para Hong Kong. Isso daria aos seus passageiros a rara oportunidade de poderem ver aquele majestoso vulcão com uma clareza inesquecível. O pedido foi autorizado.

Durante o taxiamento, passararam ao lado dos restos ainda fumegantes do DC-8 canadense, uma horrível e desalentadora visão para aquele alegre grupo de passageiros. Às 13h58 a aeronave decolou e fez uma longa curva pela direita, o que permitiu uma maravilhosa visão da baía de Tóquio e da cidade de Yokohama, nos arredores da capital japonesa.

Nenhuma mensagem foi recebida pelos controladores indicando que o BOAC 911 estivesse enfrentando algum tipo de problema. No entanto, algumas pessoas no solo já podiam ver o que na verdade eram trilhas brancas deixadas no ar pelo combustível que saía dos tanques da aeronave. Instantes depois, puderam ver vários pedaços da aeronave caindo e uma explosão, que as testemunhas descreveram como sendo muito semelhante a fogos de artifício.

Logo em seguida a fuselagem da aeronave iniciava uma longa descida em espiral, e o pouco que ainda estava inteiro veio se desintegrando pelo caminho em virtude das crescentes forças que iam sendo aplicadas à sua estrutura. Bateu no solo em meio a uma floresta, mas não explodiu. Um violento incêndio devorou a parte dianteira do avião, não houve nenhum sobrevivente. Seus destroços foram espalhados por 16 km de comprimento e 2 km de largura. Entre as vítimas estavam 26 casais, que deixaram 63 crianças órfãs. Claramente era um caso de falha estrutural, mas o que a teria causado desta vez? Ninguém duvidava da integridade estrutural do Boeing 707, e não fora o caso de estarem voando em meio a uma tempestade, ou de terem feito manobras excessivamente violentas. Para dificultar o trabalho de investigação, o gravador de dados de voo (caixa-preta) fora totalmente danificado, impossibilitando a obtenção de dados daquele dispositivo. Naquela época, aquele modelo de aeronave ainda não estava equipado com o gravador de "voz".

Investigações baseadas na reconstrução da fuselagem revelaram que a cauda se desprendera primeiro, seguida da ponta da asa direita e de parte do nariz da aeronave. Puderam determinar também que todos os motores haviam sido arrancados de seus suportes quase ao mesmo tempo e da mesma forma, e perceber que os danos ocorridos, "ainda em voo", do lado esquerdo da aeronave haviam sido intensos, e do lado direito, mínimos.

Não havia evidências de que algum dos controles de voo tivesse falhado, nem de que algum sistema tivesse falhado antes do impacto com o solo. Todos os instrumentos de voo foram danificados pelo fogo que se seguiu, e não puderam oferecer grande ajuda.

O que, então, poderia ter derrubado de forma tão catastrófica um avião que aparentemente estava na mais perfeita condição de voo, e em um dia absolutamente perfeito? Os investigadores pensaram na repetição do fenômeno que ocorrera com o De Havilland COMET anos atrás. Vários testes estruturais e metalúrgicos foram levados a cabo, mas nada foi encontrado. Com os recursos de investigações chegando ao fim, o caso prometia se transformar em um grande mistério. Mas a pista veio de uma fonte inesperada.

A descoberta em meio aos destroços de uma pequena câmera de filmagem de 8 milímetros permitiu aos investigadores uma mudança de rumo nas investigações. Embora danificado, o filme ainda tinha condições de ser revelado, e mostrou cenas normais da decolagem e da região próxima ao Monte Fuji, até que perceberam que a câmera, ou seu operador, havia sofrido um grande sacolejo. Perceberam que deveriam voltar suas atenções novamente para as condições meteorológicas, que aparentemente não haviam tomado parte nesse acidente, e tiveram uma surpresa.

Ao verificar as previsões de ventos em altas altitudes, viram que a velocidade deles sobre a região do Monte Fuji atingira em torno de 130 km/h, o que foi confirmado por uma estação meteorológica localizada no topo do próprio Monte Fuji, além das fotos tiradas por alguns militares, que estavam em treinamento em um quartel, dos destroços caindo.

Essa velocidade dos ventos gerou as condições ideais para a formação de um fenômeno conhecido como "onda de montanha", que nada mais é do que os velozes

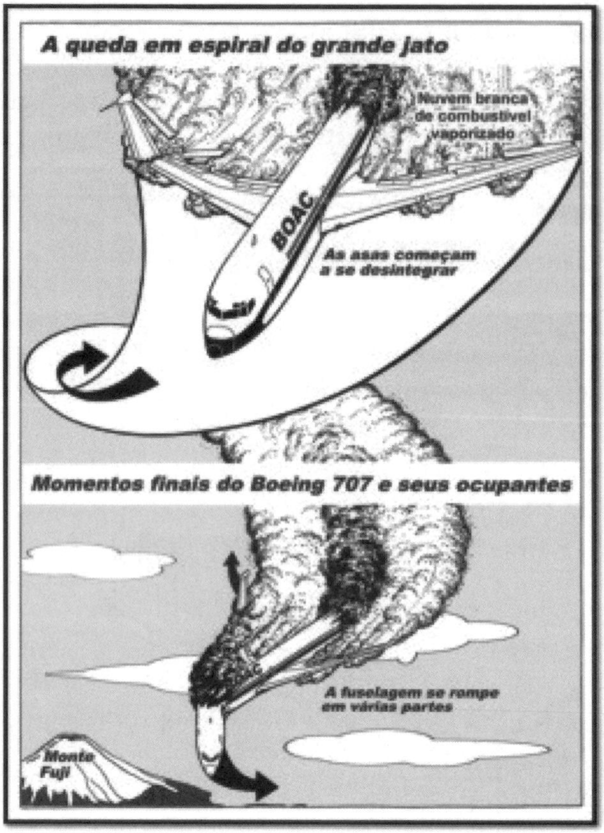

ventos subindo e descendo as encostas das montanhas, turbilhonados no meio do caminho pelas árvores e formações rochosas presentes nessas encostas, subindo a grande alturas e produzindo turbulência extremamente severa.

Partindo desse princípio, os investigadores descobriram que a rajada que pegou o BOAC 911 desprevenido foi tão severa que o fez girar no ar, como se o próprio avião fosse uma hélice de helicóptero, o que produziria danos severos em qualquer tipo de aeronave. O piloto de um caça militar, a quem foi solicitado que sobrevoasse a região da queda no intuito de localizar os destroços, revelou que ele mesmo encontrou turbulência tão intensa que chegou a perder temporariamente o controle de seu próprio jato, fazendo-o pensar que também sofreria danos em sua aeronave, que seu avião fosse ser "abatido" em voo. Esse tipo de aeronave (o caça) possui um equipamento que mede a intensidade das cargas aerodinâmicas que atuam sobre a fuselagem chamado "acelerômetro", ou *G-METER*.

No caso específico dessa aeronave, os valores verificados após seu pouso foram tão altos, que o caça foi retirado de serviço para maiores averiguações em sua estrutura. Além desse depoimento do piloto do caça, mais de 100 aeronaves que estiveram voando em um raio de cerca de 140 km do Monte Fuji informaram ter encontrado turbulência moderada ou severa. Tudo estava ficando mais claro. O Boeing 707 da BOAC havia sido colhido, sem aviso, por uma violentíssima turbulência gerada por uma "onda de montanha", e simplesmente ficou incontrolável, chegando ao ponto de desintegrar-se em voo, em razão de terem sido excedidos os limites da sua própria resistência estrutural. Foi mais ou menos como se chocar em voo contra uma grande parede invisível, não havia chance alguma para eles. De qualquer forma, a Boeing ordenou, por precaução, a inspeção estrutural de todos os aviões daquele tipo que já estivessem com a mesma quantidade de horas voadas ou mais.

Em 63 aeronaves foram encontrados pequenos sinais de fadiga estrutural. Como resultado, a Boeing implementou uma série de melhorias em seus projetos, tornando-os mais resistentes e mais seguros.

Airbus A-310
Aeroflot Russian International Airlines

"Posso virar o manche um pouquinho?"

Estavam na calada da noite, sobre as estepes da Sibéria. Já haviam voado por quatro horas, e aquele era o ponto da rota menos congestionado. Haveria melhor momento para que os filhos do comandante fizessem uma visita à cabine?

Moscou — Hong Kong
22 de Março de 1994

Tendo estado isolada do desenvolvimento político e operacional ocidental por 70 anos, a aviação civil e militar da União Soviética cresceu com suas próprias tradições e sua própria visão operacional em relação aos procedimentos aeronáuticos. O conceito de bem servir o passageiro também nunca foi o forte dos soviéticos, e a empresa aérea nacional soviética primava pela ineficiência; na verdade, parecia levar isso muito a sério. Atrasos, panes, serviço de bordo ruim e negligenciamento total em relação à segurança de voo eram lugar-comum até o início dos anos 90, quando a realidade de uma economia de mercado foi implantada por aquelas bandas, que não poupou nada nem ninguém, muito menos a aviação soviética. Em franca discordância no que diz respeito a vários aspectos da aviação Ocidental, que são tão básicos e familiares para aqueles que com ela estão envolvidos, a aviação civil soviética tinha objetivos semelhantes, mas, na prática, vivia, por assim dizer, em um mundo só seu, um "mundo paralelo".

Com nada menos que 11.000 aviões e helicópteros, rigorosamente todos de origem soviética, operados em toda a União Soviética, e com 600.000 funcionários, a gigante Aeroflot administrava algo que, por sua complexidade, mais parecia uma indústria do que uma empresa aérea. O gigantismo geográfico da União Soviética gerava desafios de infraestrutura compatíveis com sua extensão territorial. Para os pilotos, voar em certas áreas de seu próprio país representava enfrentar trabalho duro e meticuloso, uma vez que o sistema de aerovias e de controle de tráfego aéreo era, com certeza, o mais complexo do mundo, além do que, os aviões por eles pilotados estavam bem longe de ser considerados modernos e eficientes.

As diferenças eram tantas em relação ao sistema Ocidental, que até as unidades métricas utilizadas para as medidas de distância e de altitude eram diferentes. Nos países ocidentais, utilizamos milhas náuticas (1 Milha Náutica = 1.852 km) para distância, e pés para altitude (1 pé = 0,30 cm). Na antiga União Soviética utilizavam-se quilômetros e metros, o que representava um problema para os estrangeiros que para lá se dirigiam. Com o fim da União Soviética veio a necessidade da fragmentação da Aeroflot, de modo a permitir que cada uma das 15 Repúblicas levasse um pedaço da empresa. O nome da empresa ficaria para a Rússia, que operaria 103 aeronaves, baseadas no aeroporto Sheremetyevo, em Moscou.

Os maiores aviões de sua frota eram muito antigos e não tinham capacidade de voar as rotas mais longas sem efetuar paradas no meio do caminho para reabastecer. Isso era, na verdade, uma grande fonte de embaraço e constrangimento para os russos. Como a empresa não estava mais restrita a operar equipamentos soviéticos, era livre para adquiri-los fora. Mas a nova realidade política ainda não estava suficientemente madura, e comprar aviões norte-americanos estava, por enquanto, fora de questão. Poderiam comprá-los de um país europeu, e escolheram a França, país com o qual sempre mantiveram bons laços culturais e diplomáticos.

Escolheram o Airbus A-310-300 (dois motores), uma aeronave que acomodava menos passageiros, mas que voava quase três vezes mais longe que os antigos Ilyushin-86

Airbus A-310

Ilyushin-86

(quatro motores), e sem ter de parar para reabastecer. Encomendaram cinco, e quando foi chegando a hora de recebê-los, as dificuldades financeiras começaram a surgir, além do que, os americanos, que forneciam os motores e alguns sistemas eletrônicos, criavam algumas dificuldades. Mas, após um ano inteiro esperando, prontas, no pátio da fábrica, finalmente as aeronaves começavam a ser entregues.

Na noite do dia 22 de março de 1994, o último dos aviões a ser entregue levantou voo de Moscou com destino a Hong Kong. Era o voo SU 593, que teria um longo caminho pela frente. Cruzando praticamente toda a extensão da grande Rússia e boa parte da China, cruzaria nada mais nada menos que dez zonas de fuso-horário. O voo transcorria normalmente, e já tendo voado cerca de quatro horas, o comandante Kudrinsky recebeu seu casal de filhos, que o acompanhava nessa viagem como passageiros, eles foram levados à cabine de comando para uma visita. Yana era uma garotinha de 13 anos, e El'Dar um rapazinho de 15.

— *Venha Yana, você gostaria de se sentar na minha cadeira?* — disse Kudrinsky à filha.

Ela aceitou, sentou-se e pediu ao pai que levantasse um pouco a cadeira para que ela pudesse ter uma visão melhor lá de fora. Ele atendeu ao pedido e utilizou o piloto automático para fazer pequenas curvas para a esquerda e para a direita, enquanto ela ficava com as mãos no manche, tendo a ilusão de que ela mesma estava pilotando o avião. Logo em seguida o processo se repetiu, agora com El'Dar ocupando o assento do comandante. Um outro comandante filmava tudo com uma câmera de vídeo. El'Dar se mostrava muito mais interessado naquilo tudo do que sua irmã mais nova, e perguntou ao pai:

— *Posso virar o manche um pouquinho?* — Kudrinsky concordou e deu-lhe algumas instruções básicas.

Antes que o pai pudesse selecionar as curvas no piloto automático, El'Dar, tomado por uma excitação completamente normal para um jovem daquela idade, segurou o manche e inclinou-o cerca de 4 graus para a esquerda, o que fez com que um dos servos (atuadores eletromecânicos) se desconectasse. Servos são peças responsáveis por receber e transmitir os comandos do piloto automático aos *ailerons*, profundores, e ao leme de direção. São os servos que movem estas partes do avião; são vários deles espalhados por toda a estrutura do avião, e cada um deles move uma parte, fazendo o trabalho de subir, descer e virar o avião para os lados. Como apenas os servos responsáveis pelos *ailerons* se desconectaram, o alarme de piloto automático desconectado não foi ativado.

Os pilotos não perceberam que o avião continuava a curva iniciada por El'Dar, que de início era bem suave para a esquerda. Tratava-se de uma desconexão parcial do piloto automático. Nessa situação, o ato de manter as asas do avião niveladas com o horizonte deve ser feito pelas mãos do piloto humano, pois os servos responsáveis por isso foram desconectados. Em seguida, El'Dar girou o manche suavemente para a direita; isso também não foi notado pelos pilotos, uma vez que a escuridão da noite não lhes dava a noção externa de inclinação em relação ao horizonte, e naquele momento não estavam prestando atenção nos instrumentos de bordo, pois acreditavam que estivesse tudo normal. Kudrinsky se voltou para Yana, e estava conversando com ela quando El'Dar o interrompeu e perguntou:

— *Por que ele está virando?*

E o pai perguntou de volta:

— *Ele está fazendo isso sozinho?*"

Os três pilotos que estavam na cabine se perguntavam por que aquela curva estava sendo feita, pois tudo indicava que o piloto automático estava acoplado, e chegaram à infeliz e equivocada conclusão de que, por algum motivo, haviam iniciado uma "órbita" (um procedimento de espera em voo que prevê voltas de 360 graus no ar).

Com a aeronave já bastante inclinada lateralmente e o piloto automático tentando manter a altitude, as forças gravitacionais começaram a se fazer sentir. Quando o comandante que estava filmando finalmente percebeu o que estava acontecendo deu um grito, mas já era tarde demais. A aeronave já estava entrando na situação de *STALL* (perdendo a sustentação aerodinâmica). Kudrinsky ordenou ao filho que segurasse firme o manche e o garoto fez exatamente isso. O copiloto tinha baixa estatura e estava com o assento muito recuado, o que o impossibilitava de alcançar e atuar corretamente os controles; as forças gravitacionais já não permitiam que ele se movesse mais adiante. Quando ele finalmente conseguiu alcançar o manche e fez força no sentido de consertar a situação, causou a desconexão completa do piloto automático, o que é normal quando o piloto faz uma força muito grande no manche com o piloto automático acoplado. Isso acontece porque o piloto automático é programado para pilotar o avião dentro de determinados limites, fora deles é mais seguro que o avião seja pilotado pelo piloto "humano".

A confusão na cabine era enorme, com muitos gritos e comandos desencontrados dados por todos ao mesmo tempo. O comandante gritava para que o filho saísse de seu assento, e o garoto bem que tentava, mas as forças gravitacionais eram fortes demais, e ele simplesmente não conseguia. O avião mergulhava sem controle na escuridão da noite, rumo ao solo gelado da Sibéria, bem no coração da Rússia.

Finalmente Kudrinsky conseguiu retomar seu lugar e, pela primeira vez desde o início da crise, ele e seu copiloto puderam trabalhar em conjunto para tentar sair

daquela situação. Mas ele também não era muito alto, e seu assento estava totalmente posicionado para trás. Alcançar os controles não era nada fácil em uma situação como aquela. A aeronave entrou em uma descida espiralada conhecida como "parafuso".

Após uma luta desigual, finalmente conseguiram tirar o avião do "parafuso", e muito embora estivessem com a aeronave um pouco mais controlada, ela ainda estava mergulhando em alta velocidade. Eles estavam somente a 400 metros acima do solo, e já não havia mais tempo para evitar o choque.

Quando começavam a nivelar o avião, bateram em uma colina coberta de neve próxima à pequena cidade de Novokusnetsk, região de fronteira com a Mongólia. A aeronave tocou o solo em uma condição quase que totalmente controlada. O grau de destruição foi assombroso, todos os 75 ocupantes pereceram instantaneamente.

Esse acidente representa um caso único e exemplar. Demonstra com clareza o que pode e o que não pode ser feito dentro da cabine de comando de um avião enquanto ele está voando. O descuido e a imprudência, embora cercados de boa vontade, resultaram naquele que talvez possa ser considerado o mais estúpido e inacreditável dos acidentes fatais ocorridos com um grande avião de passageiros.

Boeing 377 Stratocruiser
PAN AM
Pan American World Airways

Tragédia sobre a selva

O Boeing 377 Stratocruiser era a última palavra em termos de viagens aéreas luxuosas. Mas a tragédia sobre a selva amazônica era iminente...

Rio de Janeiro — Port of Spain
28 de Abril de 1952

Quando entrou em serviço no final dos anos 40, o Boeing 377 Stratocruiser foi denominado o "Transatlântico dos Ares", pois possuía até camas e um salão social com um pequeno bar. A aeronave era uma derivação civil do projeto da Fortaleza Voadora B-29 (a que foi utilizada para lançar as bombas atômicas sobre o Japão durante a Segunda Guerra Mundial). Era uma aeronave de aparência única, e logo recebeu o apelido de *Fat Cat* (Gato Gordo). Sua cabine possuía dois andares e, dependendo de sua configuração interna de assentos, ela podia acomodar até 100 passageiros, o maior avião de passageiros até a entrada em serviço do Boeing 707. A Pan American World Airways (PAN AM) foi a maior operadora desse tipo de aeronave, tendo operado 26 dos 56 fabricados. Problemas com o ajustamento de novos aviões sempre foi algo comum, entretanto, o Stratocruiser estava provando ser uma aeronave cara demais para ser adquirida e operada, caracterizando-se como uma constante fonte de preocupações técnicas.

Seus motores, embora fossem bem mais confiáveis que os da Fortaleza Voadora, ainda eram extremamente temperamentais, e vinham concentrando os maiores desafios para pilotos e mecânicos. Nos anos que seguiram ao pós-guerra, houve um grande crescimento das viagens internacionais de longo curso, e a PAN AM inaugurara uma nova rota na América do Sul.

Este era o voo 202, batizado de *El Presidente Especial*, ligando Buenos Aires a Nova York, passando por Montevidéu, Rio de Janeiro e Port of Spain, a capital de Trinidad & Tobago.

Todas as aeronaves da PAN AM eram graciosamente chamadas de *Clippers*. Os *Clippers* foram barcos esguios e velozes que outrora cruzaram o mundo elegantemente.

Na madrugada do dia 28 de Abril de 1952, após um voo perfeito de Buenos Aires ao Rio, a aeronave batizada de *Clipper Good Hope* (Boa Esperança) decolou às 03h00 com 9 tripulantes e 41 passageiros confortavelmente acomodados. Um pouco antes da decolagem, os pilotos receberam uma autorização rara: poderiam voar fora das aerovias, em linha reta, direto para Port of Spain, um voo que duraria dez horas e meia. Essa rota os levaria por sobre as vastas e inexploradas florestas da Amazônia.

O avião sobrevoava o Estado da Bahia, próximo à cidade de Barreiras, quando efetuou sua "última" transmissão de rádio. Nessa transmissão foram informadas a posição e altitude naquele momento, e a que horas estavam estimando o sobrevoo do próximo ponto da rota no qual seria obrigatória nova "mensagem de posição", que seria próxima à cidade maranhense de Carolina, às 7h45.

A aeronave não só não transmitiu sua posição nesse ponto, como também não o fez no ponto subsequente, que seria a cidade de Santarém, no Estado do Pará nem chegou ao seu destino final na hora prevista.

Após várias tentativas de contato, o *Clipper Good Hope* foi declarado desaparecido. A PAN AM despachou aviões de Miami para dar suporte às buscas, enquanto aviões militares norte-americanos e brasileiros faziam a varredura por ar e a Marinha verificava as costas. O avião havia sido visto sobrevoando as pequenas localidades de Formosa e São Francisco, quando parecia estar tudo bem. Naquela época, o interior do Brasil não estava, nem de longe, integrado ao resto do país como hoje. Cidades como Barreiras encontravam-se em meio a regiões extremamente isoladas, de acesso dificílimo; era tudo mato, não havia as grandes regiões de agricultura e pecuária que existem hoje; a natureza imperava.

Cerca de 21 aeronaves participavam do esforço de busca já no primeiro dia. Na tarde do segundo dia esse número já havia subido para 40 aviões, mas sem sucesso algum. No quarto dia de buscas um avião cargueiro, do tipo C-46 Curtiss Commando, operado também pela PAN AM, achava os destroços em meio à densa floresta amazônica. O *Clipper Good Hope* havia caído em meio ao território indígena Carajá, no Estado de Mato Grosso, e estava completamente destroçado, com vários pedaços espalhados em uma região de mata fechadíssima e levemente montanhosa. Na época, a cidade de Vila Rica, no Mato Grosso, não existia, mas hoje é a melhor referência para localizar rapidamente a região onde a aeronave caiu. A PAN AM enviou, de San Juan, Porto Rico, um avião com uma equipe de paraquedistas e médicos da Força Aérea norte-americana, mas, após sobrevoar o local a baixa altura, e por algum tempo, chegaram à conclusão de que não havia sinais de sobreviventes, e que em virtude da natureza extremamente hostil do terreno, não seria aconselhável saltar.

Partiram, então, para a elaboração de planos que permitissem o acesso conjunto das autoridades norte-americanas e brasileiras ao local, de modo a iniciar as investigações e resgatar os corpos. Uma equipe oficial composta por 27 pessoas, cuja liderança era dividida entre o agente da PAN AM para a América Latina e um major da Força Aérea brasileira, veterano e herói da Segunda Guerra Mundial, foi formada. Essa equipe deixou Belém, no Pará, com destino a Araguacema, em Goiás (hoje no Estado do Tocantins), de onde seguiram em um avião anfíbio PBY Catalina, da Panair do Brasil, subsidiária da PAN AM, para uma pequena aldeia indígena chamada Lago Grande, às margens do Rio Araguaia. O local do acidente estava a 40 km dali. A expedição seria conduzida em uma região até então desconhecida. A presença de índios hostis era conhecida e, por esse motivo, o governo brasileiro aconselhou os integrantes da equipe a se valer da mais extrema cautela, bem como portar armas de fogo. Todos receberam uma pistola Colt .45 automática e instruções de como usá-la. Durante todo o percurso, eles nunca encontram um único índio hostil sequer.

Após 17 dias de dura caminhada pela selva inclemente, a equipe oficial chegou aos destroços, mas apenas sete membros conseguiram, 20 tiveram que retornar à base de Lago Grande. Nesse meio tempo, a Força Aérea norte-americana deslocou um helicóptero para a região, que, sem demora, começou a fornecer o suporte necessário aos trabalhos, suporte este que era limitado, mas muito bem-vindo, uma vez que a equipe já estava em seu limite físico e material. Enquanto isso, como não poderia deixar de ser, os jornais, famintos por notícias, começaram a publicar todo tipo de rumores e especulações. Entre essas "notícias" estava a suposta presença a bordo de um passageiro desconhecido, que estaria transportando uma mala cheia de diamantes brutos. Noticiaram, também, que a aeronave transportava uma grande quantidade de lingotes (barras) de ouro. E como se já não bastasse, noticiaram que o avião estaria transportando urânio, material este que teria explodido em voo. O imaginário popular, é claro, viajou...

A maioria das vítimas era de cidadãos brasileiros, e logo os parentes começaram a acusar as autoridades de estarem demorando demais para fazer alguma coisa, e que talvez houvesse sobreviventes. A mídia estampava a seguinte pergunta: "Onde estão os bravos brasileiros que saltarão na selva e salvarão aqueles infelizes?". O clamor por ação foi *"captado"* por um famoso político paulista chamado Ademar de Barros que, por acaso, estava em campanha para a Presidência do Brasil. Ele declarou que "aliviaria a angústia insuportável" dos parentes, financiando do próprio bolso sua própria expedição. Assim, foi formada a "Caravana da solidariedade", e também nascia ali um grande problema para os investigadores profissionais, que estavam preocupados com a chegada de um grupo de aventureiros a um local onde as evidências deveriam ser preservadas. A Caravana da Solidariedade era composta por jovens aventureiros, e quando foi formada, não se levou em conta a necessidade de apoio logístico adequado para o seu sucesso. Ao se depararem com as dificuldades básicas, eles passaram a se apoderar das provisões lançadas pelo helicóptero norte-americano para a equipe oficial. Isso, é claro, gerou tensões, e eles ficaram à mercê da boa vontade da equipe oficial.

Eram paraquedistas movidos pela crença de que havia riquezas que poderiam ser encontradas no local, e só. Estavam tão apavorados com a realidade da selva, que durante a noite reagiam a todo e qualquer barulho (e na selva há muitos) com o lançamento de bananas de dinamite e rajadas de metralhadoras, pondo em risco a vida de todos, ou seja, atrapalhando. As condições se provaram bem mais desafiadoras do que de início se pensava, e a equipe oficial bateu em retirada do local, vencida pela enorme dificuldade que tivera de encontrar e transportar água e comida, somando-se a isso a crescente deterioração da condição física dos membros restantes da equipe. Chegaram à conclusão de que tal empreitada carecia de uma preparação melhor e mais cuidadosa, e decidiram que retornariam a Belém, PA. Ao ver que o helicóptero retiraria apenas os membros da equipe oficial, e pressentindo que seriam deixados para trás, o líder da tal "Caravana de idiotas" apontou sua arma para o major brasileiro e ameaçou:

— *Nenhum americano sai daqui antes que todos os meus homens sejam retirados!*

Os integrantes da tal caravana fizeram dois reféns, o major e um cidadão norte-americano. Não demorou muito e a notícia correu o mundo, fazendo com que o embaixador americano exigisse do governo brasileiro a libertação imediata daquele cidadão de seu país. Da Força Aérea brasileira chegou a seguinte mensagem: "Destacamento

O Boeing 377 Stratocruiser

regular de paraquedistas decolando do Rio de Janeiro, libertação imediata ordenada". Logo uma pequena pista de pouso foi aberta no meio do mato e um pequeno avião monomotor foi retirando todos de lá, sem que ninguém ficasse ferido. Com a colaboração do governo brasileiro, os norte-americanos voltaram cerca de quatro meses depois, e dessa vez estavam muito mais bem preparados, até uma pista melhor fora construída em Lago Grande para permitir o pouso de aviões cargueiros maiores, e uma trilha, aberta no meio da selva, chegando quase até local do acidente. Dessa vez foram capazes de percorrer o caminho em apenas seis horas, a bordo de bravos Jeeps. A equipe ficou no local do acidente por um mês inteiro.

Antes da chegada dessa segunda equipe, os índios locais atearam fogo aos corpos por motivos sanitários. Sendo assim, aqueles corpos não puderam ser examinados de maneira totalmente profissional. Além disso, também houve um incêndio na floresta, o que afetou praticamente todos os destroços. Derretidas pelo intenso calor desse incêndio, muitas peças de alumínio ficaram irreconhecíveis, fazendo com que qualquer estudo mais apurado fosse inútil. Contudo, um estudo razoavelmente completo foi levado a cabo. Com a chegada da estação de chuvas, a equipe teve de se retirar do local, mas seus integrantes ainda não haviam sido capazes de achar o motor número 2. Embora nunca tenha tido a possibilidade de provar de forma cabal a causa dessa tragédia, foi possível afirmar com razoável margem de segurança, e com base em ocorrências anteriores, que a causa fora a falha de algum componente do motor número 2 ou de sua hélice, o que teria causado o desbalanceamento do motor, seguindo-se uma violentíssima trepidação e a subsequente separação (nesse caso, o arrancamento puro e simples) de um desses elementos durante o voo de cruzeiro, causando também a separação da asa esquerda inteira.

Os restos mortais dos ocupantes do voo 202 da PAN AM foram sepultados no Cemitério São Francisco Xavier (Cemitério do Caju), no Rio de Janeiro, em 18 de agosto de 1952.

Boeing 727-200
VASP
Viação Aérea São Paulo

"Acho que tem uns morrotes aí na frente..."

Em uma noite de céu encoberto, os moradores de uma pequena cidade do interior do Ceará acordaram assustados após escutar, ao longe, um grande estrondo, seguido de um leve tremor de terra. Não sabiam, mas naquele exato instante morriam 137 pessoas no alto da Serra da Aratanha, naquele que seria conhecido como o maior acidente aéreo já ocorrido no Brasil até então.

Rio de Janeiro — Fortaleza
8 de Junho de 1982

Nos anos 80 a VASP operou uma série de Boeings 727-200, que estavam entre os maiores aviões de sua frota. Embora encomendas de aviões maiores tivessem sido feitas, eles ainda demorariam a chegar, e a empresa foi obrigada a alugar mais alguns Boeings 727 para atender à grande demanda de sua extensa malha de voos.

A aeronave que se acidentou era uma das que haviam sido alugadas, tinha voado antes nas cores da Singapore Airlines e era quase nova, com apenas cinco anos de uso e sem histórico de acidentes. Faria o voo 168, decolando do aeroporto do Galeão, no Rio de Janeiro, com destino a Fortaleza, a bela capital do Estado do Ceará. A bordo estavam vários passageiros, entre eles um grande grupo de industriais do setor têxtil que estava em festa, comemorando os bons resultados obtidos em uma grande feira do setor ocorrida em São Paulo. Além deles, também estava a bordo o megaempresário cearense Edson Queiroz, proprietário de um vasto império empresarial que incluía várias empresas, entre elas uma rede de televisão e uma grande distribuidora de gás.

Comandando o grande jato estava um dos mais antigos pilotos da empresa, o comandante Vieira. Decolaram de São Paulo às 22h00 do dia 27 de junho de 1982, e fizeram uma curta etapa até o Rio, de onde decolaram já na madrugada do dia 28, fazendo um voo com descontos de até 30% no preço normal da tarifa, coisa que havia sido autorizada recentemente pelo então DAC (hoje ANAC), era o "VEN" — Voo Econômico Noturno.

O voo transcorreu sem nenhuma anormalidade. A cerca de 180 km de Fortaleza, o Boeing 727-200 da VASP iniciou sua descida. A intenção era fazer um procedimento chamado de Tráfego Visual para pouso na pista 13 do Aeroporto Pinto Martins. No entanto, em volta de Fortaleza existem algumas montanhas, e uma delas estava exatamente no caminho do comandante Vieira e sua tripulação.

A aeronave fazia um voo por instrumentos, e só seria autorizada a mudar para um voo visual quando declarasse que já se encontrava em condições visuais com o terreno — caso não obtenham essas referências visuais, os pilotos devem manter uma altitude mínima prevista para evitar que batam nas elevações ao redor do aeroporto e seguir o procedimento previsto para pouso por instrumentos. Após finalmente obter esse contato visual com o solo, o VASP optou por descer para uma altitude chamada de Altitude de Tráfego, que é bem mais baixa do que a mínima prevista para o voo por instrumentos. Uma vez que o piloto já tenha declarado estar vendo as elevações, não há mais a necessidade de continuar tão alto, é só evitá-las.

Ao voarem abaixo dessa altitude mínima, o copiloto advertiu o comandante sobre a possível presença de algo à frente:

— *Acho que tem uns morrotes aí na frente.*

E logo em seguida os gritos de pavor se fizeram ouvir pelo gravador de voz da cabine de comando (caixa-preta). A aeronave desceu exatamente no rumo da Serra da Aratanha, localizada próxima ao aeroporto. E com ela se chocou violentamente às 02h45 e a 530 km/h. Sabe-se que jamais os pilotos declararam algum tipo de problema com a aeronave.

Segundo as informações obtidas junto à Força Aérea Brasileira, as condições meteorológicas permitiam perfeitamente que o VASP optasse por efetuar um Tráfego Visual. Naquela época não havia o radar de controle de tráfego aéreo em Fortaleza, e os controladores se valiam das informações emitidas pelos pilotos para determinar se uma aeronave poderia ou não descer abaixo de uma altitude qualquer. No caso do Boeing 727 da VASP, acredita-se que tenha havido algum tipo de confusão por parte dos controladores e/ou dos pilotos em relação a até quanto poderiam descer e a partir de que distância poderiam fazê-lo.

A região da serra na qual se chocaram era coberta por densa vegetação, e o acesso, extremamente difícil. A violência do choque foi tão brutal, que chegou, em alguns casos, a haver a fusão de pedaços de corpos, sem falar na completa e total destruição da aeronave. Todos morreram instantaneamente com a súbita desaceleração.

Às 5h30 da manhã os parentes, que esperavam por seus entes queridos no aeroporto, tiveram seus piores medos confirmados. Ao iniciar a leitura da lista de vítimas, o funcionário da companhia foi interrompido aos gritos por um jovem rapaz que dizia ter perdido o pai e a mãe naquele acidente. Logo em seguida, o rapaz saiu correndo dali e deu um tiro na cabeça. Em São Paulo, a companhia já organizava voos especiais para levar os parentes até Fortaleza. Apenas dois parentes de cada vítima poderiam seguir para o local naqueles voos, chamados de o "Voo dos desesperados", pois, como é comum nesses casos, havia muitas informações desencontradas, fazendo crer que poderia haver sobreviventes.

Uma equipe de bombeiros que se dirigia ao local começou a encontrar pedaços do avião e de seus ocupantes já a 500 metros antes do ponto do impacto. O pouco que sobrara de alguns corpos estava espalhado pelo mato e até em cima das copas das árvores. Impressionados com a magnitude da destruição, declararam que dificilmente haveria um só corpo que pudesse ser reconstituído. Vários habitantes da região resolveram subir a serra por conta própria, mas, infelizmente, não tinham o intuito de ajudar, e sim, de roubar o que pudessem encontrar de valor em meio a tanta carnificina. Não demorou muito e a Polícia prendeu três rapazes que haviam se "apoderado" de vários maços de cigarro e outros objetos, incluindo um dedo com um anel de brilhantes. Um dos primeiros membros da FAB a chegar no local enviou a seguinte mensagem por rádio para um colega:

— *Félix, estamos no local... Tudo destruído, não há sobreviventes!*

Os trabalhos de resgate prosseguiram, com os helicópteros transportando os restos mortais em sacos para o estádio municipal de Pacatuba, onde os trabalhos de identificação estavam sendo realizados. Por incrível que pareça, os portões do estádio permaneceram abertos ao público, que lotava as arquibancadas para assistir ao espetáculo fúnebre.

Trem de pouso e uma turbina do Boeing da VASP 25 anos depois, ainda estão lá

Os trabalhos foram interrompidos às 18h00, e logo depois um Boeing 737-200 da VASP sobrevoaria o local, procedente de São Paulo. A bordo estavam, entre outros, os filhos do comandante. Quando a FAB encerrou os trabalhos e liberou a área, veio o povão. Não demorou muito e as falhas do trabalho da Força Aérea foram surgindo. Uma das turbinas do avião simplesmente não havia sido recolhida do local, e sob ela dois corpos foram encontrados pelos moradores do local.

Alertado de que o trabalho fora feito de forma incompleta, o Prefeito de Pacatuba contratou extraoficialmente várias pessoas para terminar o serviço, e foram essas pessoas que encontraram esses dois corpos, além de vários outros fragmentos humanos. Os corpos eram de dois funcionários da empresa, dois tripulantes. O fato foi comunicado ao Secretário de Segurança Pública do Estado, que logo enviou uma equipe de mais 25 homens, e o resultado não demorou a aparecer. Mais quatro corpos seriam encontrados. Após o término da operação final de resgate, começaram a aparecer pedaços do avião sendo vendidos livremente pelas esquinas da cidade, inclusive ao lado da igreja matriz. A Polícia entrou em contato com a VASP e, ao ser informada de que a empresa não tinha interesse nas peças, liberou esse comércio macabro.

Um túmulo de 14 metros foi aberto no Cemitério Parque da Paz, em Fortaleza, e lá foram enterrados os restos mortais de 126 dos 137 mortos. No dia do sepultamento, cerca de 20 mil pessoas compareceram ao local. A cerimônia foi presidida pelo Cardeal Arcebispo de Fortaleza. Na ocasião, uma mensagem enviada pelo Papa João Paulo II foi lida:

"*Ao tomar conhecimento das trágicas e grandes consequências do desastre aéreo nas proximidades de Fortaleza, pesaroso e compadecido, elevo preces em sufrágio pelas numerosas vítimas, implorando a misericórdia divina e o conforto para todos os enlutados, desejando afirmar-lhes minha presença espiritual, mediante Vossa Eminência, com sentidas condolências, enviando a todos os atingidos pela dor o penhor, a consolação e a esperança em Deus. Minha especial bênção apostólica.*"

Um ano depois, grupos isolados dirigiram-se ao local do acidente, onde puderam ver três cruzes de madeira e uma de ferro ali erguidas em homenagem às vítimas. O mercado de peças já não existia mais. Hoje, cerca de 24 anos depois, muito pouco, ou quase nada, resta no local para não deixar que se apague a lembrança. Poucos ainda vão à sepultura coletiva.

Duas semanas antes desse, um outro acidente com uma avião da VASP, dessa vez em Brasília, envolvendo um Boeing 737-200 que havia atingido em cheio a imagem da empresa. Durante o pouso, efetuado sob chuva muito forte, a aeronave fez um pouso muito duro e se partiu ao meio, matando dois passageiros. Um caso clássico de insistência por parte dos pilotos em prosseguir para o pouso sob condições meteorológicas completamente desfavoráveis.

Muito, e por muitos anos, especulou-se a respeito do que teria sido a verdadeira causa da tragédia da Serra da Aratanha. Cansaço, suicídio, falhas mecânicas, falha dos altímetros, erro de navegação etc. Tudo foi dito. Como esse havia sido o segundo acidente com vítimas fatais da VASP em apenas quinze dias, as caixas-pretas dos dois aviões seguiram juntas para ser lidas nos Estados Unidos. O que realmente aconteceu ainda está por ser totalmente e satisfatoriamente explicado. Talvez um dia consigamos saber toda a verdade. Por enquanto, os dados apontam para um erro da tripulação, mas algo mais pode ter ocorrido naquela noite.

Existe uma série infindável de boatos e informações desconexas a respeito das condições psicológicas e profissionais do comandante e também do copiloto. Mas é fato que depoimentos colhidos junto a amigos e colegas de trabalho apresentam o comandante do voo 168 em uma fase pessoal bastante difícil. Obviamente os problemas pessoais do comandante podem ter contribuído para uma eventual e fatal desatenção, mas daí a dizer que o motivo do acidente teria sido o suicídio desse profissional, também um ser humano, bem, acho "extremamente" improvável.

Em função de nada disso poder ser provado, pois os envolvidos estão todos mortos e não podem se defender, considero abordar o assunto dessa forma apenas uma especulação barata e também uma grosseria gratuita. Por esse motivo não entraremos no mérito dessas questões puramente pessoais, ainda que possam "hipotética e eventualmente" ter alguma relação com o ocorrido.

Em 12 de abril de 1980 a TransBrasil também perdeu um Boeing 727-100 quando esse avião colidiu com o topo de uma serra. Os pilotos se equivocaram quando efetuavam um procedimento de aproximação para pouso por instrumentos no aeroporto Hercílio Luz, em Florianópolis, Santa Catarina, e, como se não bastasse, também se encontravam sob condições meteorológicas extremamente desfavoráveis. Infelizmente 55 das 58 pessoas a bordo pereceram.

Em 21 de março de 1989, outro Boeing da TransBrasil seria perdido em um acidente fatal, dessa vez um Boeing-707 cargueiro da empresa mergulharia em meio a um subúrbio da cidade de Guarulhos, São Paulo, quando efetuava a aproximação para o pouso no Aeroporto Internacional. Ele caiu a 2 km da cabeceira da pista, e 22 pessoas, sendo 3 tripulantes e 19 moradores do local, perderam suas vidas.

BOEING 707
VARIG
VIAÇÃO AÉREA RIOGRANDENSE

Amanhã bem cedo estaremos pousando na cidade luz...

São vários os perigos que ameaçam os grandes jatos de passageiros. Mas poucos são tão raros e aterrorizantes como um incêndio incontrolável a bordo.

Rio de Janeiro — Paris
11 de Julho de 1973

O Brasil viveu nos anos 70 o auge da ditadura militar, foram os "Anos de Chumbo" do governo de Emílio Garrastazu Médici, o General Médici. No entanto, apesar da repressão política, a economia vivia um período de euforia nunca experimentado antes pelos brasileiros, com inflação baixa e taxas de desemprego em queda. Mas nem tudo eram flores, havia certa escassez de gêneros alimentícios, coisa que os ministros daquele governo não sabiam como evitar, recorrendo, às vezes, a artifícios como ameaças de confisco de produtos. Eram problemas pequenos, que não chegavam a incomodar um povo que nem sequer se lembrava de que haviam presos políticos, tortura, censura e coisas do tipo. "Brasil, ame-o ou deixe-o!", esse era um dos lemas da época.

Em uma bela noite de verão, neste estranho país da América do Sul, havia um avião sendo preparado para um longo voo com destino a Paris, a Cidade Luz. Estava estacionado no pátio do antigo terminal de passageiros do Aeroporto do Galeão, localizado na Ilha do Governador, Baía da Guanabara, Rio de Janeiro, a Cidade Maravilhosa. Era um majestoso Boeing 707 pertencente à VARIG que faria o voo **820**. No comando daquela aeronave estaria Gilberto Araújo da Silva, auxiliado por mais um comandante,

Antônio Fuzimoto, dois copilotos, Alvio Basso e Ronald Utermoehl, além de mais três navegadores e engenheiros de voo, Heleno, Claunor e Diefenthaler.

O voo teria duração superior a dez horas e estava completamente lotado. Eram as férias de julho. A bordo estavam 134 pessoas. Fecharam-se as portas e decolaram na noite escura, rumo ao Velho Mundo. Percorreriam cerca de 10.000 km. Após cerca de 20 minutos, o grande Boeing atingia sua altitude de cruzeiro. Voando rumo ao Nordeste brasileiro até sobrevoar Recife, a bela capital pernambucana, após o que iniciaria a travessia da Lagoa (Oceano Atlântico), ele foi calmamente cortando o estradão aéreo. Em breve a equipe de comissários daria início ao serviço de bordo, servindo um jantar maravilhoso, e, enquanto esperavam, os passageiros bebiam e fumavam... Enquanto alguns tripulantes descansavam nos sarcófagos (apelido dado aos beliches de descanso da tripulação), os que estavam de serviço garantiam que o caminho fosse tranquilamente percorrido. Eles se revezariam ao longo do voo.

Após ter voado por cerca de nove horas, o grande jato ingressava, agora, no espaço aéreo do continente europeu, sobrevoando o sul da Espanha. Tendo sido utilizados por tanta gente e por tanto tempo, os toaletes estavam com suas lixeiras repletas de papel higiênico e toalhas de mão. Aquilo era, na verdade, uma bomba esperando para ser detonada, e para isso bastaria uma ponta de cigarro ainda acesa, lançada por algum fumante descuidado. O que infelizmente aconteceu. Teria sido mais um magnífico voo para aquele grande pássaro, sua tripulação e seus passageiros, mas, naquele momento, uma pequena chama destruidora nascia em um dos toaletes.

Faltava pouco para o final da jornada, e o trabalho a bordo era intenso, pilotos e comissários atuavam frenética e concentradamente em suas funções. Em época de alta estação na Europa, os céus franceses estavam apinhados de aviões trazendo e levando turistas de todo o mundo.

A princípio, a fumaça gerada pelo pequeno incêndio estava sendo expelida para fora da aeronave por um sistema de ventilação, por isso não foi possível detectar seu cheiro logo de início. Mas essa situação não duraria por muito mais tempo. Com o início dos preparativos para a descida e pouso em Paris, o sinal de Atar Cintos foi ativado, e o movimento nos toaletes cessou. Enquanto isso, um incêndio crescia oculto na parte traseira do avião.

Nada indicava aos tripulantes na cabine de comando que algo estava errado, e a descida seguia normalmente. O tempo na região de Paris estava excelente, e os passageiros usufruíam de uma bela vista da região rural que cerca a capital francesa. Todos, menos uma passageira, já estavam sentados e com seus cintos de segurança afivelados. Essa passageira estava justamente no toalete quando se viu envolta em fumaça. Ela correu para fora e avisou os comissários. Os comissários correram para verificar o que acontecia e, tomados por um grande susto, iniciaram o combate ao incêndio. Entretanto, a fumaça presente naquele toalete vinha de um outro, cujo encanamento se comunicava com aquele. O fogo, portanto, estava no outro, e não naquele, mas era impossível determinar isso naquele momento, e eles descarregaram todos os extintores de incêndio onde na realidade só tinha fumaça, e não fogo.

O Boeing 707, acidentado em Paris

Vários passageiros ainda estavam dormindo, e sequer suspeitaram de que havia algo de muito errado acontecendo na parte traseira da cabine. Passado algum tempo, a correria dos comissários tentando apagar o fogo invisível já não era mais disfarçável, e alguns poucos que estavam acordados já sentiam que algo muito ruim estava para acontecer. Algum tempo depois, na cabine de comando, os pilotos, que já haviam sido informados da situação, executavam procedimentos de despressurização da cabine na tentativa de expelir a fumaça para fora da aeronave. Mas o incêndio já havia tomado proporções assustadoras, e os meios efetivos para combatê-lo já haviam sido postos em prática, mas sem efeito algum.

O controle de tráfego aéreo já havia sido avisado da condição do VARIG 820. Era uma EMERGÊNCIA. Fuzimoto estava pilotando o avião e Gilberto estava ao seu lado. O aeroporto estava próximo, mas não o suficiente, e a cabine de passageiros já havia sido completamente tomada pela fumaça. Nesse momento, o desespero começou a tomar conta dos pilotos, pois também a cabine de comando estava sendo invadida pela fumaça negra e oleosa, oriunda da queima da espuma dos assentos dos passageiros. Eles já não conseguiam ver através de seus pára-brisas. Não havia mais tempo a perder, ou pousavam logo ou morreriam, pois não seriam mais capazes de controlar o grande jato. Já estavam tão próximos do aeroporto de Orly (o destino final), que o controlador da torre já os avistava. Era uma visão apavorante. Em um dia completamente claro, aquele enorme avião vinha trazendo atrás de si o rastro negro da morte. A mensagem enviada pelos pilotos ao controlador era:

— *Total fire on board! Total fire on board!* — Incêndio total a bordo!

Depois de muita luta, era chegada a hora de pousar, não dava mais, e decidiram pousar em um campo onde havia uma plantação de cebolas. Estavam a apenas alguns quilômetros da cabeceira da pista de pouso, mas mesmo com toda a inegável experiência e perícia desses pilotos, o fato é que estavam perdendo a luta contra a morte, e a estavam perdendo rápido. A esmagadora maioria dos passageiros já se encontrava desacordada ou morta pela intoxicação. Infelizmente, as máscaras de oxigênio de nada adiantaram, pois utilizam uma mistura de oxigênio engarrafado ou produzido por geradores químicos com o ar ambiente. Além disso, o fogo intenso estava consumindo grande parte do ar ambiente, somando-se a isso uma enorme quantidade de gases

tóxicos já havia sido liberada no interior da aeronave pela queima de quase tudo o que havia dentro da cabine de passageiros. Era tentar o pouso fosse onde fosse, ou cair descontroladamente.

Faltavam apenas 5 km para a pista, e foi quando Fuzimoto localizou a plantação. Ali eles finalmente pousaram. Tecnicamente falando, foi um pouso mais que perfeito, especialmente levando-se em consideração as indescritíveis condições em que foi realizado. Pousar um avião que pesa mais de 100 toneladas, que está em chamas, e deixá-lo praticamente intacto, como foi o caso, é sem dúvida alguma um feito de raríssima magnitude.

Logo após a parada, eles começaram a saltar pelas janelas da cabine de comando. Na cabine de passageiros, a porta dianteira foi aberta antes mesmo de o avião parar. Infelizmente o tempo não fora suficiente, e somente alguns estavam vivos, os outros agonizavam em seus momentos finais em meio ao fogo e a fumaça. Na Torre de Controle todos estavam absolutamente chocados e desolados, pois haviam presenciado tudo até o último minuto. Não acreditavam que alguém pudesse ter sobrevivido.

O saldo macabro de uma ponta de cigarro acesa em um banheiro de avião: dos 17 tripulantes, somente 10 sobreviveram, e apenas 1 dos 117 passageiros sobreviveu.

Como é tristemente comum após casos como esse, muitas críticas foram irracionalmente feitas aos pilotos. Críticas baseadas no fato de que, se tivessem sido capazes de voar mais um minuto e meio, teriam atingido a pista de pouso e seriam prontamente atendidos pelas equipes de resgate.

Quando esse acidente ocorreu, eu era apenas uma criança, para quem o pai, também um aviador, sempre fora fonte de inspiração e admiração. Hoje, passados tantos anos, e já sendo também eu um comandante de linha aérea, compreendo com clareza que:

SÓ QUEM ESTÁ PILOTANDO EM UM "CÉU VERMELHO" SABE O QUE É OU NÃO É POSSÍVEL DE SER FEITO EM DADO MOMENTO OU EM DADA CIRCUNSTÂNCIA. CONJECTURAS VÊM DEPOIS, AÇÕES VÊM SEMPRE EM PRIMEIRO LUGAR.

Em minha opinião, o comandante desse voo agiu como deveria agir, simplesmente tomou uma ATITUDE DE COMANDO. Observação.: muito embora o acidente com o jato brasileiro tenha ocorrido em 1973, a obrigatoriedade de detectores de fumaça e de extintores de incêndio automáticos nos lavatórios de modernos jatos de passageiros só se tornaria uma realidade após a ocorrência de outro trágico acidente, que viria a ocorrer dez anos após o acidente de Paris. A aeronave era um Douglas DC-9 da Air Canada, que voava de Dallas, Estados Unidos para Toronto, Canadá. Nesse caso, o incêndio também teve origem em um dos lavatórios traseiros da aeronave, e rapidamente a fumaça tomou conta da cabine de passageiros. Com muita dificuldade para ver o painel de instrumentos, os pilotos conseguiram efetuar um pouso de emergência em Cincinnati — Estados Unidos. Infelizmente, logo após serem abertas as portas e janelas de emergência, um grande incêndio tomou conta da cabine de passageiros e vitimou 23 das 46 pessoas a bordo. Logo após mais esse trágico acidente, o FAA agiu e obrigou fabricantes e empresas a adotar medidas mais efetivas na detecção e combate a incêndios em lavatórios de aeronaves. Em um prazo de cerca de cinco anos, todos os grandes jatos do mundo já estariam equipados.

O Douglas DC-9 da Air Canada

BOEING 707
VARIG
VIAÇÃO AÉREA RIOGRANDENSE

O ser humano tem muito poucas certezas ao longo da vida, e entre as mais angustiantes está a de que também haverá incertezas. Quando a certeza de um desaparecimento se soma à incerteza da morte, o fardo pode ser pesado demais.

Tóquio — Los Angeles
30 de Janeiro de 1979

No longínquo Japão, a terra do sol nascente, o dia acordou frio e cinzento, típico daquela época de inverno. No pátio do aeroporto de Narita aguardava um Boeing 707 da VARIG, um modelo exclusivamente cargueiro, que faria o voo 967 com destino ao Rio de Janeiro, com escala em Los Angeles, onde haveria troca de tripulação. Por uma estranha coincidência do destino, esse voo estava sob o comando de Gilberto Araújo da Silva, o mesmo comandante do voo que fizera um pouso forçado em Paris em 11 de julho de 1973, em função de um incêndio a bordo. Com ele estavam mais um comandante, dois copilotos e dois engenheiros de voo.

Naquela viagem, o avião estava transportando uma carga incomum, 153 quadros do mestre pintor nipo-brasileiro Manabu Mabe. Essas preciosas telas haviam sido objeto de uma exposição individual realizada alguns dias antes na capital japonesa e, juntas, valiam mais de 1 milhão de dólares. Junto com essas telas seguiam cargas variadas. O voo a ser realizado era bastante longo, e o combustível a bordo do voo 967 lhe conferia um autonomia de voo (tempo de voo) de 11h30. Decolaram com um certo atraso e, após a decolagem, em meio a tempo nublado, voaram por sobre o Oceano Pacífico em direção à costa dourada da Califórnia.

Grandes jatos normalmente levam cerca de 20 minutos para atingir sua altitude de cruzeiro, e esse, cerca de 28 minutos após a decolagem, fez o último contato com o controle de tráfego aéreo, mas aproximadamente uma hora depois o avião da VARIG ainda não tinha estabelecido novo contato. Após mais uma hora de tentativas infrutíferas de comunicação com o Boeing 707, o alarme de "desaparecimento" foi acionado pelas autoridades japonesas. Como já era tarde da noite, as buscas só começaram a ser realizadas na manhã seguinte.

Foram oito dias de intensas buscas feitas nas gélidas águas do Pacífico. Delas participaram inúmeros aviões e navios, mas infelizmente nenhum sinal, por menor que fosse, foi encontrado, nada jamais foi encontrado. Nunca na história da aviação uma aeronave a jato daquele tamanho desaparecera sem deixar rastros, e até os dias de hoje não se tem notícia de que algo semelhante tenha ocorrido.

Existem algumas hipóteses técnicas plausíveis. Uma delas diz respeito a uma possível explosão a bordo, o que teria feito a aeronave cair sem controle no mar. Mas, nesse caso, vários pedaços teriam se soltado e algumas partes com certeza teriam flutuado.

Outra possibilidade é a de que tenha havido uma despressurização gradual, quase imperceptível, fazendo com que os pilotos tenham ficado inconscientes e, após algum tempo, morrido por asfixia. A aeronave, então, teria voado em um determinado rumo até ficar sem combustível e finalmente teria caído sem ter tido ninguém por testemunha. Exatamente como foi o caso do Boeing 737 que caiu em Atenas, Grécia, em 2005. São teorias plausíveis, baseadas em fatos ocorridos anteriormente. O certo é que, por algum motivo, os pilotos não enviaram uma só mensagem em que declarassem qualquer tipo de problema.

De minha parte, presumo que outras possibilidades de falhas técnicas possam ter ocorrido, como, por exemplo, o fato que viria a ocorrer com o Jumbo da JAL em Tóquio, seis anos depois do desaparecimento do avião da VARIG. Alguma falha estrutural grave na seção da cauda pode ter ocorrido, e o avião poderia ter se precipitado instantaneamente ao mar, não dando a menor chance aos pilotos de fazer nada que não fosse tentar pilotar o avião. No caso do avião da JAL, a cauda se soltou totalmente da fuselagem; no caso do VARIG, os danos podem ter sido internos, fazendo com que nenhum pedaço do avião se soltasse em voo. Mesmo assim, algo teria flutuado após o impacto com o mar, por isso a hipótese de que tenham voado no piloto automático é mais plausível.

Podem também ter entrado em algum tipo de situação anormal, como a do avião da Aeroflot, cujo comandante permitiu que o filho se sentasse em sua cadeira e brincasse de pilotar o grande jato. Não havia crianças a bordo do avião da VARIG, mas entrar em "atitude anormal", perder o controle direcional do avião, é um dos fatores mais comuns causadores de acidentes aéreos, muitas vezes fruto de um fenômeno chamado "desorientação espacial", que causa confusão visual e faz que o piloto não consiga distinguir se o avião está reto e nivelado, se está fazendo uma curva ou de cabeça para baixo.

Para isso existem os instrumentos de bordo, mas uma vez que já se entrou em uma atitude anormal, principalmente à noite ou no meio das nuvens, não é impossível, mas é muito difícil recuperar o controle de um grande jato.

Na maioria das vezes o tempo e a altitude não são suficientes. Como isso já ocorreu inúmeras vezes com grandes jatos comerciais, o treinamento de simulador atualmente ministrado aos pilotos prevê sessões de *upset recovery training* (treinamento para a saída de situações de atitudes anormais). Contudo, creio que a probabilidade referente à despressurização é a mais provável.

Durante muitos anos houve muita especulação sobre o paradeiro do Boeing 707 da VARIG, especialmente a respeito da carga transportada por aquele avião. Muito foi dito sobre a possibilidade de ele estar transportando peças e informações importantes sobre um caça MIG-25 da Força Aérea Soviética, cujo piloto desertara três anos antes e fugira para o Japão levando o avião consigo. Isso teria dado motivos aos soviéticos para "sequestrar" o avião brasileiro e levá-lo secretamente para uma base soviética. Fantasioso, mas não impossível. A Guerra Fria entre russos e norte-americanos já havia gerado episódios bastante semelhantes.

Infelizmente, a VARIG ainda seria vítima de outro acidente envolvendo a perda de outro Boeing 707 e também de 50 vidas. Após decolar de Abdijan, na Costa do Marfim, na noite de 3 de janeiro de 1987, um alarme de fogo em um dos motores soou na cabine de comando. Durante o retorno para Abdijan, a aeronave mergulhou na densa selva africana. Apenas um passageiro sobreviveu, milagrosamente sem maiores ferimentos. As investigações apontaram erro dos pilotos na condução da aproximação para o pouso. A essa possibilidade soma-se a de que também tenham sofrido de desorientação espacial.

Sob vários aspectos, o caso do Boeing 707 da VARIG desaparecido no oceano é, até hoje, único. Mas o ser humano é capaz de coisas incríveis, e um dia esse avião com certeza será encontrado, como foram muitos outros que, a princípio, haviam desaparecido para sempre.

Um pouco de Brasil, o país real, e o que queremos ser...

Quem nos governa? Por que esse alguém quis essa função? Ganhar eleições talvez seja, de longe, a parte mais fácil desse jogo. Difícil mesmo é ter de governar um país como o nosso da hora em que se levanta até a hora em que se deita. Mas pôr as mãos em um país complicado também abre um leque infindável de oportunidades para o próprio governante. A chance incomum de impor mudanças arrojadas e necessárias. E a gravidade da crise aérea que ainda estamos vivenciando no ensina com clareza que o governo em si não pode nem deve ser um problema, ele tem a obrigação de ser a "solução". Mas, para isto é preciso ser HOMEM (ou MULHER) no sentido mais nobre da palavra.

A tecnologia sempre poderá nos ajudar, mas nunca superará grandes atitudes. Entretanto, o que temos visto em nosso país, nesses últimos anos, são pessoas que se destacam mais pelo apego aos privilégios do poder do que pela capacidade de gerir corretamente uma grande nação, pessoas que não se convencem de suas verdadeiras responsabilidades perante o povo que os elegeu. Essas pessoas, bem como várias outras que as antecederam, serão lembradas exatamente pelo que criminosamente deixaram de fazer, por sua displicência e falta de consideração para com o que é público, e, finalmente, nos deixarão como legado, não apenas uma grande bagunça, mas também grandes e genuínos mistérios

Já faz muito tempo, procura-se um HOMEM! Um Homem que seja realmente capaz de estabelecer uma nova ordem, um Homem que seja capaz de impedir matanças desenfreadas, matanças que atingem todas as nossas famílias. Um Homem que seja corajoso o suficiente para desafiar e também combater os velhos cartéis e suas velhas ideias, retomando o controle da atualmente anárquica Aviação Civil brasileira. Um Homem que seja capaz de enfrentar de peito aberto o pior tipo de corrupção, que é, sem dúvida alguma, a corrupção de almas. Um Homem que seja capaz de evitar que, "A FORÇA DA GRANA DESTRUA COISAS BELAS".

Procura-se um HOMEM que cobre, que puna, que demita, que honre sua pátria, que defenda seus princípios, que bata na mesa e que, se necessário for, a vire sobre aqueles que realmente devem pagar por tudo isso. Procura-se um HOMEM que rasgue a cara dos culpados, esses trastes impunes por toda a nossa própria passividade. Procura-se um Prefeito, um Governador, um Presidente da República, um Juiz, pode até ser que ele seja apenas um camelô, ou até mesmo um mero gigolô. Procura-se um Homem "QUE NÃO NEGOCIE VIDAS". Talvez esse Homem nem mesmo exista, talvez não exista nem mesmo o país que imaginamos e que queremos, mas alguém tem que contar tudo isso aos sobreviventes, por isso precisamos desse HOMEM. Também é possível que esse mesmo HOMEM infelizmente tenha figurado na lista dos mortos de algum dos mais recentes acidentes aéreos nos céus ou nos aeroportos brasileiros...

Quando se trata de "coisa pública", nós, brasileiros, sonhamos com o ideal, gastamos bem mais que o ideal, executamos diferente do ideal, operamos mal, e sempre colhemos frutos que nem de longe são o ideal... É como um hospital público, uma escola pública ou uma repartição pública qualquer no Brasil. A gente sabe que estão lá, mas ninguém quer utilizar os seus serviços. Nossos governantes têm demonstrado ao longo dos anos uma visão puramente ideológica a respeito da administração pública. Eles, na verdade, odeiam ter de administrar coisas concretas, odeiam ter de administrar o país. Sob essa batuta o Brasil tem evoluído muito pouco, e muito devagar, quase parando, e quando eventualmente isso acontece, é porque, na verdade, evoluiu por desilusões, e nada mais. A rota escolhida por esses senhores despreza claramente a complexidade de nossa nação, e esse é um caminho administrativo que simplesmente não nos serve.

Somos capazes de enviar atletas para uma Olimpíada sem sequer tê-los apoiado e preparado da forma mais adequada, e ainda assim esperamos que sejam capazes de "capturar" todo o ouro existente no planeta terra, arrogantemente desprezando o preparo físico e mental de nossos oponentes. E na volta, fartos de "quases...", ainda temos que ouvi-los dizendo que prata vale ouro, e que não deu porque Deus não quis... Esse comportamento é comum no Brasil, um país que tem primado mais pela "pseudo-vitória moral" do que pela vitória de fato. E isso se reflete em praticamente todas as áreas da atividade nacional, sendo pouquíssimos os exemplos contrários. Esse, meus senhores(as), tem se revelado o lado mais sombrio e marcante do traço cultural de nosso povo. Temos demonstrado um horripilante temperamento de rebanho, temos "afinado" sempre que precisamos competir para valer.

Temos aprovado escolas que, na verdade, não fazem outra coisa senão seja produzir analfabetos. Nosso ensino é medíocre, e nós não queremos enxergar isso. É preciso soar urgentemente o alarme na cabine de comando deste país!

Temos medo de nos valer daquilo que é nosso, pois sabemos que o que nós mesmos construímos e administramos é sujo, malfeito, feio, perigoso, ninguém cuida direito, e pode nos fazer mal. O brasileiro é, sim, um escravo de sua própria visão da vida, quer respeito de quem ele mesmo coloca no poder, mas nem mesmo ele se respeita. Acha que votar uma vez a cada dois ou quatro anos é o suficiente da sua parte. Sai da cabine de votação e já vai jogando lixo no chão, picha as paredes, não orienta os filhos como deve, pois acha que ensinar educação de berço, agora, é função de professor de escola primária, faz de conta que não é com ele. O brasileiro está sempre jogando a culpa de seus infortúnios em cima de quem está melhor do que ele. Esquece-se, ou não quer assumir, de que quem cuida da nossa casa somos nós, e não os outros. Esquece-se também de que, tanto lá no estrangeiro como aqui no nosso país, não existem bobinhos nem bonzinhos...

Nosso país será um lugar melhor somente quando decidir se concentrar em aumentar exponencialmente as oportunidades para quem está nos patamares inferiores da nossa sociedade, e eu estou falando de EDUCAÇÃO. Quem está melhor do que nós, está nessa condição porque se preparou melhor e tem desempenho melhor, portanto, colhe melhores frutos, e ponto final. Portanto, vamos tratar de melhorar também, encarando de frente o fato de que existem recompensas diferentes para desempenhos diferentes.

As melhores recompensas vão sempre para os países que priorizam o conhecimento, aqueles que reconhecem nos cérebros bem lapidados a sua maior riqueza. Um dos maiores entraves para a melhora da qualidade de nossa educação é, sem dúvida alguma, a implementação de uma política que exija melhores resultados de nossas escolas e de nossos professores. Dinheiro público tem necessariamente de estar vinculado a resultados. Isso, é lógico, após a garantia por parte do governo de melhores condições para o aprendizado. Existem motivos de sobra para duvidar da disposição de nossos governantes de pôr em prática um sistema de cobranças que geraria um alto nível de atrito com governadores e prefeitos.

Nossos filhos são todos diamantes brutos, esperando por lapidadores competentes, que seriam os professores de nossas escolas, mas o Brasil não tem preparado seus professores nem seus alunos adequadamente para nada, e a grande verdade é que ainda somos um grande país de analfabetos. Será que é preciso bater incansavelmente na tecla de que é, e sempre será, essencial uma escola de boa qualidade desde os primeiros anos de um ser humano?

Em um dos piores sistemas educacionais do mundo, sob o pretexto da inclusão de todos a qualquer preço, estamos cada vez mais priorizando a mediocrização total de nossos poucos alunos. Não se vê, da parte do governo, nenhuma preocupação e nenhum cuidado com a identificação do que temos de grande valor, ou seja, grandes mentes. Para enxergar tão pouco a respeito do que realmente precisa ser feito pela educação neste país é preciso sofrer de cegueira proposital.

Nossos governantes têm verdadeiro horror ao sistema de meritocracia, pois alegam que a competição pode causar danos psicológicos às nossas crianças. Se é verdade que somos uma democracia, então esses mesmos governantes não têm direito de sonegar, por meio de desculpas mil, educação de qualidade a todos os brasileiros, sem exceção. Alguém já viu professores fazendo greve por melhores condições de ensino para as crianças, mais escolas, maior carga horária, mais e melhores equipamentos, salários baseados em resultados? Eu, nunca; só vi professores fazendo greve por dois motivos: Salários e Política.

Nossos professores teimam em conduzir suas aulas baseando-se em ideologias próprias, seguindo linhas pedagógicas fundamentadas em crenças pessoais, e não em conhecimento científico. Analfabetismo, pobreza, desemprego e coisas do gênero só são combatidos com educação de qualidade, e isso significa trabalho duro e cobrança em cima de nossas crianças. Melhor ralar hoje e ter o lugar ao sol garantido amanhã, do que desperdiçar o bem mais precioso (o tempo) com balelas e conjecturas, vivenciando um dos piores índices de qualidade educacional do mundo, e sofrer sem esperança para o resto das suas vidas.

Nos trilhos atuais de nossa educação, nossos filhos ficarão sem sucesso e sem felicidade, simplesmente por não serem competitivos em questões que exigem raciocínio, e não decoreba. Com o que lhes é atualmente ensinado, nossas crianças não conseguem estabelecer correlações entre o pouco que foi visto em sala de aula e o mundo real, faltando-lhes capacidade de análise e de síntese. Nosso sistema público de ensino vai focando cada vez mais em conteúdos irrelevantes. A verdade é que somos um país que permite a chegada de analfabetos às universidades, e também permitimos que saiam de lá sem que estejam realmente bem formados. Estas, normalmente são pessoas desinteressadas da leitura, elementos incapazes de se informar e também de questionar o mundo que os cerca, afinal, quase nada lhes foi dado e quase nada lhes é ou será exigido...

Quando a verdade é exposta por meio de rankings mundiais, alguém do nosso governo sempre se mostra “oficialmente indignado”, e sempre vem com desculpas esfarrapadas, dizendo que os alunos brasileiros são injustiçados nos rankings mundiais. Não adianta reagir mal, espelho e balança não mentem, apenas informam a verdade. Quando nossos governantes decidem por modelos que nos mantêm fechados em nossas fronteiras, deixamos de aprender com as experiências alheias. É mais um caso de isolamento intelectual, de orgulho patriótico bobo e nocivo, é mais um caso de pura imaturidade administrativa.

Nenhuma de nossas universidades figura na lista das 100 melhores do mundo. Nenhuma. Não é surpresa, pois não recebem, nem nunca receberam, incentivos adequados para isso. As que estão entre as 100 melhores correm atrás para poder receber financiamentos públicos e privados. Em nosso país, com ou sem um bom desempenho, a verba governamental vem de qualquer forma, então, para que se esforçar para melhorar? Faria muito bem às escolas manter salários mensais diferenciados para seus professores e também poder demitir os incapazes. Reconhecer concretamente os talentos individuais, mantendo apenas os professores mais talentosos. Mas os professores, é claro, são os primeiros a se opor a qualquer medida em favor da premiação ao mérito. E dessa forma vamos perdendo o bonde.

Para ilustrar um pouquinho o que digo sobre nós mesmos, se é que é preciso, cito algo que presenciei um dia desses. Estava em meu carro, atrás de um caminhão público de coleta de lixo, quando, de repente, durante uma curva, vi um saco plástico ser atirado da janela da cabine do caminhão. O saco se rompeu durante o lançamento, e vários CDs se espalharam pela rua. O caminhão e seus ocupantes seguiram seu caminho, e o lixo atirado à rua por quem, na verdade, deveria recolhê-lo, ficou ali. Além de pagar um lixeiro para recolher nosso lixo, ao contrário do que sua função prevê, limpar as ruas, ele suja, durante o dia mesmo, e para quem quiser ver, bisbilhota o que pega, vê se tem alguma coisa que lhe sirva, e, caso não, simplesmente atira de volta para a rua.

Não vou definir o lixeiro em questão como um pobre coitado, pois ele é, antes de tudo, um cidadão exatamente como eu. Não é porque ele vê motoristas jogando guimbas de cigarro, latinhas de cerveja e outras coisas pelas janelas de seus automóveis que ele tem o direito de fazer o mesmo. Ninguém tem esse direito, e ele tem mais é que dar o exemplo. Liguei para o serviço de limpeza pública e reclamei, informei placa, número do caminhão, hora e local, mas nunca recebi um retorno...

Se você tem alguma boa ideia para melhorar nossa situação, por favor, manifeste-se. Boas ideias contam, e contam muito. Serão os nossos filhos que colherão os frutos de nossas ideias e ações. Nós, os pais, somos parte integrante da escola. A responsabilidade pela mudança é nossa.

Qual o perfil e a educação do passageiro brasileiro?

O passageiro é e sempre será o rei.
Ele é, inclusive, a razão deste livro.

Entretanto, no nosso país, alguns passageiros ainda precisam melhorar seu comportamento em alguns aspectos. Por incrível que pareça, tem sido comum alguns passageiros se acharem no direito de desacatar um tripulante que, no exercício de sua função, se vê forçado, para o bem de todos, a tomar uma decisão como a de não decolar ou não pousar em função disso ou daquilo. Essa atitude é pura falta de respeito, é inaceitável. Não me entendam mal, não tenho nem nunca tive nenhuma alergia contra passageiros, muito pelo contrário, tenho muito respeito por eles, e exatamente por esse motivo usarei de muita sinceridade no assunto.

O compromisso de um piloto envolve seus passageiros, mas envolve também sua equipe de trabalho e a si próprio. Não se esqueçam nunca de que estamos todos juntos. Quando o voo termina bem, tudo bem. Mas quando termina mal, atinge a todos sem exceção, pois pilotos e comissários também morrem em acidentes aéreos.

Alguns usuários do transporte aéreo no Brasil têm espelhado direitinho uma parte do nosso povo. O brasileiro não tem se revelado, em alguns casos, um passageiro consciente. Simplesmente ainda não entendeu que, para voar de forma absolutamente segura, é preciso seguir regras. Talvez pela falsa sensação de que, na aviação, assim como no país como um todo, o que tem imperado é a lei da impunidade, e alguns passageiros costumam pensar que porque estão pagando o salário dos funcionários de uma empresa aérea, seja ela qual for, são livres para fazer tudo o que quiserem, da forma como quiserem, como se o avião e a empresa fossem propriedades exclusivas deles.

O problema vem de nossa educação de origem, a dita educação de berço. O brasileiro, de forma quase geral, tem a visão de que chegar no horário só é obrigação dos outros. Ele faz do ato de chegar atrasado, em cima da hora para o embarque, um hábito, um esporte, um hobby. Não se conforma em ter que cumprir uma série de medidas de segurança, afinal, na cabeça dele, todos têm a obrigação de saber que ele é uma pessoa acima de qualquer suspeita e, sendo assim, não tem cabimento ter que passar por nenhum Raio X de bagagens e coisas do tipo. Acha que tudo está caro e não vale o dinheiro cobrado. Não para e pensa que voar implica altos custos no mundo todo. Os passageiros costumam se acalmar um pouco depois que entram no avião, mas a turma dos balcões de atendimento sofre. Costumo dizer que todo dia é dia de cão para quem trabalha no balcão e também no avião. Lidar com passageiros estressados, atrasados, inconformados, desinformados e também mal-educados, todos os dias, é realmente uma das maiores provas da competência desses domadores de leões. Até agressão física estão acostumados a sofrer.

Por exemplo, às vezes você deixa de pousar no aeroporto de Congonhas, em São Paulo, devido ao fato de estar chovendo forte sobre esse aeroporto, e se dirige ao aeroporto de Guarulhos, que é maior e não apresenta os riscos de se operar sob chuva forte inerentes ao aeroporto de Congonhas. Os dois aeroportos estão distantes entre si mais de 25km. Ao desembarcar e constatar que em Guarulhos não está chovendo, alguns se sentem no direito de apontar os dedos na cara do comandante e chamá-lo de mentiroso, apressando-se a ameaçá-lo de se reportar perante a companhia. Esses passageiros devem pensar que o piloto é que é o verdadeiro dono do avião e pousa onde quiser, quando quiser e do jeito que quiser. Mas o que realmente importa é que, graças à consciência e profissionalismo desse comandante, essas pessoas estão vivas para poder falar essas e outras bobagens, e fazer ameaças sem o menor sentido...

Às vezes eles dizem que você está mentindo, porque acabaram de ligar para alguém que mora nas imediações do aeroporto e que lá não está chovendo. Aí ficam mais irados ainda, pois se esquecem de que o avião não pousa na rua em frente à casa onde esse alguém mora. Avião só pode pousar na pista do aeroporto, e lá com certeza está chovendo. As cidades se expandem sobre grandes extensões de terra, e é comum estar chovendo forte em um bairro e não no outro. No caso de um avião, não é só a pista que conta, a trajetória a ser voada rumo à pista também tem que estar segura, senão o piloto não consegue estabilizar adequadamente a aeronave para o pouso, e aí, meu amigo, não tem pista seca nem molhada que resolva o problema.

Alguns poucos passageiros não respeitam funcionário nenhum a não ser o piloto, e às vezes nem mesmo este. Eles entram no avião e já vão fazendo gracinhas com as comissárias, como se elas fossem apenas garçonetes e estivessem ali somente para lhes servir. Algumas mães chegam ao desplante de pensar que a “obrigação” de trocar as fraldas sujas de seu bebê é da comissária. Ajudar com crianças, auxiliar pessoas com necessidades especiais, com certeza são atividades, entre outras, que fazem parte do serviço, e para um tripulante manter sempre vivo o espírito de bem servir o passageiro, é e sempre será o mais importante. Mas o problema é a forma como alguns passageiros abusam da boa vontade, chegando ao ponto de desrespeitar e até humilhar veladamente aqueles que os estão servindo de bom grado e bom coração, deixando claro que, para estes mesmos passageiros, tripulantes são pessoas de nível inferior, seja este nível qual for...

Com certeza trata-se, nesses casos, daqueles mesmos passageiros que acham que, hoje em dia, educação de berço é função de professor de escola primária, e não dos pais. Este mundo está mesmo virado de pernas para o ar... E no mau sentido. O mais interessante é que esses mesmos passageiros que aprontam tanto aqui dentro do Brasil, quando voam lá para fora, ficam pianinho, obedecem a tudo e a todos bem direitinho e não reclamam de nada. Eles simplesmente acham que no país deles podem ignorar tudo e todos; se consideram os donos de tudo e patrões de todos. O Brasil, na cabeça desses passageiros brasileiros, ainda pode ser tratado como um lugar que se costuma chamar pejorativamente de "a casa da mãe Joana".

Sendo assim, esses passegeiros não podem achar ruim quando ocorrem coisas como as que vêm ocorrendo. As pessoas que estão gerenciando o Brasil foram postas em suas posições por nós mesmos. Elas são a cara do povo e do passageiro brasileiro. Com maior acesso a bens de consumo e serviços, uma nova geração de usuários está chegando, a dos mais humildes. Com ela talvez tenhamos um pouco mais de atenção e de respeito às leis e às pessoas. Basta que essa geração tenha, também, mais acesso a informações importantes sobre segurança aérea.

E O CAOS...
Estamos realmente vivendo um *caos* e um *apagão* aéreo no Brasil?

A força de uma corrente se mede pela força do mais fraco de seus elos;
se ele não resiste, a corrente não existe...

A resposta para a pergunta acima é "SIM" e "NÃO".

O Brasil teve sua economia abalada seriamente por dois grandes acidentes aéreos, expondo uma imagem ainda mais ridícula de si mesmo do que a que normalmente tem sido capaz de expor. Com certeza não somos, mas também com certeza temos nos comportado como uma nação de idiotas, e é sempre bom lembrar que nossa imagem externa e interna é o resultado direto de nossas ações.

"Sim", porque desde os trágicos acidentes ocorridos recentemente em nosso país toda a sujeira e falta de transparência, para não falar da falta de seriedade e profissionalismo de que todo o Sistema Brasileiro de Aviação Civil tem sido vítima, e por consequência vitimando inocentes, passou finalmente a ser exposta, ainda que não total nem adequadamente. Ao contrário dos bons vinhos, nosso país é um dos pouquíssimos países que conseguem, em alguns aspectos fundamentais da administração pública, somente piorar com o tempo. A arrogância, o despreparo e a desconexão de nossa classe político-administrativa em relação às duras realidades vividas por nosso povo é geral. Entre em qualquer repartição pública de nosso país e você terá um bom exemplo do que estou dizendo. Muito pouco ou quase nada aprendemos sobre a tão falada e sonhada cidadania, sobre como fazer valer nossos direitos, sobre como nos fazer representar bem. Nosso país não é um país pobre de recursos, ele é um país pobre de decisões... Talvez seja um país pobre de Homens.

"Não", porque o apagão do qual muito se fala nunca foi somente técnico, ele existe, mas é, sobretudo, um apagão de "mentes", de cabeças pensantes, honestas, competentes e voltadas para o ato de "servir a outros", e não de "se servir de outros". Do ponto de vista estatístico, o sistema aéreo de nosso país não está em crise, mas enfrenta vulnerabilidades com as quais vai ter que aprender a lidar em um curto espaço de tempo. O setor, na realidade, perdeu o rumo. No entanto, não podemos pensar que somente o governo é o culpado. Ele sem dúvida é o maior culpado, mas não o único.

Até o acidente envolvendo o Boeing e o Legacy nos céus de Mato Grosso, os brasileiros acreditavam que tinham bons motivos para confiar em seu sistema de controle de tráfego aéreo. Nosso sistema sempre foi um dos mais profissionais e confiáveis do mundo. Muito embora a capacidade técnica para gerenciar um aumento enorme do tráfego aéreo também esteja seriamente comprometida pela falta de investimentos, não foi esse o principal elemento desencadeador de toda essa questão. O principal elemento sempre foi o "desprezo" pela "coisa pública". Na aviação, quando começam a acontecer problemas e acidentes seguidamente, dizemos que "a bruxa está solta". No caso brasileiro, ela não só está solta como também vem recebendo muita ajuda, muita colaboração dos nossos governantes, e isso já há muito tempo. E nesse contexto entram também as empresas aéreas que, sem exceção, vivenciam hoje um apagão que em parte foi criado, gerido e perpetuado por elas próprias.

Como solucionar todo este caos?

Não existem soluções prontas, mas com certeza existem medidas que há muito tempo já deveriam ter sido implementadas, evitando que esse tipo de problema viesse a ocorrer. A elaboração por parte de "todos" os setores envolvidos, e não só dos órgãos governamentais, de um ousado, amplo e eficiente "Plano Aeroviário Nacional" seria um excelente começo. Mas cooperação, interação e entendimento entre órgãos e/ou agências governamentais no Brasil é algo raríssimo de se ver. Aqui prevalece sempre a incompetência e a fogueira das vaidades.

Não precisamos inventar quase nada, praticamente tudo o que precisamos fazer aqui já foi feito em vários países em diferentes escalas. É só analisar, adaptar e implantar. Devemos, e precisamos, gastar mais em segurança aeroportuária, no que diz respeito às pistas e equipamentos de aproximação por instrumentos, bem como na melhoria substancial da qualidade e capacidade do controle de nosso controle de tráfego aéreo.

Outrora considerados episódios isolados, os "apagões aéreos" por nós vividos desde o final de 2006 não deixarão de ser uma incômoda realidade por um bom tempo. No Brasil, quem quiser se valer do transporte aéreo regular não estará, em momento algum, livre de enfrentar situações constrangedoras. Por incrível que pareça, conseguimos transformar o meio mais rápido e eficiente de se viajar no mais problemático. Somente em 2005 o tráfego aéreo cresceu 19% em nosso país. A formação de pessoal e o necessário investimento em infraestrutura aeroportuária seguiram exatamente na contramão, tendo sido reduzidos quase pela metade. Chego a pensar nessa falta de investimentos como uma forma de evitar, intencionalmente, o crescimento da competição interna no setor, de evitar ou desencorajar a entrada de novos competidores. A concentração de oferta nesse setor não interessa ao público brasileiro, mas, acreditem, está em franco andamento.

Afinal, quem administra o transporte aéreo no Brasil?

A Aviação Civil Brasileira está, atualmente, sob a responsabilidade direta do Ministério da Defesa, que deveria estar cuidando apenas e tão-somente dos assuntos relacionados à nossa defesa, deixando o transporte aéreo civil a cargo da ANAC — Agência Nacional de Aviação Civil. O dia-a-dia operacional é gerenciado pela FAB — Força aérea brasileira, outra entidade que deveria estar cuidando de suas Bases Aéreas e de seus aviões militares, e não de assuntos civis. E, por fim, temos a INFRAERO, a estatal criada para administrar os principais e mais rentáveis aeroportos deste país, o que tem feito de forma extremamente vexatória.

A INFRAERO é, na realidade, administrada por brigadeiros e coronéis da reserva da Aeronáutica. Na verdade, trata-se de um dos maiores cabides de emprego deste país. E, para completar, temos a já citada ANAC que, teoricamente, faz o trabalho de regulamentar e fiscalizar o setor como um todo. Criada às pressas, e de forma estapafúrdia, sem contar em seu arsenal com um novo "Código Brasileiro de Aeronáutica", um que fosse revisado e atualizado. Atualmente essa Agência não passa de uma refém de toda a estrutura acima descrita. Ainda que o governo se esforce para demonstrar o contrário, ela não possui independência política nem operacional, está escravizada pelos interesses maiores. Seria o instrumento ideal, mas por enquanto é apenas e tão-somente uma "marionete". O formato de criação dessa Agência, sem a participação dos usuários, acabou criando um monstro inadministrável.

O controle de tráfego aéreo é comandado por um conjunto de quatro unidades de monitoramento que se integram para cobrir todo o território nacional. Essas unidades são Centrais de Radar, denominadas CINDACTA — Centro Integrado de Defesa Aérea e Controle do Espaço Aéreo. Só seu nome já demonstra com clareza a mistura inadequada do que deveria ser apenas militar com o que deveria ser exclusivamente civil.

A rede de controle de tráfego aéreo de nosso país é, na verdade, muito frágil. Ao longo dos últimos tempos temos visto com clareza o que a falta de manutenção, de investimentos, e greves, motivadas na verdade por melhores salários, são capazes de fazer com todo esse sistema.

A desmilitarização do controle de tráfego aéreo é uma reivindicação antiga, e é altamente recomendável, na medida em que deixaria de ser a caixa de segredos que é hoje. Os militares estão sempre alegando razões de segurança nacional para não transferir esse controle para mãos civis. Isso não convence ninguém. Quase todos os países do mundo militarmente mais poderosos já levaram a efeito essa transferência, fazendo com que seus soldados voltassem a ser apenas soldados.

Sob o comando militar, não existe a menor transparência a respeito da aplicação dos recursos obtidos por meio das taxas de embarque coletadas. Não se trata de corrupção, é a estrutura organizacional e doutrinária militar misturada com a civil que gera essas discrepâncias. Para os operadores e usuários do sistema em geral, a desmilitarização traria benefícios imediatos. Sob a eterna alegação de que se trata de assunto de segurança nacional, os militares continuamente relutam em prestar contas sobre um serviço que influi na vida de milhões de brasileiros.

Faltam recursos para administrar o setor de transporte aéreo?

Não. Esses recursos, de maneira continuada, têm sido mal gerenciados, ou simplesmente desviados para outras aplicações. O dinheiro para o reequipamento e a modernização desse sistema não depende de recursos orçamentários. As taxas de embarque pagas pelos passageiros nos aeroportos somam uma bela montanha de dinheiro, que em 2006 atingiu cerca de "950 milhões de reais".

Temos a terceira tarifa aeroportuária mais cara do mundo, entretanto, por determinação dos Ministérios da Fazenda e do Planejamento, a maior parte desses recursos fica retida nos fundos Aeronáutico e Aeroviário, como forma de gerar o superávit primário nas contas oficiais. Apenas 17% de todo o dinheiro arrecadado foram efetivamente utilizados para o fim a que realmente deve ser destinado.

Agravando esses erros de gestão financeira, temos, também, algumas decisões administrativas realmente desastrosas, em geral fruto de autoritarismos vários, imputáveis tanto a órgãos governamentais quanto às concessionárias do sistema, ou seja, as empresas aéreas. Estas têm muita culpa no cartório, algumas delas têm falhado seguidamente quando o assunto é garantir os mais básicos direitos do consumidor.

Por que a INFRAERO é tão criticada?

A INFRAERO, bem como várias empresas estatais brasileiras, foi responsável por grande parte de nossa organização e de nosso desenvolvimento no que tange a sermos uma nação moderna. Assim como ocorreu com a EMBRAER, ela colaborou para a expansão e melhor organização do sistema aeroportuário brasileiro. É uma estatal possuidora de um corpo técnico cujas qualidades positivas raramente são vistas dentro e fora de nosso país. Mas o tempo em que necessitávamos dela como uma empresa estatal, da forma como ela existe hoje, já passou, ficou para trás.

Já de alguns anos para cá a INFRAERO, meu amigo, a despeito de tudo o que de positivo puder ser dito sobre ela, a continuar sob a batuta do governo, e enquanto estiver sendo administrada do jeito que vem sendo, é, e continuará sendo, o que se poderia chamar de "elemento dispensável". Entretanto, daqui para a frente, se a sua administração for capaz de provar seu real valor, seremos muito beneficiados, pois todo aeroporto que se preze precisa ter uma administração profissional, e de qualidade, e a INFRAERO, assim como os outros órgãos envolvidos com a administração da aviação civil em nosso país, também possui em seus quadros, como já foi dito, funcionários extremamente experientes, competentes, com uma boa visão de como deve ser a coisa, e muito bem-intencionados. Contudo, da forma como ela hoje se apresenta ao nosso povo, os servidores públicos que nela atuam não podem desejar mais do que ser vistos apenas e tão-somente como funcionários pendurados em mais uma estatal gigante e, infelizmente, incompetente. Lamento, mas é exatamente assim que o Brasil os tem enxergado, e devo concordar que motivos não faltam.

A INFRAERO foi criada em 1972, e atualmente administra 67 aeroportos no país inteiro, além de 81 unidades de apoio à navegação aérea e mais 32 terminais de carga. Por esses aeroportos passam mais de 100 milhões de passageiros por ano. Seu faturamento bruto em 2006 esteve na casa dos R$ 2,2 bilhões, e seus aeroportos concentram 97% do tráfego aéreo regular rentável no Brasil. São quase dois milhões de pousos e decolagens por ano. Superfaturamento de até 200% comprovado em obras sob sua responsabilidade. Estes, sem dúvida alguma, são números realmente muito interessantes...

A própria INFRAERO diz ter investido nos aeroportos por ela administrados apenas 890 milhões dos 2,2 bi arrecadados. A diferença que teria sobrado no caixa da estatal, teoricamente, voltou para os cofres da União. E se não foi para o caixa da União, no da INFRAERO é que não está. Sendo assim, onde será que foi parar tanto dinheiro?...

E aí eu me pergunto: por que, em um país que enfrenta tantos problemas no setor aeronáutico, justamente a estatal incumbida de tratar, zelar e investir na eficiência e principalmente na segurança de nossos aeroportos, e que tem dinheiro sobrando para fazê-lo, não o faz?

Para mim a resposta é muito óbvia. O próprio governo federal "assalta" regularmente o caixa da INFRAERO, dando ordens para que o regador seja utilizado o mínimo possível no jardim dos aeroportos. O grosso da "água" deve seguir para as flores de outros jardins, que nada têm a ver com a aviação brasileira... E quando parte desse dinheiro é direcionada para a expansão e melhoria do próprio setor, ele simplesmente some, sem maiores explicações. As obras começam, mas jamais são terminadas pelas mesmas administrações.

Outra coisa que também me parece muito óbvia é o fato de que, nas mãos do governo federal, a INFRAERO não tem, nem nunca, teve fins lucrativos, nunca distribuiu capital e não foi feita para guardar dinheiro. Muito ao contrário, foi feita para gastar dinheiro. Apenas deve fazê-lo de forma competente e eficiente, baseando-se sempre em critérios que beneficiem o usuário final, que é o próprio povo brasileiro. No caso dela, não faz o menor sentido não gastar o que é legalmente arrecadado por ela mesma. Agindo dessa forma, devem gastar tudo o que arrecadam, e nos propiciar os melhores aeroportos do mundo.

Temos inúmeros aeroportos carecendo de melhores pistas de pouso/decolagem, bem como da instalação e/ou do conserto de equipamentos que auxiliem os pilotos durante aproximações e pousos por instrumentos. Não tem desculpa e não tem perdão. Tem mais é que investir.

Com tudo isso, a INFRAERO responde atualmente por dezenas de processos por corrupção e superfaturamento na Controladoria Geral da União. Ela é hoje, inegavelmente, um órgão público rendido aos interesses políticos nos cargos em comissão, considerada um verdadeiro antro de apadrinhamentos. Para se ter uma boa ideia disso, basta atentar para o fato de que a INFRAERO enfrenta, hoje, um grande déficit de funcionários, mesmo tendo vários aprovados em concursos aguardando nomeação. Por que será? Já ouvi falar em trem da alegria, será que existe um avião da alegria também?

E quanto à CPI do Apagão Aéreo?

A INFRAERO é o principal alvo da CPI — Comissão Parlamentar de Inquérito-do Apagão Aéreo, o que não quer dizer muita coisa, pois CPIs até hoje não disseram a que vieram. Uma CPI deveria ter o real potencial de se transformar em um importante instrumento de mobilização política, para finalmente resolver o caos aeroportuário. Uma CPI não tem o poder de investigação, ela tem o dever da investigação.

Sabemos com certeza que, até agora, elas só demonstraram que, na realidade, servem apenas para duas coisas: propiciar a oportunidade de fazer publicidade gratuita para os "legisladores" e mostrar ao país que o Congresso não ignora o problema. Obviamente isso só ocorre depois de o problema já ter causado muitas vítimas.

Até a publicação deste livro, a CPI do Apagão Aéreo já havia consumido cinco meses, gerado cerca de 120 mil documentos e mais uma conta milionária a ser paga pelo contribuinte. Não se aprofundou o suficiente em nenhum dos tópicos; sendo assim, previsivelmente não chegou a lugar algum. Pior ainda, os trabalhos foram "concluídos" sem que nada convincente tivesse sido apresentado pelos PPs (Políticos Pizzaiolos). O relatório final foi aprovado pela maioria governista sem que nenhum dos ex-dirigentes da ANAC ou da INFRAERO tivesse sido responsabilizado por absolutamente nada.

No caso de alguns(umas) ex-Diretores(as), sob o aspecto criminal, havia elementos mais que suficientes para propor o *"indiciamento"*. Indiciamento não é julgamento nem pré-julgamento. Nesse caso específico, a frase "Cheiro de pizza no ar" é mais que perfeita. Os problemas apurados eram de tal ordem, que houve até o comparecimento à CPI de uma juíza federal, que declarou ter sido enganada pela apresentação de um documento interno da própria ANAC, o qual teria sido elaborado com a clara finalidade de ludibriar a justiça, e que havia elementos claros de fraude processual.

A ata de uma reunião da ANAC realizada no Rio de Janeiro algum tempo antes do acidente ocorrido em Congonhas, São Paulo deixa muito claro que a área técnica daquele órgão tinha plena e exata noção dos perigos oferecidos pela pista de Congonhas caso fosse liberada para pousos e decolagens da forma como realmente foi, ou seja, sem a conclusão das obras e elementos de segurança, tais como o *grooving*, e sem ter dado o prazo ideal para a "cura" ou secagem do tipo de asfalto utilizado, o que causaria a liberação de óleo quando a pista estivesse molhada e sob a pressão dos pesados aviões que operam em Congonhas. O *grooving* não foi feito exatamente porque precisa que o asfalto esteja no ponto certo de secagem.

O documento que teoricamente teria sido elaborado para ludibriar a justiça dizia que as aeronaves só seriam liberadas para pouso naquele aeroporto, em situação de pista molhada, caso todos os dispositivos de frenagem estivessem em condições de máxima operação. Empurraram para as empresas uma responsabilidade que começa pela administração do aeroporto...

Chamar essa administração à letra da lei, de modo a fazer com que respondam e sejam responsabilizados por seus atos criminosos, é o mínimo que o Ministério Público deve fazer. Essas pessoas não só expuseram à morte centenas de pessoas, como, com sua total falta de zelo pela segurança dos usuários, efetivamente as mataram. Mais um caso típico de um resultado catastrófico gerado por decisões políticas sobrepondo-se às decisões técnicas... "Não se pode simplesmente terminar uma CPI como essa apenas com recomendações..."

As investigações que recentemente levaram à prisão de um empreiteiro, dono de uma construtora envolvida em escândalos de corrupção, apenas mostram que no nosso país não existe negócio melhor do que se meter em uma boa e, se possível, gigantesca obra pública. Se for um grande aeroporto, melhor ainda. Está mais do que provado que bastam alguns amigos dentro da máquina do governo, um bom lobista no Congresso, e, quem sabe, um bom estoque de malas ou envelopes contendo, digamos, "agradinhos". Os lucros parecem ser de animar qualquer um; simplesmente parece não existir arrependimentos por parte de quem se aventura nessas tramoias.

São demonstrações claras e inequívocas de que a corrupção está na raiz de quase tudo o que existe de errado na administração pública brasileira. Indícios claros demonstram que, em apenas quatro anos, cerca de 500 milhões de reais foram desviados das obras dos principais aeroportos deste país. É dinheiro de nossos impostos, é nosso dinheiro. Se todo esse dinheiro tivesse sido aplicado onde e, principalmente, como deveria, certamente não teríamos passado por tudo o que já passamos. Mas não jogaram ele no lixo nem o rasgaram, ele foi devidamente repartido entre corruptos de todos os tamanhos e cores.

TODAS as obras feitas pela INFRAERO apresentaram irregularidades sérias ou, no mínimo, indícios de direcionamento de licitações, mudanças desnecessárias de projetos e superfaturamentos grosseiros e óbvios.

O mecanismo fraudulento é mais do que bem conhecido. Simplesmente alguém de "confiança" é indicado para a direção da empresa pública. Esse alguém seleciona as empreiteiras "amigas", que, por sua vez, superfaturam a obra. Finalmente, após o recebimento, repassam parte do dinheiro arrecadado para o *padrinho político* ou para o *partido político*. É um ciclo que nunca tem fim.

Dez grandes obras aeroportuárias foram analisadas, e todas seguem essa mesma receita. Existem alguns ótimos exemplos disso. No caso da reforma do aeroporto Santos Dumont, no Rio de Janeiro, a licitação foi tão rigorosa, que apenas uma empreiteira conseguiu se enquadrar nas "exigências". Nada mais nada menos do que três aditivos ao contrato inicial foram assinados. Tudo por conta de inúmeras mudanças de projeto e de materiais. Resultado: a obra custou 41 milhões de reais a mais do que o custo original. E alguns diriam que, mesmo assim, foi uma pechincha, afinal, trata-se de um aeroporto, e no Rio de Janeiro...

Durante a inauguração de parte das obras de ampliação do aeroporto de Congonhas, em São Paulo, a INFRAERO foi bastante elogiada pela contribuição extraordinária feita ao Brasil. Pois bem, dez meses depois, o TCU — Tribunal de Contas da União, desvendou o lado obscuro dessa e de outras contribuições extraodinárias. Só para se ter uma ideia, 252% de superfaturamento foi só para começar. Itens cotados pelo próprio TCU a R$ 650.000,00 foram comprados pela estatal por R$2,2 milhões; e por aí vai...

Em ação cautelar ajuizada pelo próprio TCU consta: "São de extrema gravidade os dados ora levantados, que demonstram cabalmente um total desprezo pelo patrimônio público". Não basta apenas cancelar contratos e depois refazê-los, temos que buscar culpados e reaver o dinheiro, caso contrário, tratar-se-á de mais uma pizza voadora.

A obra de modernização do aeroporto de Guarulhos, em São Paulo, gerou um desfalque "estimado" na casa de 254 milhões de reais! Como algo tão brutal pode ter ocorrido? Simples! Basta superfaturar tudo em 25%. Obras em aeroportos de cidades bem menores do que o Rio de Janeiro, tais como Vitória e Macapá, apresentaram desvios financeiros substancialmente maiores. Sem contar lugares como Goiânia, Salvador, Campinas e muitos, muitos mais Brasil afora. Se você acessar o site de um grande aeroporto americano (cheque o site do aeroporto de Orlando, na Flórida www.orlandoairports.net) ou europeu em busca de informações sobre os custos dos serviços oferecidos por esses aeroportos para a recepção regular ou eventual de aeronaves nacionais e/ou estrangeiras, vai se deparar com informações abundantes e detalhadas. No caso dos aeroportos administrados pela INFRAERO, ficará sabendo apenas de espaços comerciais como lojinhas e coisas do gênero sendo oferecidos nos aeroshoppings.

Não há praticamente nenhuma informação voltada para os usuários técnicos do aeroporto, deixando claro que, na visão de seus administradores, em um aeroporto, aviões, pistas, pátios, tripulantes e mecânicos só atrapalham o bom andamento dos negócios, e que os usuários têm mais é que se contentar com o pouco ou quase nada que lhes é oferecido. Quanto aos custos de se operar um avião, bem, você terá de se deslocar e discutir o assunto mais a miúde nos escritórios da administração. Uma informação que deveria ser de domínio público, na verdade é tratada como algo secreto...

A INFRAERO, na realidade, nunca foi uma das grandes estatais do Brasil, mas de uns poucos anos para cá desandou a fazer uma obra atrás da outra, em vários aeroportos ao mesmo tempo, e todas elas sendo investigadas por superfaturamento e outras irregularidades. A grande suspeita é de que o superfaturamento tenha servido para bancar as campanhas de reeleição Presidencial. Não se preocupem, ordens superiores sempre fazem com que tudo seja varrido para debaixo do pano e ninguém nunca seja exemplarmente punido, por nada.

Não seria ótimo se pudéssemos pedir empréstimos (a fundo perdido, é claro) ao governo? Talvez para montar uma fábrica de escândalos políticos e financeiros. Esse negócio parece que dá muito dinheiro. Todo santo dia tem escândalo novo, todo mundo fica bem na fita e ninguém vai preso.

O mais difícil de engolir no final de toda essa bagunça é ter de escutar a própria INFRAERO dizendo que tem "apanhado" muito mais do que o necessário. É pura falta de vergonha na cara! Tanto a INFRAERO quanto a ANAC e o Ministério da Defesa têm muita culpa no cartório e, na verdade, vêm atuando como se fossem farinha do mesmo saco. Só que na hora em que o saco fura, cada um quer jogar a culpa no outro. Estão todos errados, todos são culpados e todos têm sido incompetentes.

Já que está tão podre assim, o que fazer com a INFRAERO?

Não existe nenhuma solução milagrosa, mas no caso da INFRAERO a solução é simples, muito simples. E já foi dada em exemplos anteriores. Dividir as regiões e aeroportos por ela administrados e privatizar tudo! Podemos também fazer como no caso do Banco do Brasil e da Petrobrás; realizar algumas parceiras público-privadas. Mas, sinceramente, acho que no caso dela isso não seria o ideal. O governo deve se concentrar em atividades de governo, ou seja, normatizar e fiscalizar, e só. A INFRAERO sempre alegou que, em um processo de privatização, ninguém se interessaria pelos aeroportos deficitários.

Mas nunca foi capaz de explicar por que eles sempre foram deficitários sob sua própria administração.

Talvez porque o Brasil insista em ser um país de dimensões continentais atendido por apenas umas duas ou três empresas aéreas. Sem concorrência realmente não precisa nem pensar em melhorar nada.

Está sempre alegando que, em alguns casos, o retorno financeiro não seria possível, e que por esse motivo seria melhor apenas abrir o capital da empresa em vez de efetuar privatizações. Não seria melhor deixar os interessados definirem o que é e o que não é possível ganhar com a administração desses aeroportos, em vez de ficar determinando o quanto os outros são capazes de faturar? Se o governo não aguenta o ritmo, então que abra passagem para quem aguenta, como, por exemplo, a boa e velha iniciativa privada. É comum ouvir bobagens como: "Ora, quem vai querer administrar um aeroporto pequeno no meio da selva amazônica?". E a resposta é simples: Muita gente. Basta licitá-lo e se verá. A iniciativa privada vê aquilo no que o aeroporto pode se transformar, não se fixa naquilo que ele é hoje, nas mãos de uma administração incapaz de gerenciá-lo comercialmente.

Não é porque as coisas são difíceis que não ousamos. É porque não ousamos que elas são difíceis. Sabemos que nem tudo o que se enfrenta pode ser modificado, e também que nada pode ser modificado até que se tente.

Recentemente a INFRAERO citou o aeroporto de Palmas, Tocantins, como sendo um desses "aeroportos economicamente inviáveis". Trata-se de uma capital de Estado, com cerca de 20% de crescimento econômico/populacional ao ano, e extremamente bem localizada no quesito geográfico. É só entregar para pessoas mais competentes e aquilo lá vai se tornar um dos aeroportos mais rentáveis do país, e isso da noite para o dia.

Existe hoje uma quantidade enorme mundo afora de aeroportos que, nas mãos de governos, também eram deficitários, e hoje são lucrativos sob administração privada. A lógica é simples. A INFRAERO já há muito não trabalha como deveria, seja pelo motivo que for. O fato é que ela deixou de se preocupar com a segurança e o desenvolvimento técnico aeroportuário e passou a ser apenas e tão-somente uma corretora de espaços para lojinhas nos acanhados e defasados terminais que ela constrói em meio a tantos escândalos de desvios de verbas públicas. Não está nem um pouco interessada em investir naquilo que tem a ver com os aviões. Ela simplesmente não investe, e por isso esses aeroportos sempre foram deficitários. É só licitar de forma honesta e adequada que haverá interessados para "todos" os aeroportos.

Se continuar nas mãos do governo, muito tem que mudar. A INFRAERO sempre teve o poder de se autorregular; seus planos de investimentos sempre foram estritamente internos, e não públicos. Essa estatal não pode, de maneira alguma, ter tanta facilidade para gerir os próprios recursos. A continuar nas mãos do governo, o melhor é que ela se torne apenas e tão-somente uma operadora de aeroportos, e não uma investidora em infraestrutura aeroportuária. Apenas mais uma em um sistema já privatizado. Se não for possível privatizá-la por completo, basta quebrar por completo seu monopólio e expô-la à competição de mercado. A autoridade do setor deve ser sempre a ANAC, que deve impor os marcos regulatórios da atividade, e fiscalizar a obediência a eles.

Vender a INFRAERO hoje, e aparecer amanhã para fiscalizar e para coletar impostos. Simples assim. Isso é o ideal a ser feito. Trata-se de uma das estatais brasileiras mais cobiçadas por políticos, e isso obviamente se dá em função de seu alto faturamento e pelo fato de ser uma estatal de suma importância política. Para nós, os contribuintes, o fato de passar seu controle para mãos privadas seria tão útil e adequado como afastar uma tentação qualquer, que estivesse cheia de perigo, do alcance uma criança pequena...

E o que dizer da ANAC e de sua atuação?

Para falar da ANAC é preciso, antes, explicar melhor essa Agência, que a maioria pensa que é nova, mas, na realidade é apenas a nova designação do antigo, burocrático e militarizado DAC — Departamento de Aviação Civil —, órgão do antigo Ministério da Aeronáutica, cuja responsabilidade era manter a aviação civil sob controle no país dos generais, brigadeiros e almirantes. Oficialmente, a função do antigo DAC era planejar, controlar e gerenciar as atividades relacionadas com a aviação civil, ainda que se tratasse de uma atividade essencialmente civil, sendo erroneamente conduzida por um órgão totalmente gerido por militares.

A criação dessa Agência foi discutida e tramitou no Congresso Nacional por cerca de sete anos. A lei que "criou" a ANAC foi aprovada em setembro de 2005 e implantada em março 2006. Entretanto, não se sabe por que, o CBA — Código Brasileiro de Aeronáutica —, a lei maior por meio da qual essa Agência desempenharia suas atividades, não mereceu nenhuma atenção. Ela nunca foi aparelhada com o mínimo necessário para a execução de sua função. Quando fiscaliza, falta gente, e quando tem gente, não fiscaliza. Quando fiscaliza, o faz de forma tardia e superficial, deixando muito a desejar...

O CBA é um código de leis de 1986 (a própria Constituição brasileira é posterior, tendo sido elaborada em 1988), que não resistiu ao tempo, caducou, ficou arcaico. Mas, é claro, ficando do jeito como está, atenderia muito bem aos interesses de muita gente. Pois bem, os "competentes" legisladores brasileiros não foram capazes de prever a necessidade de uma nova ferramenta para uma nova Agência, e não mexeram em uma só vírgula desse código. Muito pelo contrário, conseguiram fazer com que uma Agência técnica por natureza fosse infestada de gestores de "incompetência inquestionável". A legislação de hoje é tão ultrapassada que ninguém mais consegue fazer nada. É tanta portaria, tanta resolução, que umas contradizem as outras... A diretoria da ANAC, foi inicialmente composta de cinco pessoas, e foi o mais perfeito fruto das indicações do Presidente da República e também das aprovações irresponsáveis do nosso Congresso.

A ANAC passou, na teoria, a ser uma Agência vinculada, e não subordinada ao atual Ministério da Defesa. É uma Agência Reguladora, de caráter civil, muito embora só venha a atingir de fato e plenamente essa condição daqui a alguns anos, uma vez que os servidores civis foram, na sua maioria, aproveitados no novo quadro de funcionários, mas os servidores militares, bem... Esses deverão, teoricamente, retornar ao quadro militar na razão de 20% ao ano. Para se ter uma ideia do que digo, basta ler o que a própria ANAC escreveu na sua página oficial na internet, na seção "Histórico":

"Devido às peculiaridades dessa Autarquia Especial, existem 209 cargos comissionados de Oficiais Generais e Oficiais, e ainda 180 gratificações de representação de função para Oficiais."

Nas cabeças dos seus idealizadores, não dispomos, ainda, de elementos de origem civil com capacidade e conhecimento específico capazes de gerenciar o sistema de aviação civil brasileiro com segurança.

Isto é, na realidade, uma meia-verdade, criada para possibilitar a indicação de cargos com fins políticos durante muito tempo.

Podemos não dispor desta mão-de-obra em pouquíssimos setores desta atividade, setores para os quais os profissionais teriam realmente que ser preparados, aliás, já deveriam estar sendo, e não estão.

Entretanto, para a grande maioria das atividades técnicas e administrativas requeridas, é só buscá-los na aérea privada, por meio de concursos ou, em alguns casos mais específicos, contratação direta. Eles estão todos por aí, principalmente os que já se encontram há muitos anos em atividade na aviação comercial, como pilotos, mecânicos, engenheiros, técnicos em geral e pessoal administrativo. Basta não enrolar, basta contratá-los logo e pagá-los bem.

O pessoal que hoje trabalha nas empresas aéreas, e em vários setores da aviação geral como um todo, tem experiência para dar e vender a respeito do assunto, além do que, uma vez contratados pela ANAC, dariam aula a respeito daquilo que, na verdade, é hoje o seu dia a dia, não seriam apenas elementos teóricos. Eles sabem melhor do que ninguém onde estão os furos, e principalmente quem é quem.

Mas ninguém quer ganhar menos. Para contratá-los a ANAC tem que pagar pelo menos a mesma coisa que ganham atualmente na iniciativa privada. Essa fonte de recursos humanos pode ajudar a diminuir o tempo e as tensões geradas pela transição. A falta de intimidade com o cotidiano dos aviadores, empresários e proprietários de aeronaves provoca uma série de atritos com o setor, e reúne todos os ingredientes geradores de um confronto muito mais sério em um futuro próximo.

Novamente o problema dos militares, que antes mandavam totalmente no DAC, e agora não têm onde nem como ser reacomodados imediatamente de volta na Força Aérea Brasileira, pois esta mal tem conseguido verbas para o pagamento de soldos e alimentação da tropa. Sua volta imediata às atividades militares causaria um pseudoexcedente de contingente...

Uma coisa interessante é que podemos facilmente constatar que não há nenhum problema de liberação de verbas quando a "prioridade de sangue" é invocada, quando ela se torna um fator grande demais para ser ignorado. Essa prioridade só é reconhecida pelas Agências Reguladoras Brasileiras quando o sangue brasileiro já foi derramado em acidentes totalmente evitáveis, quando o preço já foi pago com os nossos corpos. Nessas horas o dinheiro repentinamente deixa de ser um problema, bem como a adoção e a implementação de várias recomendações já feitas anteriormente. Pura incompetência ou pura safadeza? Ou ambas? Você escolhe, meu caro leitor...

Ainda que sejam feitas críticas várias à atuação dessa Agência, que fique bem claro meu posicionamento pessoal em relação a ela. Creio que o que é civil deve ser controlado por civis, e que depois de tantos anos sob o jugo de militares, é natural que sejam dadas algumas cabeçadas na hora de consertar o que está torto.

Muito embora tenha nascido torta, a ANAC é, em minha opinião, o caminho correto. Mas, ao representar o Estado, ela deve se restringir a ser apenas uma prestadora de serviços para a sociedade à qual serve, e não uma prestadora de serviços ao governo.

O compromisso da ANAC é com a nossa sociedade, e jamais com o governo de ocasião.

Como órgão regulador e fiscalizador, ela deve ser fortalecida e profissionalizada ao extremo, e jamais esvaziada e/ou enfraquecida. Deve-se reduzir o tempo de permanência dos militares e forçar os civis a trabalhar mais, trabalhar melhor e mais rápido, trabalhar em um assunto que sempre foi da alçada deles, e não dos militares.

Sob a eterna desculpa de que a aviação civil é um "setor estratégico para a defesa da soberania nacional", sempre estivemos nas mãos dos militares, que detinham o poder de vida ou de morte sobre toda e qualquer empresa do setor. Prezado leitor, vou te dizer uma coisa. Para mim, soberano mesmo é um país capaz de ter empresas fortes e prósperas, que crescem e pagam salários, que geram empregos, que recolhem impostos. Soberana é uma nação que realmente é capaz de dar condições aos seus empresários e emprego aos seus cidadãos, que facilita o crescimento e permite o que for melhor para os negócios e para os empregos.

Essa conversa de enfraquecer a ANAC e devolver o controle aos militares é coisa de governo composto de "fracos" e "incompetentes". Não se deve também dividir o seu poder. Ela deve ser forte, muito mais forte do que é atualmente; deve mandar muito e com muita autoridade. Quando alguma coisa acontece, é com ela que se deve falar, e é dela que se deve cobrar. Os civis até hoje nunca haviam participado do processo de gerenciamento da nossa aviação civil, justamente para que o poder não fosse dividido, e também para que os muitos privilégios pudessem ser mantidos ao longo de tantos anos.

É na hora em que os problemas parecem ser insolúveis que a gente vê o governo que tem. Tome-se como exemplo o FAA, a ANAC dos Estados Unidos. É um órgão forte, organizado que, quando manda, é obedecido. Lá não tem, nem nunca teve, militar no comando; militar, lá, faz serviço de militar, e não se envolve em questões fora de sua especialidade. Os administradores do FAA são todos civis, competentes, fortes e independentes.

Tenho citado os Estados Unidos vez por outra, não por ser admirador de tudo o que aquele país faz, mas por ser admirador do que ele, bem como outros países, faz bem-feito e dá bons resultados. Esse é, de longe, o país com a maior experiência em aviação civil e militar. No entanto, por vezes, o nosso antiamericanismo infantil nos impede de discernir com clareza questões já há muito bem resolvidas por eles. Vamos, então, utilizar o exemplo dos Estados Unidos como referência para não cometermos os mesmos erros que já foram cometidos por eles no passado. Ao longo dos anos temos visto que, seja para o bem ou para o mal, trata-se de um país que, como todos nós, também tem os seus problemas, mas costuma encará-los de frente. Por muitos anos os Estados Unidos têm sido o nosso maior e mais importante parceiro comercial e tecnológico. Cerca de 40% de todo o comércio mundial de manufaturados vai para o mercado norte-americano.

Ignorar a experiência dos maiores é um comportamento que nos tem revelado como fracos, manipuláveis e submissos a discursos, e na hora do "pega-pra-capar", invariavelmente temos sido técnica e comercialmente incompetentes. Nossa miopia diplomática tem insistido em nos fazer considerar países como Rússia, Índia e China como nossos aliados. É verdade que esses países representam boas oportunidades de negócios, boas parcerias comerciais, mas também é verdade que, em relação ao comércio com os norte-americanos e os europeus, os maiores consumidores do mundo, essas nações são cada vez mais nossas concorrentes, e elas sabem disso.

A China já superou o Brasil nas exportações para a própria América Latina, e ameaça até o nosso comércio doméstico. Ter uma visão romântica desses países é burrice, parcerias comerciais sim, mas ilusões não. Escolhas ingênuas de nossa parte nos farão eternos escravos de uma eventual união de interesses entre esses países, e eles estão geograficamente todos juntos, é bom não nos esquecermos disso. Também é bom não esquecer que a economia desses países depende maciçamente dos consumidores norte-americanos, que moram aqui do nosso lado, e para os quais não faz a menor diferença se o produto vem de Tiruchirapali (sul da Índia) ou de Frecheirinha (interior do Ceará).

Voltando à ANAC, sua primeira diretoria, na verdade, deu muito azar, pegou a coisa andando, ou seria melhor dizer voando?... e, ainda por cima, no rumo errado, no nível de voo errado, e não teve nem tempo de aprender como se "descasca o pepino", como foi tão impropriamente dito por um ex-diretor da INFRAERO, em uma verdadeira troca de insultos entre diretorias de órgãos, quando cada um desses órgãos era tão culpado e responsável quanto o outro. Essa primeira diretoria foi, de cara, alvo certeiro dos dois maiores e mais peculiares acidentes aeronáuticos já ocorridos neste país.

O governo, quando aponta diretorias como as que tem apontado para órgãos altamente técnicos, como é o caso da ANAC, parece não levar em conta que, quando se trabalha com pessoas politicamente empossadas, o conhecimento técnico concentrado por alguns passa a ser uma moeda de troca entre o quão longe você pode ir quando assessora, e o quanto acha que está perdendo desse conhecimento que lhe confere poder. Ou mesmo o quanto você é capaz de simplificar uma explanação, de forma que esses "rebentos" políticos sejam capazes de entender o que é preciso ser entendido. No caso específico da aviação, é sempre um desafio fazê-lo de forma que leigos entendam.

O mais impressionante em tudo isso é que, no auge da crise aérea, os militares, que deveriam prover a necessária "assessoria" à falta de conhecimento técnico da diretoria da ANAC, nada fizeram. Não porque não soubessem, mas porque, na verdade, demonstram com isso que desejam se manter no comando da aviação civil, de preferência para sempre. Sendo assim, para os militares, e somente na visão deles, essa situação veio bem a calhar. É só deixar essa diretoria de alienígenas civis ser fritada, e quando estiver bem crocante, a opinião pública aumentará as chances de terem de volta aquilo que um dia já foi o sonho de muitos deles. Pois é, está aí mais uma boa razão para enviá-los de volta para as suas Bases Aéreas, pois, no meio civil, já deram provas de que não têm utilidade alguma.

O que pode ser dito sobre as empresas aéreas?

As empresas aéreas são um mundo à parte. Descrevê-las requer certos cuidados para que não sejam cometidas certas injustiças. Não que sejam "santas", mas a natureza deste negócio envolve uma quantidade de variáveis que as tornam heroínas e vilãs ao mesmo tempo, dependendo da época do ano, da ocorrência de um acidente ou incidente, e também da interferência, quase sempre prejudicial, do governo.

Empresas aéreas são, muitas vezes, o fruto da iniciativa empresarial de apaixonados pela aviação. E não são raros os casos em que o dono, ou os donos também sejam aviadores. Têm na sua essência uma função extremamente nobre, que é a de transportar vidas, sonhos, ligar pessoas e mundos, realidades, projetos, permitir, enfim, o contato e as trocas entre os seres humanos. Uma empresa aérea pode ser de qualquer tamanho, muitas vezes com apenas uma única aeronave, seja ela grande ou pequena. A essência, no entanto, não se altera nunca. Em países como o Brasil, é sempre um negócio muito difícil de ser tocado, no qual as despesas são enormes, e ligadas, na sua maioria, à aquisição de aeronaves e peças importadas, além do altíssimo preço do combustível. Uma carga tributária e controle governamental asfixiantes.

Sem falar na dificuldade de crescimento, em função das inúmeras proibições exercidas pelo governo e da crônica falta de investimento em infraestrutura aeroportuária. No entanto, não devemos nos iludir, trata-se de um negócio, e como tal precisa do lucro para sobreviver. São fundamentais para o nosso país, mas não são entidades beneficentes. Não defendo o lucro obtido de qualquer forma, entretanto, entendo que, se o empregado quer seu salário todo fim de mês, o patrão também quer o dele. E patrão investe do seu próprio bolso, correndo todos os riscos inerentes ao negócio, portanto, não é à toa que ganha bem mais e manda em todo mundo. Sou empregado, e também já fui patrão, conheço bem esses dois lados do trabalhador brasileiro. Não sou patronal nem antipatrão, simplesmente entendo que cada um tem o seu lugar e ambos são necessários.

Entendo com clareza que o lucro, tenha ele o tamanho que tiver, deve ser o resultado de uma relação comercial justa entre vendedores e compradores. Quem compra algo deve ter a clara percepção de que recebeu algo com o justo valor agregado. O que não está correto é o lucro abusivo, aquele que nada mais é do que o resultado de uma imperfeição mercadológica, na qual o cliente sempre sai prejudicado. Isso deve ser rigorosamente combatido, e este combate é uma das funções das Agências Reguladoras. Elas devem fiscalizar e defender o interesse do consumidor, sem, no entanto, se deixar levar pela tentação de querer determinar realidades de mercado e com isso, ou sob este pretexto, matar as empresas aéreas.

O governo também critica muito as empresas aéreas. Por quê?

Uma das principais críticas feitas por órgãos do governo às empresas refere-se, na visão desses mesmos órgãos, ao aumento "exorbitante" das horas de utilização de cada aeronave e a operação de diversos trechos em sequência. Dessa forma, quando ocorre um atraso em um trecho, isso afeta todo o percurso, com um efeito em cascata. De sua parte, em reunião recente com os órgãos governamentais, as empresas alegaram que fizeram muitos investimentos nos últimos anos visando atender ao crescimento da demanda, mas que o governo não teria feito a sua parte, não teria alocado os recursos necessários em infraestrutura para garantir o bom atendimento.

Muito bem. Devemos ter em mente que a mudança na forma de utilização dessas aeronaves não foi tão grande assim, elas estão sendo utilizadas com mais eficiência, é verdade. A isso damos o nome de gerenciamento de recursos. Aviões precisam voar para se pagar e dar lucro. Quanto ao fato de se utilizar uma mesma aeronave em vários trechos, bem, isso sempre foi assim, agora e no passado, não mudou nada. Desde 1999 mais de 40 aeroportos no país deixaram de ser servidos por aviação regular. Os 15 maiores aeroportos do Brasil concentram cerca de 73% dos voos. Quem está ganhando o quê com isso? Com certeza não é o usuário brasileiro. A ANAC é o órgão regulador do setor, mesmo assim não acredito que tenha o direito de influir na malha das companhias. Isso o próprio mercado é capaz de fazer.

Existe realmente um duopólio na aviação civil brasileira?

Sim, atualmente existe, e muito grande. Ele está começando a ser lentamente equalizado com a entrada no mercado de outras empresas de maior porte, e também de algumas empresas aéreas regionais. Que ninguém se engane, este é um jogo de gente grande e bem preparada, os investimentos são monumentais, bem como os desafios a serem vencidos. As atuais empresas líderes no cenário brasileiro não são em nada diferentes das grandes vencedoras internacionais, elas têm donos e são geridas de forma profissional, como deve ser, sabem as regras do jogo e jogam para ganhar, é iniciativa privada. Essas empresas têm demonstrado grande capacidade de organização e crescimento, e estão ganhando mercado.

Contudo, também não nos enganemos com o nosso governo. O perigo de formação de um cartel composto por somente três ou quatro empresas, como foi no passado, é real. E a culpa não é das empresas, é mera falta de visão do governo. Mas acredito que o futuro reserva boas surpresas para os viajantes brasileiros, sangue novo e novas cabeças estão chegando, e isso sempre mexe com o mercado de forma positiva. Os exemplos disso são abundantes mundo afora.

O ideal é que tenhamos disputando nosso mercado tantas empresas quantas forem capazes de se estabelecer com competência, sem que o governo interfira de forma danosa, impedindo novos competidores de entrar no jogo sob o argumento de que "o mercado não comporta tantas empresas". A respeito desse tipo de coisa, pode deixar que o próprio mercado sempre será capaz de decidir por si mesmo. O fato de uma ou outra empresa se sentir prejudicada pela entrada de um novo competidor não é justificativa para nada, pois, quando se decide investir em um negócio, seja ele qual for, a última coisa que se deve esperar é que o governo proteja só a sua empresa. Esse é o dever do governo quando o caso é entre uma empresa brasileira e uma estrangeira, mas entre nós mesmos, que vençam os melhores, os mais competentes.

Não se pode e não se deve impedir o crescimento de quem faz bem o seu dever de casa e consegue crescer em meio a um mercado tão competitivo e hostil como é o de aviação. Poucas empresas dominam hoje cerca de 88% do mercado nacional, e com as recentes fusões de algumas empresas, a coisa só tende a se concentrar ainda mais. Com uma participação maior de outros competidores, a coisa sem dúvida ficaria melhor e mais justa para o consumidor, uma vez que não existe, no mundo, algo que regule melhor o mercado do que a livre competição entre os vários agentes do setor privado. Em assuntos comerciais, tudo aquilo em que o governo põe as mãos costuma sofrer as maiores distorções de mercado.

Uma mudança na legislação, de modo que os investidores estrangeiros pudessem ser donos de, por exemplo, pelo menos 45% das ações de uma empresa, mas com cerca de apenas 25% das ações com direito a voto (algo semelhante ao atual modelo indiano) talvez produzisse melhores resultados no que se refere a termos mais competidores brasileiros nos mercados interno e externo. Afinal, ter empresas 100% nacionais e 100% quebradas não nos vale de nada. Temos também o fato de que ser dono de apenas 20% (como limita a nossa atual legislação) de uma empresa em dificuldades econômicas não interessa a ninguém. Os investidores estrangeiros têm muito capital para investir, e sabem muito bem como nosso mercado é atrativo e promissor. Basta mudar a legislação, e o capital voará para cá também.

A parte mais podre de todo o sistema é justamente aquela que restringe a participação de capital estrangeiro de boa qualidade e origem nas companhias aéreas, asfixiando-as no fluxo vital de capital. Nada é mais globalizado do que dinheiro.

Abrir nosso mercado doméstico para empresas aéreas estrangeiras, somente se fosse da forma descrita acima, como acionistas, e nada mais. Jamais devemos permitir que elas venham voar dentro do nosso país competindo no nosso setor doméstico. Isso não se faz em lugar nenhum. Competidores internacionais devem competir somente em voos internacionais, onde o mercado pertence a mais de um país. Se uma empresa de aviação norte-americana ou europeia quer participar de nosso mercado doméstico, que monte uma subsidiária aqui, uma empresa brasileira composta por capital nacional e estrangeiro. Entendo como sendo uma exceção a situação das empresas pertencentes aos países integrantes do MERCOSUL, pois, nesse caso, trata-se da semente de uma futura União Sul-Americana, e os passos já dados pela já constituída União Europeia deveriam ser analisados cuidadosamente. Aí entram outros fatores além das questões puramente aeronáuticas.

Uma vez tendo contemplado todos esses aspectos, é preciso reconhecer um fato. No mundo inteiro, com exceção do mercado norte-americano, que é muito grande (sozinho responde por metade do tráfego aéreo mundial) e não nos serve como referência imediata, a concentração de mercado gerada por leis de mercado é um fato real e inegável. Não só no Brasil, mas em países como Alemanha, Canadá, Japão, entre outros, o grosso do mercado aéreo é normalmente dividido por, no máximo, duas ou três grandes empresas. Uma das principais razões é o fato de que a aviação é um negócio que exige investimentos tão grandes e de forma tão constante, que somente alguns poucos grupos são capazes de competir da forma adequada.

Também entra nessa realidade de mercado o fator denominado preferência do usuário. Na aviação, o índice de fidelidade por parte do usuário pode ser considerado um dos mais baixos do mundo. É por essa razão que as companhias aéreas investem tanto em programas de milhagens. As atuais maiores empresas aéreas nacionais só são o que são porque, antes de tudo, sem abrir mão da segurança e da qualidade, compactuaram fortemente com os usuários, e não com o governo. São o que são porque demonstram serem capazes de, gradualmente, reescreverem o livro que conta a história de como se voa no nosso país.

Quando o governo é exposto por sua arrogância, e por sua incompetência, são elas as que mais sofrem com a guerra suja por parte desse mesmo governo, que na verdade nada mais está do que interessadíssimo em se livrar o mais rápido possível da sanha popular, a sanha de um povo como o nosso, que se encontra inconformado com tudo o que aí está. Portanto, não acreditem nessa história de que algumas empresas teriam praticado *overbooking* (reservar mais lugares em um voo do que realmente poderia transportar) nas vésperas dos feriados de Natal e Ano Novo durante o "Caos Aéreo". Não seriam tão imprudentes e tão antiéticas. Não tentariam lucrar dessa forma, justamente nesse conturbado momento. Podem ter certeza, tratou-se, isto sim, de mais um dos ataques difamatórios de quem deve mais... Nossas companhias aéreas também cometem erros, mas, nesse caso, são tão vítimas quanto os passageiros que passaram dias e noites espalhados pelo chão dos aeroportos brasileiros, amontoados, esquecidos, famintos e desamparados. Isso é o que acontece quando você vota mal, e, depois, nem sequer tem a coragem de cobrar nada de quem recebeu seu voto.

E a ameaça das companhias estrangeiras de não voar mais para o Brasil?

Pura balela, coisa de gente que não tem o que fazer. Logicamente essas empresas são pressionadas por seus passageiros a fazer algum tipo de cobrança, de pressão. Entretanto, estejamos nós tendo problemas ou não, essas empresas sabem que aqui mandamos nós, e na terra delas mandam seus respectivos governos. Na verdade, elas não têm nem nunca tiveram nenhuma intenção de interromper seus serviços para o nosso país. Estamos entre os melhores mercados do mundo, e essas empresas não só sabem muito bem disso, como sabem também que esse tipo de problema que aflige o Brasil é temporário. Elas já passaram por isso antes em outros lugares, até mesmo em seus países de origem. Têm experiência de prestação de serviços até mesmo em países que se encontram oficialmente em situação de guerra. Aquilo que para o cidadão comum pode ser um grande problema, para essas empresas pode significar boas oportunidades de negócios.

Para se ter uma ideia, só os aviões nacionais foram realmente atingidos por essa crise. Os voos internacionais de companhias estrangeiras não se viram obrigados a esperar horas a fio por uma autorização de tráfego aéreo que, na realidade, no caso deles, já estava concedida há muito tempo. Isso foi guardado para os aviões de empresas brasileiras. Resultado: as empresas estrangeiras venderam mais ainda. Na verdade, eu não me surpreenderia se vários pedidos de voos extras para o Brasil tiverem sido feitos por companhias estrangeiras. É o famoso jogo de cena em ação.

O que é um Acordo de Céus Abertos?

Mais conhecido como tratado *Open Skies*, é um acordo entre dois ou mais países, bi/multilateral, que prevê a abertura de seus respectivos mercados aéreos internacionais e/ou domésticos. Os benefícios de um tratado como esse só costumam se fazer sentir quando os dois países têm empresas capazes de competir em condições de igualdade. Mas quando um dos lados está claramente em uma vantagem que pode se tornar predatória, o tratado torna-se um problema. Para que esse tipo de acordo funcione bem e produza bons resultados, o equilíbrio é fundamental. No caso brasileiro, com apenas uma ou duas empresas capazes de competir, e de forma limitada, em pouco tempo estaríamos em desvantagem real, principalmente contra norte-americanos e europeus. No nosso caso, um acordo desse tipo pode se tornar realidade entre membros do Mercosul e/ou com alguns países africanos. Seria um bom começo e um bom aprendizado, sem necessariamente expor nossas empresas a forças desiguais e perigosas. Defendo, no entanto, um período de transição, de aprendizado, mesmo entre os países do nosso continente.

Por que o valor das passagens varia tanto em uma mesma empresa?

Com o passar dos anos algumas lições foram muito bem aprendidas pelos administradores de grandes companhias aéreas, e uma dessas lições tem a ver com fazer o voo render o máximo que ele puder render, seja lá qual for a sua lotação. Maximizar o resultado financeiro de um voo é uma ciência que exigiu, ao longo desses anos, o desenvolvimento de uma ferramenta pouco conhecida dos passageiros, mas extremamente eficiente quando se trata de esticar cada centavo. Trata-se de um programa de computador chamado *Yield Management* (Administração de Rendimento), que aplica de forma diferenciada as várias políticas de preços de uma companhia aérea.

Ligado diretamente aos computadores que fazem as reservas, ele está constantemente medindo a procura por cada voo, encarregando-se, automaticamente, de oferecer tarifas mais baixas quando a demanda é pequena, e também de aumentar essas tarifas quando a procura aumenta. Esses programas zeram, aumentam ou até mesmo eliminam a oferta de assentos com preços promocionais dependendo de como está a lotação do voo em questão. Essa é, na realidade, uma explicação muito simplória de um sistema cuja lógica pode até ser muito simples, mas a operacionalidade e a eficiência, com certeza, são de altíssima complexidade. As grandes empresas brasileiras demoraram a descobrir como utilizar esse recurso de forma eficiente, mas atualmente são especialistas, como realmente devem ser. Como não poderia deixar de ser, a desinformação por parte dos nossos órgãos governamentais a respeito das modernas técnicas de administração de empresas aéreas é tão brutal e nociva que, quando esse moderno sistema entra em ação para baixar o preço de algumas tarifas, as autoridades governamentais acusam as empresas de estarem jogando sujo para prejudicar o mercado e outras empresas.

O que significa a expressão *Low-Cost, Low-Fare*?

O modelo *Low-Cost, Low-Fare* (Baixo custo, Baixa tarifa), na realidade, não é aplicado no Brasil como é nos Estados Unidos e na Europa, exatamente pela falta de concorrência real. As poucas empresas que dizem que trabalham usando esse modelo, na verdade, possuem uma estrutura voltada apenas para o baixo custo, mas, quanto a praticar baixas tarifas, bem, só o fazem por breves períodos, e apenas com finalidade de publicidade, apenas como marketing, uma propaganda temporária para levar o passageiro a pensar que será sempre assim e, dessa forma, tentar fidelizá-lo sem que ele perceba. Logo em seguida voltam a praticar as mesmas tarifas que os quase inexistentes concorrentes praticam.

Isso é especialmente verdade no caso das empresas brasileiras mais novas, que se "inspiraram" em grandes empresas norte-americanas e europeias, como a Southwest, Jetblue, Ryanair e Easyjet, mais conhecidas como LCC´s (Low Cost Carriers), todas estas modelos bem-sucedidos. Entretanto, nos seus respectivos países de origem a competição é tão brutal, que são obrigadas a realmente praticar baixas tarifas. E mesmo assim, estão entre as mais bem-sucedidas do mundo, inclusive reconhecidas por terem um alto índice de segurança de voo. Isso só nos mostra que empresa que possui um bom plano de negócios e que o executa com competência, concorre sem medo e ainda aproveita para se aprimorar.

A ascensão de empresas de baixo custo no mercado sempre força as maiores a praticar um controle de custos mais eficiente; contudo, caso esse controle venha a ser efetuado de forma errada, com certeza irá comprometer a segurança dos passageiros. Evitar que tal coisa ocorra é uma das principais atribuições de uma Agência Reguladora. As empresas também precisam proteger suas marcas de uma imagem negativa perante o usuário. A percepção de que voar por uma determinada empresa pode ser perigoso é, com certeza, fatal para o negócio. E devemos nos lembrar que o índice ZERO de acidentes aéreos é sempre o desejado.

Entretanto, esse índice pode ser atingido por certo período de tempo, mas, infelizmente, para atingi-lo em definitivo, somente deixando todos os aviões no chão. Ainda que seja o ideal, não é uma meta realista. O bom senso nos ensina que a prevenção é sempre o melhor caminho, pois acidentes sempre devem ser esperados quando estamos falando de um sistema complexo. A aviação é um meio extremamente desafiador como negócio. Um desempenho pobre em segurança pode ser visto, também, como consequência de um desempenho financeiramente pobre. Os ganhos estão, na verdade, atrelados a altos índices de segurança, e não a baixos índices.

Por que o serviço de bordo se tornou tão simples, com apenas barrinhas de cereais e amendoim?

Elementar meu caro e esfomeado passageiro, pura eliminação de custos. No entanto, a esse respeito não posso fazer nenhuma crítica, pois a escolha será sempre sua. Se não gosta desse tipo de serviço de bordo, então procure uma empresa que lhe ofereça algo melhor. O mercado é livre para os dois lados, a empresa oferece o que quiser ou puder, e o passageiro aceita se quiser. Algumas empresas, inclusive, já estão cogitando a remoção, ou mesmo já estão removendo, aquelas mesinhas embutidas nas costas do assento à frente do seu. Não pretendem servir nada que requeira o uso delas, e a vantagem de não tê-las a bordo é que o avião fica um pouco mais leve e, sendo assim, consome menos combustível, deixando um pouquinho mais no caixa da empresa. Também, pelo simples fato de não existirem, não quebram, não sujam... Avião não é restaurante nem lanchonete, mas se você pensa que é, então escolha um restaurante voador do seu agrado. O problema é que no Brasil não temos escolha, não temos restaurantes voadores em quantidade suficiente, não é mesmo?...

Na verdade, voos curtos como os da Ponte Aérea Rio-São Paulo, São Paulo-Curitiba, Brasília-Goiânia e outros mais, na minha opinião, nem deveriam ter serviço de bordo. No máximo um copo d'água. Sem serviço de bordo, esses trechos poderiam inclusive ser mais baratos. Isso não quer dizer que não se possa servir nada. Sempre haverá empresas que decidirão incluir um serviço de bordo melhor ou pior no preço da passagem, ou vendê-lo separadamente para aqueles que quiserem e puderem. Realidade nua e crua nos países onde esta visão já está mais avançada. Basta que essas empresas também tenham o direito de existir e esses serviços possam ser oferecidos.

Parabéns aos homens e mulheres que dirigem as empresas onde isso já é possível. Pessoas que, ainda lá atrás, perceberam que o transporte aéreo de passageiros é um negócio que, como qualquer outro, precisa ser reinventado todos os dias. Essas pessoas nunca acreditaram na dita "sabedoria convencional", arregaçaram as mangas e partiram para as inovações. São também essas pessoas que nunca se convenceram de que a proteção governamental pudesse produzir reais e duradouros benefícios ao consumidor, como, por exemplo, um transporte aéreo realmente mais seguro e mais barato.

O que é o famoso espírito *Southwest*?

Os negócios também têm um ciclo normal de vida, e a aviação não é exceção. Empresas aéreas também passam por um processo de concepção, nascimento, crescimento, maturidade, declínio e morte. Em alguns casos, esse ciclo pode levar apenas uns poucos anos, em outros, séculos, mas é um processo inevitável. Observando-se essa lógica, não é difícil compreender que, em algum ponto do futuro, as empresas aéreas que conhecemos não existirão mais. Pelo menos não da forma como hoje as conhecemos. Mas nem tudo serão trevas. Processos de compra e/ou fusão sempre garantirão a continuidade de parte dos empregos dos funcionários daquelas que falharam em se adaptar aos novos tempos.

As empresas mais ágeis e mais eficientes são aquelas que, ao se adaptar mais eficientemente às mudanças do negócio, transformam a si próprias em entidades servidoras das demandas do mercado; são elas as futuras vencedoras. Dessa forma, as empresas vencedoras sempre serão, dentro da própria maturidade, capazes de renascer e até mesmo de regressar a estágios iniciais desse ciclo, e assim sempre se reinventar e inovar. Infelizmente, o tempo já provou que a grande maioria das empresas aéreas não são capazes de mudar a si próprias na velocidade requerida, portanto, não têm sido capazes de salvar a si mesmas. No negócio de transporte aéreo de passageiros é preciso contemplar o horizonte constantemente em busca das mudanças que inevitavelmente virão. É de vital importância ser capaz de identificar tendências, e para onde elas vão nos levar nos próximos cinco ou dez anos. As pistas para identificar tais mudanças e tendências vêm de várias fontes, mas uma coisa é certa, elas virão, e virão mais rápido do que imaginamos. Portanto, estratégias proativas, e não reativas, serão vitais.

Empresas aéreas são, por natureza, organismos que dependem de aderência estrita a uma série de práticas de negócios para o seu bom funcionamento. A maioria delas é composta de organizações altamente formais e centralizadas. Como resultado dessas estruturas complexas, existe uma inércia nas operações dessas empresas que tem se provado extremamente difícil de superar. Ainda que um administrador queira introduzir mudanças dramáticas, essas mudanças têm que acontecer com a compreensão, cooperação e participação dos funcionários. Mas, infelizmente, a maioria das administrações desenvolveu ao longo dos anos relacionamentos antagônicos com seus comandados. Mas o mundo nos deu exemplos de que exceções existem, e a maior dessas exceções se chama Southwest. É um bom exemplo que começa a dar bons frutos mundo afora.

Este é o nome da maior e, sem dúvida, da mais bem-sucedida empresa aérea realmente pioneira na prática da política de baixos custos e baixas tarifas no mundo. Ela é o fenômeno que inspira centenas de empresários mundo afora, e não só na aviação. Sua filosofia de trabalho sempre foi tão distinta e tão eficiente, que acabou se transformando em um caso de estudos. Na década de 60, os Estados Unidos tinham um mercado servido por empresas geridas de forma tradicional, administrações conservadoras, e elas tinham grande influência sobre as decisões do governo norte-americano de então. Aquele era, em muitos aspectos, um mercado muito parecido com o que temos ainda hoje no Brasil.

A Southwest tem sua sede operacional na cidade de Dallas, e é hoje a maior empresa aérea norte-americana em número de passageiros transportados anualmente no mercado doméstico. Em relação ao número de passageiros transportados no geral, ela ocupa o segundo lugar entre todas as empresas do mundo. Possui a quarta maior frota de aeronaves comerciais de todo o planeta terra. Até o dia 14 de janeiro de 2008, a frota da Southwest era composta de 538 aeronaves, todas do modelo Boeing 737. Até essa data, ou seja, 37 anos após sua fundação, essa empresa contabilizava apenas cinco acidentes sem maior gravidade, nenhuma vítima fatal. Prova cabal de que o modelo econômico adotado por essa empresa também pode ser muito seguro para seus usuários.

Sentados a uma mesa de restaurante estavam dois homens de negócios, lamentavam-se dos serviços prestados pelas empresas aéreas que na época serviam o Estado americano do Texas. Eles rabiscaram em um guardanapo as suas ideias sobre o assunto. Como eram empreendedores por excelência, decidiram, então, entrar no negócio. Contrataram um advogado para dar início ao processo de aquisição das permissões governamentais, coisa dificílima até hoje, pelo menos por aqui.

Este, não por acaso, era um excelente advogado que, munido de uma admiração genuína pela ideia, tornou-se sócio, seguiu em frente e combateu as grandes empresas uma a uma nos tribunais, pois elas não deixaram barato, e tentaram embargar essas concessões sob o antigo argumento de que só elas tinham direitos sobre o que na realidade sempre fora público. Isso, aliás, costuma ser bem comum na aviação, ver um monte de empresários chorões vindo a público e protestando contra o nascimento descontrolado de novas empresas, como se o céu fosse um lugar sagrado e reservado somente para aquelas empresas já estabelecidas.

A empresa nasceu e decolou em 1971. Desde então, segundo seus donos e funcionários, a diversão e os lucros nunca cessaram. Havia sido criada uma nova cultura aeronáutica. Cultura, com "C" maiúsculo.

Um dos grandes diferenciais dessa empresa é que, se os passageiros ou clientes têm sua importância, a Cultura da Southwest ensina que se deve fazer o mesmo com os seus funcionários, ou seja, colocá-los no mesmo pedestal, ou mesmo acima dos passageiros. Para se ter uma boa ideia da importância dos funcionários naquela empresa, basta entrar no edifício sede. O departamento de pessoal, ou recursos humanos, localiza-se logo na entrada do prédio, no saguão, e não escondido, como na maioria das grandes corporações. Esse pessoal sabe que os dois elementos mais importantes em uma companhia não aparecem em seus balanços, sendo esses sua reputação e seus homens e mulheres. Para eles, o bom atendimento começa em casa. Simplesmente se recusam a deixar que se abata sobre eles a tragédia que é privilegiar a inversão de valores, que faz com que uma empresa aérea aprenda equivocadamente a amar as técnicas e apenas usar as pessoas.

Na visão dessa empresa, clientes e funcionários se completam, fazendo com que o negócio atinja seu objetivo, que é o de ganhar dinheiro, distribuí-lo corretamente, transportar pessoas com segurança, causando bem-estar e felicidade. Também na sua visão, longas filas devem andar rápido, muito rápido, sendo este um indicador de sucesso e de eficiência no atendimento, e não um sinal de fracasso, desorganização e desrespeito ao usuário. Na Southwest, quando um funcionário recebe seu contracheque no final do mês, sempre verá registrada a seguinte mensagem, "Dos nossos clientes".

Notavelmente, em um negócio composto mais de seguidores do que de líderes, essa empresa nunca se afastou da sua filosofia de negócios. Ela é, hoje em dia, administrativamente falando, quase a mesma coisa que era quando foi criada. A ideia é tão boa que não foi preciso fazer grandes ajustes, só aprimorar a Cultura. Essa forma de pensar e agir ainda desafia a crença de muita gente. Mas como, e por que, após a morte empresarial de tantos competidores, ao longo de tantos anos, essa empresa ainda está de pé, e tão bem? Segundo seus dirigentes, eles sempre se inspiraram em uma famosa frase de Einstein, que diz

"Quando estiver diante de várias escolhas, escolha sempre a maneira mais simples de fazer as coisas."

E exatamente por seguirem esse pensamento à risca é que continuam colhendo, ano após ano, os ótimos frutos do sonho original. Foi esse pessoal que entendeu que, racionalizando custos e métodos operacionais, seria mais fácil ganhar pouco sobre muitos, do que muito sobre poucos. Sendo assim, logo em 1973 ela atingiu o azul contábil pela primeira vez, e tornou-se a primeira linha aérea norte-americana a oferecer participação nos lucros aos seus funcionários. Hoje, 15% de todo o lucro pré-impostos são embolsados pelos funcionários na forma de ações; funcionários de TODOS os níveis.

"Queremos nossos funcionários sentindo-se como se fossem donos, tendo atitudes de proprietários, fazendo perguntas e pensando nos resultados", dizem eles. "Enquanto for assim, teremos a certeza de que eles farão o melhor trabalho possível, e farão o que for necessário para tomar conta de nossos clientes."

Os riscos de se dar mal de vez em quando são insignificantes quando comparados com os benefícios de se sentir livre para assumir riscos e ser criativo. Durante os anos que se seguiram, eles nunca fizeram nenhum segredo de suas táticas nem de seus resultados. Ao serem perguntados sobre o porquê de as outras empresas não conseguirem reproduzir o Espírito Southwest, eles simplesmente respondem:

"Manter a simplicidade é a coisa mais difícil de ser executada. É como fazer uma bomba atômica. Na teoria é muito simples, mas construí-la é tarefa de uma magnitude bem diferente."

Tudo começa com respeito, dizem eles. Sempre que alguém achar que uma cidade não oferece um mercado bom o suficiente para nós, lá estaremos nós. Sempre que um estudo apontar que quanto mais dominante uma empresa for em um determinado aeroporto, mais caras serão as tarifas cobradas por essa empresa, lá estaremos nós para provar o contrário.

Somos detentores de 90% do mercado do aeroporto Love Field, em Dallas, no Texas, e esse aeroporto é hoje o que oferece as mais baixas tarifas de todo o país. É assim que deve ser.

São loucos? Isso só você, meu caro leitor, poderá dizer...

O que foi o Ato de Desregulamentação da aviação comercial norte-americana?

Foi uma lei sancionada em 1978 pelo então presidente Jimmy Carter, que simplesmente transformou de forma dramática, e por inteiro, o setor aeronáutico civil do Estados Unidos. Seu propósito foi o de limitar o controle do governo sobre a aviação comercial daquele país, expondo as empresas a forças de mercado reais.

Nos primeiros anos tudo foi muito caótico. Várias empresas de grande porte chegaram a falir. No entanto, os anos que se seguiram foram testemunha de um grande renascimento, fortalecimento e modernização do setor aéreo norte-americano. Na verdade, para os consumidores só houve ganhos. A essa desregulamentação do setor credita-se o fato de os usuários terem hoje em dia mais opções de voos e tarifas mais baixas. Para se ter uma ideia, o preço das tarifas caiu, em termos reais, em média 50% ao longo de 30 anos, o que em um mercado tão competitivo como o norte-americano é realmente um grande feito. Em um mundo que se vê cada vez mais envolvido com medidas e custos antiterrorismo, muitos políticos têm secretamente se organizado para fazer renascer uma nova e mais restritiva regulamentação do setor, de modo a trazer uma falsa imagem de ordem e lucros. Para os passageiros, isso só implica menos opções e preços mais altos.

Já se passaram 30 anos desde sua implantação, e os empresários do setor ainda estão debatendo se o processo de desregulamentação foi longe demais ou se ainda não foi o suficiente. Muitos defendem uma volta ao passado, quando o governo ditava tudo para todos. Uma época na qual melhores salários e estabilidade econômica eram sempre obtidos por meio de um serviço de qualidade duvidosa, empurrado de qualquer maneira ao consumidor. Antes da desregulamentação, as aeronaves norte-americanas voavam com uma média de apenas 52% de seus assentos ocupados; hoje, essa média supera os 80%. Após todos esses anos, um dos principais pontos positivos é, sem dúvida alguma, o fato de que contamos com grandes empresas que se reorganizaram de forma dramática, e agora são capazes de oferecer muito mais oportunidades de emprego do que no passado.

Eventos como a Guerra do Golfo, os atentados terroristas de 11 de setembro de 2001, os recentes aumentos do barril do petróleo, nenhum deles tem nada a ver com regulação do setor aéreo. Sob a ótica da desregulamentação, a madeira morta foi sendo queimada, e continuará sendo. Dar ouvidos a conversas sobre reregulamentação é prestigiar a sobrevivência de empresas mal geridas em detrimento de uma eficiência crescente. O fato de muitas empresas norte-americanas terem encerrado suas operações desde a desregulamentação do setor de transporte aéreo naquele país, tem muito mais a ver com a entrada de novos e mais eficientes competidores e más decisões comerciais e administrativas, do que com qualquer outra coisa.

O único propósito de uma eventual reregulamentação do setor é evitar que a livre competição continue sendo exercida. Regulamentação excessiva acorrenta a habilidade das empresas aéreas de reagir às novas realidades mundiais, e engaveta os direitos dos consumidores, conquistados dolorosamente. Regulamentação excessiva premia os maus e pune os bons, além de ser uma fórmula para a nossa passividade. A regulamentação excessiva não é capaz de premiar a criatividade das pessoas nem das empresas, que estão dispostas a se arriscar para provar que são capazes de fazer algo novo e melhor. Em um meio ambiente de desregulamentação, várias ineficiências fortemente arraigadas foram sendo paulatinamente eliminadas, e novas iniciativas, como a venda de bilhetes pela internet, o check-in eletrônico, programas de milhagem e muitas outras ideias foram florescendo. Sob essa luz, como poderia alguém ainda crer que um eventual retorno ao que pensa e determina o governo nos seria algo benéfico? As respostas para os novos desafios devem ser encontradas pelas próprias companhias.

Por que tantas empresas "tradicionais" quebraram também no Brasil?

No caso brasileiro trata-se do final de um mais um ciclo. VASP, a antiga VARIG, Transbrasil, Taba, Nordeste, Rio-Sul, Cruzeiro do Sul, e várias outras, foram vítimas de uma coisa chamada "má gestão empresarial". Pode-se dizer o que quiser para defendê-las, entretanto, tecnicamente, quebraram. E se o pouco que sobrou de algumas foi vendido, isso também aconteceu porque estavam quebradas...

Há 60 anos, as empresas "tradicionais" não eram nenhuma dessas que vimos desaparecer nos últimos anos. Elas eram a Panair do Brasil, a Real Aerovias, a Aerovias Brasil e um sem-número de outras empresas que atuaram no Brasil, especialmente no período pós-guerra e, no entanto, ninguém mais se lembra delas. O tempo passou, e elas também. Algumas foram vítimas de golpes políticos, outras, de golpes financeiros. O que importa é que não voam mais nos céus do Brasil nem do mundo, infelizmente.

Com as empresas mais recentes o mesmo está acontecendo. Falências, fusões ou simplesmente encerramento das operações estão selando o destino de cada uma delas. Não é um fenômeno brasileiro. Nem a todo-poderosa Aeroflot, empresa aérea estatal da extinta União Soviética, escapou da realidade imposta por uma vigorosa economia capitalista. Com o fim do regime comunista, essa empresa foi retalhada e teve vários de seus feudos privatizados. A coisa era tão "tradicional" por lá que, de pulverização agrícola até voos internacionais, tudo era monopólio dessa estatal. Costuma-se dizer que, naqueles tempos, tudo o que voava na União Soviética, de um mosquito a um avião, pertencia à frota da Aeroflot.

Pois bem, essa empresa foi criada em 1923, e é uma das linhas aéreas mais antigas do mundo. Durante a era soviética, chegou a ser a maior empresa aérea do mundo. Com a chegada do fim dessa era, passou a ser uma empresa de capital misto, e hoje está entre as mais lucrativas do mundo. Inclusive, encontra-se hoje mergulhada em um profundo plano de reestruturação e modernização.

O caso brasileiro é mais comum, mas também marca um período de renovação. O Brasil é um país no qual já passamos por vários momentos políticos e econômicos diferentes ao longo de vários anos. Vários foram também os efeitos desses momentos sobre as empresas aéreas. Algumas simplesmente não tiveram fôlego suficiente para também se reestruturar, se adaptar, se modernizar de forma adequada, e seguir o compasso do mercado competitivamente. Outras foram vítimas de pura falta de visão, ou falta de competência administrativa. Seja como for, esses tipos de problemas não são, e não foram, de modo algum, exclusividade do setor aéreo. Doenças matam, mas também podem fortalecer; crises como as descritas acima também. Para se ter uma boa ideia dos resultados causados pela ação nociva do nosso governo, que age como sendo um sócio oculto, observe que, no Brasil, uma empresa deve trabalhar inimagináveis 132 dias para arcar com a carga tributária. Na Europa, 60 dias, e nos Estados Unidos, apenas 25.

Como ficou a situação da VARIG, da VASP e da Transbrasil, entre tantas outras?

Essa é uma das perguntas mais frequentes por aí. Com relação à VARIG, a resposta, meu caro amigo, é que, em função de graves crises financeiras, contraídas ao longo de vários anos, ela morreu. A VARIG, da forma como muitos ainda se lembram, ainda existe na forma de nome e de logotipo, no entanto, se arranharmos sua pintura, embaixo veremos a cor e o logotipo de quem a comprou. Hoje ela é apenas e tão-somente uma subsidiária do conglomerado comprador, que fará com ela a mesma coisa que ela, tempos atrás, fez com as empresas que ela mesma comprou no passado, como a Cruzeiro do Sul, Nordeste, Rio-Sul e Real Aerovias. Simplesmente engoliu e, com o tempo, digeriu e absorveu. E, agora, o mesmo já está sendo feito com ela.

Ainda que a casca seja preservada, obviamente, por motivos de marketing doméstico e internacional, tudo dentro dela já está sendo substituído. Com certeza será uma empresa administrada de forma mais moderna e eficiente, uma operação mais enxuta, racional e mais focada no lucro. Aí, sim, ela será plenamente capaz de continuar a levar o bom nome de nosso país mundo afora, representando-nos, quem sabe, de uma forma mais atual e contemporânea. Como já foi dito anteriormente, o fechamento puro e simples de uma grande empresa aérea como essa, na verdade não é bom para ninguém. Devemos sempre pensar em uma forma eficiente de preservar o emprego das pessoas. Esta deve ser, na minha opinião, a grande razão de todo negócio: as pessoas. O que se sabe é que, com certeza, a empresa compradora já demonstrou ter qualidades de sobra para levar a VARIG de volta ao lugar onde um dia já esteve. Resta-nos torcer para que isso realmente aconteça.

A VASP foi fundada em 1933 e voou até 2005, tendo sua falência decretada em 2008. Foi, sem dúvida alguma, uma das grandes responsáveis pelo desenvolvimento e pela integração do nosso país. Mas foi vítima de administrações inescrupulosas, irresponsáveis, e infelizes sob quase todos os aspectos. Somando-se a isso, foi vítima de um processo de privatização no mínimo duvidoso. Pode-se dizer que do ponto de vista político, operacional, comercial e estratégico, a incompetência administrativa foi levada extremamente a sério.

A combinação nefasta e fatal de falta de preparo com extrema arrogância, desrespeito e desonestidade, dificilmente será vista novamente na aviação brasileira. Se Deus quiser. Se é que a administração responsável pelo destino final dessa que já foi uma das grandes empresas aéreas da América Latina fez algo de positivo em prol da empresa e de seus milhares de funcionários, ninguém sabe, ninguém viu. Talvez tenham levado esse "algo" para bem longe daqui, para um lugar onde só eles possam desfrutar. Seus bravos funcionários, no entanto, souberam dar a volta por cima e seguiram em frente, e estão entre os responsáveis por grande parte do sucesso recente de algumas das empresas que voam nos nossos céus.

A Transbrasil foi, de longe, a mais simpática e, ao mesmo tempo, a mais brasileira de todas as empresas aéreas cujos aviões este país já teve o privilégio de ter visto, durante anos a fio, cruzando os seus céus. Infelizmente, só isso não bastou para classificá-la entre as empresas aéreas capazes de sobreviver à duríssima realidade da contínua necessidade de mudanças, inovações e adaptações que o tempo implacavelmente impõe para tudo e para todos. Durante muitos anos ela foi a única grande empresa brasileira a ter um único dono, um senhor, um comandante chamado Omar Fontana. Morto em dezembro de 2000, ele foi sem dúvida alguma a personificação de sua própria empresa.

Pioneirismo e ousadia eram qualidades que não lhe faltavam, e era dele a empresa que levava o nome e as cores de nosso país orgulhosamente estampadas nas fuselagens de seus belos aviões. Infelizmente, por várias vezes faltaram-lhe elementos vitais no mundo dos negócios, como experiência, malícia e conhecimento estratégico para permanecer no jogo, driblando, entre outras coisas, as táticas sujas do poder. Ao perseguir seu ideal de forma tão intensa, ele conduziu sua empresa de forma romântica e mágica, mas, como bem sabemos, viver e voar assim sempre foi muito difícil e muito doloroso. Arriscando-se sempre, ele buscou obstinadamente o sol, ainda que no fim desse voo tivesse provocado chuva e também tempestade. Do encontro desses dois elementos da natureza nasce o arco-íris, e sem dúvida foi para lá que voltou o comandante Omar.

Com certeza outros grandes homens passaram e ainda hão de passar pela aviação brasileira, mas desse comandante, todos nós que um dia voamos os aviões com o arco-íris pintado na cauda jamais, jamais nos esqueceremos...

Na verdade, a Transbrasil esteve por várias vezes a um passo de ser adquirida, tanto pela TAM (cujo real interesse sempre foi a aquisição da VARIG) quanto pelos fundadores da jovem e energética GOL. Essas negociações se desenvolveram em um período de incontáveis turbulências econômicas, e devido principalmente a esse motivo, infelizmente não puderam ser concretizadas. Convencidos de que fundar uma nova companhia do zero era a melhor opção, os fundadores da Laranjinha Voadora (GOL) assim o fizeram.

Esse é um mundo no qual o sonho e a realidade são divididos por uma linha muito, muito tênue; um mundo no qual uma decisão administrativa equivocada pode levar anos para ter suas consequências revertidas, e isso quando se consegue revertê-las. Ao pensar com o bolso, e não com o coração, descartou-se a chance (talvez a última) de ver a Transbrasil voando novamente.

O tempo provou que os interessados estavam certos. Sem assumir dívidas, e estando corretamente capitalizadas (tanto em recursos financeiros quanto em recursos humanos), trabalhando duro e com extrema competência, correndo apenas os riscos necessários, as empresas sobreviventes mostraram como se faz para vencer, e em apenas alguns poucos anos passaram a figurar entre as poucas empresas no mundo consideradas megaclientes da Boeing, Airbus e EMBRAER.

Parabéns para esses senhores que, com sua visão e experiência administrativa, geram milhares de empregos e oportunidades, além de demonstrar que, quando o ser humano parte para a boa briga, impossível passa a ser apenas e tão-somente uma palavra, e não uma realidade.

Empresa aérea que para de voar dificilmente volta, e quando volta normalmente não é bem-sucedida, e isso se deve a uma série de razões. Entre elas, estão as empresas atualmente estabelecidas, pois essas não devem e não ficam de braços abertos esperando, amigavelmente, a volta da concorrência. E, por fim, temos o descrédito por parte dos usuários, que sempre desconfiam de uma empresa que já quebrou. Eles normalmente decretam uma segunda e definitiva morte... Nesse ramo, a ressurreição é realmente para poucos, muito poucos.

E a colisão nos céus de Mato Grosso?

Antes de qualquer coisa, eu gostaria de fazer um agradecimento e um tributo ao PARA-SAR, esse bravo e valoroso Esquadrão Aeroterrestre de Salvamentos da FAB. Para fazê-lo da forma mais legítima possível, tomo a liberdade de reproduzir o depoimento de um de seus integrantes que participou do resgate do voo GOL 1907. Depoimento que encontrei em uma publicação interna da FAB.

Por que não conseguimos devolver a essas pessoas (os parentes e amigos) seus entes queridos? Por que um acidente dessa magnitude aconteceu numa época em que a tecnologia está tão avançada? Fiquei triste ao perceber que apesar dos avanços, homens como eu e meus companheiros ainda somos indispensáveis. Ainda que, desta vez, em virtude de não ter havido sobreviventes, não tivéssemos tido a oportunidade de mostrar o quão capazes somos e até onde podemos ir para salvar uma vida desconhecida, fizemos o nosso trabalho. Buscamos vida onde tudo lembrava a morte! Infelizmente, dessa vez o PARA-SAR não obteve sucesso em salvar vidas, e quando isso acontece, morremos um pouco também!

Acidentes ferem as empresas antes mesmo de atingir seus empresários, portanto, devemos ser bastante cuidadosos ao falarmos sobre culpas e responsabilidades. Sei muito bem que, nesse caso em particular, tratou-se de um acidente no qual tripulantes e passageiros brasileiros, por assim dizer, levaram a pior. Alguns conhecidos meus estavam a bordo daquele avião. No entanto, não se tratou de um combate entre duas aeronaves, nem foi o avião brasileiro abatido covardemente por conta sabe-se lá qual motivo. Simplesmente foi mais um trágico acidente aéreo.

O que aconteceu com os brasileiros poderia também ter acontecido com os norte-americanos, eles só não morreram também porque não era o dia deles. Em momentos como esses é preciso seguir as regras ao máximo e deixar os verdadeiros profissionais do assunto, os investigadores de acidentes aéreos, fazerem o seu trabalho. Ao se deixar levar puramente pela emoção, além de vidas, o Brasil poderia perder também a oportunidade de dar um grande exemplo, o de que somos um país maduro o suficiente para encarar e lidar com esse tipo de coisa da mesma forma e com a mesma serenidade com as quais gostaríamos de ver nossos pilotos sendo tratados lá fora caso o inverso ocorresse. Sejam inocentes ou culpados, eles (pilotos e controladores) têm o direito de se defender dentro da lei.

Acidentes como o ocorrido em setembro de 2006 envolvendo um grande jato de passageiros e um jato executivo Legacy, fabricado pela EMBRAER, são extremamente raros na aviação, mas já ocorreram antes em várias partes do mundo. Entretanto, dois desses acidentes, um ocorrido em 1973 sobre a cidade de La Trauche, região de Nantes, na França, e o outro em 1976, sobre a cidade de Split, na Iugoslávia, ilustraram muito bem o que a falta de um controle aéreo adequado é capaz de causar.

No caso francês, o acidente extremamente parecido com o que viria a ocorrer no Brasil 33 anos depois, ilustrou

Convair Coronado & Douglas DC-9

também o comportamento das autoridades governamentais responsáveis. Os controladores de tráfego aéreo franceses encontravam-se em greve e os militares assumiram temporariamente suas funções. Essa situação levou algumas empresas mais cuidadosas a evitar o espaço aéreo francês, um dos mais congestionados da Europa.

A colisão envolveu duas aeronaves espanholas, um Douglas DC-9 pertencente à Ibéria, que voava de Palma de Maiorca para Londres, e um Convair Coronado pertencente à Spantax. Após a colisão, o DC-9 caiu, matando seus 68 ocupantes, e o Coronado, milagrosamente, conseguiu pousar em uma base aérea na cidade de Cognac, mesmo tendo perdido uma parte significativa de uma de suas asas.

Após o pouso, o comandante espanhol foi imediatamente preso pelos franceses. No furor que se seguiu, as autoridades francesas, lideradas pelo Ministro dos Transportes da França, culparam todos, exceto eles mesmos. Alegaram que os controladores de tráfego aéreo haviam sido completamente inocentados com base nas gravações das comunicações feitas entre eles e os pilotos dos dois aviões. Essas gravações jamais vieram a público. No entanto, investigações complementares levadas a cabo pelo jornal inglês The Sunday Times, provaram que os pilotos espanhóis haviam sido forçados a escutar controladores diferentes, em frequências diferentes, e ao mesmo tempo, o que teria levado a uma total confusão, que resultou nesse acidente horrível.

Alguns meses depois veio à tona o fato de que a Força Aérea Francesa estava tentando suprimir o relatório feito pelo investigador chefe de aviação daquele país. Esse relatório apontava erros grosseiros e elementares, cometidos pelos controladores, como tendo sido a verdadeira causa do acidente. Mesmo após sua publicação oficial, dois anos depois da data do acidente, constatou-se que ele havia sido adulterado, e partes importantes, como a transcrição das comunicações, simplesmente não estavam presentes. No entanto, admitia que o controle militar causara fonte de conflitos e mencionava dificuldades nas comunicações, levando à confusão entre pilotos e controladores. Finalmente a imprensa francesa cravou seus dentes no Ministro dos Transportes, que não teve outra opção que não fosse a renúncia de seu cargo. Mesmo assim, cinco anos se passaram até que os familiares dos mortos tivessem direito a receber suas compensações financeiras. Alguém vê alguma semelhança com o ocorrido no Brasil com o Boeing brasileiro e o jato executivo norte-americano?

O caso iugoslavo envolveu um Douglas DC-9 iugoslavo e um Trident inglês. Por sua localização geográfica em particular, a antiga Iugoslávia havia se tornado um importante entroncamento de aerovias que unem a Europa à África e ao Oriente Médio. Muito embora fosse uma realidade desconhecida para muitos, o fato é que uma quantidade enorme de quase colisões aéreas já havia ocorrido em céus iugoslavos naquela época. Com o acúmulo crescente de tráfego aéreo, a atenção dos controladores estava sendo cada vez mais exigida.

Era chegada a hora da troca de turno entre controladores, e o funcionário que renderia o outro estava atrasado para o serviço. Cansado, e já dando sinais de irritabilidade, o colega que seguia trabalhando entregou o serviço a um assistente e foi ver o que acontecia com o colega que não chegava. Em poucos minutos o assistente ficou sobrecarregado. O volume de tráfego aéreo naquele momento era tão intenso, que mesmo um experiente controlador como aquele teria dificuldades. Quando finalmente o novo controlador chegou e iniciou a transferência do turno, o assistente estava tão distraído com tantas mensagens de aeronaves transmitidas ao mesmo tempo que, sem querer, autorizou uma aeronave a subir para uma altitude que já estava sendo ocupada por outra. Segundos mais tarde ele perceberia seu erro, e daria ordens imediatas para que as aeronaves efetuassem manobras evasivas de emergência. Mas já era tarde demais.

Trident

A ponta da asa do Trident rasgou a cabine de comando do DC-9. As duas aeronaves caíram e 176 pessoas perderam a vida. Havia sete controladores trabalhando naquele momento, todos foram imediatamente presos. O controlador assistente acabou sendo condenado a sete anos na prisão. Depois de dois anos cumprindo pena, foi libertado. A alegação de que ele não havia falhado, e sim o sistema, foi finalmente aceita. Assim como o caso da colisão ocorrida no Brasil, essa foi um momento chave na história do controle de tráfego aéreo no mundo. Neste momento tiveram início várias modificações que viriam a modernizar a forma de controlar aeronaves no céu e na terra.

Como se pode ver, o dito Primeiro Mundo também tem exemplos negativos a dar ao resto do mundo. Sou comandante de Boeing 737NG, o mesmo tipo envolvido naquele acidente, e por acaso pilotei aquela mesma aeronave cerca de 20 dias antes do acidente. Tive o privilégio de ter sido copiloto, quando ainda voava pequenos aviões de táxi aéreo, do comandante daquele voo. Tenho voado naquele trecho (Brasília—Manaus—Brasília), bem como por todo o território nacional por pelo menos 24 anos. Eu sei muito bem o que costuma acontecer por ali e em outras regiões que estão sob a responsabilidade do controle de tráfego brasileiro no quesito comunicações. Nada do que foi dito pela mídia a respeito de dificuldades de comunicações em determinados trechos é mentira, todos os problemas expostos são reais.

Ficar até 15 minutos sem conseguir falar com os órgãos de controle de tráfego aéreo naquela região é coisa comum, é coisa que há muitos anos acontece com todos os que voam naquela e em outra regiões de nosso país. Isso acontece por pura falta de investimentos, e para resolver, basta apenas a instalação de mais antenas retransmissoras e/ou investimentos em equipamentos que permitam as transmissões via satélites. Também aproveito para informar que, muito embora as atenções de todos estejam voltadas para essa região geográfica em particular, compreensivelmente em função de ter sido por ali que ocorreu o terrível acidente com o avião brasileiro, na verdade este tipo de deficiência existe em inúmeros pontos do nosso espaço aéreo; a região Nordeste também tem alguns pontos cegos ou buracos negros de comunicações aeronáuticas.

Os responsáveis pelo controle de tráfego aéreo brasileiro gostam de se esquivar deste ponto, dizendo que é impossível ter cobertura radar de baixa altitude em todo o território nacional. Eu concordo. Concordo também que, quando me refiro a pontos cegos ou buracos negros, não estou me referindo a radares, e sim à falta de capacidade de comunicação pura e simples, portanto, não confundamos "alhos com bugalhos". Vários erros foram cometidos, essa é a grande verdade. Mas, ainda que os pilotos norte-americanos tenham cometido alguns deles, como suposta e inadvertidamente terem desligado o conjunto Transponder/TCAS, esse com certeza não foi o maior erro. O maior erro, ainda que não de forma intencional, realmente foi instruir alguém a voar na contramão de uma aerovia localizada em uma região com problemas de comunicação aeronáutica há muito conhecidos.

Qual era a experiência de voo dos pilotos norte-americanos naquele tipo específico de aeronave?

Aqueles pilotos vieram buscar um avião no qual claramente não estavam bem treinados, e segundo gravações feitas na cabine do Legacy após o impacto, tinham dúvidas sobre como manusear alguns equipamentos de navegação, o que é básico, o que é grave, e certamente lhes confere grande parte da responsabilidade sobre o acontecido. A fábrica entrega a aeronave ao cliente, e este determina quem vai pilotá-lo durante o voo de recebimento. Espera-se que, no mínimo, sejam pilotos realmente habilitados e experientes no tipo de aeronave a ser pilotada. O Legacy é uma aeronave complexa, e precisa de alguém que realmente entenda dela. Ao assumir o risco de voar um avião cuja operação os pilotos não dominavam por completo, a empresa dona da aeronave, e também os seus pilotos, responderão judicialmente por esta escolha. No entanto, esses pilotos não vieram ao nosso país com o claro intuito de cometer crimes, e muito menos de se expor à morte de forma tão obviamente suicida. Erros foram cometidos por controladores e também pelos pilotos norte-americanos, que também ficaram tempo demais sem monitorar o funcionamento do seu Transponder/TCAS. O fato de o plano de voo ter sido apresentado por uma empresa terceirizada nada tem a ver com o acidente. Todas as empresas aéreas regulares do mundo se utilizam desses mesmos serviços, inclusive as nossas. Dizer que um dos pilotos passou algum tempo fora da cabine também não quer dizer nada. Pilotos também têm o direito de utilizar o banheiro ou coisa que o valha. Se vamos acusá-los, é melhor fazer o nosso trabalho bem feito e tratar de buscar provas incontestáveis.

Algumas coisas devem ficar bem claras para o leitor. Monitorar o sinal enviado pelo Transponder é função do controlador, e certificar-se de que o equipamento está ligado é função do piloto. Assim que o sinal, para ser recebido pelo radar de solo, tenha sido pelo motivo que for, o controlador deve tomar alguma atitude. Passaram-se 50 minutos desde que o Transponder do Legacy parou de transmitir a posição da aeronave e, incrivelmente, esses pilotos, os norte-americanos, não foram avisados do fato, e tampouco perceberam que o equipamento estava desligado. Concordo que os pilotos do Legacy tenham falhado. Passar quase uma hora sem monitorar o funcionamento de um equipamento importante é, no mínimo, complacência total.

Uma das versões plausíveis que ouvi é a de que após terem mantido o nível de voo 370 até a vertical de Brasília, e tendo sido orientados a mantê-lo, os pilotos estariam mantendo esse nível enquanto aguardavam novas instruções do controlador de Brasília. Ainda que estivesse previsto no plano de voo, "os pilotos jamais mudariam de nível sem consultar o controlador antes, a não ser que já se considerassem em uma situação de falha de comunicações, o que na cabeça deles claramente ainda não era o caso". Os procedimentos adequados para a mudança de nível por conta própria, em função de uma falha de comunicações, estão previstos nos regulamentos de tráfego aéreo, entretanto, é preciso que o próprio piloto se considere nessa condição.

Os Estados Unidos seguem uma regulamentação substancialmente diferente da seguida pela maioria dos países do mundo, e isso em relação à atividade aérea em geral. Os norte-americanos seguem dentro de seu próprio país a legislação imposta por sua agência reguladora, a FAA, cuja legislação abrange somente os EUA; e o Brasil segue a legislação imposta pela ICAO — International Civil Aviation Organization, órgão da ONU — Organização das Nações Unidas — que rege nada mais nada menos que 190 países. Quando um piloto brasileiro está voando em espaço aéreo norte-americano, ele deve estar familiarizado com a legislação do FAA e segui-la. O mesmo se aplica aos norte-americanos que estiverem voando em espaço aéreo regido pela legislação ICAO, seja no Brasil ou em qualquer outro país regido por esta legislação.

Os procedimentos FAA/ICAO para lidar com uma eventual falha de comunicações diferem em alguns pontos, mas alegar que, em função de sua nacionalidade, os pilotos norte-americanos estariam livres para agir de acordo com os procedimentos que regem o espaço aéreo de seu país, é como um brasileiro alugar um carro em um país onde a mão seja inglesa (dirige-se do lado esquerdo da via, ao contrário daqui) e sair dirigindo na contramão, alegando que por ser brasileiro estaria certo. A consulta sobre o que fazer após a passagem sobre Brasília foi feita quando estavam sobre aquela localidade, e foram instruídos a manter o mesmo nível que vinham mantendo, e assim o fizeram.

Como o controlador não emitia uma nova instrução de modificação de nível de voo, a aeronave foi se afastando de Brasília e a capacidade de comunicação foi se degradando, chegando ao ponto em que a aeronave entrou em uma área onde as comunicações via rádio são muito improváveis entre os aviões e os órgãos de controle de tráfego aéreo, simplesmente porque nunca se investiu em equipamentos para eliminar essa dificuldade. A real possibilidade de o próprio TCAS se autodesligar após passados alguns poucos segundos sem receber nenhum dado por parte dos pilotos já havia ocorrido nos Estados Unidos com o mesmo tipo de aeronave. O fato gerou a emissão de um boletim técnico, emitido pela Agência Reguladora daquele país, que entendeu que aquele modelo de TCAS tinha esta falha, e que todos os pilotos de aeronaves equipadas com esse tipo de TCAS deveriam ser advertidos dessa possibilidade.

Baseado em observações, o NTSB (CENIPA norte-americano) recomendou ao FAA (ANAC norte-americana) que mudanças fossem feitas no intuito de aumentar a percepção por parte dos pilotos quando o equipamento estivesse desligado ou inoperante. No caso do Legacy, quando o TCAS está desligado, apenas uma mensagem estática (não fica piscando) de cor branca avisa os pilotos. Isso é muito pouco eficiente e confiável como método para chamar a atenção dos pilotos em um ambiente de voo. Como já estavam voando há um bom tempo, é compreensível que a atenção em relação às luzes que não sejam de alerta, ou seja, amarelas ou vermelhas, diminua.

Na verdade, é extremamente comum um piloto se esquecer de ligar o Transponder antes mesmo da decolagem, ou desligá-lo após o pouso, e só fazer isso após ter sido alertado pelo controlador, que continua recebendo o sinal do avião em sua tela de radar mesmo depois de o avião ter pousado. Alguns poucos aviões ligam e desligam esse equipamento automaticamente quando pousam ou decolam, mas não é o caso da maioria esmagadora. Os dois estavam seguindo as mesmas informações de satélite ou Sistema de Navegação Inercial. Eles voavam, por assim dizer, exatamente no mesmo trilho. O que poupou o Legacy e seus ocupantes foi provavelmente o fato de ele ser um avião menor que o Boeing, e também por estar levemente abaixo deste, coisa de centímetros talvez. Caso fosse um avião maior, e estivesse 100% na mesma posição e altitude que o outro, não sobraria ninguém.

Todos os equipamentos de alerta contra colisão poderiam falhar, isso está previsto, mas com duas aeronaves voando na mesma altitude em sentido contrário, com a precisão da navegação aérea nos dias de hoje, tudo via satélite, é 99,99% de certeza de que, se isso ocorrer, haverá uma colisão. Mesmo que um dos pilotos avistasse o outro, ainda estando longe, coisa extremamente improvável, a noção de diferença de altitude entre os dois e as velocidades somadas (± 1.600 km/h), por estarem em sentido contrário, torna a percepção, por parte do piloto, de que algo está errado quase que absolutamente impossível. Seria como contar, em uma fração de segundo, com algo como um "sexto sentido".

Para se ter uma ideia do quão difícil é avistar uma aeronave que esteja no sentido oposto e reagir a tempo, tomemos como exemplo dois aviões pequenos, voando em sentido oposto, e na mesma altitude, e que cada um esteja em uma velocidade de cerca de 300 km/h. O homem normalmente só consegue distinguir outro avião quando este está a cerca de pelo menos 4 km de distância. Isso durante o dia, como foi o caso dos Boeing/Legacy. Durante a noite, caso esteja com as luzes ligadas, será visto a uma distância maior. Caso algum dos pilotos avistasse o outro avião exatamente a 4 km de distância, ainda assim ele teria cerca de apenas 12 segundos para evitar o choque.

A velocidade do Boeing era de aproximadamente de 800 km/h, e a do Legacy não era muito inferior. Somadas as velocidades, teríamos uma resultante maior que a velocidade de uma bala de pistola 9 mm. Sendo assim, considerando a mesma distância, o tempo de reação com certeza não seria muito maior do que magros três segundos. Se é que foi isso o que ocorreu aqui, ainda há o fato de que, ao ser posto na posição *standby* (aguardando), o aviso para o piloto é apenas visual — muda a cor, de amarela para branca, do que está escrito em uma pequena tela. Piloto não é robô, é gente, e não fica 100% de seu tempo olhando fixamente para os instrumentos de voo. E também não se trata de uma raça superior, infalível.

Se o voo estiver tranquilo, ele simplesmente acopla o piloto automático e fica por ali gerenciando uma série de outros afazeres. O que exatamente eles estavam fazendo no momento da colisão eu não sei, mas posso garantir que, se tivessem visto o sinal mudar de cor, teriam percebido a desativação não intencional de um equipamento tão importante, inclusive para eles mesmos. Quanto a manter o nível de voo errado, o que tenho a dizer é o seguinte, TODOS os pilotos, no mundo inteiro, que estejam voando sob o regime de vigilância radar, obedecem às instruções dos controladores de voo. Quem voa sob esse tipo de regime de controle de tráfego aéreo está dispensado de informar sua posição ao controlador, afinal, como o próprio nome diz, a aeronave está sendo vigiada pelo controlador. Na realidade, é muito comum o plano de voo prever uma mudança de nível de voo em algum ponto da rota, e, quando chega ali, o controlador mandar manter o mesmo nível que já vinha sendo mantido.

Ao contrário do que tem sido dado a entender pelas ações e declarações dos "especialistas de plantão", um plano de voo não é uma coisa imutável, trata-se apenas e tão-somente de uma "proposta" feita pelo piloto ao controle de tráfego aéreo, uma proposta que descreve a forma como o piloto gostaria que o seu voo fosse autorizado em termos de altitudes, aerovias, velocidades etc. Essa proposta pode ou não ser aceita da forma como foi feita, como também pode sofrer alterações em parte ou no todo, e isso pode ocorrer antes e/ou durante o voo.

Caso decida efetuar esse voo, o piloto solicitará a aprovação do seu plano de voo junto aos controladores de tráfego aéreo, que podem autorizar ou negar em função de um motivo ou outro.

Se por acaso o plano de voo estiver sendo cumprido fielmente como foi proposto e autorizado desde a decolagem da aeronave, mas em algum momento os pilotos julgarem que se encontram com problemas de comunicação, sem conseguir falar de forma alguma com quem quer que seja, aí sim eles cumprirão tudo o que é previsto no plano dali para a frente, pois é a única certeza que o controlador tem a respeito do que eles farão. O controlador insere os dados dessa proposta em seu próprio computador e o este estuda todos os conflitos possíveis. Caso não haja nenhum empecilho, autoriza o voo como foi solicitado. Caso haja conflitos, o controlador oferece ou sugere algumas alternativas, como outro nível de voo, uma aerovia diferente, um horário diferente etc. O espaço aéreo de um país é divido em setores, é mais ou menos como dividir uma cidade em bairros. Cada setor tem seu controle de tráfego aéreo, e eles devem trabalhar em conjunto, em perfeita sincronia.

A aeronave que decola do setor A e se dirige ao setor B, ou tem que cruzá-lo para atingir seu destino, precisa dessa coordenação prévia entre os setores para prosseguir seu voo, caso contrário, não deverá decolar, ou, se o fizer, estará autorizado a voar somente até a linha que divide os setores, onde deverá efetuar o que chamamos de procedimento de espera, dando voltinhas no ar, às quais chamamos "órbitas", até que a autorização para prosseguir chegue. Isso, nos dias de hoje, é muito difícil de ocorrer, pois a comunicação é feita por satélite, rádio, telefone, computadores etc., e, sendo assim, antes de chegar a esse limite a autorização já foi obtida, seja pela coordenação entre os controladores ou pelo próprio piloto, que conseguiu falar com os dois setores envolvidos. Na sua grande maioria, a autorização até o destino final é concedida antes mesmo da decolagem.

É do controlador a responsabilidade de saber quem vai e quem vem. Se ele te manda fazer uma coisa, é porque tem um motivo para fazê-lo, e você cumpre as instruções, a menos que não queira ou não possa, por um motivo ou por outro.

Em quase 100% das vezes em que o piloto recebe uma instrução como essa, e estando voando em uma área de cobertura radar, ele simplesmente cumpre, e pronto. As regras relativas a quem vai e quem vem, em que nível de voo, só são cumpridas exatamente como estão nos livros quando, desde o início do voo, o piloto está voando sem comunicação com um controlador de tráfego aéreo, sendo ele mesmo o responsável por toda a navegação aérea.

Assim que o contato é feito e a posição da aeronave é determinada pelo controlador, este tem autoridade para manter ou mudar o nível de voo que já vinha sendo

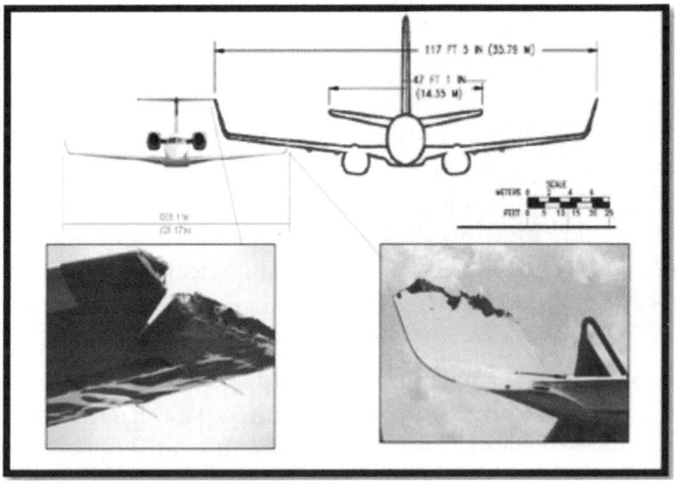

mantido pelo piloto. O controlador reformula ou não o que já vinha sendo mantido anteriormente.

Resumindo, o controlador tem esta autoridade, mas o piloto deve sempre seguir a regra quando estiver por conta própria. Não era o caso do Legacy. Ele já havia recebido uma instrução a respeito do nível de voo, e a estava cumprindo. Os pilotos não tinham motivos para se sentir por conta própria.

O fato de estarem sem comunicação naquele trecho nem sequer os assustou, e, francamente, nem deveria. Piloto nenhum consideraria uma dificuldade de comunicações, que sabidamente era apenas momentânea, como sendo uma situação de emergência. Se fosse assim, teríamos milhares de emergências momentâneas todos os dias, e ninguém mais levaria piloto algum a sério. Pilotos experientes sabem muito bem que, em alguns trechos, no mundo inteiro, isso ocorre. Falta de investimentos na infraestrutura de comunicações aeronáuticas não é exclusividade nossa, basta seguir as últimas instruções recebidas e prosseguir o voo até um novo contato, mas é preciso que esse contato seja considerado possível e provável.

Caso esse contato nunca ocorra, a princípio o último nível autorizado deverá ser mantido até que se chegue sobre o destino. Então, a aeronave inicia sua descida, já dentro de um procedimento publicado especificamente para o pouso e, se necessário for, pousa mesmo sem falar com a Torre de Controle, que a essa altura já espera a chegada dessa aeronave e já tomou as precauções necessárias. Esse não era o caso dos pilotos norte-americanos. Pelo tempo que estavam sem contato, já deveriam estar preocupados e considerando a possibilidade de tentar contato com Brasília ou Manaus por meio de outras aeronaves ou mesmo de qualquer outro meio disponível, tal como o uso do rádio SSB-HF — um tipo antigo de rádio, mas comprovadamente eficaz, muito semelhante ao utilizado por radioamadores — ou o contato com algum órgao de controle de algu-

Quatro aeronaves detectadas em diferentes distâncias, altitudes e níveis de periculosidade sendo detectadas pelo TCAS

ma cidade no meio do caminho, tal como Alta Floresta, Cuiabá, Itaituba, Santarém, Jacareacanga etc.

Outros procedimentos, que variam em função de o avião estar ou não voando em um espaço aéreo coberto por radar, ou se a aeronave se encontra voando em condições meteorológicas desfavoráveis ou não, ou se ela já passou ou não por uma determinada posição, estão previstos nos regulamentos de tráfego aéreo, mas seriam muitas situações diferentes para serem detalhadas aqui. O importante é saber que esses procedimentos existem e devem ser do conhecimento de quem voa sob regras da ICAO.

O problema é que as instruções dadas pelo centro de controle de Brasília infelizmente estavam erradas, e a infraestrutura de comunicações é falha... É quando todas as imponderabilidades ocorrem de fato que temos o que chamamos de acidente aeronáutico. Décadas de estudos demonstram com clareza que apenas um erro não derruba um avião, é preciso uma média de cinco falhas, e foi exatamente isso o que ocorreu para que esta colisão ocorresse. Mas a verdade sobre tudo e sobre todos vai aparecer. Tragédias muito mais misteriosas do que esta deixaram apenas tênues sinais das prováveis causas, mas com o tempo foram cabalmente esclarecidas. O tempo demonstrará o que digo.

Os pilotos não têm como ver o que está aparecendo na tela do controlador de voo, portanto, acredita no planejamento feito por este, não costuma haver discussões nesse sentido. Principalmente você estando fora do seu "aquário", como era o caso dos pilotos norte-americanos. Simplesmente acreditaram no controle de tráfego aéreo brasileiro e cumpriram as instruções de manter aquele nível de voo em particular. Eles foram até acusados de não saber sequer onde estavam, de ter uma consciência situacional muito baixa, e por isso terem tido dificuldades em localizar uma pista onde pudessem pousar em caso de emergência.

Sejamos bem honestos quanto a isso. A grande maioria dos pilotos brasileiros só conhece bem, e com bastante intimidade, a região para a qual voam mais. E intimidade com as pistas no meio da Amazônia, só mesmo os pilotos dos aviões menores que voam naquela área possuem. Eles normalmente conhecem até as curvas dos rios. E, além disso, pousam com seus aviões tanto nos aeroportos grandes locais quanto nas pistas de fazendas e garimpos. E os pilotos de grandes aeronaves, e da maioria dos jatos, na realidade nem costumam olhar para baixo durante a maior parte do caminho. A aviação comercial de grande porte é, na verdade, uma aviação industrial.

A respeito da região Norte do Brasil, então, é um verdadeiro vazio de conhecimento, a consciência situacional dos nossos próprios pilotos, principalmente os mais jovens, é extremamente baixa, e isso em nosso próprio território. Ninguém conhece nada que não sejam as capitais, e, em alguns casos, nem isso. É bem verdade que cada piloto é um especialista no tipo de aviação que ele voa, e como não ocorrem situações como essas no dia a dia, também não posso ter a pretensão de exigir tal conhecimento dos meus colegas.

O problema é que, nesse quesito em particular, estamos acusando estrangeiros de não conhecer bem a região sobre a qual estavam voando, quando, da parte da maioria dos nossos pilotos, não existe sequer a curiosidade de conhecer mais e melhor aquela mesma região. Se na opinião de alguns ela é tão desprovida de opções para o caso de uma emergência, acho que seria bem útil e prudente conhecer bem melhor o pouco que se tem, não é mesmo? Em que pese os pilotos do Boeing terem muito mais intimidade com a região do que os norte-americanos, essa intimidade também tinha limites. É preciso levar em conta que o tipo de voo que geralmente é efetuado pelos jatos, o voo por instrumentos, não requer grande intimidade com regiões e/ou aeródromos onde só se opera em condições visuais.

Quero ver se um piloto brasileiro que estiver em apuros, voando sobre uma região remota da África ou da Rússia, e sem comunicação com o controle de tráfego aéreo, vai se sentir muito diferente dos norte-americanos envolvidos no acidente com o Boeing caso lhes ocorra coisa semelhante. Para quem não tem intimidade com a área e está sobrevoando a Amazônia, e de repente se encontra em uma situação complicada, as respostas podem não vir com a clareza e a rapidez necessárias.

Definitivamente não foi esse o caso com os norte-americanos, mas os pilotos também costumam, de forma proposital, pedir para voar na contramão, visando otimizar o gasto de combustível. Solicitam os chamados níveis reservados, ou seja, quando o controlador autoriza, ele está reservando um nível de voo incorreto (contramão) somente para o voo daquele avião, obviamente porque sabe, com certeza, que não vem ninguém no sentido oposto. Quando o controlador que deu a ordem errada percebeu a gravidade do que havia feito, ele correu atrás, deparou-se com dificuldades de comunicação que, juntamente com o fato de o TCAS do Legacy estar desligado, terminaram por selar o destino dos passageiros e tripulantes do Boeing.

Falta de seriedade, de planejamento, de visão, de investimentos, falta de zelo... E também uma incompetência que, acredito, não seja lugar-comum entre controladores de tráfego aéreo brasileiros nem de pilotos, sejam eles brasileiros ou norte-americanos, mas, sim, de quem tem a responsabilidade de planejar e executar as modernizações continuamente requeridas por um sistema como esse, uma vez que há muitos anos equipamentos mais modernos e capazes de lidar com todas essas variáveis de forma absolutamente segura deveriam ter sido instalados. É sabido inclusive que, mesmo estando tudo certo, é comum os radares atualmente em operação fornecerem informações falsas para os controladores. Diante disso fica bem difícil querer ser tratado e visto com seriedade...

Traduzindo, a culpa de tudo isso é, sim, das altas esferas do GOVERNO FEDERAL. Infelizmente foi um erro grotesco e fatal, como os já ocorridos em vários países, mas não foi intencional. Equipamentos velhos e sem capacidade de auxiliar e de alertar melhor os controladores também colaboraram. Na era dos computadores, é inconcebível não possuir um computador que possa prever algo que nos parece tão passível de escapar aos olhos e à mente humana, especialmente quando se está cansado, atarefado, sobrecarregado, doente etc. Lamento pelos dois lados, nem os pilotos nem os controladores mereciam passar por um momento como esse.

Gostaria de saber (trata-se apenas de curiosidade) se foi tentada a utilização de um sistema chamado SELCAL (*Selective Calling* — chamada seletiva). Talvez tivesse sido a salvação, uma vez que o contato rádio do tipo VHF (o rádio mais comum) não foi possível em tempo hábil. Quando se voa sobre extensas regiões desabitadas, como desertos, oceanos, florestas etc., está prevista a dificuldade de comunicações. Sendo assim, utiliza-se um tipo antigo de rádio, mas comprovadamente eficaz, muito semelhante ao utilizado por radioamadores. É o rádio tipo SSB-HF, que, com certeza, pelo menos um dos dois aviões deveria ter. Esse tipo de rádio é muito ruidoso, por isso os pilotos só o utilizam na hora de se comunicar, depois deixam a frequência correta selecionada e normalmente abaixam o volume.

Se o controlador de tráfego aéreo precisar falar com aquela aeronave, ele deverá utilizar um código de 4 letras (Ex: FK-DB) alocado especificamente para aquela aeronave em questão. É como se fosse um BIP, quase como um pager ou mensagem de celular. Uma campainha irá tocar na cabine de comando e uma luz se acenderá, informando aos pilotos que o controlador de voo precisa falar com ele. Basta aumentar o volume e chamar o controlador. Infelizmente trata-se de um recurso antigo, pouco utilizado nos dias de hoje, mas que funciona. Em quase 100% dos voos que trafegam na região em que as aeronaves colidiram, a utilização do SSB-HF já não é mais tão corriqueira. Acredito que nenhum dos aviões tenha selecionado em seus equipamentos nenhuma frequência através da qual o controlador de voo pudesse se valer deste recurso. Mais uma das imponderabilidades que ocorreram.

E o controle de tráfego aéreo no Brasil e seus profissionais?

O Brasil tem sido vítima, nos últimos meses, de problemas que já ocorreram em outras nações. Não vou julgar os controladores porque acho que, no fundo, também são vítimas. Erraram na fórmula utilizada para pôr o governo de joelhos, o que realmente foram capazes de fazer. O fato de serem militares na sua maioria só corrobora o que já venho dizendo: estavam no lugar errado controlando o tipo errado de tráfego. Deviam estar em Bases Aéreas, controlando tráfego aéreo militar. Caso tivesse sido assim, estaríamos falando de civis, e não de militares. Eles misturaram direitos civis com obrigações militares, porque também não têm escolha. O fato é que o tráfego aéreo brasileiro tem problemas como qualquer um, mas, apesar de estar momentaneamente sendo vítima de seus próprios erros, está, sem dúvida, entre os bons. Radares com problemas, comunicação com problemas, interferência de rádios piratas, acredite, não é só aqui. Também não estou dizendo que não temos que consertar, mas o que já construímos ao longo dos anos nos qualifica não entre os melhores, mas entre os bons.

Só temos duas escolas formadoras de controladores de voo, e mesmo assim a capacidade de formação das duas juntas é muito pequena para nossas necessidades. Entre 1982 e 1994, portanto, um período de 12 anos, o Brasil simplesmente deixou de formar oficiais especialistas em controle de tráfego aéreo. Quando finalmente voltou a fazê-lo, substituiu o curso anterior por um de duração bem menor. Isso logicamente causou uma deterioração gradativa da qualidade de nosso controle, que já esteve classificado entre os melhores do mundo. Segundo a própria aeronáutica, a carência hoje é de cerca de 600 controladores de voo, mas a verdade é que esse número deve ser bem maior. Obviamente não se chegou a isso da noite para o dia. Interessante dizer que, entre 1998 e 2001, o tráfego aéreo na região de São Paulo, capital, era cerca de 30% maior do que nos dias atuais, e não se verificou nenhum tipo de problema operacional como estamos tendo agora. A aviação brasileira cresceu muito, e o Brasil não é só São Paulo.

Nos Estados Unidos e na Europa, onde o tráfego aéreo é muitas vezes maior e se dispõe de muito mais recursos, os acidentes por falha de controladores também ocorrem, e se querem saber da verdade, ocorrem com uma frequência até maior do que tem acontecido aqui, com a diferença de que lá eles têm, como já foi dito, muito mais recursos financeiros e técnicos. Na Europa, o controle de tráfego aéreo foi unificado e é administrado pelo EUROCONTROL, que, na realidade, é uma espécie de parceria público-privada que tem atingido índices de eficiência e lucratividade impressionantes para qualquer parâmetro capitalista. Além disso, grande parte dos aeroportos europeus também já foi privatizada. Os norte-americanos não estão atrás, e já há algum tempo estão implementando um amplo programa de privatização de aeroportos e serviços de controle de tráfego aéreo.

O que impede que o investimento de empresas possa se impor nas demais áreas é um notório viés antissetor privado observado com grande clareza em certos setores do governo federal, e isso a despeito da própria escassez de recursos alegada pelo poder público. Trata-se de um conflito ideológico que transforma o tema das privatizações em um grande tabu. As Agências Reguladoras, na medida em que sofrem continuamente a retenção de recursos, são transformadas em órgãos de governo, em vez de se tornarem Órgãos de Estado e, dessa forma, apenas conseguem espantar os investidores, em vez de colaborar de forma construtiva com eles. Vivemos uma boa fase econômica, e temos nos beneficiado muito dela. Entretanto, o mundo já viveu essas fases antes, e a história nos ensina que um dia elas acabam. Cabe ao nosso próprio país gerar as condições ideais para o nosso desenvolvimento, aprender com os erros para evitar que eles se repitam.

Ao longo dos últimos anos temos recebido demonstrações quase diárias de nosso despreparo para crescer. O mundo vive uma das fases mais pujantes do capitalismo, e o Brasil, já há duas décadas, apresenta desempenho econômico inferior à média mundial. Desde os anos 80 não construímos mais estradas, ferrovias, aeroportos, hospitais, presídios etc. Capacidade técnica para gerir com segurança e eficiência nosso próprio sistema nunca nos faltou. O Brasil forma, todos os anos, engenheiros, técnicos e mecânicos de excelente nível. O problema é que não lhes damos empregos, e sendo assim, somente 2% são anualmente absorvidos pelo setor aeronáutico. O resto da turminha vai parar principalmente na área de TI — Tecnologia da Informação. O problema é que no Brasil não aprendemos nem com os nossos acertos. Os serviços privatizados são, sem dúvida, os melhores exemplos de eficiência.

Em um futuro relativamente próximo, a tendência é de diminuição da quantidade de controladores de tráfego aéreo no mundo. No início dos anos 90, a OACI (ICAO, na sigla em inglês) — Organização da Aviação Civil Internacional — reuniu todos os países do mundo e demonstrou que não será possível expandir o transporte aéreo mundial com base no atual sistema de controle de tráfego aéreo. Mais cedo ou mais tarde haverá a necessidade de migrar para um sistema em que os aviões possam se autocoordenar, utilizando os serviços dos controladores somente quando pousando e decolando, mas não quando estiverem voando em rota. A estimativa é que isto poderá ocorrer em cerca de 20 anos.

Como ficam os controladores de voo brasileiros em tudo isso?

Pesquisas internacionais apontam a função de controlador de tráfego aéreo em segundo lugar quando o assunto é stress. Como já comprovamos tristemente, quando eles cometem um erro o resultado é simplesmente catastrófico. Tenham todos a certeza de que, uma vez que a colisão entre os dois jatos já havia ocorrido, uma vez que não havia mais como evitá-la, a greve desencadeada por eles foi uma das melhores coisas que podia ter acontecido a este país, mesmo que esse ato tenha tido componentes de exagero e também de oportunismo político. Por várias vezes esse exagero fez com que eles perdessem o respeito da nação, e também perdessem a razão, mas, mesmo assim a grita geral teve seu valor positivo. Ao se sentirem abandonados por um Ministro da Defesa que infelizmente se mostrou inepto, incompetente e totalmente ignorante a respeito da própria pasta, pressentiram, e estavam corretíssimos, que seriam inescrupulosamente jogados aos leões para serem devorados em praça pública, enquanto a incompetência geral dos órgãos governamentais, a começar pela Presidência da República, tentava fugir pela porta dos fundos, tentando não ser vista por ninguém.

Mal sabiam os nossos governantes que eles, os controladores, também são leões, e puseram todo um sistema, não o próprio país, mas um sistema, de joelhos. E ao contrário do que o nosso povo pode estar pensando, bastou-lhes seguir todos os procedimentos de segurança em relação ao controle de tráfego aéreo, diminuindo o número de aeronaves sob responsabilidade de um único controlador, e logo o sistema emperrou. Apenas o fato de fazer as coisas rigorosamente dentro da lei expôs a falta de investimentos e a inadequação de nosso sistema de controle de tráfego aéreo. Embora o movimento dos controladores não vise apenas à segurança de voos, ele é, sem dúvida, o sinal mais evidente do colapso aéreo em nosso país. Os controladores responderão por seus erros técnicos e disciplinares na forma da lei, é fato. Entretanto, levarão muitos a responder junto com eles. Alguns nunca responderão por seus erros, também é fato. Esses, no entanto, jamais serão bem vistos e respeitados como um dia já foram.

Pela própria natureza de minha função, não sou nem um pouco adepto à indisciplina e anarquia. Entretanto, dentro de certos limites, reconheço e dou o devido valor às atitudes dos nossos colegas controladores de tráfego aéreo. Com certeza, se todas as categorias profissionais injustiçadas tivessem a coragem de enfrentar seus problemas como eles fizeram, nosso país seria outro. É bom ressaltar que o governo ainda não fez nada em relação ao que foi pedido pelos controladores, não consertou, não equipou, não contratou e continua pagando mal; enfim, não fez investimento nenhum.

Os salários pagos pelo governo aos seus controladores de voo são totalmente incompatíveis com a função que eles exercem. Muitos deles jamais tiveram a oportunidade sequer de voar em um avião de carreira, aqueles que eles mesmos controlam, pois com seus mirrados salários nunca puderam arcar com o custo de uma passagem aérea, nem mesmo nas empresas mais baratas. Pouquíssimos países no mundo ainda se utilizam de um sistema militarizado de controle de tráfego aéreo, e nenhum desses países tem expressão mundial.

Recentemente o TCU realizou uma importante auditoria sobre o controle de tráfego aéreo no Brasil, e aprovou um relatório que detecta uma série de falhas no sistema de visualização do radar usado para o controle de tráfego aéreo em todos os CINDACTAS — Centros Integrados de Defesa Aérea e Controle de Tráfego Aéreo de nosso país. Esse modelo de radar já havia sido alvo de críticas sérias e alarmantes por parte dos próprios controladores algum tempo antes. Pasmem, dentre as inúmeras irregularidades detectadas pela auditoria estão, a dificuldade de manutenção do sistema devido à falta de peças de reposição e o descumprimento do contrato de manutenção por parte da empresa fabricante. E as críticas já haviam sido informadas por meio de relatórios enviados pelo sindicato dos controladores de tráfego aéreo antes mesmo da crise/caos aéreo.

O apagão continua, e é de ordem ética e moral, como sempre foi. Não se deixe enganar, está tudo na mesma, os controladores estão desmotivados, desanimados, revoltados; e aquilo que foi prometido no auge da crise não foi nem está sendo feito... Apenas disseram o que o povo queria ouvir durante a crise, mas não estão fazendo o que precisa ser feito!

Qual é o papel dos militares na aviação civil brasileira?

Com certeza, condecorar diretores de órgãos públicos federais, bem como estatais, acusados de gestão temerária, que deveriam estar correndo atrás do prejuízo em meio à mais grave crise aérea brasileira, realmente não é nem nunca foi o papel deles, e com certeza o brilho da atuação militar no caso da colisão dos dois jatos sobre Mato Grosso (refiro-me à atuação do PARA-SAR, a equipe de resgate) foi duramente ofuscado com esse lamentável episódio. Um total desrespeito. Os militares ainda são, na prática, a força controladora da aviação civil no Brasil. Entretanto, como já foi explicado, o momento é, ou pelo menos deveria ser, de transição de poder. O antigo DAC hoje se chama ANAC, e ainda tem nos militares a maior fonte de conhecimento e orientação.

Na verdade, isso representa um problema bem grande para essa categoria de servidores públicos, que acabou, ao longo dos anos, criando a falsa percepção de que o militar deve mandar no civil. Na realidade é bem ao contrário, é uma gravíssima inversão de papéis. Nós os pagamos para serem os defensores profissionais de nosso país, mas contra eventuais invasores, e não contra nós mesmos. A Força Aérea Brasileira, assim como as outras forças armadas de nosso país, reflete muito bem aquilo que o país é, e também aquilo que quer ser. No caso específico da FAB, tivemos, ao longo dos anos, grande parte do seu efetivo direcionado para atividades civis, o que não faz nem nunca fez parte de suas atribuições, exceto, é claro, se estivermos em guerra. Os militares, para se tornarem realmente bons no papel que lhes cabe, precisam, antes de tudo, agir como militares, não basta apenas parecer um.

De uns anos para cá, as Forças Armadas Brasileiras foram esquecidas, levando a uma brutal desmotivação e desesperança de voltar a ter um dia o mesmo prestígio militar que tiveram no passado. Embora por falta de investimentos estejamos perdendo posições para alguns de nossos vizinhos, a verdade é que, no contexto sul-americano, ainda somos os mais poderosos. Alguns países podem ter um ou outro exemplar de uma ou outra arma mais moderna que as nossas, entretanto, a capacidade industrial e logística do nosso país, em relação aos nossos vizinhos, é tão grande que, basta que estejamos em uma situação de guerra com algum país sul-americano e produziremos e transportaremos para a frente de batalha quase tudo o que precisarmos.

A maioria dos nossos vizinhos é capaz de adquirir seus armamentos apenas comprando-os de outros países. O Brasil, com todos os problemas que tem, é um país razoavelmente industrializado e com certa tradição na fabricação de armas. Nossa capacidade de desenvolver e fabricar armamentos pesados e modernos é real, e isso nos faz muito menos vulneráveis a embargos e sanções políticas e econômicas.

O desinteresse do governo pela modernização e manutenção de um elevado status militar fez com que o interesse gerencial dos militares migrasse para a área civil. E agora eles não fazem bem nem uma coisa nem outra.

O Brasil é um país que se considera uma democracia, e realmente é, mas ainda tem que lidar com algumas heranças da época da ditadura. Isso evidencia o abandono de nossas forças por parte do governo federal. É como se fosse uma revanche, o troco por tantos anos de ditadura militar no Brasil, uma atitude tão inútil quanto improdutiva para todos. Não defendo nem nunca defendi a militarização extrema do país, não é isso. Defendo a volta dos militares para as funções militares e o reequipamento da tropa, seguido de um amplo programa de modernização, motivação, remuneração e profissionalização de nossas forças armadas, apenas isso. Nesse aspecto, o caos aéreo, a corrida armamentista da vizinha Venezuela , as provocações baratas da Bolívia, e também as bobagens do Equador, estão nos fazendo um grande favor. É nos provocando assim que se estabelecem as tão necessárias diferenças entre quem somos nós e o que queremos, e quem são eles e o que realmente querem.

A Venezuela, por exemplo, tem o 6º maior exército do continente e está se armando até os dentes. Nossos próprios generais já avisaram Brasília de que precisamos cuidar melhor de nossa capacidade de dissuasão. Aos olhos do povo brasileiro em geral, nossos militares talvez estejam se utilizando desse fato para supervalorizarem sua condição. Eu não só não apostaria nisso, como prestaria bastante atenção no que eles têm a dizer sobre nossos vizinhos mais encrenqueiros. Países como Colômbia, Venezuela e Chile têm ambiciosos planos de reaparelhamento bélico, e se não nos mexermos logo, em dez anos perderemos nossa condição de superioridade.

A movimentação armamentista de nossos vizinhos é o calcanhar-de-aquiles, é uma situação alarmante. Uma eventual aliança entre vizinhos com interesses em comum poderia nos deixar em maus lençóis. Não podemos nos dar ao luxo de pensar que não existe ameaça, a história nos ensinou que relações políticas e militares podem se deteriorar de forma espantosamente abrupta. Se realmente somos a maior democracia da América do Sul, então temos o dever de soltar nossa voz, ou, por que não dizer, nosso rugido, e tornar menos cômoda a vida de governos autoritários e ditatoriais em nossa região.

Na temática amazônica, estamos e continuamos muito pouco atentos. É preciso reconhecer que o assunto já mudou de patamar há muito tempo, deixando de ser apenas uma teoria conspiratória, especialmente para os países desenvolvidos, que têm esse assunto entre os principais itens de suas agendas. O jornal inglês The Independent, um dos mais importantes da Europa, citou recentemente que a Amazônia é importante demais para ser deixada aos precários cuidados dos brasileiros. E a continuar do jeito que está, em muitos aspectos eles têm razão. Ou a gente cuida direito o mais rápido possível ou alguém cuidará... As sanções internacionais contra o nosso relaxo em breve se farão sentir, é só esperar para confirmar.

Nosso país quer enviar foguetes e homens ao espaço, montar bases na Antártida, construir submarinos nucleares. No entanto, nossas crianças não sabem ler nem escrever, não contam nem mesmo com o mínimo de segurança nem de saúde pública. Essas crianças serão a base do Brasil de amanhã. A força de um país não se constrói somente com armas, mas também com gente bem preparada em todas as áreas. Os frutos do que colheremos amanhã serão consequência daquilo que investirmos hoje. Por isso digo que o Brasil tem e terá as forças armadas que quiser ter. O Brasil, de uma forma muito descarada, se dá ao luxo de condenar ao esquecimento e à desatenção do Poder Público as atuais gerações de brasileirinhos e de brasileirinhas mais pobres e que não estão, em nada, amparados por nenhum de nossos governantes. Esse crime é abertamente cometido em prol de sonhos de grandeza, que até têm o seu lugar, mas somente quando já se fez o seu dever de casa bem feito, e este não é o nosso caso.

Nossas forças armadas possuem um efetivo de cerca de 290 mil homens, é o 15º maior efetivo militar do mundo, e ainda assim é muito pouco para um país com as dimensões territoriais e com os problemas e necessidades que o Brasil tem. Nas Américas perdemos apenas para os Estados Unidos. Nossos soldados têm a "menor" média salarial de todo o funcionalismo público federal. O efetivo está mal distribuído pelo país e as forças têm, proporcionalmente, muito mais caciques do que índios. A verdade é que já faz um bom tempo que as nossas Forças Armadas atravessam a pior crise de sua história. Devemos tomar muito cuidado com esse descaso, é muito raro encontrar um soldado de baixa patente que esteja satisfeito com a profissão. Geralmente estão se preparando para sair das forças armadas e ingressar na vida civil. Isso será extremamente danoso à qualidade de nossas forças a médio e longo prazos. Hoje sabemos como andam as coisas ao nosso redor, mas os nossos vizinhos têm dado sinais claros de mudanças que, em alguns casos, não são tão boas assim. Amanhã a situação pode não ser tão confortável para o nosso país.

A razão nos diz que civis devem fazer trabalho de civis, e militares, o trabalho de militares. A simplicidade faz com que cada um atinja a excelência em sua própria área. O já comentado Projeto SIVAM e o estado de nossas Bases Aéreas e de nossa frota de aeronaves evidenciam e exemplificam a atual precariedade de nosso poderio aéreo militar, bem como de nossa frota naval e do equipamento do exército. Para o bem de todos, inclusive dos próprios militares, torçamos para que tudo o que lhes falta seja concedido, e que eles nunca mais se aventurem em assuntos administrativos civis. Isso nunca deu certo em lugar nenhum do mundo. As diferenças entre civis e militares são bem grandes, mas nem por isso devem ser vistas como um empecilho ao bom relacionamento. Essas diferenças, na realidade, são complementares.

Realmente é verdade que a temática corrente tem sido acusar a gestão adotada pelo Comando da Aeronáutica, como se a simples migração desse sistema para um órgão civil fosse capaz de reduzir a complexidade do assunto. Isso seria uma inverdade, e estaríamos mergulhando em um mar de ingenuidade. O assunto é, e está se tornando cada vez mais complexo, mas estamos falando de aviação civil, e não de aviação militar, portanto, se os civis nunca puserem as mãos na massa, nunca serão capazes de lidar com toda essa complexidade, e também nunca poderão ser responsabilizados por um assunto que é da alçada deles e de mais ninguém.

E a atuação do presidente e dos políticos no caos aéreo brasileiro?

Só posso dizer que, durante o caos aéreo, na verdade nunca vi nenhum governo. Tudo o que vi foi um governo que nunca amarelou tanto em tão pouco tempo. Nunca vi um governo ficar tão sem saber o que fazer. Imagino que, se o caso fosse de uma guerra, ele teria corrido para o sertão e se enfiado em uma toca qualquer, esperando a vontade de Deus. O que ele devia saber é que, naquilo em que os homens podem modificar com suas próprias mãos, Deus faz questão de não interferir, faz questão de não pôr suas mãos, para que possamos nos provar dignos e capazes.

É realmente um governo capaz de grandes proezas. Foi realmente de amargar, especialmente para as vítimas dos acidentes, seus familiares e amigos, ver que o Presidente, nas suas indicações para o comando das novas Agências, não se libertou dos velhos vícios políticos, e preferiu privilegiar o eterno viés político à competência técnica pura e simples. Outro detalhe altamente desapontador é o fato de estarmos percebendo com clareza que as autoridades deste país raramente têm o preparo necessário para se comportar em público como deveriam.

Senhor Presidente, está claro para nós que o senhor não sabe que, quando contratamos pessoas mais preparadas que nós mesmos, estamos provando que somos mais preparados do que essas pessoas, por isso ocupa-se o cargo de Presidente. Quem é dotado de inteligência não se assusta com a inteligência alheia, simplesmente a ela se associa. Quando os tempos difíceis chegam é um verdadeiro show de baixarias, que na verdade sempre atingem em cheio o eleitor, o contribuinte, que são os verdadeiros patrões desses elementos. Nossas autoridades não demonstram o conhecimento, a frieza e a competência necessários para resolver problemas, e ainda costumam rebaixar a níveis inimagináveis os debates sobre esses problemas.

No entanto, são mestres em criar um eficientíssimo sistema de dificuldades em cascata, cuja finalidade é sempre duvidosa... Como, por exemplo, negar concessões públicas aos novos interessados em entrar no negócio da aviação comercial. Ora, se a concessão é pública, ela, a princípio, já está concedida, daí para a frente só não consegue as autorizações finais quem não cumprir os requisitos adicionais, referentes a outros assuntos. Só para citar um exemplo, eles têm a pachorra de negar uma concessão que, na realidade, não lhes pertence, uma vez que é pública, baseados em um suposto e indevido "estudo de viabilidade econômica" para a rota pretendida. Saber se vale a pena ou não é da competência e do interesse da empresa, e de ninguém mais.

Esse estudo não poderia ser exigido por ninguém que não seja, por exemplo, uma instituição financeira que vá emprestar algum capital para a empresa aérea. Assunto, aliás, que também não é da competência da Agência que concede, regula e fiscaliza. À Agência ou Agências envolvidas com concessões resta apenas e tão-somente verificar a documentação referente aos assuntos aeronáuticos. Não somos tão bobos assim ao ponto de não entender que isso só ocorre porque, quando se concede a uma empresa os mesmos direitos comerciais que se concede a outras, as que se sentem prejudicadas vão deixar de colaborar com alguma coisa que seja do interesse de "alguém".

Essas mesmas autoridades também fazem com que, em alguns casos, a linha rentável só seja concedida caso a empresa interessada concorde em operar uma rota deficitária economicamente. Coisa que a Agência reguladora também não tem o direito de fazer. O governo não pode obrigar ninguém a ter prejuízo em nada. Se o governo tem interesse de fazer com que determinada cidade ou região seja servida por transporte aéreo regular, ele que trate de pagar por isso.

Como pode, afinal, um diretor de uma Agência, responsável pela fiscalização de uma empresa aérea, viajar de primeira classe nessa mesma empresa, com as passagens e estadia no estrangeiro concedidas a título de cortesia pela empresa em questão, e ainda dizer que aceitou apenas no intuito de economizar para os cofres públicos? Desse tipo de economia o país não precisa, meus caros diretores. É que o rigor na fiscalização não traz esse tipo de mordomias, não é mesmo?...

Uma grande proeza, também muito boa de citar, é a de que a Presidência da República conseguiu a façanha de não demitir ninguém por conta do caos aéreo instaurado. Mas também, a Presidência não costuma sequer se manifestar sobre as questões consideradas urgentes e prementes neste país... No caso específico do acidente ocorrido em Congonhas, o Presidente levou 73 horas para se manifestar. Não se mexeu rápido nem mesmo para dar uma mensagem de apoio e condolências às famílias das vítimas. A impressão que todo o país teve foi a de que o Presidente foi obrigado, de que ele foi forçado a sair de sua redoma. Por vontade própria talvez o Presidente tivesse ido pescar ou coisa semelhante. Depois ele fica por aí reclamando que estamos dizendo que ele está inchando a máquina administrativa, e nós respondemos, sim Presidente, o senhor está fazendo exatamente isso. Não adianta reclamar da incompreensão popular. Quando um elefante que não faz nada está em apuros, até uma rã lhe dá pontapés.

Que fique bem clara uma coisa, o Poder Executivo Federal não está nem nunca esteve em condição de se apresentar, em relação ao acidente ocorrido recentemente com o grande jato de passageiros em Congonhas, na posição de quem tomou todas as medidas para "maximizar" a segurança naquele aeroporto, muito antes pelo contrário.

Quem saiu da posição que ocupava, o fez porque achou que era melhor, e não porque tivesse sido mandado embora. Até concordo que um diretor de uma Agência tão importante como é a ANAC tenha a proteção de um mandato fixo, mas não pode ser imune até ao Presidente da República, sob qualquer pretexto, e em qualquer situação. Esse tipo de coisa protege quem? E do quê? Se for assim, estamos oficializando o "rabo balançando o cachorro". E todos nós sabemos que cachorro que se preza manda no próprio rabo, não é mesmo?

A corrupção não é um crime sem vítimas. Nos países com alto grau de corrupção é onde encontramos o maior número de funcionários públicos. Esses funcionários não são usados para servir ao público, e sim para diminuir o desemprego, especialmente em época de eleição. Quando isso acontece, a incompetência, que anda junto com a corrupção, atinge níveis estratosféricos e passa a ser confundida com corrupção.

Quer ver um exemplo disso no momento atual brasileiro?

Pois bem, algum funcionário graduado, não sei bem quem, sugeriu que o preço das passagens aéreas deveria ser aumentado, como forma de reduzir o número de passageiros nos aeroportos de Congonhas e Guarulhos. Incompetência ou corrupção? Difícil distinguir, ou escolher uma só, não é mesmo? Só posso pensar nele sendo exonerado, de modo a servir de exemplo para os próprios colegas, exemplo de como exatamente "não" se deve "servir ao público que lhe paga o salário", para não dizer coisa pior. Lembrem-se: aviões só geram rentabilidade quando estão voando, e a aviação é um negócio caro.

A INFRAERO, com certeza, nunca abre mão de suas taxas aeroportuárias, esteja o avião no ar ou no solo. Enfrentamos um problema sério de infraestrutura, e o governo se limita a punir as transportadoras, aumentado taxas. Dessa forma pune quem utiliza as transportadoras, ou seja, nós, os passageiros e contribuintes. Com esse tipo de atitudes, o governo deixa claro que não entende nada desse negócio chamado transporte aéreo. Prova que é muito bom em se meter e interferir no mercado e no planejamento das empresas aéreas. Isso não deve e não pode ser assim.

Quem deve ceder um pouco é o governo, fazendo com que a INFRAERO conceda descontos nas tarifas de pouso e decolagens cobradas das companhias aéreas nacionais que evitam os aeroportos maiores, assim, o custo operacional diminuiria e a margem de lucro delas aumentaria, e seria interessante sair voluntariamente desses aeroportos. Seria interessante para as empresas remanejar seus voos fretados para Campinas, por exemplo. A eficiência das empresas aéreas põe em jogo a ótica do servidor público, para o qual o crescimento dessas empresas é um absurdo, é uma ousadia, que só vem causar problemas para ele. Sendo assim, ele quer dar um jeito de reduzir o número de aviões voando, assim ele reduz todos os outros problemas e soluciona o apagão aéreo! Quer enfiar a redução de oferta e o aumento de preços no passageiro, e em mais ninguém. É o retrocesso, a marcha à ré. Nosso governo quer determinar a capacidade máxima de pousos e decolagens em aeroportos cujos estudos de capacidade já indicam, há muito tempo, que a realidade é bem outra, que eles podem, sim, receber bem mais aeronaves. Basta o governo se coçar...

Os aportes financeiros do governo para o setor aéreo brasileiro nunca serão suficientes. No mundo inteiro observa-se uma capacidade maior das empresas de aumentar e modernizar suas frotas, do que a capacidade dos governos de acompanhá-las, construindo a infraestrutura ideal. Entretanto, existe capital privado, aqui mesmo, mais do que suficiente e mais do que disposto, a ser investido em um mercado que, só aqui no Brasil, cresce cerca de 12% ao ano. O problema é que se esse capital entrar no sistema, toda uma engrenagem montada para beneficiar a poucos, será desmontada pela eficiência de quem realmente sabe como ganhar seu dinheiro trabalhando de verdade. Tudo isso nos leva a pensar que, na verdade, o governo não deveria ser um poder concedente do transporte aéreo, pois este, na verdade, não deveria nem ser considerado um serviço público, mas apenas um negócio como outro qualquer. Mas aí fica ruim para o governo...

E o *assessor especial* da Presidência da República?

Sorte dele ainda não ter encontrado pela frente um pai ou uma mãe de alguém que foi vítima dos acidentes ocorridos em São Paulo e no Mato Grosso. Gostaria de saber se caso algum desses acidentes tivesse ocorrido com algum parente dele, em especial mulher e filhos, o que ele faria? Será que seria tão explícito a respeito dos seus próprios sentimentos? E você, o que acha que faria se por acaso acontecesse com um filho seu? Está com vergonha de ser brasileiro? Então trate de se levantar e fazer alguma coisa para ajudar a melhorar ou a mudar o que acha que está errado. Berre, pule, esperneie, grite, escreva, mas faça alguma coisa.

Pode também mudar de país e de nacionalidade, você é livre para fazer o que quiser. Se estiver convencido de que a grama do vizinho está, e sempre estará mais verde que a nossa, você sempre poderá optar, mas lembre-se de que problemas não são exclusividade nossa, e lembre-se também de que somos uma nação jovem em relação aos países mais avançados. Em tempo, nós nos organizaremos melhor e superaremos nossos próprios problemas.

Você que se importa com o Brasil, está convidado a ajudar, seja como for ou como puder. Critique sempre que achar que é o seu direito e o seu dever, mas procure sempre inserir em sua crítica alguma sugestão, seja ela boa ou ruim, assim ela sempre será vista como algo que veio de alguém que resolveu se expressar no sentido de tentar ajudar. Participe! De gota em gota formaremos um grande rio, e apagaremos todos os incêndios.

Sugiro ao governo que aquelas aulas de "Moral e Cívica", se é que elas ainda existem, e que ensinavam apenas e tão-somente a respeito de hinos e bandeiras, sejam transformadas em verdadeiras aulas de Cidadania, nas quais as crianças brasileiras aprendam, desde cedo, como o nosso país realmente funciona. Aprendam quais são, o que fazem, como funcionam e também como se utilizar corretamente de órgãos públicos, como, por exemplo, a justiça, a saúde, as forças armadas e tantas outras instituições nacionais. E o principal, ensinar nossas crianças desde cedo o que é a corrupção e como ela destrói a vida de todos nós.

Sugiro também que o povo abra mais o próprio olho. No nosso país, o sistema bancário tem o descalabro de abrir as portas de suas agências ao público somente às 10 horas da manhã e fechá-las às 16, e todos, inclusive o governo, acham que está tudo certo. Não está não. Um banco, como qualquer estabelecimento comercial, deve trabalhar em horário comercial normal, inclusive aos sábados. Dizer que é o governo que não quer é muito conveniente para um setor que sabidamente "manda" no governo.

Teria existido uma farsa para que o governo se saísse bem do acidente ocorrido em Congonhas. Isso é verdade?

Nunca na história de nosso país as causas de um acidente aéreo foram "descobertas" tão rapidamente... Por que será?

Se é verdade ou não, não sei dizer. Apenas sei que isso está disseminado pela internet e outros meios de comunicação. Está lá para quem quiser ler, o que não quer dizer que seja verdade. O grande problema é que essa história é boa demais, e conhecendo o nosso Brasil como nós conhecemos, fica difícil acreditar que não seja verdade, pois é a cara dos nossos dirigentes trapalhões, incompetentes e muito mal-intencionados.

A "Teoria da Conspiração" reforça a tese de que o governo federal teria se utilizado de expedientes pouco recomendáveis na busca do "erro do piloto" como uma conveniência do tipo "pega-tudo". Mesmo que isso tenha ocorrido, nada diminui o fato de que todo o resto também contribuiu, e muito, para que o acidente tivesse ocorrido. Essa suposta farsa teria sido levada a público por um brigadeiro da FAB, indignado com o fato de o nome da Aeronáutica quase ter ido para o quiabo, e por um alto funcionário de uma grande emissora de TV, proibida de fazer a divulgação de outras imagens e verdades do caso, pois essa emissora estaria com o rabo preso com o governo.

A "Teoria da Conspiração" diz basicamente o seguinte:

O governo federal, ao se ver acuado pelo segundo acidente aéreo de grandes proporções em menos de um ano, e com enorme comprometimento da sua prória imagem, resolveu acionar os seus pseudoarapongas "sabem-tudo", e teria conseguido comprar informações de um funcionário corrupto da empresa aérea, isso apenas algumas horas depois do ocorrido, informações essas muito importantes e sigilosas, e pela irrisória quantia (em um caso desses) de R$ 50.000,00. Um assessor presidencial qualquer, com grande desenvoltura internacional, teria conseguido "comprar", agora a peso de ouro, a transcrição do conteúdo dos gravadores de voz e dados de voo (caixas-pretas), que foram enviados para serem decodificados nos Estados Unidos. Esse conteúdo teria sido enviado para o Palácio do Planalto por meio de um e-mail criptografado. Teriam sido esses os dados sigilosos que o governo teria "deixado vazar" intencionalmente para a imprensa, de modo que fossem utilizados como "furos" de reportagem.

Um CD-ROM com esses dados foi, inclusive, parar na CPI do Apagão Aéreo, onde os diálogos da cabine foram divulgados. Não houve, no entanto, adulteração de dados. Não faltou vontade para isso, e essa "ideia brilhante" teria sido cogitada sim. O problema é que os sabichões mais espertos que os outros, lá do Planalto, entre eles o então Ministro da Defesa, teriam sido, de pronto, desencorajados pelos brigadeiros da FAB.

O conselho, em forma de pressão, teria partido do CENIPA, que teria provado que as falsificações seriam facilmente identificadas pelos técnicos norte-americanos. O Ministro teria sido informado de que tal procedimento seria considerado um crime, e que o nosso país seria exposto internacionalmente de forma altamente negativa, além de toda a propaganda negativa a nosso respeito que já circula na mídia internacional. Diga-se de passagem, uma imagem construída por nós mesmos, e por mais ninguém. O "furo de reportagem" foi levado ao ar em um noticiário de uma grande emissora de televisão, que está acostumada com esses engodos e não se ilude com o que vem do Planalto. Tomou então suas precauções, e manteve equipes de prontidão em frente ao Palácio do Planalto para captar as reações ao "furo".

Deu no que deu. Captaram a imagem do assessor para assuntos internacionais, e de seu assessor, confirmando o que já sabiam que iria acontecer, e comemorando a "vitória" com gestos que tiveram como maior alvo, é claro, as famílias das vítimas. A vitória temporária de uma grande armação. A emissora, dessa forma, deu o troco, por ter sido feita de besta e ter sido levada a divulgar informações dessa forma. Para esses intrépidos estrategistas do Planalto, um defeito no avião ou um erro do piloto viriam, é claro, diminuir as tentativas de exploração política da tragédia. O que sabem por certo é que, perto de tantos fatores estruturais, eventuais falhas técnicas ou humanas, na origem dessa catástrofe, são apenas dados meramente acessórios.

Outras imagens captadas desse assessor, agora já em companhia do Presidente, seriam tão fortes e repugnantes que teriam sido censuradas pela própria emissora. Há rumores de que uma afiliada dessa emissora estaria também de posse dessas imagens, bem como alguns parlamentares. A intenção seria utilizá-las na hora em que fosse mais "conveniente"... O prefeito de uma das maiores cidades do país teria denunciado que o governo federal teria ameaçado "quebrar" a empresa aérea, caso ela não assumisse que toda a responsabilidade era sua. O prefeito jamais teria sido contestado, nem teria sido desmentido por ninguém. Ele teria recebido essa informação diretamente de um alto dirigente da empresa aérea.

A aeronáutica mandou para os EUA uma caixa que não pertencia àquele acidente. Esse "erro" teria sido proposital, no intuito de ganhar tempo, e teria contado com a conivência do comandante da FAB. Por esse fato, uma rebelião de brigadeiros quase foi desencadeada, pois a manobra teria revoltado grande parte do alto comando. Ninguém em sã consciência na FAB engoliu a "suposta trapalhada" com o suposto envio de uma simples cafeteira, isso mesmo, uma cafeteira elétrica conhecida entre os tripulantes como CofeeMaker, que pertence à pequena cozinha traseira da aeronave, e teria sido encontrada pelas equipes de resgate em meio aos destroços do jato e "confundida" como sendo o gravador de dados de voo.

Nada nessa suposta "meleca" isenta o Presidente da República de responsabilidade. Em 2003, o então Ministro da Defesa, que foi, em minha opinião, o melhor, o mais competente, e o mais consciente Ministro da Defesa que já tivemos, e que talvez por esse mesmo motivo tenha sido convidado a se retirar, apresentou um documento na forma de relatório, alertando o Planalto sobre os problemas do setor aéreo no Brasil. Não por coincidência, tudo o que vimos acontecer nos últimos meses foi previsto por ele. Reparem neste parágrafo escrito e assinado por ele:

"A diminuição dos recursos aplicados nessa atividade pode obrigar o Comando da Aeronáutica, por medida de segurança, a adotar um controle de tráfego aéreo nos níveis convencionais existentes no passado."

Pois é, ninguém o levou a sério, e acabou dando no que deu. Chego a crer que o Presidente não tenha lido, ou não tenha entendido o que estava escrito. Acredito piamente que um número enorme de relatórios como este tenha sido elaborado e entregue às pessoas certas, contudo, devem estar até hoje dentro das gavetas das mesas de alguma repartição pública. Sendo assim, o chefe maior da nação tem tanta culpa quanto têm os governos anteriores, ou seja, culpa total. Não dá mesmo para esperar grande coisa, foi o senhor, não o seu partido, que dizimou, por meio de suas atitudes, as lideranças técnicas de nossas estatais, substituindo profissionais respeitados, detentores de amplo e necessário conhecimento técnico, por neófitos políticos, desonestos, despreparados e desprovidos do menor pudor.

O que dizer do aeroporto de Congonhas?

Quero crer que o futuro próximo desse aeroporto tenha sido, enfim, definido em função de tamanha exposição negativa gerada pelos acidentes recentemente ali ocorridos. Apesar de todas as críticas, torço para que nossos governantes sejam sensíveis à questão da falta de segurança em nossos aeroportos e para que sejam felizes nas soluções que porventura buscarem. Já faz um bom tempo desde a tragédia ocorrida com um jato Airbus A-320, e nada mudou, nem lá nem nos outros aeroportos. Medidas emergenciais e muito pouco efetivas foram tomadas no auge da crise, no auge da

Aeroporto de Congonhas

comoção nacional, mas nada mudou. Congonhas é o maior aeroporto brasileiro em movimentação de passageiros — só em 2006 foram 18,4 milhões de passageiros, uma média de 600 voos por dia —, inadequadamente utilizado como um ponto central de conexões, que até poderiam ser feitas, mas não da forma nem na quantidade em que são feitas atualmente, com a atual infraestrutura de segurança.

Esse aeroporto é o mais afetado e também o que mais afeta os outros aeroportos do país quando o assunto é voo atrasado. Há anos ele vem sendo utilizado bem acima de sua atual capacidade. Na verdade, Congonhas poderia receber até mais aeronaves, mas, como já foi dito, não com a atual infraestrutura de segurança. Digo simplesmente que, com os recursos ali investidos em segurança e outros quesitos, ele vem sendo utilizado de forma muito equivocada e, na sua maioria, pelos tipos de aviões errados.

O mais movimentado aeroporto da América do Sul conta, atualmente, com pistas de tamanho inadequado para receber grandes e médias aeronaves de forma realmente segura. Não que elas sejam curtas, os aviões que atualmente operam lá é que demandam um comprimento maior (incluindo novas áreas de escape). Na década de 1980, esse aeroporto recebeu regularmente aeronaves até bem maiores do que as que atualmente ali operam. Isso não quer dizer que no passado estivessem certos, apenas deram muita sorte. A cidade cerca o aeroporto, e simplesmente não vai sair de lá. Os aviões que lá operam são, na sua maioria, velozes demais nas fases de pouso e decolagem.

Congonhas é um aeroporto crítico, não tolera erros.

Qualquer aeronave que "varar" as pistas de Congonhas descerá os barrancos nos quais terminam as pistas e se chocará contra carros, pessoas, edifícios e/ou residências. Não tem para onde fugir. As áreas recém-criadas com a pintura de limites mais restritivos da pista daquele aeroporto só funcionam se os aviões também forem mais lentos nas fases de pouso e decolagem, caso contrário, é o mesmo que criar uma ilusão, é como disparar uma flecha em qualquer direção e depois de cravá-la em um lugar qualquer, pintar o alvo em volta dela de modo a iludir o espectador.

Apenas pintar áreas de escape no asfalto e dizer que está tudo equalizado e resolvido, sem tratar dos aviões, é criar uma grande mentira, uma grande ilusão coletiva!!!

Congonhas está localizado em uma área densamente povoada, e para completar, tem problemas na conservação de suas pistas, tudo isso jogando contra o piloto... Costumo dizer que pousar em Congonhas é como pousar em um Porta-Aviões que navega em um mar de concreto e asfalto (a cidade de São Paulo). Não basta criar as tão faladas "áreas de escape" apenas pintando novos limites no asfalto da pista do aeroporto, reduzindo o tamanho útil da pista, e transformar o que sobrou nessas tão necessárias áreas. É imperativo reduzir o tamanho dos aviões que ali estão operando, ou efetivamente aumentar o tamanho físico real das pistas, caso contrário, o que ocorreu com o Airbus voltará a ocorrer naquele aeroporto, pois, como já foi falado, aquela tragédia já era aguardada há muitos anos. Exemplos de quase tragédias naquele aeroporto não faltam. Em um passado não tão distante assim, aviões de porte semelhante ao do Airbus A-320 acidentado, tais como um Boeing 737-200, em 1974, e um Boeing 727-100, em 1971, protagonizaram algumas dessas quase tragédias em Congonhas. Para o deleite da administração aeroportuária, o público não se recorda, tem memória curtíssima, e em cima desse fato inegável os pseudoadministradores aeroportuários deitam e enrolam...

O que se exige daquele aeroporto hoje em dia simplesmente não respeita seus limites nem sua vocação atual; vocação que pode ser adequada às novas realidades, mas não sem vultosos investimentos. E pode apostar, no auge da crise, no auge do caos, o governo, nas pessoas de seus "novos representantes", vai anunciar uma série de medidas paliativas, vai prometer mundos e fundos, vai prometer reduzir o número de voos, mudar o tipo dos aviões que ali operam, e, no fundo, não vai mudar rigorosamente nada, iludindo o grande público, que não entende nada dos quesitos técnicos. Pura cortina de fumaça, é só esperar para ver...

Teremos mais uma vez passado atestado de incompetentes para lidar com assuntos sérios, e mais uma vez lições preciosas não terão sido aprendidas, e tudo terá voltado a ser como era antes na terra de Abrantes. Mudanças terão sido engavetadas e/ou retiradas de todas as relevantes pautas de discussões. O aeroporto é rentável demais, é uma mina de ouro. Eles vão dar uma bela maquiada, e vai parecer que medidas "extremas" foram tomadas, quando, na verdade, é só esperar um pouquinho e fazer uma nova verificação para se chegar à conclusão de que o que estava errado continua errado, e de que o que foi temporariamente

O Boeing 727-100 que "varou" a pista de Congonhas em 1971...

foi corrigido já voltou a ser como era antes e durante a crise. Isso também vale para os aeroportos Santos Dumont, no Rio de Janeiro, e Pampulha, de Belo Horizonte.

Afirmo uma coisa: a melhoria da segurança naquele aeroporto passa por decisões muito mais fortes, passa obrigatoriamente pela capacidade da autoridade maior de assumir que do jeito que está não pode continuar, e simplesmente resolver bem resolvido. Fazer de forma inquestionável o que realmente tem que ser feito. Caso contrário, teremos novas e desagradáveis surpresas, e isso, meu caro leitor, é um fato já tristemente comprovado... O que tem ocorrido nesse aeroporto ilustra muito bem que tipo de interesses têm sido privilegiados quando o assunto é segurança aérea. São muito fortes os indícios de que os órgãos reguladores e administrativos tenham sido "capturados" pelos interesses maiores. É um aeroporto que tem seu destino discutido desde a década de 1970. Bons planos chegaram a ser feitos e implantados, mas infelizmente não foram seguidos. Interesses maiores e obscuros plantaram as sementes do que hoje estamos colhendo.

Se for para não mexer na estrutura física das pistas, tirem de Congonhas os aviões com mais de 100 assentos; não basta limitar a lotação de um avião que acomoda 200 pela metade. O avião deve ter, realmente, apenas 100 assentos. Aí sim ele virá para o pouso com um peso e uma velocidade mais baixos. Dessa forma, eles podem reduzir a área útil de pouso da pista de Congonhas e, com isso, criar as chamadas áreas de escape, que são definidas como *clear way* no início da pista, e *stop way* no fim dela, podendo-se até instalar o EMAS (concreto poroso que será discutido um pouquinho mais a frente), transformando aquele aeroporto em um dos mais seguros do Brasil.

Após a inauguração de Guarulhos, a quantidade de voos domésticos foi drasticamente reduzida em Congonhas. Ficaram apenas a ponte aérea, as empresas regionais e a aviação executiva. No intuito de auxiliar a cobrir os custos, a INFRAERO estimulou, ao longo dos anos, a construção de hangares de empresas de táxi-aéreo e oficinas de manutenção em geral. Algum tempo depois, durante a década de 1990, a regra mudou, aliás, com sempre muda no Brasil. Com uma política bem menos restritiva, as grandes companhias começaram a aumentar novamente suas operações em Congonhas, até que o então denominado DAC (atualmente ANAC) conseguiu fazer com que tudo voltasse a ser como era antes. Como a localização do aeroporto é muito conveniente, todos fingiram que não tinha acontecido nada, e os interessados, então, nadaram de braçada...

Congonhas ganhou tamanha importância na malha aérea das companhias, que finalmente recebeu um grande e necessário pacote de investimentos públicos em sua infraestrutura de áreas de embarque e garagens. Em muito pouco tempo superou Guarulhos, o que jamais deveria ter acontecido, e passou a ser o aeroporto mais movimentado da América do Sul. Já se foi o tempo em que a aviação comercial tinha, como seus aviões de maior capacidade, aeronaves que comportavam cerca de 60 passageiros; aeronaves que eram muito mais leves e muito mais lentas, fazendo com que a pista de Congonhas fosse mais que suficiente para se pousar e decolar com segurança. Hoje, o peso, a capacidade e a velocidade de pouso e decolagem das aeronaves que ali operam triplicaram.

Já decolei e pousei daquele aeroporto inúmeras vezes, pilotando um Boeing 737-800 e também um AIRBUS A-320, ambos com algo em torno de 190 pessoas a bordo, e nos seus pesos máximos de pouso e/ou decolagem permitidos para aquela pista especificamente. Em dias de chuva e vento então, vou te dizer uma coisa, adrenalina pouca é bobagem! O avião e os pilotos são plenamente capazes de fazê-lo, entretanto, no caso de Congonhas, estão sempre sendo exigidos no limite máximo da segurança. Lá o piloto de um avião com mais de 100 lugares já decola e pousa em desvantagem, é muita coisa contra, o mínimo erro, e a coisa fica bem ruim. Se alguma coisa sai do previsto, o piloto praticamente fica sem tempo hábil para raciocinar e tomar as decisões corretas.

Fica aqui mais que uma sugestão, e um recado, outras tragédias como a ocorrida recentemente naquele aeroporto continuam sendo uma grande possibilidade. Digo isso como piloto e usuário técnico daquele aeroporto. Desculpe-me a falta de modéstia, mas, para falar se um aeroporto é seguro ou não, ninguém tem mais autoridade do que nós, os pilotos. Somos nós que entramos no picadeiro e enfrentamos a fera. E somos nós que vamos decidir se pousamos ou não.

Como fazer então? Quais os caminhos a seguir?

Para melhorar a situação sem desativar nem investir em aumento real de pistas, é muito simples: aviões menores, mais leves e mais lentos, somente voos que não efetuem conexões, e que também não tragam passageiros em conexões feitas em outros aeroportos. Exemplo: o passageiro quer desembarcar em Congonhas, mesmo que efetue uma escala, tipo Fortaleza—Brasília—Congonhas. Isso deve ser evitado, obrigando às empresas a venda desse tipo somente se o passageiro aceitar ficar 24 horas em Brasília. Óbvio, ele pode comprar da empresa A até Brasília e da Empresa B até Congonhas, mas aí já não seria tão vantajoso, em função da diferença de horários entre um voo e outro, que seriam poucos. E também não se trataria de uma conexão. Como o número de voos diários para Congonhas seria também muito limitado, esse passageiro acabaria se dirigindo para Guarulhos. Problema resolvido. De Guarulhos para o centro de São Paulo já é outra problemática. Essa pode não ser a melhor opção para resolver o problema a curto prazo, mas é uma possibilidade, é uma sugestão. Você pode pensar em alguma coisa melhor e também sugerir...

Independente disso, acredito que tudo o que existe de mais moderno em segurança de voo deve ser investido em Congonhas. O aeroporto possui duas pistas paralelas, uma maior que a outra, devendo as duas ser alvo de uma ampliação de seu comprimento, de modo que ambas ficassem com pelo menos 2.500 metros; vários hangares e oficinas deveriam se mudar para outros aeroportos e ceder espaço para novos pátios e terminais de

Aeroporto London City e aeroporto flutuante no Japão

passageiros. Acredito que com essa nova estrutura, um pequeno terminal internacional exclusivo para receber alguns voos sem conexões oriundos de países do Mercosul e efetuados com aeronaves compatíveis seria muito interessante. Seria o renascimento em grande estilo, seria um gol de placa e uma justa homenagem àqueles que ali pereceram. É caro, mas o Brasil e São Paulo podem e merecem.

O fechamento de um aeroporto com a localização dele deve ser evitado a todo custo. Basta utilizá-lo com o devido respeito técnico. Erros e falhas ocorrem, e são tanto da natureza humana, quanto da natureza das máquinas. O que precisamos é de margem para que esses erros não sejam fatais. Londres nos dá um bom exemplo. O aeroporto London City, localizado às margens do rio Tâmisa, em uma área central que outrora foi utilizada como um porto, tem uma pista que é pouco maior que a metade da pista de Congonhas. É fruto de investimento e administração privada.

Tem uma das maiores utilizações da região, e os pilotos seguem regras de operação tão restritivas que se chega ao ponto de suspender a habilitação destes quando deixam de tocar as rodas do avião no ponto exato marcado na pista. Buenos Aires, Washington e outras grandes cidades mundo afora também contam com aeroportos bem centrais, entretanto, nenhum se assemelha realmente a Congonhas no puro aspecto técnico. Uma passagem para o aeroporto London City custa uma fortuna, mas como é investimento privado, tem-se o direito de cobrar o que quiser. É um produto como outro qualquer, paga quem pode. Conveniência sempre foi mais cara. Os aviões que lá operam possuem as características descritas anteriormente como sendo as ideais para Congonhas.

O Código Brasileiro de Aeronáutica prevê, desde 1986, a concessão da administração (mas não a privatização pura e simples) de aeroportos para a iniciativa privada, bem como convênios do governo federal com as administrações estaduais e/ou municipais. Já estamos em 2009, portanto, 23 anos já se passaram. Foram apenas um ou outro aeroporto sem maior importância no cenário econômico nacional que viram isso acontecer. Existem algumas soluções que, de tão curiosas, inovadoras e radicais, talvez não tenham recebido a devida atenção, mas talvez fossem a grande solução para uma cidade com as características de São Paulo. Uma delas, que já está sendo aplicada no

Japão e talvez fosse uma possibilidade de estudo para um novo aeroporto central nessa cidade, é a construção de um aeroporto flutuante em uma das suas represas.

É algo que já existe e que permitiria a construção de uma pista com talvez até 3.000 metros ou mais, sem ter que desmatar nem desapropriar quase nada, alem de fazer com que as áreas de segurança fossem disponibilizadas e as de aproximação e decolagem ficassem substancialmente desimpedidas. Com certeza comportaria aviões até maiores do que os que atualmente operam em Congonhas, e com total segurança. Obviamente que sou o primeiro a desencorajar essa ideia caso o impacto ambiental causado seja de grandes proporções. Na minha humilde opinião, por mais estranho que possa parecer, vale a pena investigar mais sobre isso. Além de tudo, o aeroporto praticamente continuaria no centro da cidade. Seria um "verdadeiro porta-aviões" ancorado no meio da cidade, só que seria excelente. Pode ser que não seja o ideal para aeronaves de grande porte, mas talvez tenha aplicação prática no que se refere a aeronaves de pequeno e/ou médio portes. É estranho, mas vale a pena dar uma olhadinha, nem que seja para chegar à conclusão de que não é o ideal.

Outra possibilidade seria fazer todas as modificações requeridas, contemplando tudo o que Congonhas precisa, mesmo as obras consideradas monumentais, e entregar para a iniciativa privada. A transferência definitiva somente seria feita após terem sido concluídos todos os itens do projeto, que, é claro, teria data e hora para ser concluído. Para um aeroporto rentável como aquele, o que não faltaria seriam candidatos aptos e interessadíssimos. Ora, se já estamos privatizando até as nossas rodovias, por que não os aeroportos?

O ideal é que a administração de um aeroporto sempre veja o outro aeroporto como um concorrente, e parta para melhorias em geral para agradar e atrair os clientes. Dessa forma, faz-se com que o administrador desse aeroporto pense somente em sí próprio, aja e planeje seus passos pensando somente nele mesmo. Obviamente que sempre estaria sob a vigilância da agência reguladora. Tome-se como exemplo o fenômeno das empresas aéreas de baixo custo. Muito comuns nos Estados Unidos e na Europa, elas na verdade dificilmente se utilizam de aeroportos centrais, sejam eles grandes ou pequenos.

Elas optam, na maioria das vezes, pela utilização de aeroportos mais afastados das áreas centrais, mas que, por serem administrados comercialmente, investem sem parar e buscam a infraestrutura necessária a qualquer custo. Isso faz que as taxas de pouso nesses aeroportos sejam muito mais baratas para as empresas aéreas. Sendo assim, elas podem praticar tarifas cada vez mais baixas, uma vez que, quanto mais utilizam aquele aeroporto em particular, mais descontos ganham, e assim sucessivamente. Tome-se mais uma vez como exemplo a região de Londres. A grande Londres possui cerca de seis aeroportos, alguns dos quais estão entre os mais movimentados do mundo. Os aeroportos de Stansted e Luton, ao norte da capital britânica, são os preferidos por empresas de baixo custo.

No entanto, a distância não desanima o passageiro, uma vez que investimentos como metrô e trem já foram feitos há muito tempo. E é só sair de casa mais cedo um pouquinho e ver que o preço da passagem com certeza vai compensar. A falta dessas opções aqui no Brasil com certeza limita muito os horizontes também das empresas aéreas, que são obrigadas a se utilizar somente do que aí está, e contar com a "boa vontade" das autoridades administrativas. É, sem dúvida, a arte de criar dificuldades para vender facilidades. Investimentos como edifícios-garagem também são uma grande interrogação. Por que pouquíssimos aeroportos os têm? Brasília, Galeão (Rio), Guarulhos e Confins (Belo Horizonte), entre muitos outros, não possuem essas facilidades, no entanto, alguns aeroportos bem menos importantes já contam com eles. Será que somente alguns poucos brasileiros merecem essa atenção? Se for por falta de verba, a "iniciativa privada resolve".

A construção de novos aeroportos somente deveria ser cogitada após os aeroportos existentes terem sido privatizados, os respectivos investimentos terem sido feitos e a capacidade máxima desses aeroportos "revitalizados" tiver sido alcançada. Repito, isso não é função de governo, é pura e simplesmente comércio, ou seja, é função da iniciativa privada.

Os aeroportos brasileiros oferecem segurança?

Oferecem sim, não são os melhores aeroportos do mundo, mas estão na média. O problema no Brasil é de qualidade administrativa. Não temos bons administradores aeroportuários. As instalações podem e devem ser melhoradas, mas isso demanda planejamento, investimentos e a capacidade de juntar tudo isso e executar bem. Como se vê, não é impossível, mas no Brasil existe um componente extremamente complicador, que se chama governo. Mas também, o que é que nos queríamos? Este é um país que não constrói estradas, nem cuida das estradas que tem. O que dirá dos aeroportos, não é mesmo? Isso apenas prova que está na hora de se pensar seriamente em um grande programa de privatizações na área aeroportuária brasileira. O governo definitivamente já deu o que tinha que dar nessa área. Siga-se o exemplo da EMBRAER.

No nosso país, a aviação civil é comandada por militares, e eles, juntamente com os burocratas do Planalto, sempre tiveram imensa dificuldade em desenvolver bons projetos. Não temos muito que pensar, os bons exemplos existem em grandes quantidades mundo afora, é só copiar, não precisa inventar. Mas a resistência em se basear naquilo que realmente já provou que funciona tem se mostrado uma "mania nacional" por aqui. Nem precisa ir muito longe, esses exemplos estão aqui mesmo no planeta terra, basta ver os novos aeroportos construídos no grupo de países chamado Tigres Asiáticos, como a China, Malásia, Cingapura, Japão e outros.

Cidades como Beijing, na China, Kuala Lumpur, na Malásia, Bangcoc, na Tailândia e Cingapura contam hoje em dia com aeroportos que beiram à perfeição. E que fique bem claro, estou me referindo apenas e tão-somente à praticidade dos terminais e das pistas de pouso e de taxiamento (movimentação no solo), não estou levando em conta o luxo que possa ser encontrado em um ou outro terminal. Se não temos dinheiro nem razões para construir do mesmo tamanho, pelo menos façamos uma cópia em tamanho reduzido, só isso já estaria de "bom tamanho". Além disso, uma das nossas características negativas mais impressionantes é a incapacidade de prever e de se preparar para futuras expansões. Deixar o projeto pronto, e também a área reservada para essa finalidade, evitando problemas futuros.

Além disso, fazer uma grande coleta de informações e ideias vindas de tripulantes e de passageiros seria bem útil, pois eles são os verdadeiros usuários técnicos. Boa parte deles vive se utilizando, em bases regulares, dos aeroportos mais modernos do mundo, e poderiam participar com grandes ideias. Infelizmente nada disso é levado em consideração pelos nossos projetistas. Aqui, de uns anos para cá, a prioridade é transformar os terminais de passageiros em grandes shopping centers. Não me entendam mal, tenho grande apreço por essa ideia, acho que um terminal deve, realmente, possuir todos os confortos, como é lá fora. Principalmente como é nos grandes aeroportos europeus, onde se mescla de tudo. Cinemas, supermercados, estação de metrô e de trem, hotéis, lojas e boutiques nunca fizeram mal nenhum à segurança aérea, muito pelo contrário.

O problema é que, no caso de aeroportos, isso deve vir sempre por último, e não em primeiro lugar, afinal, a finalidade principal de um aeroporto é o transporte aéreo de passageiros e cargas, o resto é, e será sempre, secundário; primeiro as pistas e, por último, os terminais de passageiros. A inversão dessa lógica é pura ignorância ou pura esperteza de políticos, que optam pelos terminais porque são obras vistosas, obras que dão votos, as pistas não. É preciso fazer melhorias nas pistas existentes e equipá-las para aproximações por instrumentos com equipamentos mais modernos, construir novas pistas de taxiamento (movimentação das aeronaves no solo) em vários aeroportos movimentados como, por exemplo, Curitiba (terminal e pista pequenos), Porto Alegre (pista pequena e ruim), Florianópolis (terminal pequeno), Manaus, Belém, São Luís, Natal, Cuiabá, Vitória (terminal pequeno e pista ruim), Goiânia (terminal e pista pequenos), e vários outros.

Isto ajudaria a adequar a demanda existente à segurança e rapidez necessárias. E como se tudo isso não fosse o suficiente, temos também o problema das obras intermináveis. Para se ter uma boa ideia do que estou falando, o Aeroporto Internacional de Brasília, hoje um dos mais movimentados da América Latina, teve suas obras de expansão e modernização iniciadas cerca de 18 anos atrás, e até hoje não foram terminadas. O que foi feito já não atende à demanda, e o projeto inicial sofreu vários cortes e modificações, fazendo com que a eficiência pretendida fosse seriamente comprometida.

O exemplo maior de toda essa incompetência foi a construção extremamente tardia de uma nova pista de pouso naquele aeroporto. Ela chegou vários, vários anos atrasada, e ainda não dispõe de todos os recursos previstos. Além disso, foi durante muito tempo alvo de ações judiciais que acabaram por diminuir o comprimento que os aviões poderiam utilizar durante o pouso. Os pilotos foram, durante muito tempo, obrigados a utilizar menos comprimento de pista do que realmente poderiam, obviamente, com isso comprometendo a segurança dos pousos. Isso se deveu a meia dúzia de moradores que resolveram construir suas casas exatamente embaixo do caminho desses aviões. Moradores que teriam se sentido prejudicados ao verem que finalmente a obra seria construída e que os aviões realmente fariam algum barulho. Resolveram, então, por meio de ações legais, pôr em risco a segurança de milhares de pessoas que se utilizam diariamente daquela obra novinha em folha. O pior disso tudo é o fato de terem ganho esse direito, ainda que temporariamente, mesmo tendo a área de expansão do referido aeroporto sido prevista no projeto original da cidade e ter sido fielmente mantida isenta de invasões (fato raríssimo em nosso país). Mas eles escolheram morar ali, mesmo sabendo de tudo isso.

O aeroporto de Guarulhos, que também serve a cidade de São Paulo, foi inaugurado em 1985, é também um desses casos intermináveis. Vinte e quatro anos após sua inauguração, ele ainda não tem construída nem metade do projeto inicial. E o mais interessante é que, mesmo depois de toda a confusão aérea que se vê no Brasil, não se fala em terminar o projeto, apenas em "adequá-lo ao momento atual". Fala-se muito em construir apenas o terceiro terminal. Ora, meus amigos, façam logo tudo o que tiver que ser feito, ou melhor, que já tinha de ter sido feito. Volto a dizer, se o governo não tem dinheiro, então privatize, e rápido. Além disso, já faz tempo que se fala em uma ligação expressa entre o centro da cidade de São Paulo e seus aeroportos (inclusive o de Campinas). O problema é o de sempre, o governo municipal joga para o estadual, que repassa para o federal, e acaba que ninguém marca o ponto. Sinceramente, não acredito que o governo tenha coragem de fazer tudo o que precisa ser feito naquele aeroporto.

Além do que, a eficiência a curto e médio prazos de uma estação de trem no centro da cidade seria duvidosa, pois o fato é que a grande maioria dos passageiros e dos funcionários não mora no centro da cidade, e as linhas de metrô atualmente existentes, e que já deveriam cobrir a cidade inteira, já há vários anos, estão apenas engatinhando nesse sentido. O pior é saber que, se algum desses governos iniciar uma obra nesse sentido, quase com certeza vai gastar o dinheiro e fazer mal, e pela metade, abandonando o pouco que foi feito à própria sorte. É fato, não adianta achar ruim, exemplos disso estão espalhados de Norte a Sul deste país. Já a iniciativa privada faz, e faz rápido e bem-feito. Precisa do resultado positivo para ver seu dinheiro de volta, afinal, esse dinheiro tem dono. E o dono quer o retorno de seu investimento o mais rapidamente possível.

Resumindo, muito embora o Aeroporto de Guarulhos fique a uma distância de apenas 25 km do centro da cidade, ninguém quer ir para lá porque é "difícil" chegar e sair de lá. Não tem trem, não tem metrô e não tem estradas desimpedidas. Em dias de chuva e/ou horários de maior pico de trânsito, é de chorar. Nosso país não conseguiu terminar nem as controversas obras do aeroporto Santos Dumont, no Rio de Janeiro, a tempo de servir melhor os Jogos Pan-Americanos, e a China construiu o maior aeroporto do mundo para dar suporte às Olimpíadas realizadas em 2008. Enquanto eles fazem, nós simplesmente olhamos com os olhos de quem, por pura incompetência, fica para trás...

Quais são os aeroportos mais perigosos do Brasil?

Eu não diria perigosos, mas que oferecem menos segurança para a operação de aeronaves de médio e grande portes. Aeroportos que por um fator ou outro exigem mais atenção, mais cautela e mais destreza do piloto. Vou citar apenas aqueles nos quais já operei. Caso contrário, a lista seria muito grande. São eles:

- **Congonhas** (São Paulo)
- **Santos Dumont** (Rio de Janeiro)
- **Navegantes** (Santa Catarina)
- **Caxias do Sul** (Rio Grande do Sul)
- **Campina Grande** (Paraíba)
- **Vitória** (Espírito Santo)
- **Ilhéus** (Bahia)
- **Joinville** (Santa Catarina)

O que pode aumentar a segurança de um aeroporto?

Basicamente são melhorias no comprimento e na qualidade da aderência do piso das pistas, o que se consegue com a utilização de asfaltos especiais e de *grooving*, que são ranhuras no asfalto feitas propositalmente para aumentar o escoamento da água das chuvas.

Além disso, temos também a melhoria na sinalização das pistas, aquelas pequenas plaquinhas com letras e números que podemos ver em meio às pistas dos aeroportos. Cada uma daquelas plaquinhas contém algo como se fosse o endereço daquele pedaço do aeroporto. Quando o piloto pousa ou decola, recebe instruções de como se locomover no solo de forma a não interferir com o movimento de outras aeronaves, especialmente as que estão pousando ou decolando. Novos tipos de sinalização, mais eficazes, estão em desenvolvimento mundo afora, e com certeza serão, em muitos casos, o diferencial entre a vida e a morte, irão prevenir e evitar a ocorrência de acidentes fatais.

As ranhuras no asfalto — *grooving*

Colisões entre aeronaves no solo estão classificadas entre os tipos mais sérios de acidentes aéreos, e com maior taxa de mortalidade. Esse tipo de confusão por parte dos pilotos ocorre com maior frequência em grandes aeroportos, que possuem várias pistas diferentes, e também quando a visibilidade está muito baixa em função de nevoeiro ou chuva. O recurso mais promissor para evitar esse tipo de colisão está para entrar em ação, chama-se RAAS — *Runway Awareness & Advisory System* (Sistema de Aviso e Consciência em Relação às Pistas de Pouso e Decolagem). Trata-se de um moderníssimo software que será integrado ao EGPWS (proximidade com o solo).

Trabalhará com o auxílio de um moderno banco de dados das pistas dos aeroportos e também com a ajuda do sistema GPS (*Global Positioning System*). Mesmo que o piloto esteja taxiando (manobrando no solo) a aeronave em um aeroporto coberto por pesado nevoeiro ou chuva, ele será avisado com antecedência da proximidade da entrada e/ou cruzamento inadvertido de áreas perigosas, como são as pistas de pousos e decolagens, conhecidas como *Hot Spots* (Pontos Quentes). Vale salientar que o maior acidente da história da aviação comercial, a colisão no solo envolvendo dois Boeings 747 em Tenerife, Espanha, em 1977, ocorreu exatamente por um mal-entendido entre dois aviões que se posicionavam no solo em um aeroporto coberto por pesada cerração.

Todos os anos, cerca de 43 aeronaves de médio e grande portes excedem o limite da pista em que estão decolando ou pousando, causando cerca de 30% dos maiores acidentes envolvendo perdas de vidas. Para ajudar a reduzir a possibilidade de que uma aeronave que excedeu os limites da pista se torne mais um acidente, exige-se que os aeroportos tenham uma área de escape, à qual damos o nome de área de segurança. Em alguns aeroportos não é possível a criação dessas áreas em virtude da existência de rios, prédios, rodovias etc. Nesses casos, recomenda-se a implantação de um sistema de segurança recentemente desenvolvido, um material parecido com o concreto, que, na realidade, cede quando o avião passa sobre ele, fazendo com que o material se quebre e esse avião afunde e atole nesse material, é como se o avião fosse "agarrado", sofrendo uma desaceleração brusca, mas não danosa aos seres humanos.

Chama-se EMAS (Engineered Material Arresting System). Esse material é bem caro, mas é, de longe, o que hoje se tem de melhor. É capaz de fazer parar até grandes aeronaves. Também pode ser instalado nas laterais, ao longo da pista, ideal para aeroportos com as características de Congonhas. Ele pode ser instalado nas cabeceiras das pistas, evitando assim que um avião que, por algum motivo, ultrapasse seus limites, venha a sofrer danos mais sérios. Para se ter uma ideia de sua eficiência, em um aeroporto como Congonhas, uma área de cerca de 100 metros de EMAS em cada cabeceira

Boeing 727 sendo "agarrado" pelo EMAS

EMAS instalado na cabeceira de uma pista na China

da pista principal daquele aeroporto seria capaz de parar todos os tipos de aeronaves que lá operam, desde que estivessem a uma velocidade limite em torno de 150 km/h, o que é considerada uma velocidade alta para uma aeronave que já está chegando ao fim da pista e que teoricamente já se utilizou ao máximo de seus próprios recursos, como os próprios freios e reversores de potência dos motores. A eficiência desse sistema não sofre degradação em função das condições climáticas, parando a aeronave da mesma forma com a pista molhada ou seca.

Um dos equipamentos que mais auxiliam os pilotos em um aeroporto é o ILS — *Instrument Landing System (*Sistema de Pouso por Instrumentos). Trata-se de um conjunto de antenas localizadas na lateral e no final das pistas, que emitem sinais eletrônicos que são captados pelos instrumentos dos aviões, mostrando aos pilotos o "caminho seguro para a pista" em meio à baixa visibilidade, fazendo com que sejam capazes de se manter alinhados o tempo todo com a pista, e descendo em um ângulo constante, de modo a não colidir com nenhuma elevação. Esse sistema divide-se atualmente em três categorias básicas, que variam de acordo com sua capacidade de auxiliar o pouso conforme a mudança e/ou deterioração das condições meteorológicas sobre a pista.

Com o ILS categoria 1, o piloto pode pousar com uma certa visibilidade e com as nuvens a uma certa altura em relação à pista; com a categoria 2, essas condições podem estar menos favoráveis e o pouso ainda assim será feito; e com a categoria 3 o piloto não precisa enxergar praticamente nada, e o avião pousará obrigatoriamente e com segurança, utilizando-se do piloto automático. Para que isso seja possível, as empresas aéreas devem equipar e treinar suas tripulações, e a administração dos aeroportos (no nosso caso, a INFRAERO), deve providenciar a instalação, no solo, e a manutenção dos equipamentos, as tais antenas.

Antenas que alinham o avião com a pista

Para os aeroportos que possuem várias pistas, já há um sistema baseado nas informações fornecidas por satélite, usando tecnologia GPS. Esse sistema chama-se GBAS — *Ground Based Augmentation System* (Sistema de Amplificação Baseado em Terra). Esse sistema será composto de antenas receptoras de sinal GPS enviado por satélites, retransmitido para uma central que analisa e corrige eventuais distorções, e finalmente envia o sinal corrigido direto para as aeronaves, que o utilizarão para atualizar seus próprios receptores de GPS e pousar como se estivessem fazendo um procedimento ILS (vide página 269). O tipo de procedimento feito deverá se chamar GLS, ou seja, ILS gerado com sinal de GPS. Está em estudos para a instalação em vários países do mundo, inclusive o Brasil.

Como não poderia deixar de ser, no nosso país, a tendência de querer inverter as responsabilidades é uma característica da administração pública. A lógica diz que o sistema, seja ele qual for, deve ser instalado primeiro, e depois as companhias investem no treinamento. Caso contrário, o investimento em treinamento é feito, o equipamento não é instalado, e o treinamento e o dinheiro são perdidos. A instalação e a homologação levam tempo. A INFRAERO já fez declarações nas quais deixa claro que, no seu entender, o investimento pelas duas coisas deve ser feito pelas empresas interessadas! Ora bolas, se for para ser assim, entreguem logo a administração dos aeroportos para elas também. Quem deve investir em infraestrutura aeroportuária é a administradora do aeroporto, e não o usuário, que, aliás, paga taxas de utilização com base no que o aeroporto oferece ou não.

Como saber se a inoperância de um determinado item impedirá a decolagem ou o pouso?

A manutenção das aeronaves é uma questão muito sensível dentro de uma empresa aérea. É, com certeza, um dos itens de maior complexidade e custo. Sendo assim, em certos casos não é de se estranhar que a interpretação de uma exigência qualquer seja feita com base na conveniência da própria empresa. Como a maioria das aeronaves sai de fábrica com vários de seus sistemas vitais duplicados ou até triplicados, durante o processo de homologação dessa aeronave faz-se um estudo e determina-se em que condições, quais e quantos desses sistemas podem estar inoperantes, e, ainda assim, efetuar o voo de forma absolutamente segura. Esse estudo gera uma Lista de Equipamentos Mínimos, a MEL (*Minimum Equipment List*).

É nessa lista que o comandante de um voo se baseia quando alguma coisa não está funcionando. Na maioria das vezes, ele toma a decisão em conjunto com a empresa, pois as empresas possuem departamentos de engenharia que auxiliam os pilotos e também os mecânicos. Entretanto, a empresa pode fazer sugestões e/ou orientações, mas a palavra final e a responsabilidade são sempre do piloto. Quando ele ou a empresa aceita ou libera um avião para voar com certos itens inoperantes, sejam eles quais forem, é preciso usar também o bom senso e fazer as devidas compensações, como, por exemplo, não permitir que uma aeronave que esteja com um reversor inoperante pouse no seu peso máximo de pouso, ou próximo a ele, em aeroportos muito restritos em termos de segurança, e cuja pista esteja comprovadamente molhada e/ou escorregadia.

Essas compensações são, inclusive, previstas nos manuais de performance (peso e balanceamento) de pousos e decolagens, que estão a bordo dos aviões, bem como disponíveis para os engenheiros e despachantes técnicos dessas empresas. Todos eles têm uma inegável responsabilidade na hora de calcular os riscos envolvidos. Quando se calam, aceitam também a responsabilidade pelo que possa vir a acontecer, ainda que essa responsabilidade seja moral. Os meios e as fórmulas para minimizar a possibilidade de um acidente como o que ocorreu recentemente em Congonhas, no qual 199 pessoas perderam suas vidas, são, desde longa data, conhecidos, só não os utiliza quem não quer. Seja por parte dos pilotos, da empresa aérea, da administração do aeroporto ou da Agência fiscalizadora, ou da junção de todos. Acidentes são, comprovadamente, o resultado da somatória de vários erros, e não de um único.

No caso da colisão envolvendo o Boeing e o Legacy, ocorrida em 27 de setembro de 2006, eu até aceito a aplicação do termo "fatalidade" em alguns momentos, mas não em todos. No acidente ocorrido em São Paulo, esse termo não é aplicável. Esse foi um acidente a respeito do qual nenhuma das partes envolvidas poderá dizer, jamais, que não era mais que previsto. Não porque tenha sido um Airbus A-320, pois esse tipo de acidente poderia ter ocorrido com rigorosamente qualquer aeronave, nem porque era dessa ou daquela empresa aérea, mas porque era no crítico aeroporto de Congonhas. Só não sabíamos com quem nem quando iria acontecer, apenas sabíamos, todos, que o avião de médio ou grande porte que porventura "varasse" (saísse) a pista de Congonhas e saísse da área interna do aeroporto, não teria a menor chance, nem quem estivesse em seu caminho. Um acidente que, sempre se soube, seria o grande divisor de águas.

Ciente de que tinha grande parte da responsabilidade, a diretoria da ANAC se reuniu e sumiu por quase 30 horas. Talvez agindo em consonância com as atitudes de um Presidente da República, que também sumiu..., e depois, nervoso e esbravejando, declarou em um programa de rádio que havia determinado ao Comando da Aeronáutica (militares cuidando de assuntos civis) que fizesse o que fosse necessário para resolver o problema do caos aéreo, e também aproveitou para dizer que criticar o sistema era terrorismo.

Pois bem, sr. presidente, não se iluda e não queira nos iludir, nada de efetivo foi feito, e pelo tom de suas declarações, podemos entender que não passamos de uma nação de terroristas, milhões de eleitores terroristas, pois todos nós estamos criticando o sistema... Prefiro crer que o senhor tenha se equivocado e/ou que tenha sido mal orientado sobre nós.

Não se tratou de um filme macabro, era, isso sim, uma certeza calada, escondida. Principalmente por parte dos pilotos, que, extremamente fracos, desunidos e desorganizados politicamente, jamais tiveram coragem de boicotar as operações em condições marginais naquele ou em qualquer aeroporto com grandes problemas de segurança, nem antes, nem durante, nem depois do caos aéreo. Órfãos de um poder maior que zelasse por eles, e que os defendesse das enormes e irracionais pressões até então aplicadas pelas companhias aéreas, eles, os pilotos, jamais tiveram peito de nada, "e eu me incluo entre eles". O pensamento entre a categoria é, e não poderia ser diferente, o de que em um país que oferece tão poucos empregos para pilotos como o Brasil, o bom cabrito costuma ser sempre aquele que não berra. Esse pensamento e essas atitudes mudaram muito desde então, tanto por parte das empresas como por parte dos pilotos. A questão da segurança tem sido inegavelmente levada muito mais a sério.

Vale salientar que, em que pese ter sido esse um acidente de enormes e tristes proporções, ele poderia ter sido ainda muito pior. O jato que se acidentou em Congonhas saiu da pista lateralmente, não se sabe ainda se comandado pelo piloto ou por alguma falha que o impediu que mantivesse a trajetória de pouso. Caso tenha se tratado do segundo caso, podemos considerar o seguinte, ainda que se trate de uma grande especulação. Caso essa aeronave tivesse seguido a trajetória lateral que seguiu quando já estava no final da pista, mas ainda estando no meio dela (em termos de comprimento), ele com certeza teria se chocado contra várias outras aeronaves, enfileiradas lado a lado, e com o novo terminal de passageiros, que foi construído recentemente, fazendo com que o terminal antigo, já muito próximo da pista, ficasse mais próximo ainda.

Não posso nem imaginar o tamanho da tragédia. Talvez os mortos tivessem sido contados em uma quantidade várias vezes maior do que foram. Felizmente isso não chegou a acontecer. Talvez tivéssemos sido vítimas da maior tragédia aérea da história. Essa é apenas mais uma das fragilidades de Congonhas em relação aos grandes jatos que lá operam, e que talvez não tenha sido devidamente observada.

Essa é, com certeza, uma especulação terrível, mas o acidente ocorrido em Congonhas provou que o impensável acontece, e o ocorrido com a aeronave que se chocou com o jato executivo norte-americano sobre o Estado do Mato Grosso provou isso mais ainda. Nossos governantes nunca se importaram, sempre pagaram para ver, e quando o pior acontece, é o país que é exposto como incompetente aos olhos do mundo. No caso específico de Congonhas, ficou muito claro que a falta de investimentos se traduz sempre em alto risco. E na aviação, altos riscos são invariavelmente contabilizados dessa forma, em corpos...

Dizer que, de acordo com o manual de operações do avião, esse tipo de operação é permitido não é desculpa, pode ser oficialmente permitido, mas não é nem um pouco recomendável. Esse aeroporto possui outros elementos que geram insegurança, e que são de muito bom conhecimento das companhias, e das autoridades. Essas questões deveriam ter sido observadas e levadas em consideração. Optando-se, é lógico, por um conservadorismo gerador de maior segurança. Tarde demais, quem sabia o que fazer não fez nada. Não precisa pesquisar nada para achar os responsáveis, o Governo Federal, o Senado e a Câmara dos Deputados, a INFRAERO e a ANAC, com seu comportamento teatral e omisso, que, por meio de seus representantes administrativos, reguladores, e fiscalizadores envolvidos na questão, são os grandes culpados, e não é só de omissão não.

Também são culpados de gestão criminosa em todos os níveis. Lembrem-se de que, no caso específico da Câmara e do Senado, existe uma total falta de interesse em mudar alguma coisa na legislação que rege o setor como um todo, em especial no tocante a questões trabalhistas dos aeronautas. Como punir esses verdadeiros culpados é assunto para os bons advogados e juízes deste país, e para os bons eleitores, nas próximas eleições que virão.

Deputados acompanhando a leitura das caixas-pretas?

O Brasil, há muitos anos, filiou-se a uma entidade chamada ICAO — International Civil Aviation Organization — uma Agência da ONU, cuja sede fica na cidade de Montreal, no Canadá. Pois bem, os países signatários da ICAO concordaram em criar procedimentos em comum para tratar de tudo o que envolve a aviação civil no mundo. Trata-se da Convenção sobre Aviação Civil Internacional, documento que constitui as bases para as relações aeronáuticas internacionais. Outras organizações desse tipo também agregam outros países, mas trabalham de forma semelhante e perfeitamente em sintonia umas com as outras, caso contrário o mundo pararia em termos aeronáuticos.

Quando um acidente aeronáutico ocorre, o Brasil deve tratá-lo e investigá-lo utilizando-se apenas e tão-somente de critérios estritamente técnicos, estipulados pela ICAO por meio do Anexo 13 da Convenção acima citada, e isso vale para todos os seus integrantes. Existe um padrão de procedimentos de investigação de acidentes a ser seguido, existe um protocolo. Dessa forma, todos podem trabalhar da mesma forma e trocar as informações obtidas para o bem de todos. O inquérito conduzido em conformidade com o Anexo 13 é de natureza estritamente aeronáutica, tendo como objetivo esclarecer as causas de um acidente com vista à prevenção de futuras ocorrências, e não persegue qualquer objetivo de natureza disciplinar ou criminal, ficando essas instâncias a cargo de outros órgãos e/ou empresas.

São regras que ajudamos a fazer, e que agora, por motivos políticos internos, estamos simplesmente desrespeitando ou mesmo ignorando. Isto é, sem dúvida, uma coisa gravíssima aos olhos de um mundo que, já faz muito tempo, não nos vê como um país sério. Uma pergunta fica no ar. Para que participar de um clube de excelência, se não somos sequer capazes de cumprir as regras? Cada país tem uma divisão técnica própria, encarregada de investigar acidentes aeronáuticos. Ela é composta de gente que foi especificamente preparada para essa finalidade, e são verdadeiros especialistas, que já viram muito do assunto, aqui e lá fora. No caso brasileiro, trata-se do CENIPA — Centro de Investigação e Prevenção de Acidentes Aeronáuticos.

O CENIPA foi oficialmente criado em 1971, mas suas atividades remontam à década de "1920". É gente séria, que sabe o que faz. São dele, e somente dele, a responsabilidade técnica, a autoridade e a independência na hora de investigar um acidente aéreo no Brasil. Além disso, tem o direito de participar, como convidado, nas investigações de acidentes que envolvam aeronaves brasileiras que tenham ocorrido no exterior. As declarações de funcionários públicos que nada têm a ver com o assunto, e que não participam oficialmente das investigações, são invariavelmente contraproducentes para o trabalho desses investigadores oficiais. Essas declarações deveriam ser rigorosamente proibidas. Elas só prejudicam os trabalhos dos investigadores e causam uma agitação indevida sobre um assunto que deve ser apenas e tão-somente tratado por especialistas.

Quando se trata de acidentes aéreos, não adianta ter pressa. Se o acidente não for autoexplicativo e as causas não forem óbvias, as respostas não virão rapidamente, levarão muito tempo, e talvez nunca venham a ser totalmente satisfatórias. Pode até ser que as condições da pista de Congonhas não tenham contribuído para o terrível acidente que lá ocorreu, entretanto, caso tenham contribuído, quem se responsabilizará por tê-la liberado para operação sem as ranhuras (*grooving*)? Quem assumirá que, com uma canetada ou uma ordem verbal, decretou a morte de 199 pessoas?

Agora, o Congresso Brasileiro investigando acidente aeronáutico por conta própria? Ora, façam-me o favor, senhores! O que é que vocês podem investigar que o CENIPA não possa, muito mais e melhor? Tratem de suas obrigações, e cuidem de suas leis! Todos nós sabemos do seguinte: ao serem acuados pela nação, os senhores resolveram fazer de uma investigação de acidente aéreo, um mero ato político. Foram vocês, e mais ninguém, que trouxeram um componente policial para um assunto que, em sua fase inicial, como já foi dito, só tem lugar para técnicos. Mas a classe política brasileira tem representado muito bem o nosso povo, e tem dado a ele tudo o que tem pedido, e que, talvez, mereça ganhar.

O povo não reclama nem faz nada, sinal de que está satisfeito, não é mesmo? Esse tipo de gente só tem a ganhar por aqui, e em especial no cenário político a prova é que nunca ninguém é punido de verdade, muito pelo contrário. Quem rouba e é descoberto, em vez de ter seu mandato cassado automaticamente, tem o direito e a opção de renunciar ao próprio mandato, com a maior cara-de-pau. Dessa forma, não só não perderá o direito de se reeleger, como muito provavelmente o será. Foram os políticos, e ninguém mais, que contrataram mal, nomearam mal, fiscalizaram mal, treinaram mal, pagaram mal. Não investiram, nem quanto, nem como, nem quando deviam. Politizaram todo o setor. Foram os políticos que elevaram todos os preços e levaram esse dinheiro para ser distribuído na nossa capital, não entre os órgãos aéreos, mas entre os mensalões que por lá existem.

É sempre muito bom lembrar, meu caro leitor, que desses mensalões participam representantes de "todos os Estados brasileiros", inclusive do seu. Brasília apenas está em escala federal. A capital de seu Estado e/ou a sua própria cidade natal estão em suas escalas, estadual e municipal, respectivamente. Também, pudera, aqui o Presidente nomeia um advogado como Ministro da Defesa, um "especialista em turismo" para comandar a ANAC, e um bando de especialistas em nada, a não ser que eu não tenha conhecimento de que eles de fato saibam alguma coisa sobre aviação. É um verdadeiro deboche, quase uma hostilidade do governo para com o povo que por ele é governado. Um dos nomeados é vereador, o outro é amigo de não sei quem, e simplesmente vão chegando e mandando, sem entender nem 1% a respeito do pouco que já se discutiu neste livro.

Em pouquíssimo tempo, após ter assumido a pasta da Defesa, o novo ministro, que falou muito e não fez nada, já voltou atrás em boa parte de seu discurso de posse. Reverteu, anulou, esqueceu e postergou uma série de suas promessas instantâneas... Meu caro Senhor, este é um negócio no qual somente boas intenções e autoridade não são suficientes. Conhecimento é a palavra chave, preferencialmente muitos anos deste vital e saudável ingrediente.

Ninguém nunca disse nada contra, nem mesmo o Congresso Nacional. Bato palmas para vocês, especialistas que são em outras coisas... E, de novo, o nosso povo os tem merecido como seus legítimos representantes. Esse mesmo governo parece comemorar o fato de que apenas 8% de nossa população é capaz de se utilizar do transporte aéreo e de que apenas 2% das cidades brasileiras sejam servidas por voos regulares. Vocês, os políticos, alegam que projetos sobre segurança de voo são muito técnicos, e por isso não existem projetos em desenvolvimento. O que é isso? Por um acaso trata-se de preguiça? Tratem de utilizar a verba que disponibilizamos para o trabalho dos senhores e contratem consultorias especializadas para auxiliar a casa. Façam algo que ajude, e que tenha a ver com o verdadeiro trabalho de vocês! Nós todos sabemos que dinheiro aí não falta, talvez tenha até demais.

O famoso e aguardado Relatório Final é, muitas vezes, o resultado de muita pressão política, uma forma de se obter respostas rápidas, sejam elas quais forem, verdades ou não, e não fruto de um trabalho que realmente foi executado como se deveria, de modo a se encontrar a verdade nua e crua. Lembremos que esses documentos não apontam culpados, apenas causas. Definir se alguém terá culpa a ser imputada ou não, e aplicar as devidas penas, serão funções do Judiciário brasileiro, que vai se utilizar das conclusões desse Relatório Oficial para o seu trabalho, o de fazer justiça. Daí podemos entender a importância de se deixar os profissionais da investigação trabalhar em paz. Querido Presidente, deixe os homens trabalharem! A experiência já nos ensinou também que dificilmente o componente criminal tem lugar entre os pilotos envolvidos em acidentes aéreos, a não ser que esses acidentes tenham envolvimento com atividades comprovadamente ilícitas, como tráfico de drogas, espionagem, contrabando, sequestro e coisas do gênero.

Um piloto que sai de casa para trabalhar, e que está com suas habilitações técnicas e seu exame de saúde rigorosamente válidos, também está sujeito a cometer erros e/ou ser vítima de erros de outros pilotos e/ou de controladores de tráfego aéreo. É o fator humano sendo levado em consideração. É como qualquer um de nós quando saímos de casa em nossos carros com os documentos todos em ordem. Ainda assim podemos nos envolver em um acidente, mesmo que estejamos simplesmente estacionados em lugar permitido. Podemos errar e matar alguém por acidente, só não podemos conduzir o veículo de forma comprovadamente criminosa.

Um bom piloto não deve, nunca, ter a presunção de servir a outros seres humanos sem antes levar em consideração, o tempo todo, que ele é também um ser humano. O público em geral, a mídia, esses são, e sempre serão, livres para falar o que bem entenderem, entretanto, o desrespeito de um órgão público para com outro é algo intolerável. Funcionário público que emite opinião oficial sobre o que não é de sua competência deveria ser exonerado.

Como fazer para melhorar a situação de quem investiga acidentes aeronáuticos no Brasil?

Em que pese o CENIPA ter todos os atributos positivos já mencionados, o fato de não ter a independência necessária e de se deixar permear por elementos que não fazem parte de seu corpo técnico, na minha opinião, de certa forma macula o trabalho executado por esse órgão. O que será dito nos relatórios finais dos acidentes ocorridos com o Boeing/Legacy e com o Airbus A-320 será bastante interessante. Quero ver se o CENIPA será capaz de expor a verdade de forma inequívoca, sem livrar a barra de quem quer que seja, e de não expor apenas os elos mais fracos de toda essa corrente. Quero ver se o CENIPA será capaz de fornecer elementos que permitam à nossa justiça pôr as garras nos verdadeiros culpados, ou se vai amarelar e desapontar a nação à qual serve.

Como nada é perfeito, o CENIPA ainda não é um órgão totalmente independente. Está subordinado à Força Aérea Brasileira, que, por sua vez, está subordinada ao Ministério da Defesa, órgão que congrega todas as forças armadas do Brasil. O ideal seria que o CENIPA fosse exatamente como o NTSB, órgão norte-americano com função semelhante, mas que não se limita somente a acidentes aeronáuticos, e que além de ser uma Agência civil, é também um dos mais raros animais governamentais, uma Agência federal genuinamente independente. Essa Agência tem nove escritórios espalhados pelos Estados Unidos e cerca de 500 funcionários.

Normalmente, depois de cerca de um ano após a ocorrência de um acidente, o NTSB conduz audiências públicas para informar a todos a respeito das conclusões e/ou do andamento das investigações relativas a esse acidente. Ressalto que essa audiências são públicas. Gostaria de saber por que não se faz o mesmo por aqui. No caso do CENIPA, sendo um órgão tão importante, e ao mesmo tempo tão amarrado, ele tem suas "asas" cortadas por políticos interesseiros e aproveitadores. Aqueles que, por não terem nada melhor o que fazer, resolvem aparecer gratuitamente na televisão, "escoltando" um oficial graduado e altamente responsável na condução de gravadores de dados de voo até o estrangeiro, onde existem os equipamentos e os técnicos para a leitura do que foi gravado na hora do acidente.

Isso é uma coisa que faz parte das obrigações desse oficial e para a qual ele é mais do que bem treinado, e os políticos não. É claro, querem se aproveitar da situação e, sem custos, mostrar para o seu eleitor que está fazendo alguma coisa de útil para representá-lo em uma situação de tragédia e comoção nacional. Puro oportunismo político. Por acaso seria turismo investigativo? É na verdade, uma falta de respeito sem tamanho para com o CENIPA, para com as vítimas, seus familiares, e para com o eleitor brasileiro. Caros deputados, o lugar de vocês é no plenário, trabalhando em leis modernas, das quais o país precisa, e para o que os senhores são mais que bem pagos. Em lugar de se aterem às suas funções, os senhores preferem pegar carona, paga pelo contribuinte, e dar uma voltinha, fazer umas comprinhas, afinal, isso a TV não vai filmar, não é mesmo?...

Que fique bem clara uma coisa: muito embora tenha se tratado de uma grande tragédia, os senhores, em particular os políticos, não têm nada o que fazer junto a esse oficial, os senhores não entendem nada, não vão resolver nada, e ainda vão dar, como efetivamente deram, pitacos naquilo que não é da sua alçada. Ele poderia ir sozinho e estaríamos todos muito bem servidos. Lembre-se de que esses deputados fizeram parte importante da CPI do Apagão Aéreo e nada produziram de útil. Desrespeitaram até mesmo os parentes dos mortos em Congonhas e nas florestas de Mato Grosso alegando que não podem imputar culpa nem responsabilidade a ninguém por não terem ouvido todos os envolvidos. Nós não precisamos de uma CPI para fazer apenas e tão-somente recomendações, isso nós mesmos fazemos.

Ouvir todos os envolvidos e determinar os rumos a se seguir, para que os culpados pudessem ser punidos e o sistema melhorado, era, no mínimo, a única coisa que se esperava que eles fizessem, e não fizeram, claramente por interesses políticos. Ou seja, quando a coisa aperta de verdade, eles cobram medidas como todo mundo, mas nunca oferecem propostas concretas e inteligentes que ajudem o governo na solução do problema. A maioria aproveita o momento para não fazer nada e ver o governo se queimar sozinho. Quando muito, encontra-se um projetinho aqui ou acolá que trata de assuntos como descontos em passagens para algumas categorias, espaço maior entre as cadeiras e coisas do tipo. Nada muito radical, apenas propostas extremamente limitadas e pontuais.

Não ligam a mínima se quem morreu votou neles ou não. Sendo assim, no meu entender, não servem para nada... Mostram com clareza que não podemos contar com eles em uma hora em que partido político não tem a menor importância. Pensam, isso sim, nas boas oportunidades de pleitear indicações de cargos que esse triste momento, aos olhos deles, com certeza vai gerar. Obviamente não estou generalizando, tem gente boa por lá também, pessoas sérias e que não se encaixam de forma alguma nessa descrição. São tão poucos, e tão acanhados, que tenho tido muita dificuldade de me lembrar do nome deles...

Para os brasileiros que pouco têm, para aqueles milhões de pobres coitados que dependem de hospitais, escolas, saneamento e educação providos pelo setor público, esses brasileiros menos afortunados, a conduta imoral de nossa classe política frequentemente significa a diferença entre a vida e a morte. E essa "classe" política sabe disso.

Nossos políticos são funcionário públicos que se autoconcedem o direito de se abster de votar, seja lá a respeito do que for, quando na realidade são pagos para votar, seja a favor ou contra a matéria. E devem fazê-lo em aberto, para que nós, os eleitores, saibamos a favor de quem eles estão trabalhando afinal, se de nós, ou se deles próprios. Assim, com certeza poderemos decidir melhor, e avaliar melhor, o trabalho que os senhores fizeram, como nos representaram, decidir se vamos votar em vocês novamente ou não. Simples, não é? Se um político pede seu voto e você vota nele, ele então passa a falar por você no Congresso Nacional. Sendo assim, é sempre bom saber, o tempo todo, o que é que ele está falando por você.

Aproveito também para dizer que democracia que se preza, não obriga ninguém a votar em ninguém. O eleitor sai de casa e vota em alguém se quiser e se achar que vale a pena. Sou obrigado a anular meu voto quando não quero votar em ninguém. Sou obrigado a apertar a famosa tecla branca. Já que tenho essa opção, basta não aparecer para votar. Que direito têm os senhores de me punir caso eu não apareça para votar, sejam quantas vezes forem, quantas vezes eu não quiser? Particularmente sempre acreditei na democracia e na força do voto, mas essa é uma questão de foro pessoal, não se força alguém a pensar nem a agir assim.

Acredito ainda que, ao se instaurar um processo investigativo contra um político, seja ele quem for, de que partido for, por motivos como roubo, uso indevido de verbas, tráfico de influência, corrupção e coisas do tipo, esse parlamentar deveria ter seus proventos imediatamente bloqueados temporariamente, bem como o próprio direito de voto, em todas as questões tratadas na casa, também suspenso, até que se chegue a um veredicto.

Caso seja considerado inocente, tudo lhe será pago com as mesmas correções pagas aos contribuintes por órgãos do governo federal, ou seja, quase correção nenhuma. Seria também muito apropriado que, mesmo tendo sido inocentados, o pagamento do que lhes fosse devido fosse parcelado em digamos... 60 vezes. E para finalizar, caso um parlamentar que esteja sob esse tipo de investigação resolva renunciar, mesmo que por motivos de saúde que não o tenham deixado incapaz no sentido real da palavra, como um enfarto, um AVC (Acidente Vascular Cerebral) ou coisa semelhante, ele(a) deveria ser imediatamente considerado culpado(a), e responderia legalmente pelos seus crimes. Esse tipo de manobra não passa de confissão de culpa e saída à francesa...

Além de, é claro, se tornar inelegível pelo resto da vida. Medidas bastante semelhantes deveriam também ser aplicadas aos dirigentes de órgãos públicos que estivessem sob o mesmo nível de suspeição. Caso seja comprovado o roubo de dinheiro público, aquele mesmo dinheiro que está sempre faltando para a escola de nossos filhos e para a saúde de todos, cadeia. Para ter direito a receber uma pena mínima de 50 anos, a devolução aos cofres públicos do valor integral e corrigido deveria ser exigida, caso contrário, a prisão perpétua seria a pena automática. Pense bem, cumprir 50% da pena por bom comportamento ainda lhe tomaria 25 anos. Benesses como cumprir a pena em liberdade, prisão domiciliar, indulto de Natal e coisas do tipo não seriam aplicáveis a políticos nem a administradores públicos ladrões.

Eles têm uma responsabilidade social comprovadamente maior, seus cargos são como algo sagrado para um povo tão sofrido. É preciso respeitar o que é do povo, e um cargo público é do povo, não de quem o está ocupando no momento. Nunca vi um político que se preza ter a coragem de matricular seu próprio filho em uma escola pública, ou levá-lo para ser atendido na emergência de um hospital público. Se ele estiver em um lugar onde não existam alternativas, pode apostar que ele vai entrar no hospital dando um carteiraço, esperando passar na frente de todo mundo, como se algum dia ele tivesse sido mais importante do que qualquer um de nós...

Quando ouvimos falar que um político está internado ou fazendo exames de saúde, pode ter certeza de que ele está em algum hospital chique e muito bem equipado, isso quando não vai se tratar fora do Brasil. Pois bem, para um político, utilizar-se somente do que é público deveria ser lei.

Pode ser utopia no Brasil de hoje, mas é assim mesmo que eu penso, e que eu gostaria que fosse. Já faz tempo que os países mais desenvolvidos e mais experientes nos mandam uma mensagem muito clara, que nos ensina que a profissionalização radical é a única forma de resguardar os serviços públicos da sanha política. Essa mensagem também nos diz que o futuro deve ser construído a cada dia, com metas precisas, realizáveis e temporais. Puritanismo e ingenuidade, eles diriam, mas é assim que se começa uma grande mudança. Afinal, esse direito eu sei que tenho, o de dizer exatamente o que penso, e livremente. Não penso nada diferente do resto de nossa nação, isso eu tenho certeza...

E a manutenção feita por empresas aéreas em seus aviões?

Mesmo as mais bem desenhadas aeronaves carecem de boa manutenção; basta um parafuso mal apertado, uma mangueira encaixada de forma desleixada ou a falta de algum tipo de reparo para que tenhamos um grande problema. Coisas assim podem causar o mais terrível dos acidentes. Quando a empresa compra ou arrenda um determinado tipo de avião, todo o programa de manutenção dessa aeronave é previamente aprovado pelo fabricante, pelo operador, e pela Agência Reguladora, no caso do Brasil, a ANAC. Após voar um determinado número de horas, o avião vai sendo submetido a uma manutenção já programada, até chegar ao ponto máximo, quando então é retirado de voo, vai para o hangar, e é totalmente desmontado, revisado, remontado e testado. Um processo que às vezes costuma levar até meses.

Modernos aviões têm se provado tão confiáveis, que as maiores revisões não são necessárias antes que a aeronave complete um tempo de voo médio equivalente a cerca de 1.000 noites e dias voando ininterruptamente. Em média, a cada 60 horas a aeronave é checada mais cuidadosamente em relação a pequenos arranhões e deformações na fuselagem, sinais normais de uso, causados, às vezes, até mesmo pela chuva ou granizo. Após 400 horas, em média, cada sistema do avião sofre uma revisão mais aprofundada. Essas, no entanto, são revisões normais, programadas com antecedência; fazem parte de um ciclo de prevenção. As aeronaves mais modernas em uso possuem sistemas que analisam e gravam a atuação dos outros sistemas do avião, em seus mínimos detalhes, e depois disponibilizam todos os dados gravados para os mecânicos e engenheiros da empresa, que não precisam desmontar nada para ter certeza de que está tudo bem, pelo menos não antes da hora prevista.

A manutenção, juntamente com o combustível e as despesas trabalhistas, representa um custo altíssimo, e já deve estar previsto na planilha de custos da empresa antes mesmo de a aeronave ser entregue pelo fabricante. As fases de grandes manutenções são normalmente chamadas de Checks, classificados em letras conforme sua complexidade (A, B, C e D). As empresas maiores costumam fazer elas mesmas os Checks mais complexos, mas existe também a possibilidade de contratar oficinas de manutenção homologadas, mais comum entre empresas menores.

O mundo vive hoje um problema muito sério com a falsificação de quase tudo, e na aviação falsifica-se também. Talvez o maior perigo enfrentado por quem voa não esteja na má manutenção, mas nos resultados causados por um negócio crescente e altamente lucrativo que é o mercado de peças aeronáuticas roubadas e/ou falsificadas. O mercado de peças aeronáuticas falsas existe, é grande, e extremamente lucrativo, às vezes mais que o mercado de drogas. A ação nesse mercado, de gente que abandonou o tráfico de drogas em prol de algo mais lucrativo, é conhecida mundo afora. Às peças falsificadas damos o nome de bogus parts e, é lógico, são responsáveis por vários dos acidentes ocorridos, resultado direto da ganância irresponsável e do lucro obtido a qualquer custo, principalmente nos países mais pobres e sem fiscalização...

A adesão de empresas aéreas menos sérias a esse tipo de manutenção nunca foi tão grande. São aquelas empresas que adotaram o programa de manutenção do tipo "só quando quebrar a gente troca". Os "fornecedores" apenas dão uma boa polida e a peça está "zero bala". E aí fica algo para se pensar. Em países onde as autoridades não impedem nem a venda de CDs e DVDs piratas bem na frente de lojas legalmente estabelecidas, o que dizer de coisas mais caras, que podem perfeitamente ser mascaradas dentro de um motor complexo na forma de peça original... Infelizmente a responsabilidade de detectar e combater este "negócio negro" é compartilhada por Agências Reguladoras, empresas aéreas, autoridades do setor e fabricantes. Todos sofrem os efeitos nocivos causados pelo uso de peças inseguras e defeituosas, mas preferem ficar todos calados a respeito do assunto. Vários foram os acidentes e incidentes causados por tal prática, entretanto, esse tipo de verdade derruba não só aviões, mas também empresas e governos...

Quando ocorre um acidente, os investigadores frequentemente encontram aquilo que chamam de "o diamante na poeira". É como procurar uma minúscula agulha em um paiol gigantesco. Esse paiol pode muito bem ser o fundo do oceano, como pode ser uma densa floresta, ou um deserto isolado. Quando isso ocorre, permite aos investigadores lançar luz sobre um determinado problema e, dessa forma, prevenir futuros acidentes, além, é claro, de lhes permitir demonstrar a "arte" de bem investigar um acidente aéreo da forma mais engenhosa. Uma coisa eu reconheço, a qualidade da manutenção realizada pelas maiores e mais bem estruturadas empresas aéreas de nosso país está hoje entre as melhores do mundo. A experiência acumulada durante tantos anos, junto com a determinação de seguir padrões internacionais, têm feito a grande diferença na hora de brigar por uma fatia de mercado maior e mais lucrativa.

E a crise financeira internacional, como afeta a aviação?

Com o aumento dos preços do barril de petróleo, encher os tanques dos aviões já se tornou a principal despesa operacional das empresas aéreas, representando algo em torno de 40% na planilha de custos. Para se ter uma ideia, no ano de 2000 esse valor não chegava a 15%. Na gula de países emergentes, como China, Índia e outros, está a origem do mal. Analistas financeiros no mundo inteiro concordam com o fato de que, para as empresas *Low-Cost Low-fare*, o estrago tende a ser bem maior. Por outro lado, praticar altos preços para voos curtos também não será nada fácil.

Caso as empresas que não praticam baixas tarifas não se ajustem adequadamente a essa nova realidade, com certeza perderão para outras empresas os passageiros dos voos curtos. É bom lembrar que empresas que optam pela prática de baixas tarifas não são necessariamente mais fracas do que aquelas que não praticam o mesmo tipo de tarifas. Isso é particularmente verdade no caso daquelas empresas que já abandonaram a fase inicial de implantação de seu modelo de negócios e já adquiriram a chamada massa crítica, tendo assim mais robustez em meio a eventuais crises.

O crescimento econômico vertiginoso e acelerado dessas nações pressiona os preços para cima, mas a causa principal é nada mais nada menos do que um mero surto especulativo. Para driblar mais essa dificuldade, empresas de vários países já começam a cobrar até mesmo pela água que se bebe a bordo. Taxas extras já são aplicadas aos passageiros que despacham malas. Cobrar pela comida e bebida servidas a bordo já é uma realidade há muito praticada, principalmente na Europa. Até voos específicos para passageiros portando apenas bagagem de mão já estão sendo cogitados. Isso faria com que a aeronave ficasse mais leve, portanto, consumiria menos combustível, além de chegar e sair mais rapidamente dos aeroportos.

Com isso espera-se que a fatia de mercado das empresas de baixo custo diminua de tamanho no mundo inteiro. No caso brasileiro, acredito que empresas que se dizem praticantes de baixas tarifas serão obrigadas a aumentar em muito sua eficiência, ou então terão de optar por outro modelo de negócios. E no caso das empresas que realmente optarem por praticar baixas tarifas, serviços como despacho de bagagens, comida, bebida, travesseiros, música, filmes etc., serão inevitavelmente cobrados em separado, o que é extremamente correto.

Nem todo mundo quer comer, beber, dormir, ouvir música. Se essas coisas influem no consumo da aeronave, então não é justo fazer que quem não quer nada disso tenha que subsidiar quem quer. Se você prefere um assento no corredor ou na janela, então pague mais por ele. É um negócio, e está mudando. Acredite, essa realidade é apenas questão de tempo. Para evitar perdas, o que se verá nos próximos anos será uma série de fusões entre empresas, exatamente como estamos vendo acontecer entre os bancos.

Unindo-se, as empresas outrora competidoras podem fazer do limão uma limonada. Ao transformar-se em megaempresas, transformam-se em megaclientes. Elas utilizam esse novo "porte" para melhor negociar com todos os seus fornecedores, inclusive os fabricantes de aviões e empresas de arrendamento de aviões, sendo capazes de exigir coisas que antes não eram possíveis, como melhores preços e condições, a troca de motores velhos por motores mais eficientes, negociar a aquisição de grandes volumes de combustível com descontos interessantes, e por aí vai. Com movimentos rápidos, precisos e coordenados pode-se usar a crise como uma oportunidade de fortalecimento, evitando demissões e prejuízos desnecessários.

Uma modalidade que está crescendo é a das empresas aéreas que se autodenominam praticantes do modelo *ultra-low-fare*. São empresas que cobram preços inacreditavelmente baratos pelas passagens, e trabalham a diferença em coisas como explorar maciçamente os espaços para publicidade dentro e fora do avião, comissões recebidas de hotéis, locadoras de veículos, cobrando por comidas e bebidas, malas despachadas etc.

Como os bombeiros dos aeroportos treinam o socorro às vítimas?

As Brigadas Contra Incêndio dos aeroportos nem sempre estão bem equipadas e treinadas. Os grandes aeroportos, até mesmo em função do seu grande número de pousos e decolagens diários, costumam se utilizar mais rotineiramente dos serviços indispensáveis desses profissionais, e lhes destinam mais recursos. São vários os aeroportos nos quais os bombeiros contam com aviões verdadeiros que foram desativados como sua área de treinamento, e quando isso não é possível, constrói-se uma imitação genérica de um grande avião na qual acontecem os treinamentos.

Nessa hora a presença de bombeiros e comissários muito bem treinados é vital

No caso específico do Brasil, o que não falta é avião velho jogado pelos cantos de grandes aeroportos. Esses aviões não voltarão a voar, no entanto, a burocracia por aqui é tão grande que eles serão totalmente devorados pela ferrugem, mas jamais entregues aos bombeiros para que possam servir como ótimas plataformas de treinamento.

É, sem dúvida, um grande negócio ter gente bem treinada para o caso de um acidente. E os aviões às vezes dão trabalho aos bombeiros até quando estão parados nos aeroportos. Vazamentos de combustível são comuns, e cabe aos bombeiros garantir que a área onde o avião se encontra seja lavada e esteja segura. Outras vezes é fogo mesmo; incêndios já consumiram vários aviões ainda nos pátios dos aeroportos.

Por que os aviões feitos na União Soviética têm má reputação?

A URSS — União das Repúblicas Socialistas Soviéticas —, também chamada União Soviética, foi um Estado constitucionalmente socialista que existiu na Eurásia no período de 1922 a 1991. Muitas vezes incorretamente chamada de Rússia em função de ter sido esta a maior de suas repúblicas integrantes, de 1945 até 1991 dividiu com os Estados Unidos o título de superpotência mundial. Nasceu em função da união de várias repúblicas soviéticas, formada dentro do território do então Império Russo. Império esse abolido pela revolução comunista de 1917, seguida da guerra civil russa, ocorrida entre 1918 e 1921. Tornou-se o modelo mãe para os países comunistas mundo afora. Chegou a congregar 15 repúblicas unidas.

Imitação genérica para treinamento no Aeroporto de Dallas (EUA)

Em 1941 foi invadida pelo exército nazista de Hitler. Entre 1942 e 1943 deteve a ofensiva invasora naquela que ficou conhecida como a Batalha de Estalingrado; virou o jogo, invadiu a Alemanha e foi o primeiro exército a entrar triunfantemente em Berlim, naquela que para os soviéticos ficou conhecida como a Grande Guerra Patriótica. Ao longo dos anos, os modelos econômicos soviéticos se provaram ineficazes e, por causa da má qualidade dos produtos industriais feitos na União Soviética, seus principais produtos de exportação eram apenas matérias-primas brutas, especialmente petróleo. Isso levou a um saldo extremamente negativo em sua balança econômica.

Em 1985, Mikhail Gorbachev (secretário-geral do Partido Comunista) implementou reformas políticas e econômicas que ficaram conhecidas como *Perestroika* e *Glasnost*. Movimentos separatistas deram sinais de vida no final da década de 1980. Em 1990, Boris Yeltsin foi eleito o chefe do Congresso, e logo em seguida houve uma tentativa por parte dos generais linha-dura do Partido Comunista de um golpe de Estado, que fracassou. Em 1991 foi assinado um acordo pelos presidentes da Rússia, Ucrânia, e Bielo-Rússia, declarando a União Soviética oficialmente dissolvida. Em seu lugar foi criada a CIS — Comunidade dos Estados Independentes. Alguns meses depois, Gorbachev renunciava, entregando o poder a Yeltsin. Um dia depois, o Soviet Supremo, o mais alto corpo governamental, reconhecia o colapso e dissolvia a si próprio. Esse foi o fim oficial da União Soviética.

Tudo o que era comunitário foi sendo dividido entre as repúblicas, inclusive os aviões. Centenas de novas companhias foram sendo formadas com os velhos aviões da antiga Aeroflot, que ficou para a Rússia. A bagunça foi geral, a qualidade da manutenção e do treinamento de tripulações e mecânicos simplesmente despencou a níveis tenebrosos. O já comentado problema das peças falsas, roubadas e contrabandeadas, simplesmente virou uma praga. Tudo isso contribuiu, no curto prazo, para a má fama dos aviões feitos pela antiga União Soviética. Entretanto, com a implantação da economia de mercado, novos produtos estão sendo desenvolvidos e o controle está sendo retomado pelos novos países, agora independentes. O futuro desses novos aviões russos, ucranianos etc., promete muito, pois *know-how* (conhecimento) eles têm de sobra.

É sabido que o trânsito tem matado cerca de 40 mil por ano, o cigarro mata 200 mil. E a aviação, leva quantos?

Cerca de 1.500 por ano. Toda semana cai pelo menos um avião, grande ou pequeno, em alguma parte do planeta. A maioria esmagadora, no entanto, não é fatal. Esporadicamente o estrago é bem grande, e então as pessoas ficam impressionadas, porque morreram todos de uma vez só, e instantaneamente. Já quando um ônibus cai de uma ribanceira em uma noite chuvosa, quando trafegava em uma estrada que não vê manutenção há séculos, ninguém se importa, afinal, só morreram uns 50, não é mesmo? Nunca chega a notícia de que entre as vítimas havia algum político. E, além do mais, morte em ônibus é tão comum, todo dia tem por aí, é notícia que não vende, assim pensamos nós...

Viajar de carro é realmente mais seguro do que viajar de avião?

Não, não é. Para citar um exemplo, entre setembro de 2006 e agosto de 2007, milhares de acidentes ocorreram nas estradas brasileiras, causando milhares, e não centenas de mortos. Esses milhares de mortos não foram alvo de cobertura jornalística cujo furor causasse alguma transformação profunda na malha viária de nosso país. Os acidentes ocorridos recentemente no Brasil, por outro lado, geraram verdadeiro frenesi jornalístico. As estatísticas já provaram, no mundo inteiro, que a relação transporte aéreo/terrestre é totalmente desproporcional, entretanto, o público em geral não acredita em estatísticas e continua vendo o automóvel como o meio de transporte mais seguro.

Por natureza, o ser humano é pouco ou nada inclinado a delegar a outros o destino de suas vidas, e isso é exatamente o que fazemos quando voamos. Estamos acostumados a encarar grandes perdas de vidas, que ocorrem ocasionalmente, como sendo mais sérias e mais graves do que aquelas que ocorrem em pequenas quantidades, mas diariamente. O que muita gente não sabe é que a chance, estatisticamente falando, de se morrer em um voo aleatoriamente escolhido é virtualmente zero. É menor do que a chance que temos de morrer em nossas casas, deitados em nossas camas.

Os automóveis mais modernos têm a seu favor o fato de que seus fabricantes veem na segurança dos ocupantes de seus veículos uma questão cada vez mais e mais importante, e que, quando levada a sério, é capaz de alavancar as vendas de seus produtos. Um exemplo disso é o tipo de cinto de segurança atualmente utilizado em automóveis, o de três pontos, mais seguro até do que o utilizado por passageiros de grandes aeronaves. Outro exemplo é o air bag, coisa que não existe dentro de um avião. Ao ouvir argumentos como esses, os engenheiros aeronáuticos diriam que constroem aviões para voar, e não para cair. De sua parte, os engenheiros automotivos rebateriam dizendo que constroem carros para serem dirigidos, e não para se acidentarem. Esses mesmos engenheiros sabem, contudo, que esses carros inevitavelmente sofrerão acidentes e, sendo assim, medidas preventivas baseadas nas mais modernas tecnologias devem ser empregadas. Isso não impede os novos carros de serem vendidos aos milhares, pelo contrário, aumenta as vendas.

Por que alguns brasileiros pensam que viajar de ônibus é melhor que viajar de avião?

É como ver televisão colorida pela primeira vez. Depois disso a gente não suporta mais a preto-e-branco. A grande massa nunca sequer pôs os pés em um aeroporto, o que dirá dentro de um avião. Anda, quando muito, de ônibus velho, malcheiroso, barulhento, quente e sujo, em estradas que beiram trilhas no mato. O eleitorado do nosso presidente nunca viajou de avião, mas isso não quer dizer que essas pessoas não queiram ou não tenham o direito de viajar. A maioria do povo brasileiro não tem a menor ideia de como é o funcionamento de um avião, nem de como ele poderia transformar suas vidas para melhor. Nunca viajou, mas quando viajar vai fazer como todo mundo, vai, com uma alegria enorme, se esquecer do ônibus. Isso vai depender de um pequeno detalhe... Será que vão deixar?

Se algum dia você pensou, ou ainda pensa em poder voar, eu vou lhe dizer o seguinte: Acredite em algumas verdades eternas:

1 — Para ser um sucesso PESSOAL, você deve amar o que faz.

2 — A vida vai lhe entregar EXATAMENTE o que você pedir a ela, saiba o que realmente você quer.

3 — Tudo o que acontece com você é o resultado direto do que você pensa. Cada pensamento seu causará, de alguma forma, algum impacto em sua vida.

4 — Você está onde está agora porque seus pensamentos o levaram até lá. Você é o ÚNICO que pode ser responsabilizado por seus próprios pensamentos.

5 — Você atrai exatamente o que tem dentro de si. Se não está satisfeito, mude seus pensamentos e mudará sua vida. Culpar outras pessoas não faz nenhum sentido.

6 — Suas limitações são SOMENTE aquelas que você impõe a si próprio.

7 — Pensar que você tem todo o tempo do mundo a sua frente é apenas uma ILUSÃO, portanto, mexa-se.

8 — Tenha a GRANDEZA de não morrer sem viver os melhores sonhos que você traz dentro de si. Se voar é o seu sonho, não desista, existe mais de um caminho para as estrelas, você pode e terá suas próprias asas. Entretanto, você tem que desejá-las de verdade.

9 — O inverso se aplica. Só VOCÊ pode impedir os seus sonhos de se tornarem realidade. Encontrar, realizar e viver nossos sonhos é o verdadeiro propósito de nossas vidas.

10 — Sob seu controle está você mesmo, não há mais sólido refúgio do que esse contra as adversidades e incertezas da vida.

Como definir o papel da mídia no atual cenário aeronáutico brasileiro?

A mídia desempenha, talvez, o mais importante de todos os papéis. Ela possui a mais potente de todas as armas, a verdade, uma arma capaz de mudar para melhor o rumo de algo que está totalmente errado. Em um país carente de consciência geral como o nosso, é ela que fornece elementos para que a opinião pública crie essa consciência, seja lá qual for o assunto. O problema é que temos os bons e os maus profissionais em qualquer área, e na mídia não é diferente. O que não falta após um acidente aeronáutico é especulação propositalmente gerada com a única e exclusiva finalidade de aumentar as vendas de jornais, revistas, e aumentar a audiência de programas de TV e de rádio, sem falar na internet.

O que mais vemos nessas horas são "especialistas de plantão" sendo convidados e solucionando acidentes, que ainda sequer tiveram suas chamas apagadas pelos bombeiros e os corpos das vítimas retirados do local. É um verdadeiro show de palpites precipitados, muitos deles sem fundamento algum. É a hora ideal, segundo alguns, para queimar o filme de muita gente, para trocar acusações e inventar milhões de coisas. A mídia não se protege com a utilização de gente cuidadosa, preparada, que realmente sabe o que fala, e, assim, vai criando uma falsa percepção coletiva, formando opiniões negativas de forma displicente. Em um momento em que nosso país precisa de ajuda para sair de uma situação como a que estamos vivendo no setor aéreo, é fundamental discutir o assunto de forma bastante relevante e responsável.

No intuito de ajudar, às vezes a mídia atira para todos os lados, não se importando com quem é atingido e qual a gravidade do ferimento. Se alguém ou alguma empresa ou entidade sai prejudicada e depois fica mais que provado que não teve culpa, tarde demais, o estrago já foi feito, e não será desfeito. No entanto, tudo tem o seu lado positivo, a mídia nem sempre sabe como falar corretamente a respeito de um acidente aéreo, mas sempre dá ao usuário bons motivos para pensar a respeito dos problemas que afligem o transporte aéreo no Brasil e no mundo e, dessa forma, acaba criando pressão sobre as autoridades do setor.

Novidades na área da legislação aeronáutica, bem como mudanças de enfoque administrativo, muitas vezes são fruto da pressão exercida pela mídia. Na verdade, devemos visualizar um futuro no qual o jornalismo, em todas as suas instâncias, seja trazido o mais perto possível da aviação, de modo que se possa trabalhar em conjunto e de maneira mais eficiente, ajudando a elucidar e a prevenir os acidentes aéreos. A mídia tem a sua importância e deve sempre ser respeitada.

Tenho muito medo de voar, o que posso fazer para me sentir melhor e mais seguro?

Não sou médico, mas, em alguns casos, fica bem claro que se trata de algum tipo de fobia. Quem realmente tem pavor de aviões, simplesmente não entra neles. De qualquer forma, acredito que o conhecimento disponível em livros, filmes e internet poderá ajudar muito. Saber o que é, para o que serve e como funciona, o porquê de certos movimentos e certos ruídos, com certeza vai diminuir a ansiedade e aumentar a confiança nos aviões e nas pessoas que trabalham com eles. Transforme seu medo, sua insegurança, seu desconforto em curiosidade, busque informação.

Não pense que você está sozinho(a). Estudos indicam que pelo menos um em cada seis passageiros sofre de algum tipo de medo de voar. A maioria dessas pessoas não considera o ato de voar realmente perigoso, entretanto, sofre em graus diferentes de algum tipo de ansiedade, aumento de batimentos cardíacos, náuseas, suores contínuos, e pensamentos incontroláveis. Faz menos de um século que a aviação se tornou um transporte aéreo de massas, é muito natural que os integrantes de uma espécie que nasceu para manter seus pés plantados na terra firme ainda estejam se acostumando com a ideia.

No Brasil, cerca de 42% das pessoas admite ter medo de voar. A média mundial é de 30%. Esse número é maior em nosso país em função de ser o ato de voar uma experiência nova para muitos. Somente em 2006 mais de 60 milhões passaram pelos aeroportos brasileiros. Esse medo não é exclusividade de quem nunca viajou de avião, afeta indiscriminadamente novatos e veteranos. Tem tanta superstição envolvida nisso, que alguns passageiros evitam até ir ao banheiro por medo de desequilibrar a aeronave. Sem falar naqueles que não podem sentir o menor sacolejo que já vão logo se benzendo... Essas pessoas estão sempre vivendo na expectativa de que o voo fatídico pode ser justamente o dela. Alguns dizem coisas engraçadas como:

"Prefiro ir de carro e enfrentar alguns buracos pelas estradas, pois no avião o buraco está sempre em baixo, nos acompanhando o tempo todo!"

Mudanças súbitas na potência dos motores, manobras como curvas muito inclinadas e a baixa altura, a visão de montanhas, voo noturno, mudanças na pressurização da cabine, mau tempo e outros fatores estão entre as coisas mais normais em um voo e, no entanto, também estão entre as que mais provocam o inconsciente dos passageiros. Existem alguns tipos diferentes de medo relacionados ao avião, alguns dizem respeito à impotência e ao enclausuramento do passageiro. Quando estamos viajando em um carro ou em um ônibus, e o motorista estiver correndo demais e/ou o tempo estiver chuvoso, ainda podemos pedir que a velocidade seja reduzida ou que se espere a chuva passar. Em um avião, isso é virtualmente impossível.

Na verdade, o passageiro sabe muito bem que está totalmente à mercê da habilidade do piloto e da segurança do avião. Só lhe resta confiar e torcer para que tudo corra bem, afinal, estão todos lacrados dentro de um tubo de metal que se desloca a grandes alturas e normalmente a uma velocidade igual à de uma bala de revólver. Simplesmente não compreendem seu funcionamento e muito menos têm para onde fugir. Outro fator gerador de medo e insegurança é o fato de grande parte dos acidentes aeronáuticos ainda permanecer envolta em mistério. Algo em torno de 30% de todos os acidentes ocorridos com grandes jatos nos últimos dez anos ainda não estão satisfatoriamente explicados. Outra fonte de insegurança é derivada do atendimento dispensado pelas companhias aéreas aos seus usuários. A qualidade desse atendimento tem piorado muito nos últimos anos.

Cada vez mais as empresas têm sofrido queixas, em parte porque o número de usuários também aumentou muito. Quando se reclama muito do atendimento de uma empresa, a suspeita de que algo possa estar errado em relação ao cuidado com seus aviões e seus tripulantes aumenta muito. Relaxo é coisa contagiosa, e se não for eficientemente combatido, se espalha facilmente por todos os setores de uma empresa, seja ela de aviação ou não.

Algumas dicas parecem muito óbvias, mas realmente ajudam, tais como:

— não deixe as coisas para a última hora, organize-se e tenha certeza de que arrumou tudo o que quer levar consigo;

— não chegue no aeroporto em cima da hora do embarque, a pressa pode gerar mais nervosismo;

— se não gosta da comida do avião, coma algo que você gosta antes de entrar nele. Se optar por ficar muito tempo sem comer nada, o nível de açúcar em seu sangue diminuirá e isso pode lhe trazer mais problemas;

— muito embora não sejam estatisticamente os assentos mais seguros em caso de acidente, os assentos dianteiros permitem uma viagem mais silenciosa, pois ficam adiante dos motores. Em caso de turbulência, também é nessa região do avião que se sente menos os solavancos;

— distraia-se, leia algo, bata um bom papo, ou delicie-se com a refeição servida a bordo, caso seja servida alguma, mesmo que seja apenas uma humilde barrinha de cereais;

— lembre-se: a altitude potencializa os efeitos do álcool, portanto, não exagere;

— confie nas pessoas que o estão conduzindo, elas não estão ali junto com você no mesmo avião por outro motivo que não seja lhe proporcionar uma viagem muito segura e agradável;

— utilize-se de outros métodos que o ajudem a relaxar, desde que não sejam bebida em excesso nem cigarro.

O que são os voos *verdes*?

Todos nós concordamos que já é passada a hora de matar essa fera chamada "dependência do petróleo", mas, no curto prazo, os combustíveis renováveis ou sintéticos ficam apenas no campo das promessas. Entretanto, em um período que, espera-se, não deverá exceder dez anos, estarão disponíveis em praticamente todos os aeroportos do mundo. Espera-se também que, muito em breve, vários tipos de motores aeronáuticos sigam o exemplo dos automóveis mais modernos e possam também ser capazes de utilizar biocombustíveis. Recentemente, uma equipe formada por técnicos da Boeing,

General Eletric e Virgin Atlantic Airways efetuaram um voo de testes com uma aeronave Boeing 747-400 (Jumbo) entre Londres e Amsterdam, um trajeto de cerca de uma hora de voo. Esse foi o primeiro voo de uma aeronave comercial utilizando biocombustível. O combustível utilizado foi uma mistura de querosene de aviação com óleo de babaçu.

Estudos nessa área já se encontram em fase bastante avançada, e o Brasil é um dos países que mais têm a ganhar com tudo isso, pois é hoje o detentor de algumas das tecnologias mais avançadas no setor, além do que, o que não nos falta é terra de boa qualidade e técnicas avançadas para o cultivo do combustível limpo e ecológico. Para se ter uma ideia, para suprir apenas as companhias aéreas norte-americanas com 15% de biocombustível de soja (cerca de 8 bilhões de litros por ano), utilizando-se as técnicas de plantio atuais, seria necessário plantar uma área do tamanho do Estado da Flórida. O Brasil dispõe dessa área, bem como da tecnologia e da mão-de-obra. O futuro providenciará os compradores, isso é uma certeza.

A aviação civil é, comprovadamente, responsável por cerca de 2% a 3,5% do total das emissões de gases poluentes lançados pela atividade humana como um todo. Mesmo assim, o transporte aéreo não foi incluído no esforço de redução de gases assumido pelos países signatários do Protocolo de Kyoto. Dificuldades foram criadas, principalmente por empresas norte-americanas. A Europa, contudo, voltou a pensar no assunto e resolveu cobrar um preço pela poluição, atingindo dessa forma não só as empresas europeias mas também todos aqueles que voam para o Velho Mundo, e criou um projeto que força as empresas aéreas a se unirem nesse esforço contra o aquecimento global.

O projeto prevê o comércio de créditos de carbono. Aquelas empresas que poluem menos e, portanto, não utilizam todos os seus créditos, podem vendê-los para aquelas que não conseguiram reduzir suficientemente suas emissões. A implementação em grande escala desse projeto, entretanto, levará muito tempo, uma vez que depende, é claro, de vários fatores, como, por exemplo, a consciência das empresas aéreas e dos governos. Seja por economia ou por preocupações ambientais, o fato é que as mudanças no clima exigirão um salto tecnológico gigantesco. Estima-se que anualmente cerca de 5% da frota mundial será renovado com aeronaves muito mais eficientes e muito menos poluidoras. O problema é que a vida útil de um avião comercial gira em torno de 20 anos e, sendo assim, a substituição completa levará muitos anos.

Projetos como esses estão em curso há pelo menos uma década, mas mostram toda a disposição de investir de forma responsável na aviação, esta que é uma das formas mais complexas do transporte de massa. Tudo isso e muito mais fará com que a aviação seja ecologicamente mais correta, seja mais verde. Só nos Estados Unidos são queimados cerca de 222 milhões de litros de combustível de aviação todos os dias. Muito embora as novas gerações de aviões estejam consumindo em média 40% menos do que os das gerações anteriores, o problema tende a piorar, uma vez que existe uma previsão de duplicação da quantidade de aeronaves voando nos céus de todo o planeta até 2020.

Caso não seja encontrada uma fonte alternativa de combustível, a despesa com este insumo tende obviamente a subir cada vez mais e mais. Preocupados com isso, fabricantes e operadores de grandes, médias e pequenas aeronaves de todo o mundo, bem como os militares, já iniciaram as pesquisas que buscam uma alternativa. Como as emissões de poluentes feitas pelos aviões são levadas a efeito em sua maioria a grandes altitudes, a aviação tem sido considerada como responsável por até 12% do aquecimento global, e isso não é bom para ninguém. Os combustíveis utilizados em aviação estão entre os derivados de petróleo mais caros, pois seu processo de refinamento faz com que esses combustíveis concentrem as maiores quantidades de energia por quilo.

O etanol (álcool combustível) não tem as mesmas características no que diz respeito a ser um combustível utilizável em grandes jatos. Os atuais bicombustíveis têm somente 30% da energia concentrada nos derivados de petróleo. Haveria a necessidade de se transportar um volume 65% maior desse tipo de combustível nos tanques. Esse aumento de volume logicamente aumentaria o peso de decolagem das aeronaves, gerando a necessidade de motores mais potentes, e por aí em diante... . O biodiesel também não é uma alternativa viável, pois tende a adquirir as características da vaselina quando transportado a grandes altitudes, onde as temperaturas são baixíssimas. Essa busca por uma alternativa viável não vem de hoje. Durante a Segunda Guerra Mundial, os alemães iniciaram um projeto que resultou em um processo chamado Fischer-Tropsch.

Este projeto foi abandonado com o fim da guerra, provavelmente por motivos político-econômicos. Entretanto, foi retomado anos depois na África do Sul, quando aquele país teve sérios problemas de abastecimento, gerados pelos embargos resultantes de sua política oficial de *apartheid* (segregação racial). Trata-se de um combustível derivado de carvão ou gás natural. As vantagens em relação à queima desse combustível pelos motores a jato são enormes. O grande problema não está no seu uso, mas no seu processo de produção. O carvão deve ser transformado em gás e depois em líquido, e com as tecnologias hoje disponíveis, isso gera duas vezes mais elementos prejudiciais à nossa atmosfera. Pesquisas têm sido desenvolvidas no sentido de solucionar esse problema. Outra fonte atualmente pesquisada são as "algas marinhas", cuja capacidade de limpeza do ar, utilizando-se de seu poder de captura de dióxido de carbono, é enorme, além do que elas produzem até 150 vezes mais óleo por hectare do que a soja. Cultivadas em larga escala, e de forma racional, elas supririam toda a necessidade humana.

Temos também um projeto chamado CENTIA, que ainda se encontra em desenvolvimento. Trata-se do uso de "todo e qualquer tipo de gordura" como fonte de combustível para aeronaves. Esse projeto recebe o apelido de "Gordura voadora". Muito tem sido realizado ao longo dos anos a respeito da modernização de sistemas, motores, e tudo o que envolve o voo, no entanto, a forma como os aviões ainda cruzam os céus causa muito barulho, muito gasto de combustível, leva muito tempo, polui muito a atmosfera, enfim, tudo isso pode e será modificado nos anos vindouros. Também precisamos ter em mente que a praticabilidade de se renovar todo um sistema já implantado, que já consumiu "bilhões de dólares", não é viável a curto, e talvez nem a médio prazo. Os fabricantes de motores não desenvolverão motores novos e nem substituirão todos os que já existem da noite para o dia só porque uma nova fonte foi descoberta. Hoje eles diriam:

"Amanhã talvez façamos um novo motor, mas hoje você deve fazer combustível que os nossos motores sejam capazes de queimar..."

Na verdade, pode ser que não exista uma única alternativa, e sim várias. O futuro promete algo semelhante à realidade dos carros *flex*, aqueles que são capazes de queimar mais de um tipo de combustível. A melhor visão talvez seja aquela voltada para o que cada região ou país do mundo é capaz de produzir melhor. Dessa forma, um grande jato poderia encher seus tanques com combustível de diferentes origens à medida que fosse voando pelo mundo. No Brasil, talvez fosse mais comum ou mais barato utilizar combustível de origem vegetal; em outros países, outras matérias-primas talvez fossem mais vantajosas. O que importa é que os motores sejam capazes de atingir o mesmo desempenho com qualquer um deles.

O maior de todos os desafios, com certeza, será conciliar as boas intenções com as realidades econômicas, limitações técnicas e as incontestáveis verdades químicas. Pode ser que os investimentos feitos não levem a nada, mas pelo menos as gerações futuras não poderão dizer que a aviação não tentou. Resta-nos esperar o desenrolar de tudo isso e torcer para que no futuro o cheiro dos combustíveis derivados de petróleo seja apenas e tão-somente uma lembrança distante.

Em consonância com os esforços voltados para a economia de combustível e diminuição da poluição está o planejamento de uma utilização mais racional do espaço aéreo. Em um futuro muito próximo, os aviões não terão mais que voar entre sua origem e seu destino de outra forma que não seja simplesmente direto e em linha reta. Hoje eles têm que se submeter a voar em caminhos pré-estabelecidos para todos. Esses caminhos são chamados aerovias. Desenvolvidas tendo como base uma tecnologia de aeronavegação já há muito superada pela utilização de satélites e outros modernos meios de navegação aérea, elas ainda preveem curvas e desvios que hoje já não fazem mais sentido, tornando-se uma forma antieconômica de utilizar os céus.

Já há alguns anos está em fase de estudos e implantação um sistema chamado FANS — Future Air Navigation System. Esse sistema determinará novos padrões nos quais mais aeronaves serão acomodadas dentro do mesmo espaço aéreo e ainda assim terão sua segurança e eficiência aumentadas. Tudo isso será baseado na precisão das informações transmitidas e recebidas em tempo real.

Também está em curso uma modernização na capacidade dos computadores de transmitir dados relativos ao tráfego aéreo mais rapidamente, de forma mais segura e confiável, e coisas do gênero. A utilização de novas tecnologias e equipamentos de última geração é parte desse projeto de renovação e modernização que está sendo levado a cabo pela FAA, o equivalente norte-americano da ANAC.

Esse projeto chama-se Nextgen, e será revolucionário, implicará o retreinamento de cerca de 15.000 controladores de voo somente nos Estados Unidos, e vai permitir à aeronave escolher o melhor caminho com base em sua própria performance de voo. Promete, junto com o FANS e vários outros projetos em curso, mudar de forma radical a forma como hoje voamos no nosso planeta. Algumas empresas já utilizam programas especificamente desenvolvidos para melhorar o planejamento de voos, fazendo com que suas aeronaves voem de forma mais econômica, não só em relação ao consumo de combustível, mas também minimizando o gasto com o pagamento de taxas de sobrevoo cobradas pelos países em relação ao serviço de seus controladores de tráfego aéreo.

Desde o começo da década de 1990, a aviação comercial passou a desenvolver tecnologias que tornaram o avião cada vez mais automatizado, reduzindo assim gradativamente a importância do piloto na operação da aeronave, visando diminuir os acidentes aéreos causados por falha humana enquanto aeronaves controladas a distância ou por computadores não sejam criadas. Os fabricantes de aviões comerciais continuam a pesquisar maneiras de melhorar os aviões, tornando-os cada vez mais seguros, eficientes e silenciosos. Ao mesmo tempo, pilotos, controladores de espaço aéreo e mecânicos passaram a ser cada vez mais bem treinados, e aeronaves são cada vez mais vistoriadas para evitar acidentes causados por falha humana ou mecânica.

Posso *contrair doenças* ao viajar de avião?

À medida que o transporte aéreo vai se tornando mais popular, as empresas aéreas estão tentando acomodar mais passageiros no mesmo avião, o que é particularmente verdade quando falamos da classe econômica. O resultado é muito menos espaço para esticar as pernas e, sendo assim, um novo tipo de problema de saúde passou a fazer parte dessa nova realidade, é a TVP — Trombose Venal Profunda, mais conhecida hoje em dia como a Síndrome da Classe Econômica, ou Síndrome do Avião Apertado. Trata-se do desenvolvimento de um coágulo de sangue, também conhecido como trombo, no interior de um vaso sanguíneo venoso, com sua provável reação inflamatória, podendo esta ocasionar a obstrução venosa total ou parcial, resultando em dor nas pernas, edema (inchaço) e úlceras (feridas), cujo estágio mais grave é a embolia pulmonar.

Normalmente ocorre com maior frequência naqueles que ficam muito tempo sentados em uma mesma posição, exatamente o que ocorre durante um voo longo. O remédio é se movimentar de tempos em tempos, o que nem sempre é possível nesses voos.

Quando ficamos muito tempo sentados em uma mesma posição, os músculos das nossas pernas deixam de realizar as contrações necessárias para bombear o sangue que se encontra circulando nos membros inferiores de volta para cima. O sangue passa a fluir mais lentamente, propiciando a formação de trombos. Esse problema pode ocorrer em ambientes de trabalho, como um escritório ou em um veículo terrestre, mas nos aviões a situação é mais crítica em função de não ser possível efetuar paradas nas quais os passageiros possam esticar um pouco as pernas. Para diminuir as chances de que isso ocorra com você, utilize roupas mais folgadas, evite ficar muito tempo com as pernas cruzadas, calce sapatos mais confortáveis, mantenha-se hidratado sempre, e, sempre que puder, caminhe um pouco pelos corredores do avião.

Outro problema é o ar que se respira na cabine de passageiros. Muito embora ele seja, em média, trocado totalmente cerca de 20 a 30 vezes por hora, ainda assim muitos passageiros podem ficar doentes, devido principalmente ao fato de que os filtros de ar não conseguem coletar todos os germes, bactérias e vírus. Para pressurizar a cabine, usa-se ar retirado das turbinas, injetando-o, sob muita pressão, dentro do avião. Esse ar costuma ter no máximo 10% a 20% de umidade para não danificar os componenetes internos das aeronaves; danos como a corrosão das partes metálicas da estrutura do avião e instrumentos de voo. Nos aviões de novas gerações esse problema tende a diminuir, uma vez que essas estruturas estão progressivamente sendo substituídas por materiais compostos, que toleram um índice de umidade bem maior.

Como esse ar é extremamente seco, a membrana nasal se resseca e fica mais vulnerável ao ataque de infecções aerotransportadas. Segundo estudos do CDC — US Center for Disease Control, o vírus da gripe pode, por exemplo, se espalhar facilmente e atingir cerca de até 70% dos passageiros de um único voo. Os tripulantes e passageiros de um voo longo recebem em média 265 vezes mais radiação ultravioleta do que se estivessem no chão. Isso equivale a tirar cerca de três raios X a cada voo de longa duração. Segundo estudos efetuados pela Comissão Alemã de Proteção contra Radiação, a chance de desenvolver câncer de pele é 15 vezes maior para quem voa frequentemente.

Por que não podemos utilizar telefones celulares nem aparelhos eletrônicos durante o voo?

Nem sempre as coisas são explicadas como deveriam ser. Isso muitas vezes causa a indignação e a revolta de certos passageiros, que gostariam de poder se utilizar de seus aparelhos de telefone celular, jogos, computadores e aparelhos de ouvir música e/ou ver filmes.

No caso dos telefones celulares, essa proibição se deve a dois fatores. Um deles é o fato de que, à medida que você vai se deslocando pela cidade, a pé ou de carro, seu aparelho de telefone celular sintoniza somente uma antena retransmissora por vez e, com isso, não precisa aumentar a potência necessária para sintonizar essa antena. O mesmo não acontece quando se está sobrevoando a cidade em um avião. Em uma situação assim, todas as antenas da cidade estariam ao alcance do seu aparelho, e ao mesmo tempo. Duas coisas podem ocorrer: seu celular pode acabar fazendo a reutilização de um canal e com isso interferir na ligação alheia, ou várias antenas acabem por ser sintonizadas ao mesmo tempo por um só aparelho; todas elas assumiriam que naquele dado instante estariam controlando as chamadas daquele aparelho em particular, o que poderia fazer com que o programa de computador (software) que gerencia esse sistema entrasse em colapso.

Mesmo que o software conseguisse gerenciar essa situação, haveria no mínimo um decréscimo brutal na capacidade do sistema como um todo. Quanto a expor a aeronave a algum tipo de perigo... Bem... Pesquisas ainda estão sendo realizadas, e focam suas atenções no fato de que, quando o aparelho está longe das antenas, como é o caso de uma aeronave em voo, há um aumento de potência de transmissão por parte desse aparelho na tentativa de sintonizar a antena. Quando isso acontece, a possibilidade de interferência nos instrumentos de voo da aeronave passa a ser real.

Algum nível de interferência eletromagnética oriunda de aparelhos que o fazem de forma não intencional é teoricamente possível. Esses aparelhos são os computadores e os equipamentos eletrônicos mais comuns. Um acidente ocorrido com uma aeronave que acabara de decolar de uma cidade na Suíça levantou mais suspeitas sobre os celulares. Durante as investigações foi descoberto que o piloto automático da aeronave teria se autodesconectado no mesmo instante em que um dos passageiros recebeu uma ligação, e que outro passageiro do mesmo voo recebeu uma mensagem SMS (*Short Message Service*). Nesse caso específico, o relatório final apontou erro dos pilotos. Entretanto, baseado na possibilidade de que uma interferência tenha realmente ocorrido, as proibições continuam até que tudo seja esclarecido.

Não existe nada comprovado oficialmente em lugar nenhum do mundo, entretanto, a existência de dados como os acima descritos é suficiente para que não se descarte a possibilidade. E, de qualquer forma, é sempre melhor prevenir. Mas a boa notícia e que já existem sistemas de transmissão de telefones celulares desenvolvidos especificamente para serem incorporados aos sistemas da aeronave e disponibilizados com segurança aos passageiros. São caros e devem levar algum tempo até se tornar uma coisa comum na maioria da empresas aéreas.

O lado negativo da eventual liberação do uso de celulares a bordo de aeronaves é o fato de que inegavelmente o sossego e a tranquilidade dos passageiros serão perturbados. Vale lembrar que enquanto estamos a bordo de uma aeronave, é como se estivéssemos em um condomínio, e regras de boa convivência se aplicam a todos. Não podemos obrigar o passageiro ao nosso lado a participar de nossa intimidade, especialmente quando nem ele nem você têm para onde fugir.

Educação não deveria ser algo que precisássemos ler em algum lugar, e por não entendermos essa questão básica, creio que normas proibitivas não serão capazes de trazer consciência e educação aos nossos passageiros, afinal, eles não esperam nem o avião parar e os sinais de atar cintos serem desligados para poder se levantar, imaginem o resto... Celular é, sem dúvida, uma grande comodidade, mas não é, nem de longe, algo sem o qual não possamos viver durante algumas poucas horas.

O que mais pode ser feito para aumentar a segurança dos voos?

Após uma série de acidentes ocorridos no mundo em 2005, a segurança aérea passou a ser um assunto mais destacado, em especial na Europa. Entre os mais calorosamente discutidos estiveram as assim denominadas "Listas Negras" de empresas aéreas, compiladas e mantidas em segredo por um programa governamental chamado SAFA — Safety Assesment of Foreign Aircraft (Avaliação de Segurança de Aeronaves Estrangeiras) e mantidas como documentos confidenciais pelas Agências Reguladoras dos países-membros da Comunidade Europeia. Essas listas ajudaram a mudar o rumo das coisas, especialmente após um acidente ocorrido com um Boeing 757 de uma empresa turca logo depois da decolagem de um aeroporto na República Dominicana. O avião fazia um voo de fretamento para uma empresa aérea dominicana de reputação duvidosa. Foram perdidas 189 vidas, a maioria de cidadãos europeus.

Em resposta a essa "Farra Aérea", os 41 países-membros da ECAC — Conferência de Aviação Civil Europeia — criaram o SAFA para conduzir inspeções regulares e não anunciadas nos aviões que se encontrarem em pátios de aeroportos europeus. O resultado em alguns casos foi o banimento dos céus europeus de uma aeronave em particular, ou até mesmo de empresas que tenham falhado em preencher os rígidos pré-requisitos de segurança estipulados. Com o passar do tempo essas listas se tornaram públicas e, é claro, passaram a afetar essas empresas também em seus países de origem. O processo não demora muito. Simplesmente um inspetor, que geralmente é um engenheiro ou um técnico com experiência para dar e vender em assuntos de segurança aeronáutica, educadamente aborda os responsáveis pela aeronave e inicia uma "Operação Pente-Fino", que vai do estado dos pneus até a acomodação irregular de bagagens de mão na cabine de passageiros. Esse inspetor é linha-dura, e tem autoridade total.

Manda e desmanda, e quando acha que alguma coisa está errada, ele pode fazer ressalvas e aplicar multas, como também mandar todo mundo descer e parar o voo até que o problema seja resolvido. É chumbo grosso, sem perdão. Esse inspetor tem, inclusive, poder para mandar desembarcar um passageiro que se recusar a cumprir algum requerimento de segurança básico. No nosso país também temos inspeções como essas, o problema é a preparação do pessoal que fiscaliza e o poder que eles precisariam ter, mas não têm, além, é claro, de existir em um número extremamente reduzido e realizar o seu trabalho de forma muito esporádica. Nunca, em tempo algum, a fiscalização no nosso país esteve tão ineficiente, esporádica e insuficiente.

Uma vez que o Brasil se esforça para que o MERCOSUL seja uma realidade de fato, e não só de direito, um bom exemplo como esse poderia ser seguido. Serviria de base para a criação de uma Agência Sul-Americana de Segurança Aeronáutica. As atuações domésticas deveriam ser ainda mais intensivas que as internacionais, isso elevaria nossos índices e padrões de segurança a níveis invejáveis.

A era da automação na cabine de pilotagem. Novos benefícios e novos riscos...

Em agosto de 2005, os pilotos de um Boeing 777 da Malaysian Airlines, voando da Austrália para a Malásia, foram surpreendidos quando uma anomalia relacionada ao programa de computador utilizado para ajudar a gerenciar o voo quase transformou o voo em uma catástrofe. Durante a subida, os computadores, em pane, começaram a enviar informações erradas sobre a velocidade para o piloto automático. As informações eram totalmente desencontradas. Ao mesmo tempo em que os pilotos recebiam alarmes de excesso de velocidade, também recebiam alarmes relativos à aproximação da velocidade mínima a ser mantida.

Incapaz de avaliar se eram informações falsas ou não, o piloto automático foi fazendo o que estava programado para fazer, e acabou colocando a aeronave em uma situação realmente perigosa. Os pilotos humanos assumiram a pilotagem manualmente e retornaram para o aeroporto de origem, conduzindo o grande jato com base na própria experiência, e foi o que salvou todos. Durante as investigações que se seguiram, os investigadores descobriram que os acelerômetros falharam.

Em 2008, duas ocorrências extremamente semelhantes tiveram lugar, dessa vez envolvendo aeronaves do tipo Airbus A-330 pertencentes à empresa aérea Qantas, da Austrália. O mais interessante é que ocorreram com apenas poucos dias de diferença entre um e outro. No primeiro caso, o piloto automático da aeronave recebeu informações erradas de um computador responsável por enviar informações vitais, e foi eletronicamente instruído a fazer um mergulho radical. Resultado: das 313 pessoas a bordo, mais de 70 sofreram ferimentos. Os pilotos humanos chegaram a declarar *mayday* (emergência), e felizmente foram capazes de desconectar o piloto automático e comandar a aeronave manualmente até um pouso seguro na cidade de Learmonth, na Austrália.

"Não é que os valores utilizados pelos programadores estivessem errados, as especificações por eles utilizadas é que estavam."

Alguém aí entendeu alguma coisa? Pois é, nem eu...

Após rápida investigação, as autoridades australianas declararam tratar-se de um fato isolado, e poucos dias depois a mesma coisa ocorreria novamente, dessa vez com consequências menos graves para os passageiros. Pesquisas apontam fortemente na direção de interferências malignas geradas por meio do uso de computadores do tipo laptop (notebook), ou de mouses sem fio, além de qualquer outro equipamento eletrônico que utilize ondas eletromagnéticas do tipo bluetooth.

Pessoalmente, eu apostaria na mesma direção, e não no fato de a aeronave ser de uma marca específica qualquer. Por motivos óbvios, muita coisa permanece longe dos ouvidos e dos olhos dos passageiros e, pior, dos pilotos, mas a verdade é que nem sempre é possível dialogar, uma vez que ainda não se sabe nem sobre o que exatamente se deve discutir... A argumentação nem sempre é fácil, mas uma coisa é fato: enquanto os engenheiros defendem seus pontos de vista atrás de uma mesa, os pilotos lidam com as falhas estando dentro dos aviões, e em tempo real...

O NTSB (CENIPA norte-americano) expressou recentemente suas profundas preocupações a respeito dos riscos gerados pelo excesso de automação nos sistemas das novas aeronaves como um todo. Isso, segundo o diretor-geral daquela agência, se daria principalmente em função do aumento exponencial da complexidade dos equipamentos, tornando virtualmente impossível testá-los sob todas as situações e variáveis que influenciam o seu funcionamento. Esse pequeno, porém fundamental detalhe, já é de pleno conhecimento dos pilotos humanos, que já vêm alertando para os perigos reais e potenciais desse excesso de automatismo. Segundo a diretoria dessa mesma agência, o NTSB, os problemas que estamos vivenciando hoje são apenas e tão-somente a ponta do iceberg...

O negócio é trabalhar em conjunto, sem jogar culpas uns em cima dos outros. Enquanto isso, os passageiros devem ser esclarecidos ao máximo a respeito da conscientização sobre quando e como utilizar equipamentos eletrônicos dentro de uma aeronave.

As modernas aeronaves, sejam elas de que tamanho for, carregam dentro de si, cada vez mais e mais, o que chamamos de alta tecnologia embarcada, ou seja, computadores em grande quantidade que utilizam programas especialmente feitos para ajudar os pilotos a conduzir o voo com mais precisão, economia e segurança, como, por exemplo, programas que gerenciam a navegação aérea, diminuindo a margem de erro e, portanto, gastando menos tempo e combustível. Esses programas são capazes de fornecer ao piloto informações valiosas, como a real velocidade que o avião está desenvolvendo, o consumo dos motores e o horário estimado de sobrevoo em alguma localidade ou de pouso no destino com uma precisão que em alguns casos chega à casa dos segundos.

Além do que, com a utilização desses sistemas seria "quase impossível" acontecer, nos dias de hoje, um acidente semelhante ao ocorrido em 1989 com um Boeing 737 da VARIG que, em função de um erro dos pilotos, após terem interpretado errado a informação de proa magnética a ser seguida. Decolaram de Marabá, Pará e, em vez de rumarem para o destino, Belém, também no Pará, voaram na direção errada e se perderam, ficando sem combustível e tendo de efetuar um pouso forçado na selva amazônica, à noite. Infelizmente, com a desaceleração súbita, dos 109 assentos para passageiros apenas 7 permaneceram no lugar, o resto se soltou, amontoando-se e causando muitas mortes.

Não é bom julgar, pois todos nós sabemos que a vida nos prega peças. Esse tipo de erro já aconteceu também com vários pilotos, novos e antigos, inclusive comigo. No meu caso, ocorreu quando pilotava pequenos aviões no garimpo, quando eu tinha apenas 20 anos de idade. Após ter voado todo o dia, e muito cansado, decolei e voei em uma direção literalmente oposta àquela em que deveria estar voando. Eram 17h00, e só não fiquei em maus lençóis porque me dei conta rapidamente, pois conhecia muito bem a região, passava o dia inteiro voando sobre ela. Após duvidar brevemente de minha bússola magnética (reação própria do cansaço), assumi o erro e retornei imediatamente ao local de onde eu decolara. Assumi também que estava cansado demais para continuar, deitei-me e dormi 12 horas seguidas.

Durante muitos anos, acidentes decorrentes desse tipo de erro foram relativamente comuns. Entre as causas mais frequentes estavam o cansaço da tripulação e a falta de confiabilidade dos mapas de então, além dos instrumentos de navegação também serem pouco precisos. Hoje em dia, esse tipo de acidente tem suas chances de ocorrer bastante minimizadas, pois as informações enviadas por satélites para o receptor de GPS, ou recebidas de um sistema chamado INS — Inertial Navigation System (Sistema de Navegação Inercial, sistema este que não utiliza satélite), conferem à moderna navegação aérea uma precisão quase milimétrica e em tempo real.

O Boeing que pousou na selva amazônica

Para se ter uma ideia da eficiência desses sistemas, desde que as informações sobre os aeroportos estejam disponíveis no banco de dados do computador do avião, o piloto pode solicitar sua localização exata a qualquer momento, e, se quiser, pode pedir para voar para qualquer lugar do mundo a qualquer momento e o satélite lhe enviará as informações. O piloto será imediatamente informado de todos os dados requeridos, como a direção exata, a distância, a altitude ideal. Enquanto isso, outros computadores de gerenciamento de voo presentes a bordo trabalharão em conjunto com os sistemas GPS e/ou Inercial e informarão se o combustível atual será suficiente para a viagem ou não.

O sistema GPS foi criado pelos militares norte-americanos e baseia-se nas informações enviadas por uma rede composta de 24 satélites que cobrem toda a superfície terrestre. Depois de algum tempo foi liberado para utilização civil, e hoje é empregado em aviões, navios, carros, caminhões e até em relógios de pulso. O Sistema Inercial trabalha de forma autônoma, é um equipamento também muito preciso, que se baseia em giroscópios, raios laser, e por aí vai. Nesse sistema é preciso dar o pontapé inicial, inserindo as coordenadas geográficas de onde o avião está estacionado. O piloto precisa dizer para o computador onde o avião se encontra antes de decolar. Depois disso, por assim dizer, ele mesmo se acha, e daí em diante informa o posicionamento do avião ao longo do voo com incrível precisão. Nos aviões equipados com GPS, o Inercial passa a ser o sistema coadjuvante, ou reserva.

A alta tecnologia embarcada trabalha hoje em conjunto com satélites que enviam para o avião informações que propiciam ao piloto até a possibilidade de, em alguns casos específicos, pousar em um aeroporto que esteja envolto em um denso nevoeiro ou em alguns outros elementos que possam vir a restringir a visibilidade, como fumaça ou chuva, chegando mesmo ao ponto de, às vezes, reduzi-la virtualmente a zero. Mesmo que esse aeroporto não possua equipamentos modernos para auxiliar o piloto em um pouso por instrumentos, esse pouso se realizará por meio do piloto automático, que estará recebendo todas as informações de um satélite. Trata-se, na verdade, de altíssima tecnologia militar, agora disponível para utilização civil. Alguns fabricantes de aviões civis já estão em fase de homologação de um sistema de melhoria para visão noturna e voo com visibilidade muito reduzida para pilotos.

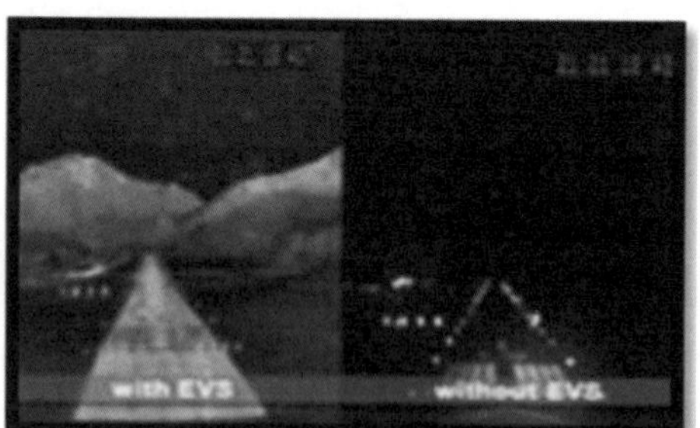

Visão noturna com e sem o EVS

Esse sistema baseia-se em uma tecnologia já bastante conhecida e utilizada nos campos civil e militar, também muito utilizada por helicópteros policiais que patrulham grandes metrópoles. Trata-se da tecnologia de raios infravermelhos, que captam o calor de corpos e objetos e permite a geração de imagens. No caso dos aviões civis, o sistema ainda em desenvolvimento chama-se EVS — Enhanced Visual System (Sistema Melhorado de Visão), que pretende permitir ao piloto ver a pista de pouso e tudo o que está nela, como outros aviões, veículos, pessoas e animais, com clareza, mesmo que um denso nevoeiro a esteja cobrindo totalmente.

Entretanto, para que tudo isso venha um dia a nos beneficiar, é necessária a junção de todos os fatores técnicos, tais como o equipamento certo, operando de forma correta, e nas mãos de gente corretamente treinada, bem como a homologação (autorização técnica) corretamente avaliada e emitida por parte da autoridade competente.

Somente dessa forma tira-se o maior proveito da aviação. Mas, para que isso ocorra, não é difícil entender que alguém tem que investir, e muito. Além de investir muito, também tem que fazê-lo da forma correta, coisa muito difícil de se ver no Brasil quando o investidor é o governo, que não investe e não deixa investir, fazendo com que, mesmo que as empresas estivessem dispostas a investir em equipamentos e programas de treinamento modernos, ainda assim acabariam por jogar dinheiro fora, pois a contrapartida do governo em relação à infraestrutura aeroportuária nunca vem, e quando vem, chega muitos anos atrasada. Especialmente no inverno, a falta desses investimentos se faz sentir de forma mais clara, pois as empresas quando investem menos tendem a cancelar mais voos, por falta de equipamentos e gente homologada para essas operações de maior precisão. É prejuízo para todo mundo, não só para os passageiros.

Pilotar cercado de computadores é fácil ou não?

Por um lado, os projetos modernos tendem a ajudar muito mais os pilotos, reduzindo a carga de trabalho na cabine de comando; por outro, é fato comprovado que tendem a deixar os pilotos menos vigilantes, e às vezes até confusos, ou mesmo complacentes em relação ao gerenciamento de tanto automatismo, o que gera também a falsa sensação de segurança. Em um lugar onde o piloto costumava mandar e desmandar; sistemas que ontem funcionavam de uma única forma, hoje atuam de várias formas diferentes, e isso tem exigido um conhecimento excessivamente aprofundado, transformando a arte de pilotar um grande jato em algo cada vez mais rotineiro e enfadonho. Os pilotos que, ao longo dos anos, adquiriram a vital intimidade de pilotagem manual com o avião, infelizmente a estão perdendo rapidamente, e as novas gerações de pilotos nem estão tendo a chance de adquirir essa intimidade, uma vez que é política corrente das empresas o uso intensivo do automatismo em detrimento do voo manual.

Pilotos nunca devem se distanciar
dos princípios básicos da pilotagem.

Aprender olhando para o passado da aviação é tão importante quanto mirarmos seu futuro. Não podemos jamais usar como desculpa o fato de que os atuais painéis dos modernos jatos se parecem mais com modernos equipamentos de áudio e vídeo do que propriamente com uma cabine de comando. O treinamento correto em relação à precisa compreensão e manuseio dos sistemas automatizados é de importância capital, pois seus benefícios são indiscutíveis. E a manutenção de um alto nível de proficiência de pilotagem manual também é. As duas coisas devem andar juntas. As limitações hoje impostas pela maioria das empresas aéreas aos seus pilotos, no que tange a permitir ou não a operação da aeronave em determinados lugares e em determinadas situações, deveriam ser criteriosamente revistas. Pilotos precisam saber identificar quando uma coisa está errada, e quando a solução não se encontra em um manual, e sim neles mesmos. Nesse caso, quando não se pode contar com o automatismo, saber "voltar ao básico" é fundamental.

A grande verdade é que, hoje em dia, grande parte dos comandantes nem sequer deixa que os seus copilotos voem os aviões manualmente, nem mesmo por breves períodos, jogando fora assim ótimas chances para treiná-los. Isso acontece porque os pilotos são policiados o tempo todo pelas empresas, por meio de sistemas que registram todo o voo em detalhes e, sendo assim, se alguém sair um milímetro da risca será considerado uma ameaça ao padrão de voo, e, portanto, deverá ser substituído. Quando alguma coisa não funciona bem com o automatismo, ou quando o automatismo não é capaz de fazer determinadas manobras para pousar em determinados aeroportos, é a capacidade do piloto de voar bem o avião que mantém vivos todos a bordo. Bons exemplos disso no Brasil são aeroportos como os de Vitória, no Espírito Santo, e o Santos Dumont, no Rio de Janeiro, aeroportos cercados de morros altos e para os quais, dependendo do sentido em que se pousa e das condições de tempo, são previstas manobras apertadas e de alta precisão. Nessas horas, ou o aviador domina a máquina com maestria, ou será dominado facilmente por ela. O lado bom dessa história é que, dessa forma, os copilotos também têm mais oportunidades de ver como os mais experientes administram situações de pouso e decolagem realizadas em condições consideradas mais exigentes.

Em que pese o treinamento inicial, que atualmente vem sendo ministrado pelas companhias, ser efetivamente mais amplo e munido de mais recursos do que foi no passado, dentro de um curto período de tempo a realidade é que o(a) jovem copiloto(a), que será o(a) comandante de amanhã, portanto, um profissional ainda em formação, vai rapidamente se deparar com a triste realidade inicial de sua escolha, ou seja, por um bom tempo ele vai se limitar a apertar alguns botões, preencher livros de relatórios e fazer as comunicações. Quando dá a sorte de voar com um comandante que tem consciência, ele consegue pilotar um pouquinho, só um pouquinho. Se der sorte, a empresa em que ele(a) trabalha vai crescer, e ele(a) será promovido(a) dentro de poucos anos. Caso contrário, poderá passar a vida inteira como copiloto(a), e mesmo com os seus cabelos já brancos, ainda assim será tratado(a) como um novato(a). Isso, no entanto, não ocorre somente no Brasil, é uma realidade de mercado, e é mundial.

Certa vez, tive uma boa conversa com um passageiro, que por acaso era um médico cirurgião que aguardava na sala de embarque a chamada para seu voo. Falávamos a respeito dos efeitos causados pelas novas tecnologias nas vidas de profissionais como nós. Ele me dizia que, nos anos recentes, a medicina viu a entrada em serviço de máquinas que, na sua opinião, fizeram da arte de diagnosticar e de tratar um ato quase rotineiro. Essas máquinas, segundo ele, dizem ao médico o que está errado com o paciente e o que fazer a respeito. Sorrindo, ele me disse que, agora, era só aguardar o lançamento de uma máquina que também fizesse as prescrições médicas e que fosse capaz de assiná-las por ele, assim ele poderia passar mais tempo pescando em sua chácara. De minha parte, e sem querer ficar para trás, expliquei ao amigo que, na minha profissão, as coisas já estavam um pouco mais adiantadas. Já dispúnhamos de múltiplos pilotos automáticos, precisão de navegação aérea garantida por satélites, coisas que também estavam fazendo da nossa profissão um "melzinho na chupeta".

Na verdade, tenho certeza de que o prezado cirurgião investiu muitos anos de sua vida e muito de seus recursos em sua preparação profissional. Aprimorar as habilidades necessárias para compreender e trabalhar em conjunto com essas novas tecnologias é um processo contínuo. Quando chega a hora de escolher as máquinas corretas e tirar delas o que podem dar de melhor, a experiência influi muito. Existe uma rede de variáveis que devem ser avaliadas; máquinas ainda não são capazes de fazer nem de prever tudo sozinhas. Suponho que um experiente cirurgião possa fazer com que uma cirurgia complexa pareça um procedimento facílimo, mas a verdade é que, com toda certeza, não é. Voar jatos comerciais pode parecer rotina para pilotos profissionais, mas, na realidade, isso requereu anos de treinamento e prática, criando, assim, a ilusão de que é fácil e de que se trata apenas de uma rotina.

Existe, no entanto, uma percepção e uma concordância mundiais em torno da ideia de que os atuais projetistas de aviões e dos programas de computação utilizados nesses aviões têm trabalhado intensamente no intuito de eliminar a função dos pilotos a bordo. Esses mesmos engenheiros enchem a boca para dizer que 80% dos acidentes aéreos são culpa dos pilotos. O que eles não dizem, e acho até que deve ser porque não é um dado mensurável, é o percentual de vezes em que uma tragédia não ocorreu única e exclusivamente porque havia um piloto na cabine quando um computador resolveu travar ou fazer alguma coisa idiota (e os pilotos sabem que isso acontece).

Todos nós temos computadores em casa e sabemos que eles nunca foram 100% confiáveis. A diferença é que, em casa, o máximo que pode acontecer é ficarmos com muita raiva, mesmo que sejamos nós mesmos o problema. Já em um avião, ou alguém pilota direito a máquina, ou a sensação com certeza será outra, e bem mais desagradável. Avião sem piloto só se for militar, afinal, se for para correr risco de levar tiros, realmente é melhor que o avião vá sozinho, não é mesmo?

Todos nós, vez ou outra, nos fazemos a seguinte pergunta: "Quanto tempo será necessário para que a tecnologia permita que os aviões voem sem pilotos? Quanto tempo até que os computadores sejam capazes de comandar todas as fases de um voo?". Pois bem, pasmem, essa tecnologia já existe, mas é empregada exclusivamente na área militar. A USAF — Força Aérea Norte-americana — já emprega aeronaves de reconhecimento aéreo que são capazes de levar a cabo missões que duram até mesmo 24 horas percorrendo distâncias bem maiores que aquelas cobertas por jatos comuns de passageiros, que simplesmente decolam, voam e pousam sem nenhum piloto. A aeronave chama-se Global Hawk, e ela deixa claro que a era das aeronaves sem pilotos já chegou.

Por enquanto, as aeronaves pilotadas por computadores ou por controle-remoto, denominadas Drones, estão proibidas de voar de forma comercial no espaço aéreo norte-americano, pelo menos nas áreas consideradas espaço aéreo congestionado. Mesmo aquelas utilizadas por agências governamentais voltadas para pesquisas devem fazê-lo de forma extremamente limitada. O motivo é que a FAA considera o fato de essas aeronaves serem pilotadas de forma remota um perigo às outras aeronaves, uma vez que pilotá-las dessa forma implica o não cumprimento de regras e conceitos básicos de pilotagem, como, por exemplo, "ver e evitar outras aeronaves com seus próprios olhos".

Global Hawk

Uma aeronave completamente controlada por computadores autônomos seria uma preocupação ainda maior. De qualquer forma, muitos dos modernos aviões comerciais que hoje cruzam nossos céus já chegam bem perto da tecnologia do Global Hawk. Contudo, a possibilidade tecnológica é apenas um dos fatores a serem considerados nessa equação, além da economicidade do projeto e da aceitação social (do ponto de vista dos passageiros). Quando a questão é a automação de aeronaves de transporte de passageiros, alguns desses aspectos são extremamente difíceis de equacionar. Para se ter uma ideia dos custos para equipar um aeroporto para receber aeronaves de passageiros com altíssimo nível de automação que, embora ainda necessitem de pilotos humanos para uma série de funções, já são capazes de pousar com visibilidade virtualmente "zero", o custo varia em torno de US$ 3,5 milhões por pista. Esses equipamentos são denominados ILS categoria 3, e atualmente existem apenas 60 pistas equipadas nos EUA, e apenas 250 em todo o mundo. No Brasil não temos nenhuma...

A Comunidade Europeia fundou recentemente um consórcio que envolve instituições tecnológicas e de pequisas da França, Alemanha, Grécia, Itália e Israel, chamado IFATS — *Innovative Future Air Transport System*. Trata-se de um projeto cujo objetivo específico é melhorar a segurança e a eficiência do transporte aéreo e cujo método escolhido foi a substituição dos pilotos por tecnologia gerenciada por computadores, ou seja, desenvolver aeronaves sem pilotos humanos. O piloto ficaria no solo, supervisionando o funcionamento de tudo, talvez até de um computador em sua própria casa, e só interviria na remotíssima possibilidade de algo falhar. Estudos indicam que, quando esse dia chegar, os salários dos pilotos serão reduzidos em cerca de 40%, além do que não existirá mais a figura do copiloto. As aeronaves não possuirão cabines de pilotagem, o que lhes permitirá carregar mais passageiros. Estima-se que o número de horas voadas por cada aeronave vai aumentar em torno de 200 horas/ano, e a necessidade de manutenção vai diminuir em cerca de 20%, além do que as empresas economizariam também em seguros, uma vez que os sistemas automatizados seriam, em tese, mais seguros que os pilotos humanos.

A experiência nos diz que essa realidade, a princípio, só terá lugar até a ocorrência da primeira emergência real para a qual os computadores não estiverem preparados. Devemos olhar para o futuro, mas sem perder o passado de vista. Foram vários os casos em que o impensável aconteceu, e pessoas só estão vivas hoje porque havia um piloto experiente a bordo. Em alguns casos já ocorridos no passado, o sucesso conseguido por pilotos que estavam a bordo de seus aviões talvez não tivesse sido possível caso eles estivessem pilotando do lado de fora, tomando café na cozinha de suas residências enquanto o cenário de terror se desenrolava na telinha do computador... Nesse caso, um investimento de trilhões de dólares/euros poderia ser jogado na lixeira caso o pânico dos passageiros ao redor do mundo justificasse parar toda a frota mundial de aeronaves sem pilotos. *E aí, senhor passageiro? Vai encarar?*

Sempre que esse assunto de excesso de automação em aviões vem à tona no Brasil, o principal foco tem sido a linha de aeronaves fabricadas pela Airbus, em especial o modelo A-320. Portanto, vamos falar mais dessa aeronave tão maravilhosa e ao mesmo tempo tão polêmica. Trata-se realmente de uma aeronave maravilhosa, mas é, sem dúvida, o caso clássico de avião no qual o computador pilota a aeronave e o piloto voa o computador. Se fôssemos ver a questão desse modo, seria mais recomendável treinar os pilotos para operar computadores, e experts em computadores para pilotar aviões.

Essa aeronave foi introduzida no mercado em 1988 por um consórcio aeronáutico do qual participam França, Alemanha, Espanha e outros países europeus. Foi uma bem-sucedida tentativa de conter a dominação da Boeing. O nicho de mercado para aeronaves de 150/170 lugares ainda era dominado pelo Boeing 727, mas esse modelo já não era mais fabricado, e a frota mundial estava envelhecendo.

Sem contar que o Boeing 727 é um avião que utiliza três turbinas de tecnologia já ultrapassada, precisa de no mínimo três tripulantes para ser operado, e tem um consumo de combustível bastante elevado. Enfim, é uma aeronave com um custo operacional altíssimo.

Boeing 727 & Airbus A-320

Como uma forma de reduzir o custo operacional dessa moderna aeronave, a Airbus optou por um nível elevadíssimo de automação dos sistemas de voo e de aplicação de materiais compostos em sua estrutura, além de fazer uma aeronave que necessita apenas de dois pilotos para sua operação. No quesito referente à automação, pagou durante certo tempo um preço bastante alto por essa opção, resultado direto de seu pioneirismo. Nos aviões menos sofisticados, o piloto tem total controle sobre o avião, já no Airbus, as ações do piloto são supervisionadas por um computador, o que, quando visto pelo ângulo correto, é um elemento de segurança indiscutível.

Seria como dizer que esse avião está sempre no piloto automático. Mesmo quando está desligado, o automatismo dessa aeronave impõe seus próprios limites de pilotagem aos pilotos, evitando com isso possíveis falhas humanas na arte da pilotagem manual. O projeto ergonômico e visual da cabine de comando ficou a cargo do escritório de desenho industrial da Porsche, e na época foi considerado revolucionário; já o desenho externo da aeronave foi considerado "desapontadoramente conservador", mas é claro que o que para alguns pode ser conservador, para outros pode ser inovador.

Essa aeronave é pilotada por meio de uma tecnologia chamada FBW — *Fly By Wire*. Isso quer dizer que os comandos efetuados pelos pilotos são, na verdade, enviados por meio de fios para um computador que vai analisá-los e somente depois vai repassar esses comandos para onde devem ser enviados. Os manches (controles) tradicionalmente utilizados nos outros aviões, que normalmente estão posicionados entre as pernas dos pilotos, foram substituídos por controles posicionados nas laterais dos assentos de cada piloto, são muito parecidos com os joysticks utilizados pela garotada para joguinhos de computador que, nesse caso, são chamados de *sidesticks*. No local do antigo manche agora se pode utilizar uma pequena mesinha dobrável, semelhante às que estão disponíveis para as refeições dos passageiros.

A transição para essa inovadora filosofia de pilotagem talvez não tenha, a princípio, levado em consideração que os pilotos que inicialmente pilotariam aquela "nave espacial" seriam os mesmos que até ontem estavam acostumados a pilotar da forma mais tradicional possível; pilotos que estavam, portanto, acostumados ao controle direto, e não a, de certa forma, argumentar com o avião. Eram pilotos de uma geração anterior, precisavam de um meio-termo, de uma transição em termos operacionais. Mas esse tempo não existiu, e por falta de entendimento entre as partes, os acidentes começaram a acontecer assim que as aeronaves foram entregues aos seus primeiros clientes, colaborando, dessa forma, para uma injusta fama de insegurança daquela nova e brilhante máquina voadora.

Por vezes, o computador pode analisar as ações de pilotagem do piloto e chegar à conclusão de que tais ações extrapolam os limites operacionais impostos por esse mesmo computador, limitando o controle naquela situação. Se os computadores interpretam os comandos de pilotagem dados pelo piloto como sendo excessivos, esse mesmo computador despreza o excesso e considera apenas o que ele acha que é normal. Isso, dependendo da situação em que se está, pode ser uma "faca de dois gumes", pois, se por um lado gera uma enorme margem de segurança, evitando que o piloto incorra em certos erros, expondo a aeronave a situações potencialmente perigosas, por outro também pode impedir o piloto de efetuar uma manobra evasiva que, mesmo altamente radical, pode ser a única saída de uma situação na qual já se entrou, e que certamente causaria um acidente.

A cabine do Airbus A-320 e o *sidestick* à direita, ao lado da mesinha

O maior concorrente da Airbus, a Boeing, prefere permitir que os pilotos de seus aviões sejam capazes de sobrepujar os controles automáticos sempre que entenderem que isso é necessário, voando a partir daí dentro dos limites dos próprios pilotos, e não do computador, que passa a ter a função de alertador, mas sem o poder de intervir na pilotagem manual. Dessa forma, toda a capacidade (performance técnica) da aeronave estaria disponível na íntegra para esses mesmos pilotos no caso de ser necessária.

Qual dos dois entendimentos é o mais correto ou o melhor,
é assunto para um debate que com certeza não terá fim...

Essa tecnologia "protetora" é comumente utilizada em aviões militares com características aerodinâmicas muito instáveis, que requerem movimentos tão rápidos que são impossíveis de ser feitos em tempo hábil por um ser humano. Não é, nem de longe, o caso de um grande jato de passageiros, muito pelo contrário. Essas aeronaves primam pela estabilidade aerodinâmica. Que fique bem claro para o leitor: o Airbus é uma aeronave aerodinamicamente extremamente estável. É reconhecidamente um avião que voa maravilhosamente bem, mas que infelizmente tem tido alguns poucos problemas gerados pela dificuldade de alguns poucos pilotos em assimilar e operar de forma adequada tantos recursos tecnológicos. Esse é um fato comum em aviação, e ocorre com todos os fabricantes, sem exceção, pois no meio dessa questão existe o fator humano a ser levado em conta.

O problema é que computadores precisam de programas (softwares), e quando algo de errado acontece com um programa de computador, tende a ser algo muito, muito errado, e acontece muito, muito rápido.

Softwares são "entidades digitais", e não dependem das leis da física para funcionar ou não, dependem apenas de lógica.

Se causarmos uma pequena mudança em um sistema físico, aguardamos uma pequena mudança no resultado. No caso de softwares, pequenas modificações na lógica com a qual trabalham podem alterar por completo o comportamento de um computador e, nesse caso, coisas "selvagens" podem acontecer.

Em Amsterdan, na Holanda, no ano de 1988, logo após a decolagem, os pilotos receberam mensagens de alerta a respeito da falha de vários sistemas vitais da aeronave, mas, na verdade, não havia evidência alguma de falha alguma. Até mensagem de fogo no lavatório foi recebida. Os pilotos decidiram que era o bastante, e que regressariam. Contudo, não puderam ter certeza do abaixamento do trem de pouso, então fizeram uma passagem a baixa altura sobre a Torre de Controle e solicitaram uma verificação visual por parte do controlador de voo. Estava tudo em ordem e pousaram em segurança. Eram apenas os computadores brincalhões...

Quando se trata de provar algo, os sistemas mecânicos já foram mais do que postos à prova por meio de bem conhecidas e conceituadas técnicas de engenharia. No caso dos softwares, mesmo que passássemos mais de 100 anos testando-os, ainda assim seria impossível provar que não existe nenhuma falha obscura em sua concepção.

Muito embora o projeto do Airbus A-320, bem como o de vários outros aviões, não tenha sido inicialmente elaborado com a finalidade de eliminar o piloto, essa, é sem dúvida, uma consequência não muito distante. Com a chegada dos computadores nas cabines de comando, pela primeira vez na história da aviação civil e militar os pilotos deixaram, por assim dizer, de ter autoridade total sobre seus aviões, e passaram a ser dependentes do que pensam os engenheiros de softwares.

Os pilotos foram e continuam sendo, em muitos aspectos, eliminados dos processos de tomadas de decisões. Isso os afasta perigosamente de seus instintos básicos de pilotos; cria inatividade e complacência dentro da cabine de comando, afinal, o piloto não manda mais como mandava, ele agora é "assessor do computador". Quando isso acontece, o avião se torna algo muito distante do próprio piloto, um "sistema" longe demais...

Em 1993, um Airbus A-320, que era comandado pelo piloto instrutor chefe de uma grande empresa alemã, ultrapassou o final da pista do aeroporto de Varsóvia, na Polônia, matando o comandante e um passageiro. Investigações concluíram que o fato deveu-se à falha dos computadores em reconhecer que a aeronave já havia pousado, não permitindo, assim, que todos os recursos para pousar e parar dentro dos limites da pista fossem empregados. Esse tipo de falha é raro, mas já aconteceu outras vezes com outros tipos de grandes jatos comerciais, pois todos eles dependem de sensores que muitas vezes não funcionam adequadamente. Entretanto, somente isso não é o suficiente para causar um grande acidente, as aeronaves contam com sistemas alternativos. Verificou-se que, nesse caso, os pilotos também falharam, além do que, as condições meteorológicas também não eram das melhores.

Para provar que um raio pode cair duas vezes no mesmo local, 15 meses após esse acidente outro avião, do mesmo tipo, aterrissando no mesmo aeroporto, fez um pouso um pouco mais duro. Após o primeiro contato com o solo o avião voltou ao ar, mas por isso ter acontecido rápido demais, o computador teria decidido que ainda estava no solo, e abriu os spoilers que ficam sobre as asas, fazendo com que a aeronave voltasse ao solo de forma brutal. Ninguém ficou ferido, entretanto, sérios danos foram causados ao avião. Ocorrências como essa também podem acontecer com aeronaves feitas por outros fabricantes, não são exclusividade do Airbus.

A máquina deve ser construída "em volta" dos pilotos, permitindo-lhes entendê-la, manuseá-la, e se sentirem confortáveis com ela. Infelizmente, a tecnologia utilizada nos modernos Airbus, segundo a opinião de muita gente que voa e conhece bem esse avião, tem se provado um passo excessivamente adiante desses mesmos pilotos. Particularmente não acredito nisso. Sou habilitado para voar aviões da linha Boeing e Airbus, e acredito que talvez as dificuldades estejam mais relacionadas com o treinamento adequado dos pilotos, não tenho dúvidas de que se trata de um grande avião.

A fama controversa dessa aeronave teve início em 1988, quando um Airbus A-320 novinho em folha, que estava sendo pilotado por dois comandantes instrutores, entrou voando em uma floresta localizada ao lado de um pequeno aeroporto na cidade francesa de Habsheim, próximo à fronteira da França com a Alemanha e a Suíça. A aeronave, que fora cedida pela empresa proprietária, faria algumas passagens a baixa altura sobre o pequeno aeroporto, participando de um show aéreo — era uma ótima oportunidade para fazer publicidade daquilo que de melhor a França era capaz de fazer na construção aeronáutica (a principal linha de montagem do Airbus fica em Toulouse, na França) —, e depois seguiria com um grupo de convidados, que já se encontravam a bordo, para um voo panorâmico sobre o Mont Blanc, a montanha mais alta da Europa, que fica próxima a Habsheim.

Voando em configuração de pouso (trem de pouso e flaps estendidos) e em um voo rasante sobre a pista do pequeno campo de aviação (muito baixo para uma aeronave daquele tamanho), eles simplesmente não conseguiram subir novamente, e quando todos esperavam que a aeronave fosse arremeter, ela literalmente entrou voando floresta adentro, matando três dos seus 136 ocupantes, duas crianças e uma mulher. As investigações determinaram que vários erros cometidos na condução do voo, pelo uso incorreto dos sistemas automáticos, causaram o acidente. Os sistemas não falharam, mas os pilotos sim, ao operá-los de forma equivocada. Simplesmente não estavam completamente familiarizados com a complexidade desses sistemas, com essa nova forma de pilotar. Como se diz em aviação, os pilotos foram "engolidos" pelo automatismo do avião.

Em outra ocasião, um ano e meio depois do acidente em Habsheim, outro Airbus A-320 chocou-se com o solo um pouco antes da pista do aeroporto de Bangalore, na Índia, indo parar dentro de um campo de golfe, já nos momentos finais antes do pouso. A aeronave também estava sendo tripulada por dois comandantes; tratava-se de um voo de avaliação da proficiência técnica de um dos pilotos. Também falhas no treinamento, no entendimento e no monitoramento dos sistemas automáticos por parte dos pilotos causaram confusão, e quando perceberam que tinham entrado em uma situação perigosa já era tarde demais. Como resultado, quatro dos sete tripulantes, e 88 dos 139 passageiros morreram.

Nossa, os comissários(as) desse voo são tão novinhos(as)!

As tripulações são cada vez mais compostas de gente muito jovem, muitos no seu primeiro emprego. Em especial, no caso dos(as) comissários(as), a diversidade das origens de formação e do preparo psicológico para lidar com situações de stress extremo são, no mínimo, preocupantes. Não que não sejam capazes, simplesmente, em alguns casos, não recebem a atenção e o preparo de que realmente necessitam para poder desempenhar de forma exemplar seu ofício. E esse ofício primário não é o de servir bebidas e comidinhas aos passageiros, é o de salvá-los quando o acidente é inevitável. Eles são, na realidade, agentes de segurança de bordo. A segurança emocional não é fácil de ser encontrada em pessoas tão jovens. No entanto, com bom treino e preparo, pode ser perfeitamente atingida.

Vários são os casos em que a incapacidade de liderar e de orientar um grande grupo de pessoas em situação de risco de morte só é percebida quando já é tarde demais. Isso se deve ao fato de que a Agência Reguladora aprova programas de seleção e treinamento que são, na sua maioria, falhos, que não abordam vários dos aspectos de uma emergência real, limitando-se, na maioria das vezes, a uma demonstração teórica. Além de aprovar tais programas, a Agência não realiza fiscalização eficaz e intensiva.

Não interessa a razão, o fato é que simplesmente não o faz, e quando o faz, contenta-se com baixos níveis de proficiência.

Qual é o perfil dos pilotos e comissários(as)?

A definição que me permito fazer desse grupo espetacularmente ímpar, e do qual modestamente faço parte, é baseada no fato de que eles são, na sua maioria, criaturas realmente bem diferentes do que normalmente vemos por aí. Somos acostumados com uma rotina que é, por um lado, extremamente dinâmica e exigente, e, por outro, extremamente tediosa e enfadonha. A carreira de um tripulante, é bem interessante e cheia de desafios no começo, contudo, estamos sempre cercados de cobranças e restrições que podem, a qualquer momento, fazer com que não sejamos mais capazes de executar nossa função. Os testes e rechecagens anuais e/ou semestrais, bem como os exames médicos periódicos, são bons exemplos do que estou falando. Tudo é eliminatório, sempre, durante toda a sua carreira.

Aí você se pergunta: seria essa uma vida para mim? Bem, algumas verdades sobre a profissão devem ser ditas. Ela é, sem dúvida, maravilhosa, e é muito difícil encontrar um tripulante que não goste do que faz. Ele pode até não ser um bom profissional, mas, com certeza, adora voar. As oportunidades de conhecer o próprio país, e também o mundo, são reais, ainda que, às vezes, de modo superficial e fugaz. É uma profissão que também já permitiu viver mais a vida, além de trabalhar. Entretanto, isso foi há muito tempo. O lado ruim, além de tudo o que já foi dito, inclui, ao longo de uma carreira, centenas ou até milhares de noites passadas dentro de uma cabine, sem dormir, à base de café (quando tem) e paciência. Uma vida passada longe da família e dos amigos, sem Natal nem Ano Novo; feriado e fim de semana, então, nem pensar.

Pode apostar, se você é um tripulante, não verá seus filhos crescer, e sempre que eles estiverem doentes, você estará longe de casa, sofrendo sozinho em algum quarto de hotel, sem poder fazer muito mais do que falar ao telefone e se lamentar por isso. Quando finalmente você chega em casa, às vezes é recebido como aquele que estava se "divertindo" enquanto o circo pegava fogo. Não interessa se você voou a noite toda cruzando metade do planeta Terra; arrume-se rápido, pois temos um aniversário de criança para ir. Mas antes, é claro, saia e vá comprar o presentinho...

Faz parte. É uma escolha de vida. Afinal, toda escolha implica uma renúncia. Tripulantes são constantemente confundidos com turistas remunerados, mas o que o passageiro não sabe é que viagens para Paris ou Nova York até podem ser legais nas primeiras vezes, mas quando se tem que ir lá a trabalho todos os meses, e ficar apenas 24 horas, tempo esse normalmente gasto para comer e dormir, já não é mais tão legal assim. A coisa vista por esse ângulo passa a ser menos interessante, menos glamourosa.

Rio Branco, no Acre, ou Tóquio, no Japão, todo destino passa a ser igual depois de algum tempo. Você quer mesmo é evitar de ter que ir para lá.

A qualidade de sua vida particular passa a ser uma concessão do departamento que confecciona as escalas de voos da companhia, um departamento gerenciado por aquele pessoal com jeitão de pitt bull caçador de tripulantes inocentes, que determina para onde você vai, quando vai, e quanto tempo vai ficar lá, seja lá onde for. São caçadores profissionais, literalmente *head hunters* (caçadores de cabeças). Não sossegam enquanto não conseguem laçar um de nós que esteja indefeso, e jogá-lo dentro de um avião, completando assim o quadro de tripulantes necessário para que o voo siga. Lógico que estou brincando, mas eles bem que podiam ser mais bonzinhos com a gente, ou pelo menos, nos acompanhar nas programações que eles mesmos inventam para ver o que é bom para a tosse... (brincadeirinha galera!). Nosso armário passa a ser uma mala com rodinhas, e sempre estamos dormindo em uma cama diferente, comendo fora de hora, mudando de fuso horário e rigidamente controlados pelo relógio.

O problema, como sempre, é a falta de consciência e boa vontade real da parte das empresas em se dedicar à confecção de escalas de voo que resultem, ao mesmo tempo, na produtividade necessária e sejam capazes de gerir boa qualidade de vida aos tripulantes. Isso é aplicado em várias empresas fora de nosso país; elas fazem até propaganda disso na área de recrutamento de pessoal em suas páginas na internet. Nesse quesito temos novamente um desempenho pífio ou inexistente por parte da Agência Reguladora no que diz respeito à fiscalização da confecção e também do cumprimento correto das escalas de voo. Fazer esse tipo de controle nunca foi tão fácil, basta pôr os computadores a serviço da lei. Infelizmente essa mesma Agência parece desconhecer, ignorar ou mesmo fingir que esse tipo de abuso existe, e expõe seriamente as vidas de todos os que precisam voar.

Mas, afinal, com tantos *contras*, quais são os *prós*?

Mesmo quando uma grande empresa encerra suas operações, grande parte dos tripulantes que perderam seus empregos, sejam eles pilotos ou comissários(as), não costuma procurar mudar de rumo e escolher outras profissões, sejam elas quais forem. Algumas razões explicam esse comportamento, entre elas, a necessidade pessoal de viajar. Não há dúvida quanto a isso, parte do DNA humano inclui um gene qualquer que nos faz viajantes. Existe dentro de boa parte de nós uma força irresistível, que vem sabe-se lá de onde, e que nos leva sempre mais além do horizonte, sempre em busca do próximo pôr ou nascer do sol, vistos, é claro, lá de cima...

Este é um negócio tão intenso, competitivo, extenuante, que a esmagadora maioria de seus ex-trabalhadores simplesmente não é capaz de ver graça alguma em outra atividade que não seja a aviação. Para quem é dotado de inteligência, o ato de viajar vai sempre propiciar a melhor educação possível, pois o contato humano é rico em diversidade cultural, é rico em trocas.

Mesmo antes das expedições que descobriram novos caminhos, novos povos, novos mundos, e definiram como era o nosso planeta, o homem já se movimentava em grandes viagens, buscando a interação, as trocas, as conquistas; buscando conhecer e ver ao vivo tudo aquilo que até então existia apenas em seu imaginário. Séculos atrás, jovens exploradores se lançavam aos mares em barcos precários, e assim transformaram nosso mundo em um lugar bem menor. Era uma vida muito dura, cheia de perigos e de separação em relação às famílias. A maioria não largava esse trabalho por nada. Nos dias de hoje, nos aventuramos pelo espaço sideral, e já estamos, em nossas cabeças, em busca da última fronteira. Comparativamente, os tripulantes de linhas aéreas e pilotos em geral têm essa mesma necessidade de descobrir, de ver e viver aquilo que está além do alcance de seus olhos. Precisamos ver o que há além das montanhas, e isso sempre nos fará continuar, haja o que houver.

Existem coisas nesse mundo que só quem voa é capaz de ver, e eu não me refiro apenas às imagens de lugares e pessoas que vamos encontrando pelo caminho. Só quem voa sabe que existe algo mais.

É o tipo de ocupação que requer um alto grau de compromisso e profissionalismo de cada membro da tripulação. A maior parte da carreira é passada sem que ninguém o esteja vigiando muito de perto. A segurança do voo, a satisfação do passageiro e o cumprimento da programação de voo, tudo isso é delegado à tripulação. E isso é o que reflete a confiança depositada pela empresa nas suas tripulações, no julgamento e na capacidade que seus tripulantes têm de conduzir esse voo da forma como deve ser conduzido. Para aqueles que sonham em poder um dia exercer a liderança e gostam de desafios, ser tripulante oferece o teste diário de suas habilidades pessoais, seja no campo técnico ou do relacionamento.

Só quem voa é que vê...

Por fim, temos a satisfação. Existem muitas ocupações nas quais o resultado de um dia inteiro de trabalho não está muito claro no fim desse dia. Por exemplo, vendedores podem levar meses para fechar um contrato, e mesmo assim pode não ter sido vantajoso para eles. Outros, passam seus projetos de seção em seção, e simplesmente não conseguem ter a sensação de estar realizando algo. Na aviação, cada voo tem um começo, meio e fim. Ao sairmos do avião não levamos nenhum trabalho para casa. Todo voo nos presenteia com certas dificuldades, dissabores, e também com muitas satisfações, como, por exemplo, ver nossos passageiros desembarcando em seus destinos e podendo se reunir aos seus. Após alguns anos no serviço, alguns de nós já nem reparam mais nesses "detalhes", mas sempre que nos lembramos da nossa real missão, uma sensação boa nos atinge.

O que dizer da carreira de um piloto?

Para entender nossa paixão, você deve olhar para o voo através dos olhos de uma criança, e aí então você verá que toda vez que um avião levanta voo é, na verdade, um momento mágico. Piloto é um bicho diferente, muito diferente. Para a maioria de nós, casa não é exatamente algo físico, construído de modo a se viver entre quatro paredes e um teto, mas nem é um quarto de hotel. É um lugar localizado em torno de uma máquina voadora, e quanto mais próximo, melhor. É ali que muitos de nós sentem amor incondicional, é onde as regras são plenamente conhecidas, e onde qualquer um que se aproxime é aceito. É onde podemos morar no Rio, São Paulo, Manaus, Brasília, Fortaleza, Paris, Nova York ou em todas elas ao mesmo tempo.

O treinamento de pilotos do mundo inteiro segue modelos muito parecidos entre si. Muito embora as regras de tráfego aéreo possam mudar de país para país, e elas mudam bastante, certas coisas fundamentais nunca mudam em um avião, seja ele qual for, e todos os pilotos aprendem sobre elas. Pilotos, na verdade, passam suas vidas profissionais se submetendo a exames técnicos e médicos que, até os 40 anos de idade, são feitos anualmente, e verificam coisas básicas como visão, peso, audição, sangue, urina, exames psicológicos e cardíacos, entre outros.

Não são exames muito aprofundados, mas aumentam muito a chance de detecção de algo maior. Após os 40 anos, esses exames passam a ser realizados de seis em seis meses. São padrões internacionais de inspeções de saúde para tripulantes. Verificações de saúde são sempre louváveis, seja qual for o objetivo final. O problema enfrentado pelos pilotos civis do Brasil inteiro é que, dentro dos padrões atuais, essas inspeções de saúde só podem ser realizadas por hospitais da Força Aérea Brasileira, ou seja, militares. O piloto paga uma taxa todas as vezes que vai revalidar seu exame anual. Não é caro, e é até compreensível, entretanto, mesmo pagando o salário dos militares, e também a taxa de revalidação, ainda assim somos vistos dentro dos hospitais como soldados rasos, e estamos sempre sendo deixados para depois. Na ordem de prioridade de atendimento vêm primeiro os oficiais graduados, e depois os menos importantes, entre eles, os pilotos civis. Sinal claro de que nem eles nos querem lá nem nós queremos estar lá. É um atrapalhando o outro.

Já tive até o desprazer de, depois de ter que aguardar duas horas para tirar um Raio X, ainda ter de aguardar mais, devido ao fato de que todos no hospital foram convocados para... jurar a Bandeira! Por essas e outras, volto a dizer que militares devem se ocupar de funções militares, e civis, de funções civis. Sei que não é nenhum tipo de maldade, mas a verdade é que só estamos dentro de uma instalação militar porque somos obrigados. Não queremos atrapalhar o trabalho dos senhores, nem que os senhores atrapalhem o nosso. Os assuntos relativos à saúde de pilotos civis devem ficar a cargo, é claro, de instituições médicas civis. Muito bem, depois de passar por isso todos os anos, o piloto ainda tem que se submeter a dias e dias dentro de uma sala de aula, fazendo o que chamamos de *ground school.* Normalmente, para os pilotos recém-contratados, esse período chega a durar até 60 dias. Nesse curso, todo avião que o piloto aluno voará lhe será apresentado e ensinado, e também algumas matérias relacionadas à segurança, cargas perigosas etc., serão ministradas.

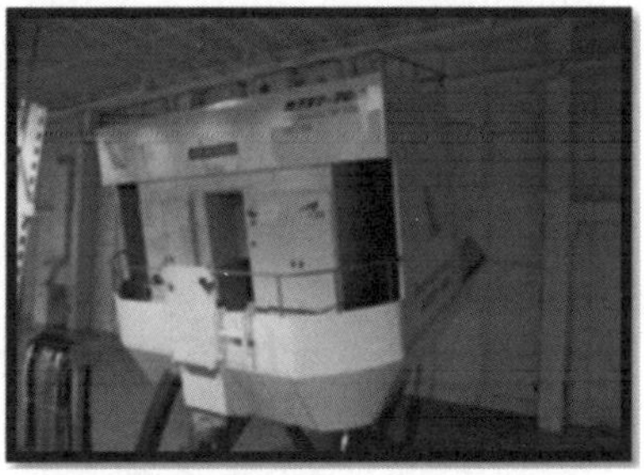

Simulador de Voo

Esse processo será repetido anualmente, de forma reduzida. São as Reciclagens Anuais de matérias relativas a tráfego aéreo e aos sistemas da aeronave. Isso é extremamente válido, e é um requerimento das Agências Reguladoras em todo o mundo. Somando-se a esse processo temos também a Reciclagem Anual no Simulador de Voo, a famosa "maquininha de fazer loucos". Brincadeiras à parte, o Simulador de Voo é, na minha opinião, talvez a ferramenta didática mais perfeita que o homem já foi capaz de produzir para o ensino de como se deve voar com segurança, depois, é claro, de um bom instrutor. Infelizmente trata-se de um recurso que ainda é extremamente caro, e exatamente por isso é utilizado ao mínimo, e não ao máximo.

Uma boa sessão de Simulador de Voo é capaz de produzir resultados espantosos na transmissão de conhecimento, cria intimidade com os sistemas da aeronave e eleva o grau de capacidade dos pilotos para lidar com situações anormais e emergenciais, que não podem e não devem ser treinadas em um voo real, com passageiros a bordo. Ao entrarmos em um moderno Simulador de Voo, nos deparamos com uma réplica perfeita da cabine de um grande jato. Por exemplo, se for um Simulador de Boeing 737-NG ou de Airbus A-320, a cabine será idêntica à do avião real. Tudo, rigorosamente tudo, funciona exatamente da mesma forma. A diferença é que atrás dos assentos dos pilotos estão localizados aqueles que eu chamo de os brinquedinhos da bruxa. Se o instrutor for muito bom, e geralmente é, não se consegue esconder o mínimo erro.

Já ouvi coisas muito engraçadas, como: "Fazer sessões de Simulador todos os anos é como ir se explicar para Deus (nesse caso, o instrutor), e estar vestindo uma armadura de ferro. Ainda assim você estará completamente nu, pois aos olhos de Deus nada, a não ser a verdade, o estará cobrindo".

Profundo, não é mesmo?

Dentro do simulador existe um pequeno painel no qual o instrutor, cada vez que aperta um botãozinho, coloca o piloto em situação difícil. Simula-se a perda de um motor, a falha de um sistema importante qualquer... Ou seja, faz-se maldades mil que, no fim, só contribuem para o bem, afinal, não foi apenas uma simulação, foi uma preparação, um crescimento técnico desses pilotos, um grande bem para todos nós. Superada essa fase, o piloto segue para uma outra que chamamos de instrução em rota, o voo propriamente dito. A partir daí a bruxa é de verdade. São horas e horas de voo, sempre em companhia de um piloto instrutor, aprendendo e se adaptando ao avião e à rotina administrativa da empresa. Essa é a fase de aprendizagem, na qual o piloto vai aprender, entre outras coisas, a arte de tomar decisões.

Tomar decisões é algo que a maioria de nós gostaria de deixar sempre para amanhã...

Ter que passar o dia tomando decisões é, por vezes, bastante estressante e cansativo, mas, uma vez que as tomamos de forma correta, uma sensação de alívio nos invade. O problema é que, por vezes, a decisão tomada pode ter sido a errada, e aí o ser humano tem a incrível tendência de se agarrar a ela, chova ou faça sol. Pilotos dependem muito da capacidade de flexibilizar suas próprias decisões em função de uma série de fatores que, literalmente, ocorrem em tempo real, e muitas vezes a jato.

O aluno vai voando, até que chega o dia "D", o dia do cheque final. Nesse dia, um piloto checador voa com o aluno e verifica a qualidade da instrução que foi ministrada. Estando tudo certo, o noviço recebe aquela que é, por assim dizer, uma licença para aprender ao longo da vida, a aprovação. Momento sublime, tanto para o aluno quanto para o instrutor.

O verdadeiro instrutor é aquele que carrega no brilho dos olhos a satisfação de saber que preparou alguém bem o suficiente para dar continuidade a esta linda profissão, alguém que um dia fará exatamente como ele fez, pegará seu aluno pelas "asas" e o levará ao céu, soltará o jovem pássaro e voará ao seu lado, até um pouso seguro.

As fases descritas acima, com exceção do exame médico, que se aplica a todos os pilotos indistintamente, se referem, na sua maioria, a fases vividas por pilotos contratados por empresas Comerciais. No caso de outros tipos de pilotos, tais como pilotos de aviões executivos, pilotos de helicópetros e etc, o processo é bastante semelhante, com pequenas variações, mas com o mesmo resultado final. Todas essas fases são eliminatórias, antes e durante todos os longos anos do exercício da profissão. Mesmo aqueles pilotos considerados "vacas sagradas" por sua antiguidade costumam, vez por outra, apresentar um rendimento aquém do esperado. Isso, no entanto, é normal.

São novamente os fatores inerentes à condição humana em ação — cansaço, problemas conjugais, stress, filhos doentes e coisas do gênero. Nada disso tem data nem hora marcada em nossas vidas, mas as reciclagens anuais sim. Mesmo com tudo isso, voar sempre é algo sublime. Nada vai tirar de minha memória tudo aquilo que já tive o grande prazer de ver e viver, a beleza de tantos lugares visitados, nem a lembrança de tantas pessoas maravilhosas encontradas pelo caminho, asas que eu tenho certeza estarão sempre voando junto às minhas. E nada disso vai mudar alguns fatos inegáveis, como:

— Na vida, quanto mais vivemos, teoricamente mais sabemos. Na aviação, quanto mais sabemos, mais vivemos.

— Nunca deixe um avião levá-lo a um lugar onde seu cérebro não tenha chegado pelo menos cinco minutos antes.

— Um piloto sempre irá iniciar sua carreira com uma mala cheia de sorte e outra vazia de experiência. O grande truque é encher a sacola de experiência sem esvaziar a de sorte.

— Quando você tiver a impressão de que já aprendeu tudo o que tinha de aprender na aviação, não se esqueça de que se trata apenas de uma impressão.

— Somente quem voa é capaz de entender com clareza por que os pássaros cantam...

Às asas de todos os meus verdadeiros amigos e amigas, aqueles que tenho o prazer de saber que estão batendo suas asas por aí... Saúdo e agradeço a cada um deles por terem me concedido o privilégio de termos voado juntos. Para todos esses, e também para aqueles que já foram "escalados" por Deus Nosso Senhor para voos bem mais distantes, voos nos quais a bruxa certamente não embarca mais, desejo do fundo de meu coração...

BOA VIAGEM, E QUE VOEM SEMPRE COM DEUS!!!

Impressão e Acabamento
Prol Editora Gráfica